物流管理与工程类十二五规划系列教材

省级特色专业、省级专业综合改革试点项目

国际物流管理

主　编　汪传雷

副主编　秦　浩　刘兰凤　董　尹

合肥工业大学出版社

图书在版编目(CIP)数据

国际物流管理/汪传雷主编．—合肥:合肥工业大学出版社,2014.2

ISBN 978-7-5650-1756-8

Ⅰ.①国…　Ⅱ.①汪…　Ⅲ.①国际贸易—物流—物资管理—高等学校—教材　Ⅳ.①F252

中国版本图书馆 CIP 数据核字(2014)第 022805 号

国际物流管理

主编　汪传雷　　　　责任编辑　陆向军　石金桃

出　版	合肥工业大学出版社	版　次	2014 年 2 月第 1 版
地　址	合肥市屯溪路 193 号	印　次	2014 年 2 月第 1 次印刷
邮　编	230009	开　本	710 毫米×1000 毫米　1/16
电　话	综合编辑部:0551-62903028	印　张	26
	市场营销部:0551-62903198	字　数	455 千字
网　址	www.hfutpress.com.cn	印　刷	合肥现代印务有限公司
E-mail	hfutpress@163.com	发　行	全国新华书店

ISBN 978-7-5650-1756-8　　　　定价:46.80 元

如果有影响阅读的印装质量问题,请与出版社市场营销部联系调换。

编 委 会

前　言

国际物流管理是物流管理与工程大类的核心课程。本书内容主要包括十三章：国际物流绪论，国际货运代理，国际海上货物运输，国际航空货物运输，国际陆上货物运输，国际货物多式联运，国际物流报关，国际物流报检，保税物流，国际物流风险防范，国际物流业务管理，国际物流法规，国际物流发展的新趋势。书中每章开头附有教学目标和引导案例，章后附有案例讨论和复习思考题。

本书系安徽省省级特色专业——物流管理（皖教高【2010】28号20100158)，安徽省省级专业综合改革试点专业——物流管理（皖教高【2012】14号2012ZY015）等一系列项目的部分研究成果。本书观念新颖、体系完整、内容全面、信息丰富、层次合理。本书可供高等本科教育物流管理、物流工程、国际贸易、工商管理、电子商务等相关专业作为教材，也可供高等职业学院、企业界、学术界相关人员等作为教材和参考书。

本书由安徽大学物流与供应链研究中心汪传雷策划、拟定大纲、组织、协调、统稿，参加编写人员的具体分工如下：第一章汪传雷、秦浩，第二章刘兰凤，第三、四、五、六章秦浩，第七章刘宏伟、王建忠，第八章叶春森、卓翔之，第九章汪传雷、崔婷，第十章梁雯，第十一章汪传雷，第十二章秦浩、周保昌，第十三章董尹、汪涛。同时，王兰、陈瑞、潘珊珊、王艳、许冰凌、胡梦文、李晴、张梦颖、张莉沙、王超等参与资料收集、录入、校对等工作，在此表示感谢。

感谢中国物流与采购联合会、中国物流学会、中国物流生产力促进中心、安徽省发展与改革委员会、安徽省交通运输厅、安徽省商务厅、安徽省发展研究中心、安徽省物流与采购联合会、安徽省物流协会、安徽出入境检验检疫局、合肥海关、上海铁路局合肥站、合肥市出口加工区、合肥高新技术开发区管委会、格力电器集团合肥凌达压缩机有限公司、TCL集团股份有限公司、合肥中外运物流发展公司、淮矿现代物流有限公司、中外运合肥物流有限公司、皖新传媒集团有限公司、新宁物流有限公司、安徽江汽物流有限公司、安徽迅捷物流有限公司、安徽春天物流有限公司、合肥永春物流有限公司、安徽徽运物流有限公司、合肥朝阳物流有限公司、合肥光太物流有限公司、徽商金属物流有限公司、徽商物流有限公司、安徽百路物流有限公司、中铁快运股份有限公司上海分公司、北京格瑞纳电子产品有限公司、合肥高新创业园管理有限公司、上海达龙信息科技有限公司、安徽明信软件有限公司、中科大先进技术研究院、中国科学技术大学、安徽大学、淮北师范大学、合肥学院、安徽广播电视大学等单位给予的调研配合和资料提供的方便。

在本书写作过程中，直接或间接参考和借鉴了国内外物流、管理、经济、海关、商检等方面的大量素材，在此向有关作者表示衷心的谢意。

由于编者水平有限，加之时间仓促，书中难免会挂一漏万，不足之处敬请广大读者批评指正。

编　者

2014年2月

目　　录

第 1 章　国际物流绪论 ………… (1)

引导案例 ………… (1)

1.1　国际物流的概念与特点 ………… (2)

1.2　国际物流的历史演进 ………… (4)

1.3　国际物流网络 ………… (9)

1.4　国际贸易与国际物流 ………… (16)

小　　结 ………… (22)

案例讨论 ………… (23)

复习思考题 ………… (24)

第 2 章　国际货运代理 ………… (25)

引导案例 ………… (25)

2.1　国际货运代理概述 ………… (26)

2.2　国际货代法律地位与责任保险 ………… (29)

2.3　国际货运代理的市场营销和管理步骤 ………… (34)

小　　结 ………… (39)

案例讨论 ………… (39)

复习思考题 ………… (40)

第 3 章　国际海上货物运输 ………… (41)

引导案例 ………… (41)

3.1　国际海上货物运输概述 ………… (43)

3.2 杂货班轮货运程序 …………………………………………………… (47)
3.3 租船运输业务流程 …………………………………………………… (53)
3.4 集装箱海运流程 …………………………………………………… (64)
3.5 国际海运单据 …………………………………………………… (70)
小 结 …………………………………………………… (87)
案例讨论 …………………………………………………… (87)
复习思考题 …………………………………………………… (88)

第4章 国际航空货物运输 …………………………………………………… (89)

引导案例 …………………………………………………… (89)
4.1 国际航空货物运输概述 …………………………………………………… (90)
4.2 国际航空货运进出口业务流程 …………………………………………………… (93)
4.3 特种货物航空运输 …………………………………………………… (99)
4.4 航空运单 …………………………………………………… (105)
4.5 国际空港物流服务 …………………………………………………… (108)
小 结 …………………………………………………… (111)
案例讨论 …………………………………………………… (112)
复习思考题 …………………………………………………… (115)

第5章 国际陆上货物运输 …………………………………………………… (116)

引导案例 …………………………………………………… (116)
5.1 国际陆上货物运输概述 …………………………………………………… (117)
5.2 国际铁路货物运输 …………………………………………………… (121)
5.3 跨境道路货物运输 …………………………………………………… (132)
5.4 国际陆上货物运输单证 …………………………………………………… (139)
小 结 …………………………………………………… (149)
案例讨论 …………………………………………………… (150)
复习思考题 …………………………………………………… (151)

第6章　国际货物多式联运 …………………………………… (152)

引导案例 …………………………………………………… (152)
6.1　国际货物多式联运概述 ………………………………… (153)
6.2　国际多式联运主要组织模式 …………………………… (155)
6.3　陆桥运输业务 …………………………………………… (164)
6.4　国际多式联运单据 ……………………………………… (172)
小　结 ………………………………………………………… (175)
案例讨论 ……………………………………………………… (176)
复习思考题 …………………………………………………… (177)

第7章　国际物流报关 …………………………………………… (178)

引导案例 ……………………………………………………… (178)
7.1　国际物流报关概述 ……………………………………… (179)
7.2　国际货物报关制度 ……………………………………… (180)
7.3　国际货物报关实务 ……………………………………… (186)
7.4　海关关税及其他税费的计算 …………………………… (204)
小　结 ………………………………………………………… (214)
案例讨论 ……………………………………………………… (214)
复习思考题 …………………………………………………… (215)

第8章　国际物流报检 …………………………………………… (216)

引导案例 ……………………………………………………… (216)
8.1　国际物流报检概述 ……………………………………… (216)
8.2　国际货物报检制度 ……………………………………… (222)
8.3　国际货物报检业务 ……………………………………… (232)
小　结 ………………………………………………………… (244)
案例讨论 ……………………………………………………… (244)
复习思考题 …………………………………………………… (245)

第 9 章　保税物流 ……………………………………………… (246)

引导案例 ……………………………………………… (246)
9.1　保税物流概述 ……………………………………………… (247)
9.2　中国保税物流发展状况 ……………………………………………… (249)
9.3　保税物流园区业务 ……………………………………………… (257)
9.4　中国保税区的运作方式 ……………………………………………… (259)
小　结 ……………………………………………… (262)
案例讨论 ……………………………………………… (262)
复习思考题 ……………………………………………… (264)

第 10 章　国际物流风险防范 ……………………………………………… (265)

引导案例 ……………………………………………… (265)
10.1　国际海运风险与保险 ……………………………………………… (267)
10.2　国际陆运风险与保险 ……………………………………………… (275)
10.3　国际航空运输风险与保险 ……………………………………………… (281)
10.4　国际物流其他风险与管理 ……………………………………………… (285)
10.5　国际物流保险索赔与理赔 ……………………………………………… (288)
小　结 ……………………………………………… (289)
案例讨论 ……………………………………………… (289)
复习思考题 ……………………………………………… (291)

第 11 章　国际物流业务管理 ……………………………………………… (292)

引导案例 ……………………………………………… (292)
11.1　国际物流战略管理 ……………………………………………… (293)
11.2　国际物流市场的分析与开发 ……………………………………………… (299)
11.3　国际物流流程再造 ……………………………………………… (303)
11.4　国际物流信息管理 ……………………………………………… (307)
11.5　国际物流标准化 ……………………………………………… (311)

11.6　国际物流服务质量管理 …… (317)
11.7　国际物流成本控制 …… (321)
11.8　国际物流绩效评价 …… (326)
小　结 …… (330)
案例讨论 …… (330)
复习思考题 …… (333)

第 12 章　国际物流法规 …… (334)

引导案例 …… (334)
12.1　国际海上货运公约 …… (335)
12.2　国际铁路货运公约 …… (344)
12.3　国际航空货运公约 …… (348)
12.4　国际货物多式联运公约 …… (351)
12.5　海商法 …… (357)
小　结 …… (364)
案例讨论 …… (365)
复习思考题 …… (366)

第 13 章　国际物流发展的新趋势 …… (367)

引导案例 …… (367)
13.1　国际逆向物流 …… (368)
13.2　国际绿色物流 …… (383)
13.3　国际精益物流 …… (391)
小　结 …… (397)
案例讨论 …… (397)
复习思考题 …… (399)

参考文献 …… (400)

第 1 章　国际物流绪论

【教学目标】

（1）了解国际物流的含义和特点；

（2）了解国际物流发展历程；

（3）熟悉国际物流网络；

（4）了解国际物流与国际贸易的关系；

（5）掌握国际物流与国际贸易的术语。

【引导案例】

中国货运航空有限公司

中国货运航空有限公司（China Cargo Airlines LTD.）成立于 1998 年 7 月 30 日，是中国民航总局批准成立的首家专营航空货邮的专业货运航空公司。其由中国东方航空公司和中国远洋运输总公司共同投资成立，中国东方航空公司占 70%股份，中国远洋运输总公司占 30%股份。中货航地处中国长三角地区的上海，拥有 14 条货运航线，同时经营中国东方航空客机腹舱的货运业务，依托东航航线网络的优势，为全球客户提供 200 余个通达点的航空运输服务。

2013 年 6 月 5 日，中国货运航空有限公司在德国慕尼黑商贸展览中心宣布正式加入天合货运联盟，成为天合货运联盟全球第十一位成员。天合货运联盟是全球唯一的航空货运联盟，联盟通过以客户为中心、标准统一的货运产品、独特的 one roof（无缝式中转服务）项目开展业务活动。在全球航空自由化、联盟化深入发展的背景下，中货航结合公司发展战略需要，加入天合货运联盟。中货航正式加入天合货运联盟，有利于发挥规模经济效益，扩大航线网络优势，提高国际竞争力，符合中货航的中长期战略利益。

天合货运联盟成立于 2000 年 9 月，其成员有俄罗斯国际航空公司、墨西哥货运公司、法荷航空集团、意大利航空公司、中华航空公司、中国货运航空公司、中国南方航空公司、捷克航空公司、达美航空公司以及大韩航空公司。联盟致力于向其客户提供全球化的货运网络、统一标准化的操作模式和无缝式中转服务。

资料来源：www. ckair. com/index. html。

1.1 国际物流的概念与特点

人类社会的文明历史，处处闪烁着“物流思想”的光辉，体现了劳动人民无穷的智慧和卓越的技能。苏伊士运河、巴拿马运河、丝绸之路、郑和下西洋是国际物流思想的历史写照。孙中山先生曾强调“人尽其才、地尽其利、物尽其用、货畅其流。”

物流的范围宽泛至极，星际之间、洲际之间、国际之间、省际之间、城际之间、乡际之间、村际之间、户际之间乃至人与人之间都存在“物之流动”，宇宙飞船、航天飞机、卫星、飞机、船舶、火车、汽车、拖拉机都是“物”之载体，其运动的过程也是“物”的流动过程。

简单地说，国际物流（International Logistics，简称 IL）是指在两个或两个以上国家（或地区）之间所进行的物流。例如，意大利一家专门经营服装的公司，在全球 60 个国家设有 5 000 家专卖店，每年销售的服装约 5 000 万件。公司总部设在意大利，所有的工作均通过 80 家代理商进行。如果某一专卖店发现某一款式的服装需要补货，立即通知所指定的某一代理商，该代理商立即将此信息通知意大利总部，总部再把该信息反馈给配送中心，配送中心根据专卖店的需求在一定的时间内进行打包、组配、送货。整个物流过程可在一周内完成。

可见，国际物流是相对国内物流而言的，是不同国家之间的物流。国际物流是国内物流的延伸和进一步发展，是跨国界的、流通范围扩大了的物的流通，有时也称其为国际大流通或国际大物流。

狭义的国际物流，生产和消费分别在两个或两个以上国家（或地区）独立进行。物流的目的是对物资进行物理性移动，克服生产和消费之间的空间间隔和时间距离，完成国际交易过程。其具体涉及的内容包括卖方交付单证、货物和收取货物，买方接受单证、支付货款和收取货物等。

广义的国际物流，包括贸易性国际物流和非贸易性国际物流。贸易性的国际物流是指组织贸易货物（进出口货物）在国际的合理流动；非贸易性的国际物流是指各种会展物品、行李物品、办公物品、捐助、援外物资等非贸易货物在国际的流动。国际物流的总目标是为国际贸易和跨国经营服务，即选择最佳的方式和路径，以最低的费用和最小的风险，保质、保量、适时地将货物从某国的供方运到另一国的需求方。

国际物流的实质是按照国际分工协作的原则，依照国际惯例，利用国际化的物流网络、物流设施和物流技术，实现货物在国际的流动和交换，以促进区域经济的发展和世界资源的优化配置。国际物流是国际贸易的一个必然组成部分，各国之间的相互贸易最终都将通过国际物流来实现。

国际物流具有以下特点：

第一，物流环境存在差异。国际物流涉及不同国家，各国政治制度、经济制度、法律制度的不同，加剧了国际物流的复杂性。

第二，物流系统范围广。国际物流涉及的环节包括运输、仓储、装卸、搬运、配送、流通加工、信息管理等环节，特别是报关、报检、保险等手续复杂。

第三，国际化信息系统不可缺少。国际物流涉及各种单据，单据处理必须借助国际化的信息系统（如 EDI 系统）才能进行。

第四，标准化要求高。国际物流作业涉及不同国家和地区，必须高度标准化，采用集装箱等集装器具进行物流运营，以便保证国际物流的顺畅进行。

第五，多种运输方式相结合。国际物流往往是公路、水路、铁路、航空以及管道等多种运输方式的结合，借此才能实现物流之目的。

第六，经营风险大。由于国际物流涉及不同国家，这些国家政治、经济、技术、政策法令、风俗习惯等千差万别，加剧了运营风险。

第七，促进世界经济一体化。由于物流跨越不同国界，物流的载体、流体、流向、流量、流速、流程不尽相同，集成和优化物流资源，加快经济密切交往。

第八，促进国际政治和文化交流。物流活动途经不同国家，必然带动政治文化活动的开展。

国际物流与国内物流的区别在于：

第一，周期长短不同。国际物流作业周期较长，往往以周/月衡量，而国内物流作业周期较短，甚至在一天内完成。

第二，复杂程度不同。国际物流往往涉及多种语言的使用，加之货物数目繁多，单证数量大，运输复杂化。

第三，系统一体化。国际物流往往需要全球物流信息系统支持。

第四，国际物流联盟化加强。国际物流企业、承运人、专业化服务供应商纷纷成立联盟，共同应对国际物流的发展趋势。

小资料

远洋船队全球排行前列的国际物流公司

1. 丹麦哥本哈根的马士基航运 Msersk Line
2. 瑞士地中海航运 MSC
3. 法国达飞航运 CMA CGM

4. 中国台湾长荣航运 Evergreen
5. 德国哈帕劳埃德航运 Hapa－Lloyd
6. 中国中海集运 CSCL
7. 新加坡美国总统轮船 APL
8. 韩国韩进航运 Hanjin
9. 中国中远集运 COSCO
10. 日本邮船集运 NYK

1.2 国际物流的历史演进

1.2.1 国际物流的发展阶段

虽然各个国家之间的货物运输活动很早以前就已存在，但现代意义的国际物流时间却不长，主要分为以下几个阶段：

第一阶段，20 世纪 50 年代，准备阶段。随着国际贸易的发展，国际物流应运而生。

第二阶段，20 世纪 60 年代，大规模发展阶段。国际贸易和国际金融的发展，进出口贸易大幅度增长，引发国际之间开始形成大量物流，在物流技术设备方面出现大型物流工具，如 20 万吨的油轮、10 万吨的矿石船等。

第三阶段，20 世纪 70 年代，集装箱运输快速发展。由于受石油危机的影响，国际物流的数量进一步增加，船舶大型化趋势进一步加强，产生提高国际物流服务水平的要求，大数量、高服务型物流从石油、矿石等物流领域向物流难度大的中、小件杂货领域深入，其标志是国际集装箱及国际集装箱船的大发展。国际之间各个主要航线的定期班轮都投入集装箱船，提高了散杂货的物流水平，极大地提高物流服务水平。集装箱运输开始超过散装船运输，洲际贸易带动远洋集装箱运输的快速发展。同时，航空物流开始出现大幅度增加的趋势，引发国际联运的兴起。

第四阶段，20 世纪 80 年代，国际多式联运发展。国际贸易要求“门对门”服务，使得公—水—公、公—铁—水—铁—公、公—铁—公等多式联运方兴未艾，加之精细物流理念开始流行，物流的机械化、自动化水平不断提高。同时，伴随市场需求观念的革新，要求国际物流着力于解决“小批量、高频度、多品种”的物流，国际物流不仅覆盖大量货物、集装杂货，而且覆盖多品种的货物。新技术和新方法层出不穷，特别是物流信息技术的应用，促使物流向更低成本、更高服务、更大量化、更精细化方向发展。物流活动的环节越来越离不开信息技术和信息系统的支撑，信息在国际物流服务中的作用日益重要。

第五阶段，20 世纪 90 年代至今，信息化时代。随着竞争国际化、资源配置全球化，贸易伙伴遍布全球，必然要求物流国际化，即物流设施国际化、物流技术国际化、物流服务国际化、货物运输国际化、包装国际化和流通加工国际化。基于 Internet 的信息网络化，使国际物流实时沟通信息，促进电子商务发展，带动国际物流新进程。

1.2.2　国际物流的发展特点

国际物流的发展有以下特点：

第一，物流技术快速发展，管理水平不断提高。

经济发展带动物流发展，物流设施设备向信息化、自动化、智能化、集成化方向发展。

第二，专业物流形成规模，共同配送成为主导。

随着国际物流市场细分加剧，共同配送成为物流配送发展趋势。共同配送能减少社会车流总量，减少交通拥挤，有效提高车辆装载率，节省物流空间和人力资源，改善物流环境。

第三，物流企业向集约化、协同化、全球化发展。

随着国际物流需求增加以及物流服务质量要求提高，世界各国纷纷建设物流园区，集成物流资源，形成物流集聚区，同时带动物流企业兼并和合作，形成战略联盟，造就跨国物流企业或全球企业。

第四，电子物流需求强劲，快递业突飞猛进。

随着互联网的广泛普及，B to B/B to C/C to C 电子商务模式的流行，带动快递业的突飞猛进。

第五，绿色物流日益受重视。

随着全球环境运动的兴起，如何控制物流系统污染，建立工业和生活废料处理物流系统成为国际物流的重要环节。

第六，专业物流人才需求增长，教育培训体系逐步完善。

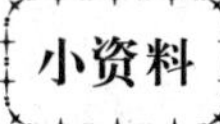

中国著名国际快递公司信息

1. EMS 国际快递

EMS 又称邮政特快专递服务，是中国邮政集团旗下的中国速递服务公司提供的一种快递服务。其主要经营国际、国内 EMS 快递业务，是中国速递服务的最早供应商，也是目前中国速递行业的最大运营商和领导者。EMS业务通达全球200多个国家和地区以及国内2 000个城市。EMS业务在海关、航空等部门均享有优先处理权，以高速度、高质量为用户传递国际、国内紧急信函、文件资料、金融票据、商品货样等各类文件资料和物品。

全国统一客户服务电话：11185。

网址：http：//www.ems.com.cn/。

EMS国际快递派送：依托中国邮政航空公司陆路运输网络和以上海为集散中心的全夜航航空集散网，现有专用速递揽收、投递车辆20 000余部。覆盖最广的网络体系为EMS实现国内300多个城市间次晨达、次日递提供支撑，EMS同时满足国际快递高效派送需求。EMS在全国共设200多个处理中心，各处理中心配备先进的自动分拣设备，拥有亚洲地区规模最大、技术装备先进的中国邮政航空速递物流集散中心，保证EMS国际快递"便捷、及时、安全、准确"。

EMS国际快递查询：EMS通过与万国邮政联盟（UPU）查询系统链接，实现EMS邮件的全球跟踪查询，形成以网络（www.ems.com.cn）、短信(5185)、客服电话（11185）三位一体的实时信息查询系统。

EMS国际快递服务：EMS一贯秉承"全心、全速、全球"的核心服务理念，为客户提供快捷、可靠的门到门速递服务，最大程度地满足客户和社会的多层次需求。

EMS国际快递价格清关：网络强大、价格合理、实重发货不收材积，可以不用提供商业发票即可清关，并且具有优先通关的权利。

2. DHL国际快递

DHL又称敦豪航空货运公司，1969年创立于美国旧金山，现隶属于德国邮政全球网络。DHL是全球快递、洲际运输和航空货运的领导者，也是全球第一的海运和合同物流提供商。DHL拥有世界上最完善的速递网络之一，可以到达220个国家和地区的12万个目的地。国内DHL的国际快递业务由中外运敦豪运营。

中外运敦豪/DHL　电话：8008108000。

网址：http：//www.cn.dhl.com。

DHL国际快递服务区域：派送网络遍布世界各地。

DHL国际快递服务优势：提供全球派送服务，全程及时、准确、方便追踪查询；提供包装检验与设计服务、报关代理服务及清关派送服务。

DHL国际快递价格优势：货物20千克以下小货和21千克以上大货价格便宜。

DHL 国际快递时效优势：时效正常情况下，2～4 个工作日货通全球。特别是到欧洲和东南亚速度快，到欧洲 3 个工作日，到东南亚地区 2 个工作日。派送网络遍布世界各地，查询网站货物状态更新及时准确。

DHL 国际快递专线优势：建立欧洲专线及周边国家专线，服务速度快，轨迹齐全、安全、可靠，查询方便，在美国和西欧有极强的清关能力。

3. FedEx 国际快递

FedEx 又称联邦快递国际快递公司，是一家国际性速递集团，提供隔夜快递、地面快递、重型货物运送、文件复印及物流服务，总部设于美国田纳西州。FedEx 1984 年进入中国，是拥有直飞中国航班数目最多的国际快递公司。

国内 FedEx 的业务由大田-联邦快递有限公司运营。

FedEx 国际快递服务区域：通达全球 230 多个国家和地区；派送网络遍布世界各地。

FedEx 国际快递时效：正常情况下，2～4 个工作日即可通达全球。网站信息更新快，网络覆盖全，查询响应快。

FedEx 国际快递服务：提供国际快递预付款服务、免费及时准确的上网查询服务、极强的清关服务、代理报关服务、上门取件服务。

FedEx 国际快递价格：价格量大从优，特别是中南美洲及欧洲区域，还有东南亚一带。

4. UPS 国际快递

UPS 又称为联合包裹服务公司，起源于 1907 年在美国西雅图成立的一家信差公司，是世界上最大的快递承运商与包裹递送公司。UPS 商标号称是世界上最知名、最值得景仰的商标之一。同时，UPS 也是专业的运输、物流、资本与电子商务服务的领导性提供者。

UPS 的强势地区是美洲地区，性价比最高。

UPS 服务区域优势：200 多个国家和地区，设立 UPS 商店 4 400 个，UPS 营业店 1 300 个（全球），UPS 服务中心 1 000 个，授权服务点 17 000 个，UPS 投递箱 40 000 个。UPS 能快速派送到北美洲和欧洲的每一个地址。

UPS 服务优势：提供全球货到付预付款服务、免费及时准确的上网查询服务、加急限时派送服务，清关能力强。

UPS 国际快递价格优势：价格 3.5～6.5 折不等，并且 UPS 国际快递货物出口至美国、加拿大、西欧、北欧和澳新等发达国家，价格有着独特优势。

UPS 国际快递时效优势：时效正常情况下，2～4 个工作日通至全球。特别是 48 个小时能到达美国。全世界 200 多个国家和地区都有网络，查询网站信息更新快，解决问题及时快捷。合肥设有呼叫中心。

UPS国际快递服务优势：强势地区为美洲地区，性价比高、定点定时跟踪、查询记录详细、通关便捷。主力打造美国专线、北美特惠。

5. TNT 国际快递

TNT 国际快递集团是全球领先的快递邮政服务供应商，为企业和个人客户提供全方位的快递和邮政服务，公司总部设在荷兰的阿姆斯特丹。TNT 拥有欧洲最大的空陆联运快递网络，能实现门到门的递送服务，并且通过在全球范围内扩大运营分布来最大幅度地优化网络效能。TNT 于 1988 年进入中国市场，现拥有 26 家国际快递分公司及 3 个国际快递口岸，拥有国内最大的私营陆运递送网络，服务覆盖中国 500 多个城市。

TNT 的强势地区为西欧国家，时效和价格方面都有可取之处。

TNT 国际快递服务区域：集团拥有 161 500 名员工，分布在 200 多个国家和地区，还专门设有涵盖中国大陆、中国香港和中国台湾的大中国区，拥有 17 000 名专业员工。

TNT 国际快递服务优势：提供全球货到付款服务、报关代理服务、免费及时准确的货物追踪查询服务，通关能力强。

TNT 国际快递时效优势：2～4 个工作日即可通达全球。特别是到西欧，仅需 3 个工作日。网络比较全，查询网站信息更新快，遇到问题响应及时。

TNT 国际快递价格优势：在西欧地区价格低，清关能力强，并且货通全球，无偏远地区派送附加费用。

TNT 国际快递专线服务优势：强势地区为西欧国家，时效快、价格低。直飞欧洲，在西欧地区清关能力极强。TNT 无偏远地区附加费，服务质量优秀。

1.2.3 中国国际物流的发展现状

(1) 以沿海和沿江的港口、沿疆的口岸以及国际航空港为中心，充分利用区位优势、国际航线发展综合物流。例如，发展原油、矿石、粮食、机电产品、汽车和工程机械、电子产品、服装等大宗货物国际物流，逐步开展化妆品、食品和保健品、文化创意产品、奢侈品等高附加值产品国际物流。

(2) 加快港口、口岸、航空港的软硬环境建设，形成宁波-舟山、上海、天津、青岛、广州、唐山、大连、营口、厦门、深圳、连云港、湛江、香港、高雄等海港，苏州、南京、南通、湖州、镇江、江阴、泰州、重庆、嘉兴、芜湖、武汉等内河港口，上海浦东国际机场、北京首都国际机场、广州白云国际机场、深圳宝安国际机场、成都双流机场、乌鲁木齐机场、香港国际机场、台北桃园机场等航空港，逐步依托若干港口、航空港建立以区域性国际航运市场为中心的现代港口和谈判交易中心。

（3）建立并逐步完善保税制度，促进自贸区、保税区、保税仓库等发挥作用，结合港口服务，大力推进港口和保税区一体化进程，发展国际物流。

（4）以中国生产、中国制造及中国需求带来的物流需求，积极吸引世界知名物流企业来华投资，开展制造业和物流业联动，带动国际物流的发展并提升国际物流水平。

（5）发展国际贸易，建立国际商品综合市场，建立分拨配送基地，发展大流通，开展商贸和物流业联动，推进国际物流稳步发展。

1.2.4　发展我国国际物流的对策

（1）顺应国际物流发展趋势，加强国际化海港、内河港口、内陆公路港、航空港的建设，打造无水港、虚拟港等，探索自由贸易区，推进国际物流全面升级。推进区际物流、洲际物流乃至全球物流发展，扩展我国物流活动业务的广度和深度。

（2）继续完善保税制度，充分发挥自由贸易区、保税区、保税物流园、保税仓库的作用，发展三来一补、来料加工的生产功能以及流通加工、会展、分拨配送的服务功能。

（3）进一步扩大物流规模和活动范围，将物流中心的辐射范围从沿海、沿边、沿江、沿疆向内地腹地延展，由大城市向区域中心城市延伸。

（4）引进新的国际先进物流企业，提升原有国际物流企业的规模和层次，加速中国本土物流企业的改革创新和兼并重组，整合物流资源，向集约化与协同化发展。

（5）提升物流服务的质量，扩大物流服务范围，创新物流模式，优化物流流程，以顺应消费多样化、生产柔性化、流通高效化的要求。

（6）合理使用先进物流设备、物流技术，以物流标准和物流专利抢占物流制高点，借助信息技术提升物流运作效率，完善物流管理水平。

1.3　国际物流网络

国际物流系统，通过其所联系的各子系统发挥各自的功能，共同协力实现国际物流系统整体效益最大的总体目标。为达到上述总体目标，建立完善的国际物流网络十分重要。

1.3.1 国际物流网络的概念

国际物流网络是由多个收发货的“结点”和它们之间的“连线”所构成的物流抽象网络，还有与之相伴随的信息流动网络的集合。

收发货“结点”是指进口、出口过程中所涉及的国内外的各层次仓库、中间商仓库、货运代理人仓库、口岸仓库、国内外中转站仓库、流通加工/配送中心和保税区仓库。国际贸易商品和交流物资，就是通过这些仓库的收进、发出以及中间的存放保管，实现国际物流系统的时间效益，克服生产时间和消费时间上的背离，促进国际贸易系统和国际交往的顺利进行。结点间商品的收与发是依靠运输连线和物流信息的沟通、传输来完成的。

“连线”是指连接上述国内外众多收发货结点的运输连线，如各种海运航线、铁路线、飞机航线以及海、陆、空联合运输线路。这些网络连线代表仓库货物的移动，每一对结点有许多连线以表示不同的路线、不同产品的各种运输服务。各结点表示存货流动的暂时停滞，其目的是为了更有效地移动（收或发）。

信息流动网络的连线通常包括国内外邮件或某些电子媒介，如电话、电传、电报、Internet、E-mail 和 EDI 报文等；信息网络的结点则是各种物流信息汇集及处理之处，如员工处理国际订货单据、编制大量出口单证、准备提单，或电脑对库存量的记录。

物流网络与信息网络并非独立，它们之间的关系是密切相连的。物流网与信息网从结构图上看，都是由结点和连线组成的。二者主要的差别是物流网朝最终国外消费者方向移动；而信息流的方向除了与物流网流向相同外，也有很多与商品进出口分配线路方向相反，朝商品货源地方向移动，实施反馈功能。信息网在整个国际物流网络系统中的作用不容忽视，它沟通和主导物流活动，所以从流向看，信息流具有双向反馈特点。

1.3.2 国际物流网络的构成

1.3.2.1 国际远洋航线及海上通道

（1）海洋、运河和海峡

1）海洋通道

地球上四大海洋连接着世界各国之间的贸易，其中太平洋、大西洋和印度洋三大洋是国际物流主要的通道。

太平洋沿岸有 30 多个国家和地区，拥有世界 1/6 的港口，货运量居世界第二位。随着亚洲、拉美、大洋洲发展中国家的兴起，太平洋在世界航运中的作用日益增强。大西洋沿岸有世界 3/4 的港口、3/5 的货物吞吐量。大西洋周围几乎都是各大洲的发达地区，贸易、货运繁忙，海运量一直居各大洋的首位，约占世界海运总量的 2/3。印度洋周围有 30 多个国家和地区，拥有世界近 1/10 的港口和 1/6 的货物吞吐量。印度洋上的货运以石油为主。北冰洋因气候寒冷，仅有极少部分具备通行的条件，其货运意义不大。

2）运河通道

运河是连接重要海域的通道，世界上最重要的运河通道有苏伊士运河、巴拿马运河和基尔运河等。

苏伊士运河，位于埃及东北部，居亚、欧、非三洲交通要冲。它沟通地中海和红海，连接大西洋和印度洋，大大缩短从欧洲通往印度洋和太平洋西岸的航程，每年承担着全世界 14%的海运贸易。目前可通行吃水 20.4 米、载重 25 万吨的超级油轮，通过运河平均需要 10 小时。

巴拿马运河，斜贯巴拿马国中部，沟通太平洋和大西洋，航道水深 13～15 米，可通行 7.6 万吨以下船舶。目前，占全球贸易运输量 5%的货物通过巴拿马运河被送往世界各地，该运河是亚洲与北美东海岸重要的水上通道。

基尔运河，位于德国东北部，横贯日德兰半岛，沟通波罗的海和北海。该运河将北海到波罗的海的航程缩短了 756 千米，是北海与波罗的海之间最安全、最便捷和最经济的水道。运河长 98.7 千米，深 11.3 米，可通行吃水 9.4 米、载重 2 万吨级以下船舶。

3）海峡通道

最重要的海峡有马六甲海峡、直布罗陀海峡、英吉利海峡和霍尔木兹海峡等。

马六甲海峡，位于马来半岛和苏门答腊岛之间，是沟通太平洋和印度洋的海上交通要道，因靠近海峡的马六甲城而得名。海峡包括新加坡海峡，总长 1 188 千米，水深 25～113 米，可通过 25 万吨满载海轮。

直布罗陀海峡，位于欧洲伊比利亚半岛南端和非洲西北端之间，全长约 90 千米。直布罗陀海峡是沟通地中海和大西洋的唯一通道，被誉为西方的“生命线”。19 世纪苏伊士运河通航后，直布罗陀海峡成为大西洋与印度洋、太平洋之间海运的捷径。目前，从西、北欧各国到印度洋、太平洋沿岸国家的船只，一般均经由直布罗陀海峡—地中海—苏伊士运河—曼德海峡这条航路；而从波斯湾运载石油的船只也通过直布罗陀海峡运往西欧和北欧各国。

英吉利海峡，位于英法两国之间狭窄处，连同多佛尔海峡总长 600 千米，水深 25～55 米，是连接北欧与北美的主要航线。

霍尔木兹海峡，位于阿曼半岛和伊朗之间，西接波斯湾，东连阿曼湾，全长约150千米，平均水深70米以上。由于它是波斯湾进入印度洋的必经之地，因此有“海湾的咽喉”之称，是世界著名的石油海峡。

此外，较重要的海峡还有沟通印度洋、亚丁湾和红海的重要水道——曼德海峡、黑海与地中海之间的唯一通道——黑海海峡等。

（2）海运航线

世界各地水域，在港湾、风向、水深及地球球面距离等自然条件的限制下，可供船舶航行的一定路径称为航路。海上运输运营者为达到最大的经济效益，在许多不同航路中所选定的运营通路称为航线。

航线按不同的角度可分为不同的类型。按船舶营运方式，航线可分定期航线和不定期航线，定期航线又称班轮航线。按航程的远近，航线可分远洋航线、近洋航线和沿海航线。远洋航线是指跨越大洋的运输航线；近洋航线是指与邻国港口间的运输航线；沿海航线则是指本国沿海各港口间的海上运输航线。

1）太平洋航线

太平洋的海运量约占世界海运总量的20%以上，仅次于大西洋，居第二位，但太平洋的航运发展速度超过其他大洋，已形成了世界航运中心东移之势。其主要航线有：①远东—北美西海岸航线；②远东—加勒比海、北美东海岸航线；③远东—南美西海岸航线；④远东—东南亚航线；⑤远东—澳大利亚、新西兰航线；⑥澳大利亚、新西兰—北美东西海岸航线。

2）大西洋航线

北大西洋两侧是西欧、北美两个世界经济发达的地区，又有苏伊士和巴拿马两条运河通印度洋和太平洋。长期以来，大西洋上的航运量一直居世界首位。其主要航线有：①西北欧—北美东海岸航线；②西北欧、北美东海岸—加勒比海航线；③西北欧、北美东海岸—地中海—远东航线；④南美东海岸—好望角—远东航线；⑤西北欧、地中海—南美东海岸—远东航线。

3）印度洋航线

印度洋的航线众多，有：①远东—东南亚—海湾航线；②远东—东南亚—地中海—西北欧航线；③远东—东南亚—好望角—西非、南美航线；④澳大利亚、新西兰—海湾或地中海、西北欧航线；⑤海湾—南非—西北欧、北美运油航线；⑥波斯湾—东南亚—日本航线；⑦波斯湾—苏伊士运河—地中海—西欧、北美航线。

4）北冰洋航线

北冰洋气候严寒，航线较少，仅有挪威海和巴伦支海西南全年可航。在夏季，北极海域俄罗斯沿岸也有不定期航线至远东港口，但需破冰船开航。

5）集装箱航线

集装箱航线主要有：①远东—北美航线（北太平洋航线）；②北美—欧洲、地中海航线（北大西洋航线）；③欧洲、地中海—远东航线（印度洋航线）；④远东—澳大利亚航线，欧洲、地中海—西非、南非航线。

1.3.2.2　国际航空路线

（1）世界重要航空线

1）北大西洋航空线

北大西洋航空线连接西欧、北美两大经济中心区，主要往返于西欧的巴黎、伦敦、法兰克福和北美的纽约、芝加哥、蒙特利尔等机场。

2）北太平洋航空线

北太平洋航空线连接远东和北美两大经济中心区，由香港、东京和北京、上海、首尔等重要国际机场，经过北太平洋上空到达北美西海岸的温哥华、西雅图、旧金山、洛杉矶等重要国际机场后，再转接北美大陆其他航空中心。太平洋上的火努鲁鲁、阿拉斯加的安克雷奇国际机场是该航线的重要中间加油站。

3）西欧—中东—远东航空线

西欧—中东—远东航空线连接西欧各主要航空港和远东的香港、北京、东京、首尔等重要机场，为西欧与远东两大经济中心区之间的往来航线。

此外重要的航空线还有北美—澳新航空线、西欧—东南亚—澳新航空线、远东—澳新航空线、北美—南美航空线、西欧—南美航空线等。

（2）国际航空港（站）

世界各大洲主要国家的首都和重要城市均设有航空港（站），主要有美国芝加哥欧哈机场、英国希思罗机场、法国戴高乐机场、德国法兰克福机场、荷兰阿姆斯特丹西普霍尔机场、日本成田机场、中国香港国际机场、新加坡樟宜机场等，都是现代化、专业化程度较高的大型国际货运空中枢纽，每年货运量都在数十万吨以上。

1.3.2.3　大陆桥与小陆桥

（1）美国大陆桥

美国大陆桥包括两条路径，一是从美国西部太平洋的洛杉矶、西雅图、旧金山等港口上桥，通过铁路横贯至美国东部大西洋的纽约、巴尔的摩等港口转海运，铁路全长 3 200 千米；二是从美国西部太平洋港口上桥，通过铁路至南部墨西哥湾的休斯敦、新奥尔良等港口转海运，铁路全长 500～1 000 千米。

（2）加拿大大陆桥

该大陆桥是从日本海运至温哥华或西雅图港口后，换装并利用加拿大铁路横跨北美大陆至蒙特利尔，再换海运至欧洲各港。

(3) 西伯利亚大陆桥

该大陆桥的两端连接太平洋与波罗的海和北海，具体路径是从俄罗斯远东地区日本海口岸纳霍德卡港或东方港上桥，通过横穿俄罗斯的西伯利亚铁路至波罗的海沿岸港口转海运至西北欧，或者直接通过白俄罗斯、波兰、德国、比利时、法国的铁路到波罗的海沿岸港口转海运至西北欧等地，或者相反方向的运输路线，陆桥部分长达1万多千米。

(4) 亚欧第二大陆桥

亚欧第二大陆桥东起我国连云港等港口，经津浦、京山、京沪、京广、广深、京九等线路进入陇海线，途经我国的阿拉山口国境站进入哈萨克斯坦，最终与中东地区黑海、波罗的海、地中海以及大西洋沿岸的各港口相连接。

(5) 小陆桥与微型陆桥

美国小陆桥路径是从日本或远东至美国东部太平洋口岸，经美国大陆铁路或公路，至南部墨西哥口岸，或相反方向的路线。美国微型陆桥是指从日本或远东至美国东部太平洋港口，经铁路或公路到达美国内陆中西部地区，或其相反方向的路线。

1.3.3 国际物流网络建设应注意的问题

建设国际物流网络的目的是要根据物流的规模和流向合理布局网络结点，确定进出口货物的买进和卖出流程，保证以相对较低的费用高质量地完成物流服务流程。因此，进行国际物流网络建设时应注意以下问题。

(1) 合理布局物流网络系统要素

规划网络内的建库数目、地点及规模，物流网络系统要素的布局应紧密围绕着商品交易计划进行。

(2) 均衡物流网络系统结点存货

明确各级仓库的供应范围，使各级仓库间能够有机衔接。例如，使生产厂家仓库与各中间商仓库、港（站、机场）区仓库以及出口装运仓库配合和协同，尽可能减少某一级仓库储存过多并持续过长时间的不均衡状态，保证国际物流畅通。

(3) 物流技术发展和网络建设并重

随着经济的全球化发展，越来越多的企业走向全球化经营，以加强国际市场上的竞争力。国际市场的一体化，必将使国际贸易额不断扩大，一方面使国际物流规模不断扩大；另一方面推动物流技术的发展，以使物流网络能够承载扩张的物流规模。因此，物流网络建设必须留有余地，保证各结点和通道能够适应新技术的需要，又留有足够的拓展空间，适应持续高效的国际物流体系发展。

（4）实现国际物流网络接口的无缝化

在一个经由许多环节、由不同国家不同物流主体组成的国际物流渠道中，各物流运作环节之间需要转换，耗费大量时间，如从海运、空运到陆运的转换，从托盘到集装箱的转换等。国际物流网络的构建应尽量使这些转换自动化、标准化、规范化，以节省物流时间。物流接口无缝化是对物流网络构成要素中的流动要素、生产要素、机制要素等进行内部和外部的连接，使物流系统要素之间、物流系统之间成为无缝连接的整体过程，以提高系统的集成度。实现国际物流网络接口的无缝化有以下几种办法：

1）构建方便转换的接口系统。不同类型的运输方式和运输工具之间存在接口的问题，如不同国家的铁路轨距不同，两条连通的公路有不同的车道数等。公路、铁路、航空、水路运输使用的基础设施不同，它们之间也需要转换，通过方便、简单的标准化接口系统，将大大地缩短转换时间。

2）直拨。直拨是指制造出来的产品直接运到站台或码头，而不是先运到仓库进行储存再发运。采用直拨的方式可以避免“入库—出库—再发运”的繁琐流程，以站台或配送中心为临时储存场所，在收货工具和发货运输工具之间建立一个快速转运、配送的平台。大型跨国公司推行的现代直拨业务往往将它与柔性制造系统结合在一起。

3）接口信息及其管理。接口信息需要通过管理信息系统进行管理。单证、票据往往是跨越系统接口的信息交换工具，EDI 是专门用于管理跨越接口信息的一种信息交换标准和技术。条形码也可作为一种跨越系统边界的商品识别标志，其后台数据库在跨越边界时常有障碍，因此需要在一定范围内通过授权共享机制共享数据库。商品物流包装的一些通用语言、符号、代码等都可以作为接口信息来处理。当从一个系统的边界到另一个系统的边界时，相关的信息通过接口能够被识别和认同。

1.3.4　国际物流网络规划设计的中心问题

完善和优化国际物流网络，为加速商品周转、资金流动和国际流通，促进商品尽早、尽快地打入并占领国际市场，提供了切实有效的途径，是扩大对外贸易、提高跨国公司的竞争力和增强成本优势的重要保证。可见，离开国际物流网络的合理规划和有效设置，国际贸易活动与国际的物资交流将寸步难行。在国际物流网络规划设计中，应明确的中心问题包括：

（1）确定进出口货源点（或货源基地）和消费者的位置，各层级仓库及中间商批发点和零售点的位置、规模及数量，从而确定国际物流网络系统的合理布局。

(2) 在合理布局国际物流网络的前提下，确定国际商品由买方实体流动的方向、规模、数量，确定国际贸易的贸易量、贸易过程（流程）的战略、进出口货物的卖出和买进的流程、流向、物流费用、经营效益等。

(3) 在规划网络内建库数目、地点及规模时，要紧密围绕着商品交易计划，乃至一个国家的国际贸易总体规划。

(4) 明确各级仓库的供应范围、分层关系及供应或收购数量，注意各级仓库间的有机衔接。

(5) 国际物流网点规划要考虑现代物流技术的发展，要留有余地，以备将来的扩建。

1.4 国际贸易与国际物流

1.4.1 贸易术语

1.4.1.1 含义与作用

贸易术语又称价格术语，是以简短的概念或三个英文字母缩写，用来说明价格的构成及买卖双方有关费用、风险和责任的划分，以确定买卖双方在交货和接货过程中的义务。

国际贸易的买卖双方在确定价格条件时使用贸易术语，既可节省交易磋商的时间和费用，又可简化交易磋商和买卖合同的内容，有利于交易的达成和履约中争议的解决。

1.4.1.2 有关贸易术语的国际贸易惯例

贸易术语是在长期的贸易实践中形成的习惯做法，经过某些国际组织对其加以编撰和解释，成为有关贸易术语的国际贸易惯例。目前，在国际上具有较大影响的有关贸易术语的惯例主要有三种。

(1)《1932 年华沙-牛津规则》

该规则由国际法协会制订，共 21 条，主要说明 CIF 买卖合同的性质，并具体规定买卖双方所承担的费用、风险、责任以及所有权转移的方式。

(2)《1941 年美国对外贸易定义修订本》

该惯例由美国九大商业团体制定，对六种术语进行解释：

Ex——产地交货；

FOB——运输工具上交货；

FAS——在运输工具旁边交货；

C&F——成本加运费；

CIF——成本加保险费、运费；

Ex Dock——目的港码头交货。

该惯例在北美国家影响大，在与采用该惯例的国家贸易时，要特别注意与其他惯例的差别，买卖双方应在合同中明确规定贸易术语所依据的惯例。

(3)《2000年国际贸易术语解释通则》

该惯例是国际商会为了统一对各种贸易术语的解释而制定的，经过多次修订。目前通用的是1999年9月的修订版，称为《2000年国际贸易术语解释通则》，简称《2000年通则》，于2000年1月1日正式生效。该版本的贸易术语，适应了国际贸易中因集装箱运输和电子数据交换方式所带来的变革，具有两个特点：

第一，《2000年通则》共解释十三种贸易术语，根据贸易术语开头字母和卖方义务的不同类型，分为E、F、C、D四组。

第二，《2000年通则》对买卖双方各10项义务，在编排上将卖方义务和买方义务逐项间隔排列，上下对照。在10项义务之首分别加注“A卖方义务B买方义务”；在每条具体义务前，则分别加注“卖方必须……”和“买方必须……”。

1.4.1.3 六种主要贸易术语

在进出口贸易中，FOB、CFR、CIF、FCA、CPT和CIP是六种常见的贸易术语。因此，熟练掌握这六种主要贸易术语中买卖双方的权利和义务及其使用中应注意的事项十分重要。

(1) FOB——装运港船上交货（……指定装运港）

FOB是指当货物在指定装运港越过船舷时，卖方即完成交货。按照《2000年通则》的解释，在FOB下，卖方的义务主要有必须在合同规定的装运期内，在指定的装运港将货物装上买方指定的船，并承担货物在装运港越过船舷之前的一切费用和风险；负责取得出口报关所需的各种证件，并负责办理出口手续；负责提供商业发票和通常的单证（或电子数据交换信息），证明已完成交货装船的义务。

买方的义务主要有负责租船订舱；支付运费，并给予卖方关于船名、装船地点和要求交货时间的充分通知；自负风险和费用取得进口报关所需的各种证件，并办理货物进口或过境运输的相关手续；收取卖方按合同规定交付的货物和接受与合同相符的单据（或电子数据交换信息），并按合同规定支付货款。

(2) CFR——成本加运费（……指定目的港）

CFR与FOB不同之处在于，其一，CFR术语规定由卖方负责租船订舱并支付费用，按照《2000年通则》的解释，卖方需按通常条件租船订舱，经习惯航线运送货物；而FOB则要求买方负责租船订舱并支付费用。其二，关于运输单据，CFR术语规定应由卖方自行承担费用，除非另有约定，卖方应提交可以转让的海运提单或者可以使买方得以以通知承运人的方式出售在途货物；而FOB则无此要求，可以提交海运提单，也可以提交不可转让的海运单。CFR在货物装船、风险转移、办理进出口手续和接单付款方面，买卖双方的义务和FOB是相同的。

(3) CIF——成本加保险费加运费（……指定目的港）

CIF与CFR不同之处在于，以CIF方式成交，卖方还承担为货物办理运输保险并支付保险费的义务。在FOB和CFR中，由于买方是为自己所承担的运输风险而办理保险，因而不构成一种义务。按照《2000年通则》的解释，卖方应在不迟于货物越过船舷时，办理货运保险。在合同无明示时，卖方可按保险条款中最低责任的险别投保，保险金额一般为CIF价格的110%。

(4) FCA——货交承运人（……指定地点）

FCA指卖方在指定地将经出口清关的货物交给买方指定的承运人，即完成了交货义务。《2000年通则》对FCA术语下卖方如何完成其交货义务归纳为两种不同的情况：

第一，如果合同中所规定的指定交货地是卖方所在地，则卖方应把货物装上由买方指定的运输工具，卖方即完成了交货义务。

第二，如果并非卖方所在地而是其他买方指定的交货地，则卖方只需将货物置于承运人或其代理人的支配之下，即完成交货义务。

(5) CPT——运费付至（……指定目的地）

CPT指当货物已被交给由卖方指定的承运人时，卖方即完成了交货义务，但卖方还必须支付将货物运至指定目的地所需的运费。

(6) CIP——运费和保险费付至（……指定目的地）

CIP指卖方除了必须承担在CPT术语下同样的义务外，还须负责办理货物运输保险，并支付保险费。

后三种贸易术语不仅适用于海运和内河运输，而且适用于航空运输、铁路运输、公路运输及多式联运。通常买卖双方的交货地点是出口国某一指定地点，风险划分以货交承运人为界，进出口手续类似于FOB、CFR和CIF，它们均属于装运合同。

FCA、CPT、CIP与传统的FOB、CFR、CIF相比较，存在三个共同点：

第一，它们都是象征性交货，相应的买卖合同均为装运合同。

第二，它们都由出口方负责出口报关，进口方负责进口报关。

第三，买卖双方所承担的运输、保险责任相互对应，即FCA和FOB一样，由买方办理运输；CPT和CFR一样，由卖方办理运输；CIP和CIF一样，由卖方承担办理运输和保险的责任并支付费用。

这两类贸易术语的主要不同点在于：

第一，适合的运输方式不同。FCA、CPT、CIP适合于各种运输方式；而FOB、CFR、CIF只适合于海运和内河运输方式。

第二，交货地点和风险划分界限不同。FCA、CPT、CIP术语中，交货地点由于运输方式的不同而约定也不同，买卖双方风险、费用和责任划分以"货交承运人"为界。而传统的贸易术语FOB、CFR、CIF，其交货地点都在装运港船上，风险划分则以"装运港船舷"为界。

第三，装卸费用负担不同。FCA、CPT、CIP术语本身已经明确说明，不存在需要使用贸易术语变形的问题；而传统的贸易术语FOB、CFR、CIF却有贸易术语的变形。

第四，运输单据性质不同。海运提单具有物权凭证的性质，可以转让；而海运单、航空运单和铁路运单等，不具有这一性质。CFR和CIF术语，强调所交运输单据应为可转让的海运提单；而CPT和CIP则无此要求。

1.4.2 信用证付款

信用证是目前我国外贸进出口结算的一种主要方式，它以银行信用取代商业信用，以银行的付款责任取代买方的付款责任。在买卖双方缺乏信任、互不熟悉的情况下，信用证的付款方式很好地解决了支付中的难题，使卖方在交货以前就能得到银行付款的承诺，使交易得以顺利进行，有利于国际贸易的发展。信用证交易使卖方收回货款得到安全保证，而作为银行，开出信用证只是借重它的信誉，在开证时仅作出付款的承诺，并未动用银行的资金，但是有收取买方押金和手续费的好处。可见银行在付款时，取得了单据所有权，在买方拒绝赎单或破产的情况下，银行有权处置单据，没收买方的押金，从而可将自身风险降到最低程度。信用证交易并非单纯带给买方不利因素，也会给买方带来得天独厚的好处。它可以利用信用证条款约束卖方履行合同，保证所购买货物的品质、数量、交货期符合合同的规定，卖方如果违约将得不到偿付。

1.4.2.1 信用证的定义

信用证是一种银行开立的、有条件的、承诺付款的书面文件。具体地说，信用证是银行（开证行）应进口人的请求和指示，向出口人开立的、一定金额的、在一定条件下保证付款的凭证。所谓“一定金额，一定条件”是指开证行的付款是以卖方提交符合信用证的单据为条件的。

跟单信用证统一惯例（UCP600）给信用证下的定义是“指一项不可撤销的安排，无论其名称或描述如何，该项安排构成开证行对相符交单予以承付的确定承诺”。

1.4.2.2 信用证的当事人

（1）开证申请人

开证申请人指向银行申请开立信用证的人，即进口人、买卖合同中的买方。

（2）开证行

开证行指受开证人委托，向卖方开立信用证的银行，一般为进口人所在地银行。

（3）受益人

受益人指信用证上所指定的有权使用该证得到偿付的人，一般为出口人。

（4）通知行

通知行指受开证行的委托，将信用证转交出口人的银行，出口地银行通常是开证行的代理行。

（5）议付银行

议付银行指愿意买入或贴现受益人所交跟单汇票的银行，可以是开证行指定的银行，也可以是公开议付的银行。议付又称押汇、买单，是指议付行在审单无误的情况下，按信用证的条款贴现受益人的汇票，买入信用证项下的货运单据，从票面金额中扣除从议付日到估计收到票款之日的利息，将余款先行支付给受益人。议付实际上是银行向受益人先行垫付资金，银行在议付之后就成为汇票的正当持票人，具有追索权。

（6）付款行

付款行指信用证上指定的付款银行，一般是开证行，也可以是开证行以外的分行或代理行。由于资金调拨的原因，开证行可能指定另一家银行为付款银行。付款行与开证行具有同等的法律地位，都是终局性的，没有追索权。

（7）偿付行

偿付行指信用证指定的代替开证行或付款行清偿货款的银行，其不负责审单，只根据开证行的授权付款，付款也是终局性的。偿付行的出现，往往是由于开证行的资金调度或集中在第三国银行的缘故，要求该银行代为偿付信用证规定的款项。

(8) 保兑行

保兑行指根据开证行的请求，在信用证上加具保兑的银行。保兑行在信用证上加具保兑后，即对信用证独立负责，承担必须付款或议付的责任。保兑行具有与开证行相同的责任和地位。保兑行可以由通知行兼任，也可由其他银行加具保兑。

1.4.2.3 信用证支付的一般程序

(1) 开证人申请开立信用证

在国际贸易的货物买卖中，开证人一般为进口人。买卖合同订立后，买方（开证申请人）向开证银行申请开立信用证。开证人申请开证时，应填写开证申请书，开证申请书的内容实际上完全反映了买卖合同的内容。虽然银行开立信用证是根据买方的开证申请书，但信用证开立的基础却是买卖合同。买方申请开立信用证必须完全遵循买卖合同的条款和义务，不得利用开证的机会，擅自改变合同的条款。信用证一旦开立，受益人就必须按照信用证的条款履行交单义务，这也是开证行履行付款的依据。开证申请书的第二部分内容是开证人对开证银行的声明或具结，用以明确双方的责任。其主要内容是开证人承认开证银行在其付款赎单之前，对单据所代表的货物有所有权；开证人保证单据到达后，如期付款赎单，否则开证银行有权没收开证人所交付的押金和抵押品，作为开证人应付价金的一部分。开证人申请开立信用证，应向开证银行交付一定比率的押金，一般为信用证金额的百分之几到几十。开证人还应按规定向开证银行支付开证手续费和邮电费。

(2) 开证行开立信用证

开证行根据开证人的申请向受益人开立信用证，所开信用证的条款必须与开证申请书所列一致。开证行开立信用证后，对受益人承担了付款责任。

1) 如果信用证为即期付款信用证，则即期付款。

2) 如果信用证为延期付款信用证，则承诺延期付款并在承诺到期日付款。

3) 如果信用证为承兑信用证，则承兑受益人开出的汇票并在汇票到期日付款。

(3) 通知行通知

信用证通知行系开证行要求的收件人。当通知行收到开证行开来的信用证后，应立即将信用证的密押和签字印鉴进行核对，在核对无误后，立即交信用证的受益人。

(4) 审证与修改

信用证受益人接到信用证后，应首先审核信用证，检查买方开证时是否与买卖合同相符。如发现不符、某些条款不能接受或有软条款，应立即通知买方修改信用证。

UCP600 中规定，“开证行自发出修改之时起，即不可撤销地受其约束”；“未经开证行、保兑行（如有的话）及受益人同意，信用证既不得修改，也不得撤销”；“在受益人告知通知修改的银行其接受该修改之前，原信用证（或含有先前被接受的修改的信用证）的条款对受益人仍然有效。受益人应提供接受或拒绝修改的通知。如果受益人未能给予通知，当交单与信用证以及尚未表示接受的修改的要求一致时，即视为受益人已作出接受修改的通知，并且从此时起，该信用证被修改”。

(5) 交单议付

受益人收到信用证，经审查无误，或收到修改通知书认可后，即可根据信用证规定的条款进行备货和安排出运。受益人在取得全套单据后，可以据以向所在地银行进行押汇，也称为议付，即由当地银行将出运货物的货款扣除预计收到货款的这段时间的利息后先行给付受益人，以给受益人资金融通，银行从中赚取利息和手续费。

(6) 开证申请人付款赎单

开证行将全部票款拨还议付银行后，应立即通知开证人付款赎单。开证人接到开证行通知后，也应立即到开证行核验单据，认为无误后，将全部票款及有关费用一并向开证行付清并赎取单据。如果申请开证时曾交付押金，付款时可扣除押金；如果申请开证时曾递交抵押品，则在付清票款和费用后，抵押品由开证行发还。此时，开证人与开证行之间由于开立信用证所构成的权利义务关系即告终结。

综上可知，信用证支付的程序主要包括以下几个步骤：

1) 签订买卖合同，规定以信用证为付款方式；

2) 买方向开证行申请开证；

3) 开证行向通知行寄交信用证；

4) 通知行审验信用证的真伪后，向卖方转递；

5) 卖方装运后向议付行交单议付；

6) 议付行向开证行交单索偿；

7) 开证行向议付行偿付；

8) 开证行向买方提示，买方付款赎单。

【小　结】

本章主要介绍国际物流的含义和特点，梳理国际物流发展历程，介绍国际物流网络，分析国际物流与国际贸易的关系，介绍国际物流与国际贸易的术语。

【案例讨论】

安徽国际货物运输公司

安徽国际货物运输公司（AIFTC）成立于 1992 年 12 月，是商务部批准的内地口岸最早经营国际货物运输代理的企业之一，是安徽省商务厅唯一直属货代企业，具有独立法人资格。

AIFTC 自成立之初就定位于专业提供第三方物流服务，主要从事进出口货物的海、陆、空、快件等国际货物运输代理及仓储、保税、报关等相关业务，办理和提供揽货、制单、订舱、报检、报验、集卡、散货、拼箱、国内运输、中转、仓储、保税、签单等一条龙服务。公司本部设在安徽省合肥市，下设有业务一、二部，海运出口、进口部，海运集装箱部和多式联运部，展品运输部等业务部门，在合肥海关、芜湖海关设立了报关行，在安徽省检验检疫局设立了报检行，在合肥机场设立了分公司，并在上海、芜湖、铜陵等口岸设立了分公司，在蚌埠、芜湖出口加工区设立了办事处等分支机构，而且在美国、加拿大、中国香港、日本等地拥有代理网络，可以及时地为客户提供目的港清关及门到门服务。

AIFTC 是商务部批准的一级国际货运代理企业，中国国际货代协会（IFA）会员单位，安徽省国际货运代理协会副会长单位，安徽省对外经济贸易企业协会常务理事单位，安徽报关协会副会长单位，合肥海关评定的 A 类企业等。AIFTC 拥有一支精通国际外贸物流业务，善于经营管理的队伍，配备先进的货运企业内部信息网络系统，通过依托已构建的海、陆、空等综合性、多功能性、多元化货运服务体系，坚持不懈的以“一流的服务，一流的信誉”为宗旨，按照 ISO9001：2000 质量标准体系进行规范化管理，以薄利多运为原则，注重服务质量，讲究工作效率，恪守合同信誉，确保客户满意，竭诚为货主提供“安全、迅速、准确、节省、方便、高效”的全面货运代理和物流服务。

公司合资企业——芜湖安新运贸有限责任公司是由 AIFTC 控股的从事进出口贸易的股份制企业，2001 年 11 月经国家原对外贸易经济合作部批准获得进出口经营权。安新运贸有限责任公司注册资金 301 万元人民币，连续多年参加华交会和三届广交会，主要摊位有服装、箱包、文体、办公用品等。安新运贸有限责任公司代理进出口业务，能及时提供完善的服务，代理费用低，货款支付快，手续简单，做法灵活、方便。

讨论题

1. AIFTC 的组织结构图是什么？
2. 如何开展货运代理和进出口业务代理业务？
3. 国际物流需要哪些资质？

复习思考题

1. 什么是国际物流？
2. 国际物流有哪些特点？
3. 国际物流发展历程包括哪些阶段？
4. 主要国际物流网络有哪些？
5. 如何理解国际物流与国际贸易的关系？

第 2 章　国际货运代理

【教学目标】

(1) 掌握国际货运代理的定义、类别、法律地位与法律责任;

(2) 掌握货运代理市场营销的含义及要素;

(3) 掌握货运代理市场营销管理步骤，了解国际货运代理中的法律责任和投保责任保险。

【引导案例】

中国最大的货运代理企业——中国外运股份有限公司

中国外运股份有限公司是中国最大的货运代理企业，拥有覆盖中国、辐射全球的庞大服务网络。数十年丰富的货运代理经验和专业化员工队伍，为客户提供海运、空运、铁路、公路全方位的运输代理服务，以及工程项目、重大件和展览品方面的运输服务。中外运的报关业务遍及国内各省市和口岸，年报关量、预录入量均超过一百万票。通过世界各国的海外代理，中国外运搭建了位于世界主要贸易地区的业务平台，形成遍布全球的货运代理网络。

中外运拥有齐全、结构均衡的战略资产。其中，自营码头吞吐能力达 364 余万吨；自营船舶 89 艘，总载重 34 余万吨；集装箱场站 51 个，面积达 171 余万平方米；仓库 254 座，仓储面积达 102 余万平方米，在北京、广州、成都、上海、沈阳、南京等设有货物分拨中心；营运车辆 1 759 辆，2 万多载重吨；铁路专用线 5 条。公司注重一体化营销体系和标准化业务操作平台的建设，建立起分工协作的一体化经营模式，打造了以海陆空货运体系为支撑、以战略资产为依托的一体化综合物流服务平台。

中外运股份有限公司是一家实力雄厚的国际货运代理企业，具有无船承运人资格，业务范围包括海运代理、陆运货代、空运货代、工程物流、能源物流、代理报关、代理报验、集装箱拼箱等。

资料来源：http://www.sinotrans.com/col/col16/index.html。

2.1 国际货运代理概述

国际货运代理人，是指在国际货运市场上，处于货主与承运人之间，接受货主委托，代办租船、订舱、配载、缮制有关证件、报关、报验、保险、拆装集装箱、结算运杂费，乃至交单议付和结汇，保证安全、迅速、经济地运送货物并控制货物运输的全过程，被认为是国际货物运输的组织者和设计师。国际货运代理行业是国际商品流通过程的必然产物，是国际贸易不可缺少的组成部分。

2.1.1 国际货运代理的定义

“货运代理”一词出现于20世纪的欧洲，来源于英文Freight Forwarder，在国际上至今尚无一个普遍、公认的统一定义。在不同国家有不同名称，如“通关代理人”、“海关代理人”、“清关代理人”、“海关佣金商”、“运输和货运代理人”等，而我国则称之为“国际货运代理”。

随着货运代理业务在实践中的发展，许多权威机构对货运代理的解释大致划分为两个阶段。

(1) 第一阶段

国际货运代理协会联合会定义：国际货运代理是根据客户的指示，为客户的利益而揽取货物运输的人，其本身并不是承运人。《船务法律词典》的解释：国际货运代理是经营为他人安排货物运输业务的人。国际货运代理有权代表他的被代理人就一切所发生的费用取得赔偿，并有权得到偿付他的服务费用。美国《船务和货运代理业务辞典》的解释：国际货运代理是准备航运单证、安排舱位、投保并办理关税手续工作，以取得费用的商业组织。

1990年我国原对外经济贸易部发布的《关于国际货物运输代理业管理的若干规定》的定义，国际货物运输代理是介于货主与承运人之间的中介人，是接受货主或承运人委托，在授权范围内办理国际货物运输业务的中介；规定“国际货运代理除了拥有为代理业务所必需的仓库和小型车队外，一般不经营运输工具，也不经营进出口商品”，货运代理仅仅是联系货主和承运人，根据他们委托办理国际货运业务的从业者。

(2) 第二阶段

美国《布莱克法律辞典》定义：国际货运代理业务为接收货物，以仓储、包装、整车货装运、交货等方式，把不够整车船的货（小船货）集中成整车船货，为他人接收并海运商品，由此从低运费中取利的公司或个人。美国

《物流管理》定义：货运代理是以营利为目的的行业，他们把来自各种顾客手中的小批量物品装运整合成大批量装载，然后利用公共承运人（公路或航空）进行运输，到目的地后，货运代理把该大批量装载拆分成原先较小的装运量。

1995 年原对外贸易经济合作部发布的《中华人民共和国国际货物运输代理业管理规定》提出：国际货运代理业是指接受进出口货物收货人、发货人的委托，以委托人的名义或者以自己的名义，为委托人办理国际货物运输及相关业务并收取服务报酬的行业。这里删除"可以接受承运人的委托"，即将船舶代理排除在货运代理之外。1998 年进一步在《中华人民共和国国际货物运输代理业管理规定实施细则》中对货运代理业务范围进行了扩大：国际货运代理企业可以作为进出口货物收货人、发货人的代理人，也可以作为独立经营人。

货运代理企业作为代理人从事货代业务，指接受进出口货物发货人、收货人或其代理人委托，以委托人或以自己名义为委托人办理相关业务并收取代理费的企业。货运代理企业作为独立经营人从事货代业务，指接受进出口货物发货人、收货人或其代理人的委托，签发运输单证，履行运输合同并收取运费或服务费的企业，如无船承运人（NVOCC）、多式联运经营人（MTO）、第三方物流经营人等。

可见前一阶段对货运代理的界定认为货运代理只作为中间人或中介或代理人提供服务并得到费用，而不作为运输当事人，即承运人；而后一阶段货运代理可以进行拼装、拆装业务，并赚取运费差价，成为独立经营人角色。对客户的界定方面，前一阶段对客户的定义不明确，我国定义中提及客户为货主或承运人；后一阶段对客户的理解确定为货主，我国定义明确指定为货物发货人或收货人。

2.1.2　国际货运代理的类别

2.1.2.1　按成立背景分类

（1）以外贸、工贸公司为背景

以外贸、工贸公司为背景成立的货运代理企业，如五矿国际货运公司、中粮国际仓储运输公司等。这类货运代理企业跟货主保持长期良好的业务关系，能够保证稳定的货源；了解货物特性，能够为货主提供良好的货运代理服务。

（2）以实际承运人企业为背景

以实际承运人企业为背景成立的货运代理企业，如中国铁路对外服务总公司、中国外轮代理总公司等。这类货运代理企业与承运人联系紧密，运输信息灵通，能够为货主争取优惠的运价，其在货运代理市场上具有较强的竞争优势。

(3) 以仓储包装企业为背景

以仓储包装企业为背景成立的货运代理企业，如中储货运代理有限公司、天津宏达国际货运代理有限公司等。这类货运代理企业具有较强的仓储优势，为提供一体化的货运代理服务奠定了一定的基础，且在仓储费用方面给予货主一定的优惠。

(4) 以港口、航道、机场企业为背景

以港口、航道、机场企业为背景成立的货运代理企业，如上海集装箱码头有限公司、天津振华国际货运公司等。这类货运代理企业与港、站、机场业务关系密切，经验丰富，在提供顺畅的物流服务方面具有一定的优势。

(5) 以其他投资主体为背景

以其他投资主体为背景成立的货运代理企业，包括外商独资、外商合资和民营等，这类企业经营规模不同、经营范围不一，以其特色业务在市场上具有特定客户群，灵活性较强，能够为客户提供满意的货运代理服务。

2.1.2.2 按法律地位分类

(1) 作为代理人型的货运代理

此类货运代理以委托人的名义提供传统的货运代理服务，如订舱、保管货物、安排货场运输、报关、报检报验、包装、保险等业务，代委托人支付运费、保险费、包装费、海关税以及其他相关费用，并收取总费用的一定百分比的代理费。这种货运代理企业主要应用于散杂货运输。

(2) 作为当事人型的货运代理

此类货运代理以自己的名义为委托人办理货运代理业务，能够提供除传统货运代理业务以外的其他服务，如签提单、提供仓储等物流业务，其经营收入来源为运费差价，如无船承运人、多式联运经营人和第三方物流经营人。这种货运代理企业主要应用于集装箱运输。在拼箱货运输和多式联运业务中，货主必须委托这种类型的货运代理企业。

2.1.2.3 按运输方式分类

根据运输方式不同，国际货运代理分为国际海上货物运输代理、国际陆空货物运输代理以及国际多式联运代理。国际陆空货运代理包括国际公路运输货运代理、国际铁路运输货运代理和国际航空运输货运代理。

由于国际海运、空运、陆运都涉及散杂货运输和集装箱运输，因此代理人型的货运代理和当事人型的货运代理都存在，其中无船承运人主要针对国际海上运输而言。国际多式联运代理即指国际多式联运经营人，基于多式联运经营人必备的条件之一即签发运单，因此它是当事人型的货运代理。

2.2　国际货代法律地位与责任保险

随着我国经济的发展和国际贸易的加强，国际货运代理人发挥着越来越重要的作用。实务中，由于国际货物运输的复杂性，国际货运代理人的法律地位并非十分清楚和明确，一旦发生纠纷，受损害的货物利益方有时连起诉的主体都不清楚，从而给自己带来惨重的损失。因此，探析货运代理人的法律地位、法律责任与责任保险，有着十分重要的现实意义。

2.2.1　国际货运代理的法律地位与法律责任

2.2.1.1　国际货运代理的法律地位

货运代理法律地位是指作为代理人的法律地位和作为当事人的法律地位。货运代理地位不同，其担当的法律责任也不同。为了明确货运代理的法律地位，托运人与货运代理的委托合同条款中最好能明确写明，例如“委托人要求货运代理从事的一切业务活动均属代理性质”。如果在委托合同中没有明确指明其性质，则可以通过以下方式作为识别依据。

(1) 取得收入的方式

货运代理人从托运人获取收入的方式是佣金还是运费差额，是区分货运代理法律地位的重要标志之一。若货运代理获取收入的方式是佣金，则其法律地位是代理人；若获取收入的方式是运费差额，则其法律地位是当事人。

(2) 签发提单的方式

若货运代理能签发自己的提单，则其法律代理地位为当事人，如签发无船承运人提单的无船承运人、签发多式联运提单的多式联运经营人。若货运代理不能签发提单或不能签发自己的提单，则其法律地位为代理人。所谓不能签发自己的提单是指承运人授权货运代理签发提单，即尽管货运代理签发了提单，但其不属于自己的提单。

(3) 经营运作的方式

若货运代理接受托运人的委托并向托运人收取一定的运费，然后以自己的名义与承运人签订运输合同并向承运人支付一定的（较低的）运费，则此货运代理对于托运人来说被视作承运人，属于当事人身份。接受多个委托人的货物并进行集装箱拼箱、混装业务的货运代理也属于当事人身份。若货运代理接受托运人委托，并以托运人的名义办理相关运输业务一般被视为代理人。

货运代理究竟是作为代理人还是作为当事人，其身份的确定可依据具体事实，比如货运代理和委托人之间的全部情况，包括合同、电话、来访信件、电子邮件、传真、费率和提单、运单以及以往的业务情况。

2.2.1.2 国际货运代理的法律责任

国际货运代理的权利、义务及法律责任非常具体，通常体现在有关国际公约、标准交易条件或合同条款中。

(1) 代理人型货运代理的法律责任

代理人型的货运代理在其授权范围内，以委托人的名义从事代理行为，所产生的法律后果由委托人承担。委托人和货运代理之间是代理合同关系，货运代理享有代理人的权利，承担代理人的义务。货运代理以委托人名义与承运人签订的运输合同，合同当事人为委托人和实际承运人或其他第三人，而货运代理本身并不是运输合同的主体，不享有该运输合同的权利，也不承担该运输合同的义务。

1) 代理人型货运代理享有的权利

代理人型的货运代理有权以委托人名义处理委托事务；有权在授权范围内自主处理委托事务；有权要求委托人提交相关运输单证；有权要求委托人预付、偿还处理委托事务费用；有权要求委托人支付服务报酬；有权要求委托人承担代理行为后果；有权要求委托人赔偿损失（货运代理在处理委托事务时，因不可归责于自己的事由受到损失，或委托人经代理人同意另行委托第三人处理委托事务而给代理人造成损失的情况）；有权解除委托代理合同，但应赔偿相关损失。

2) 代理人型货运代理承担的责任

代理人型货运代理仅对其本人及其雇员的错误和疏忽承担责任，其中出口货物发货人的货运代理责任期间是从接收货物起至将货物交给承运人止，进口货物收货人的货运代理责任期间是从换单接货时起到货物交给收货人止。

货运代理本人及其雇员的错误和疏忽主要体现在：安排运输时出现错误或疏忽；在办理报关、报检报验、保险时出现的错误和疏忽；未取得收货人的货款而交付货物；在经营过程中造成第三人的财产灭失或损坏或人身伤亡；与第三人串通损害委托人利益的，与第三人承担连带赔偿责任；明知委托事项违法的，与委托人承担连带责任；擅自将委托事项转委托他人，应对转委托的行为向委托人承担责任；无权代理，对委托人不发生效力，自行承担责任。

但是，代理人型的货运代理对于货物在运输过程中发生灭失或残损不承担责任，并且在能够证明他对第三人的选择做到了合理的谨慎时，一般不承担因第三人的行为或不行为引起的责任。

(2) 当事人型货运代理的法律责任

当事人型的货运代理接受货主的委托，以独立经营人身份，以自己的名义签发提单或其他运输单据，对委托人提供一揽子物流服务，完成货物的单程或全程运输。委托人和货运代理是运输合同关系，货运代理对于委托人来说属于承运人性质，享有承运人的权利，承担承运人的义务，货运代理以自己的名义与实际承运人签订的运输合同，其合同主体是货运代理和实际承运人，货运代理对于实际承运人来说扮演托运人的角色，享有托运人的权利，承担托运人的义务。

1) 当事人型货运代理享有的权利

其针对委托人享有的权利具体体现在：有权检查货物、单证；有权拒绝运输；有权收取运费和相关杂费；有权取得赔偿（在与委托人签订的运输合同成立后，但尚未履行或全面履行前，委托人可以单方终止合同或变更合同内容，在此情况下货运代理有权因其给自己造成的损失要求委托人赔偿）；享有货物留置权和提存权。

其针对委托人应尽的义务具体体现在：选择合理的运输路线；及时、安全地运送货物；妥善保管货物；发送到货通知。

2) 当事人型货运代理承担的责任

当事人型的货运代理不仅对本人及其雇员的错误和疏忽负责，还应使货物完好地抵达目的地，这意味他应承担承运人的责任和造成第三人损失的责任，其责任期间自接收货物时起至交付货物给收货人止。当事人型货运代理承担责任范围更广、期间更长、风险更大，除承担本人及其雇员的错误和疏忽外，还承担其他责任，具体体现在三方面：①对货物的灭失或残损负责；②因职业过失，尽管既非出于故意也非由于粗心，但给客户造成了经济损失；③延迟交货。尽管按惯例货运代理一般不确保货物的到达日期，也不对延迟交货负责，但趋势是对过分的延误要承担适当的责任。

2.2.2 国际货运代理的责任保险

国际货运代理责任保险，通常是为了弥补国际货物运输方面的风险。这种风险不仅来源于运输本身，而且来源于完成运输的许多环节中，一般由国际货运代理公司履行。一个错误的指示、一个错误的地址，往往都会给国际货运代理带来严重的后果和巨大的损失。因此，国际货运代理有必要投保自己的责任险。另外，当国际货运代理以承运人身份出现时，不仅有权要求合理的责任限制，而且其经营风险可通过投保责任险以获得赔偿。

2.2.2.1 国际货运代理责任保险的产生

国际货运代理所承担的责任风险主要产生于三种情况，国际货运代理可以通过投保责任险，从不同的渠道得到保险的赔偿。

第一种是国际货运代理本身的过失。国际货运代理未能履行代理义务，或使用自有运输工具进行运输出现事故，无权向任何人追索。

第二种是分包人的过失。在“背对背”签约的情况下，责任的产生往往由于分包人的行为或遗漏，而国际货运代理没有任何过错。此时，从理论上讲国际货运代理有充分的追索权，但复杂的实际情况却使其无法全部甚至部分地从责任人处得到补偿。

第三种是保险责任不合理。在“不同情况的保险”责任下，单证不是“背对背”的，而是规定了不同的责任限制，从而使分包人的责任小于国际货运代理或免责。

2.2.2.2 国际货运代理责任险的内容

国际货运代理投保责任险的内容，取决于因其过失或疏忽所导致的风险损失，如错误与遗漏，仓库保管中的疏忽，货损货差责任不清，迟延或未授权发货等。

2.2.2.3 国际货运代理责任保险的方式

国际货运代理投保责任险时，主要有几种方式供选择，即有限责任保险、完全法律责任保险、最高责任保险、集体保险制度。国际货运代理根据自己的情况，选择适合自己的方式进行投保。

有限责任保险是国际货运代理仅按其本身规定的责任范围对其有限责任投保，国际货运代理的有限责任保险主要分为三种类型：

第一类，根据国际货运代理协会标准交易条件确定的国际货运代理责任范围，国际货运代理可选择只对其有限责任投保。

第二类，国际货运代理接受保险公司的免赔额，这意味着免赔额部分的损失须由国际货运代理承担。

第三类，国际货运代理通过缩小保险范围降低保险费，只要过去的理赔处理经验证明这是合理的，但意料之外的超出范围的大额索赔可能会使其蒙受巨大损失。

完全法律责任保险是国际货运代理按所从事的业务范围、应承担的法律责任进行投保。根据国际货运代理协会标准交易条件确定的国际货运代理责任范围，国际货运代理可以选择有限责任投保，也可以选择完全责任投保，但部分国家的法院对国际货运代理协会标准交易条件中有关责任的规定不予认定，所以，国际货运代理进行完全法律责任保险是十分必要的。

在某些欧洲国家，一种被称为 SVS 和 AREX 的特种国际货运代理责任保险体制被广泛采用。在这种体制下，对于超过确定范围以外的责任，国际货运代理必须为客户提供“最高”保险，即向货物保险人支付一笔额外的保险费用。这种体制尽管对国际货运代理及客户都有利，但目前仅在欧洲流行。

在某些国家，国际货运代理协会设立了集体保险制度，向其会员组织提供责任保险。这种集体保险制度既有利也有弊，优点是使该协会能够代表其成员协商而得到一个有利的保险费率，并使该协会避免要求其成员进行一个标准的、最小限度的保险，以及依此标准进行规范的文档记录；缺点是一旦推行一个标准的保险费率，就等于高效率的国际货运代理对其低效率的同行进行补贴，影响改进风险管理、索赔控制的积极性，同时使其成员失去协会的内部信息，而该信息可能为竞争者所利用。

2.2.2.4　国际货运代理投保其责任险的四种渠道

国际货运代理主要通过四种渠道投保其责任险：

(1) 所有西方国家和某些东方国家的商业保险公司，可以办理国际货运代理责任险。

(2) 伦敦的劳埃德保险公司，通过辛迪加体制，每个公司均承担一个分保险，虽然该公司相当专业，但市场仍分为海事与非海事，并且只能通过其保险经纪人获得保险。

(3) 互保协会投保责任险。这是一个具有共同利益的运输经纪人，为满足其特殊需要而组成的集体性机构。

(4) 通过保险经纪人，可为国际货运代理选择可承保责任险的保险公司，代表国际货运代理与保险人进行谈判，还可提供损失预防、风险管理、索赔程度等方面的咨询，并根据国际货运代理协会标准交易条件来解决国际货运代理的经济、货运、保险及法律等问题。

2.2.2.5　国际货运代理责任保险的除外责任

虽然国际货运代理的责任可以通过投保责任险将风险事先转移，但作为国际货运代理必须清楚地知道，投保了责任险并不意味着保险公司将承保所有的风险，因此绝不可误认为在任何情况下，发生任何事故，即使自己有责任也不必承担任何风险与责任，统统由保险公司承担。事实上，保单中往往都有除外条款，即保险公司不予承保，所以要特别注意阅读保单中的除外条款，并加以认真地研究和考虑。另外，保单中同时订有要求投保人履行的义务条款，如投保人未尽其义务，也会导致保险公司不予赔偿。

2.3 国际货运代理的市场营销和管理步骤

2.3.1 货运代理市场营销含义

2.3.1.1 市场营销概念

美国市场营销协会（AMA）定义：营销既是一种组织职能，也是为了组织自身及利益相关者的利益而创造、传播、传递客户价值，管理客户关系的一系列过程。

著名营销学家菲利普·科特勒教授将市场营销定义为：通过创造和交换产品及价值，从而使个人或群体满足欲望和需要的社会过程和管理过程。

2.3.1.2 国际货运代理市场营销含义

国际货运代理市场营销是关于货运解决方案、货物舱位和附加货代服务，包括服务、定价、促销和分销的策划与实践过程，以及为实现货代企业的盈利目标而进行的交换过程。货运代理的市场营销活动是以了解和满足委托人的需求为中心，以出口货物收货人、发货人为企业活动全过程的起点和终点，与此相关的一系列的企业经营活动。

国际货运代理市场营销是针对无形的服务产品，而不是有形的商品。可见国际货运代理市场营销属于服务市场营销，而不是产品市场营销。

2.3.2 货运代理市场营销管理步骤

货运代理营销管理过程是指货运代理企业识别、分析、选择、发掘市场营销机会以实现其任务和目标的管理过程，包括以下四个步骤。

（1）发现和分析评价市场机会

机会是指没有被满足，或者没有得到很好满足的需要和欲望。企业要把机会转化为利润来源必须提供相应的产品和服务，而要提供相应的产品或服务，必须要拥有相应的资源和配置以及使用资源的独特、有效方式，即一定的经营能力。发现市场机会的基础是进行系统的市场调查，通过对市场信息进行系统收集、分析和研究来挖掘还未被满足的需求。

作为一个货运代理企业，从时间、费用和必要性看，既不可能、也没有必要对所有环境进行调查分析，可以集中力量对关键因素进行调查。例如，通过对货主需求进行调查，掌握影响货物流向的直接因素，调整经营项目，更好地满足货主需求；通过对竞争对手的调查，及时发现对手的不足，形成自身的竞争优势和特长，抢占市场。

（2）研究和选择目标市场

国际贸易的结构日益发生巨大的变化，传统的初级产品、原料等贸易品种逐步让位于高附加值、精密加工的产品，国际贸易的多样化对货运代理企业提供的服务提出了多样化的需求。任何货运代理企业，无论规模如何，都不可能为所有的客户服务，因此应将货运代理市场按照不同的标准进行细分。

市场细分是企业根据自身条件和营销意图，以需求的某些特征或变量为依据，区分具有不同需求的客户群体的过程。经过市场细分，在同类产品市场上同一细分市场的客户具有较多的共同性，不同细分市场之间的需求具有较多的差异性。

货运代理企业需要根据客户的地理因素、追求利益和使用频率等变量对整个市场加以细分。同一细分市场对货运代理服务有某种相同的需求，不同的细分市场对货运代理服务的需求有较大的差异性。货运代理企业根据自身的能力，集中资源满足其中一个或几个细分市场。货运代理企业的细分标准是以用户的需求为基础的，细分标准一般包括客户所在的地理区域、客户性质、客户所追求的利益、客户委托的货物类别等。

1）根据客户所在的地理区域细分

按照客户所属的国家，分为国内货运代理市场和国际货运代理市场。国内货运代理市场比较透明，出口企业对货代企业的信息非常了解，国内出口企业对价格敏感度高，经常要咨询几家公司的报价才会确定每一次的货运代理公司，导致货运代理企业竞争激烈，利润低，难以形成稳定的客户源。国际客户稳定性较好，相比价格而言，更看重公司的实力、信誉和服务，有利于企业通过提供增值服务扩展利润空间。

2）根据客户性质进行细分

货运代理市场的客户基本为各种类型的企业，按照企业所有制的形式划分，可分为国有企业、外资企业、民营企业等；按照企业规模和运量大小划分，可分为大型企业、中型企业和小型企业；按照经营类型划分，可分为贸易企业、生产企业、其他运输代理企业等。用户从事的经营活动性质不同，所托运的货物种类往往也有较大的差异。另外，不同性质的用户对货物运输的一般利益追求也有所不同。

例如，外资企业在办理运输时，主要关心的是服务的及时性，对费用敏感度较低。而国有大中型企业的货物运输由于运量大、货源稳定等特点，一般要求较低的运输价格和服务的可持续性。

3）根据客户追求的利益进行细分

不同客户对货运代理企业提供的服务所带来的利益要求各不相同。有的客户强调价格的低廉，有的客户强调服务的质量，有的客户重视货物在运输途中的安全性。因此，货运代理企业可以根据客户所追求主要利益的不同来进行市场细分。

4）根据客户委托代理的货物类别进行细分

按照运输和保管货物的条件，可分为普通货物运输市场、危险品货物运输市场、大型货物运输市场、精密仪器货物运输市场。按照托运货物的批量大小不同，可分为零散货物运输市场和成批货物运输市场。

5）根据客户购买频率和数量进行细分

按照不同客户平均每月走货量、季节变动情况，可分为重点客户市场、一般客户市场和少量客户市场。客户在需求方面不相同，他们为公司贡献的价值也不一样。一般地，更频繁和更大量购买服务的大客户比偶尔购买服务的客户更具有营利性。

（3）评估和选择细分市场

在评估不同的细分市场时，企业必须考虑两大因素：细分市场结构吸引力和公司目标与资源。分析市场结构吸引力包括调查与预测市场规模的大小、成长性、盈利率、风险程度等，同时企业必须考虑对细分市场的投资与企业目标和资源是否相一致。经过分析评估，企业打算进入的细分市场，或打算满足的、具有某一需求的顾客群体就是目标市场。

货运代理企业在选择和确定目标市场的过程中，需要正确评估每一个细分市场结构吸引力，结合企业本身的能力、条件来确定目标市场。针对目标市场，货运代理企业有三种战略可供选择。

1）无差异性营销战略

无差异型营销战略是指企业把整体市场看作一个大目标市场，不进行市场细分，用一种产品、统一的市场营销组合对待整体市场。采用无差异营销战略的最大优点在于成本的经济性，大批量的生产、销售必然会降低产品的单位成本，同时可以减少促销费用和调研费用。但是，无差异性营销战略忽视了需求偏好的差异，很难有针对性地满足客户需求。

2）差异性营销战略

差异性市场营销战略把整体市场划分为若干细分市场，然后根据企业的资源及营销实力，分别为各个细分市场制定不同的市场营销组合。采用差异性市场营销战略的最大优点是有针对性地满足具有不同特征的顾客群，提高产品的竞争力。但是，这种战略也会由于产品品种、销售渠道、广告宣传的多样化导致营销费用的增加。

对于实力雄厚的货运代理公司，可以采取差异性营销战略，基于不同细分市场的独特需求提供相应的服务，从而提高在整体市场上的份额。例如，很多国际货运代理企业发展水平较高，制度完备，业务涉及世界范围，网络健全，从业人员素质高，并设立跨国分支机构，对于这些货运代理企业来说，差异化营销战略能够最大限度地发挥它们的竞争优势。

3）集中性营销战略

集中性营销战略是将整体市场分割成若干细分市场后，只选择其中一个或少数细分市场作为目标市场，开发相应的市场营销组合，实行集中营销。集中性市场战略也称为“弥隙”战略，即弥补市场空隙的意思。它适合资源较少的小型企业。我国货运代理企业数量众多，但整体实力和管理水平与世界先进水平还存在一定差距，体现在规模较小、资源有限、专业人才少、缺乏网络支持等。对于这些小型货运代理企业可以采用集中性营销战略，在某一细分市场中建立竞争优势，而不追求在整体市场上的份额。

如果小企业能够避开大企业竞争激烈的市场，选择一两个能够发挥自身技术、资源优势的小市场，往往容易成功。例如，有些货运代理公司专门经营大件货物的运输，有些代理企业则专门办理危险品运输。并非大而全的企业才能在市场上立足，对于大部分中小货代企业而言，特色经营才是真正立身之本，如开展农产品物流、工程物流、危险品物流、汽车物流、冷链物流、金融物流等。

（4）货运代理企业市场定位

在目标市场上，企业必须明确自己的价值主张，即如何为目标市场创造差异化价值及其定位。对于货运代理企业来说，它的价值在于能够为委托人简化国际物流程序、降低物流总成本。

市场定位是根据竞争者现有产品在细分市场上所处的地位和顾客对产品某些属性的重视程度，塑造出本企业产品与众不同的鲜明个性或形象并传递给目标客户，使该产品在细分市场上占有强有力的竞争位置。企业在市场定位过程中，一方面要了解竞争者产品的市场定位，另一方面要研究目标客户对产品各种属性的重视程度，然后选定本企业产品的特色和独特形象，从而完成产品的市场定位。差别化是市场定位的根本战略，对于货运代理企业，可以从以下几方面构建自身的差别化优势。

1）服务专业化

专业化服务是货运代理企业的基本要求，也是培育货运代理企业核心竞争力的必然要求。企业的核心竞争力是指企业最擅长的业务，是企业品牌、主业、实力、创新能力等综合资源的外化。国际货运代理的业务范围十分广阔，专业化服务的内容是要求货运代理企业以培育和增强企业核心竞争力为目的，在空运、整箱、拼箱、海运、租船、集港疏运、仓储分拨、物流配送等业务上选择其中的一两项作为主业，在市场开发、企业战略上稳扎稳打、滚动发展，最终成为市场的领导者。具体参照中华人民共和国标准——《国际货运代理作业规范》(GB/T22151—2008)。

货运代理的服务质量是吸引潜在客户的有力武器，货运代理企业能否为委托人提供安全、方便、及时的优质服务是塑造竞争优势的关键环节。服务质量对于有特殊服务要求的货物，如危险品、贵重物品等尤其重要。具体参照中华人民共和国标准——《国际货运代理服务质量要求》(GB/T22154—2008)。

2）价格差别化

当企业千方百计使成本降到行业最低水平，可以依靠成本低廉形成差别化定位。对于任何一个委托人来说，总是希望以最少的成本投入获得尽可能多的服务。货运价格的高低往往受揽货量和客户关系的影响，国际货运代理企业同承运人的合作协议往往规定揽货量与运价的对应关系，国际货运代理企业以此获取优惠运价。

同时，货运代理公司和承运人关系的紧密程度也会影响运价的高低。货运代理企业应当通过实施严谨高效的劳动管理，采用信息化的管理手段，聘用、培训专业的员工实施严格的成本控制。随着全球经济一体化，跨国公司在全世界范围内进行的物质交换活动日益频繁，运输需求也发生了较大的变化，国际货运代理企业的服务范围也扩展到为客户提供整条供应链的管理，并与客户共同合作来降低物流成本。例如，马士基物流在全球范围内为宜家家居负责仓储、运输、进口分拨、上货架、库存管理，通过专业的物流服务减少宜家公司的物流成本。

规模化是企业实现价格差别化的必由之路，经济全球化的实质是优化配置全球资源，主要特征是世界范围内产业结构的调整和转移，其中一个突出的表现是合并、收购和重组。随着货运市场进一步开放，实力超群的外资货运代理企业将大显身手，相当一批势单力薄的货运代理企业将被淘汰出局。只有从货源、资金、网络的规模化入手，走规模经营之路，才能最终实现价格的最优化。

3）地区差别化

国际货运代理企业往往在公司总部所在地拥有丰富的客户关系网络和业务资源，使得从这些地区发出的货物处理效率较高、费用较低，从而在某一地区形成竞争优势。相对于沿海的企业，内地进出口企业对货运市场了解有限，故在沿海市场竞争异常激烈的情况下，可以考虑率先开发内地市场，抢占市场先机。

【小　结】

本章在归纳不同时期货运代理定义的基础上，介绍国际货运代理的定义，从不同角度划分国际货运代理的类别；阐述国际货运代理的法律责任、介绍代理人型和当事人型货运代理的法律地位，以及国际货运代理责任保险的内容、投保方式、投保渠道；分析国际货运代理的市场营销和管理步骤。

【案例讨论】

国际货代行业的转型迫在眉睫

向来“平静”的国际货代行业，如今不复平静。从 2011 年开始的货量萎缩、企业亏损的局面，今年以来愈演愈烈，货代企业业务普遍下降 50%左右，几乎每个月都有企业不得不改弦更张甚至关门歇业。不久前，江苏省一家拥有十几条船的民营船公司也加入了倒闭行列，就连上海国际货代大佬——新时代国际运输服务有限公司上海公司也把空运业务卖给了马士基。“毫无疑问，江苏省乃至全国的国际货代行业进入了调整洗牌期。”江苏凌云国际货运代理有限公司总经理沈文龙日前告诉记者。

被列入现代服务业的国际货代，是外贸进出口链条中必不可少的环节，是连接货主与船公司、航空公司间的纽带和桥梁，有物流、资金流、信息流和单证流“四流合一”的特性和优势。江苏国际货代协会秘书长李坚介绍，江苏省的货代企业最多时超过 1 000 家，但当国际金融危机发生后，一些外贸企业难以为继，国际货代企业的好日子也一去难返。中国外运长江有限公司是江苏省货代业的龙头企业，公司市场运营部经理周兴楠告诉记者，今年以来，外贸业务量增长 10%左右，业务收入增长却不到 1%。江苏中远国际货运有限公司的人士则称，业务收入略有增长，市场份额却在缩小。另外，近年来国际货代巨头纷纷抢滩我国，这些企业凭借与 500 强企业业务的高度关联性，用超强的议价能力、低廉的价格给我国本土货代企业造成挤压。

专家同时表示，行业缺乏创新，同质化竞争严重，和先进国家相比在效率上存在明显差距，也同样不可忽视。统计显示，我国的物流支出约占 GDP 的 18%，而日本这个比例是 8%，美国是 7%，欧盟是 6%左右。因此，开拓、转型，成为国际货代业走出低迷的必由之路。几年前，中国外运长江有限公司就从外贸货代向综合性物流供应商转变，业务形态拓展到长江支线承运、仓储、速递、工程项目物流、保税物流等。“刚开始，新兴业务只占公司业务收入的 2%，今年上半年已增加到 11%，外贸业务则从 90%降到 80%。”周兴楠说，正因为有了这样的转型，公司这几年的业务才保持了稳定。

但是货代企业的转型远非一帆风顺。2010 年开始，凌云国际货代就着手创建“航家网”，以国际物流第三方电子商务平台为目标，提供国际航运智能运价检索、比对查询、在线货物跟踪、在线订舱等服务，还探索与金融机构合作，开创“互联网十数据十金融”的全新模式，但实际推进并不理想。沈文龙说，已经接触的 9 家银行对项目都很看好，但总行批准合作要有交易量作为前提，这等于关上了合作之门。另外，项目计划总投资 1.88 亿元，虽有国内外多家风投感兴趣，但在当前这样的经济背景下他们并不会轻易出手。因此，企业的开拓转型依然任重道远。

资料来源：http：//news.xinhuanet.com/gangao/2013 - 12/08/c _ 125824481.htm，2013.12.8。

讨论题

1. 国际货代行业从事的业务包括哪些？
2. 造成目前国际货代行业状况的原因是什么？
3. 国际货代应如何转型？

复习思考题

1. 简述货运代理的分类。如何辨别代理人型和当事人型货运代理的法律地位？

2. 简述国际货运代理的权利、义务及责任范围。

3. 简述国际货运代理责任保险的内容、方式和渠道。

4. 简述国际货运代理市场营销的步骤。

第 3 章　国际海上货物运输

【教学目标】

(1) 了解海上运输的特点、国际航运船舶主要的经营方式；

(2) 掌握杂货班轮货物出运、装船与卸船、提取货物的主要流程；

(3) 了解世界主要的租船市场、常见的租船合同范本，掌握租船的主要流程；

(4) 理解国际集装箱海运的进出口流程；

(5) 掌握海运提单的概念和分类，了解杂货班轮和集装箱班轮的主要单证及流转程序。

【引导案例】

干散货海运市场入“冰点”

中国社会科学院世界经济与政治研究所发布的报告显示，2012 年的全球经济增长为 3.3%，而全球干散货海运市场却陷入了前所未有的低迷。由于新增运力泛滥，运价已远远低于经营成本。衡量国际干散货海运市场的波罗的海综合运价指数（BDI）在 2012 年全年日平均为 921 点，较 2011 年的 1 549 点下降了 40%，较国际金融危机时期 2009 年的 2 724 点更是下降了 66%。

自 2008 年年末国际金融危机爆发以来，BDI 已连续 4 年下滑，而 2012 年的低迷持续时间之长，超过以往任何一年。其中海岬型船、巴拿马型船、超灵便型船平均日租金分别为 7 709 美元、7 695 美元、9 457 美元，分别比 2011 年下降了 51%、45%、31.5%。没有任一船型的租金水平超过一万美元，所有船型的运营均处于大幅亏损之中，而且船型越大亏损越多。受行业严重衰退影响，全球干散货海运公司均在艰难度日。日本最大的干散货海运公司——日本邮船由于其核心干散货业务亏损，公司放弃了庞大的船队扩张计划。此前，日本邮船曾计划将船队规模从 876 艘扩大到 955 艘，而如今，公司则在加速拆船，将船舶规模削减至 855 艘。受累于低迷的市场环境，全球最大的干散货船队——中国远洋连续两年出现经营巨亏，而部分小公司已破产，退出市场。

2012 年，国际干散货海运市场陷入全面衰退，运力供需严重失衡是主要诱因。据预计 2013 年全球干散货海运量将增长 4%，较 2012 年回落 1 个百分点，而运力规模将继续保持惯性增长。但基于市场低迷，船东投放运力的积极性大幅下降，新增运力速度将明显放缓。2013 年预计运力规模将达到 7.4 亿载重吨，增速为 7%，增速较 2012 年回落 5 个百分点。2013 年的增量再加上庞大的存量，运力严重失衡的矛盾还将延续，船东如不加快老旧船淘汰进度、严控运力规模，近一两年内国际干散货海运市场的低迷态势将不可避免。

与此相比，“减量保价”的集装箱运价逆势上扬。尽管外贸集装箱增速同样大幅放缓，但国际集装箱运输市场运价却逆势回升。2012 年班轮公司的业绩有所改善，有望扭转前年大幅亏损的局面，明显好于国际干散货、油轮的严重衰退形势。

由于主要航线的运价有所恢复以及燃油消耗降低、航线网络优化，全球最大的班轮公司——马士基航运 2012 年第三季度盈利 4.98 亿美元，而前年同期亏损 2.89 亿美元，其他班轮公司的业绩也有不同程度的提振。对于集装箱班轮公司来说，尽管 2012 年形势复杂多变，但仍扭转了大幅亏损局面，有望迎来小幅赢利，这是全球航运衰退中的一个亮点。

2012 年集装箱班轮公司的业绩好于预期，主要增长动力来自于运价的恢复，且班轮公司配合季节性需求有效控制运力，比较好地把握了市场的波动、节奏，故此班轮公司提价的成功率高于历史上任何一年。2012 年班轮公司实施了 3 个主要阶段的运价恢复计划。第一轮涨价为节后的 3～4 月。由于前期运力过剩和行业的恶性竞争，市场陷入“冰点”，所有班轮公司在 2012 年一季度均大幅亏损，全行业都有业绩修正的强烈需求。在默契的配合下，班轮公司行动一致，由欧洲线主导的运价从 700 美元/TEU 飙升到 1 400 美元/TEU，运价几乎翻番，涨价计划随后延伸至美洲线，并逐步覆盖所有航线。第二轮涨价受美国经济回暖影响，美洲线接过欧洲线涨价接力棒，主导了 5～9 月的旺季上升行情，美东线和美西线的运价最高时分别较涨价前上涨了四成和六成。第三轮为 2012 年年底的收尾行情，吸取前年年底淡季恶性竞争、运价全线下挫的惨痛教训，班轮公司加大闲置运力的控制力度，采用“减量保价”策略，调涨主要航线运价，力求淡季少亏损，甚至不亏损。由于集装箱运输集中度较高，班轮公司在提价方面拥有较大的话语权，尽管调价的过程有所反复，但总体仍比较成功。

由于发达国家经济发展缓慢、新兴经济体的高增长受阻，全球经济近几年有可能陷入低速增长。近期 WTO 再次调低了 2013 年全球贸易增长率，由此前的增长 5.6%调降至 4.5%，但要好于 2012 年。而 2013 年的集装箱运力将处于高增长期，2013 年集装箱船手持订单量将达到顶峰。与此同时，2012 年的新增运力达到 170 万 TEU，创历史之最。而更为严重的是，几乎所有订造的一万箱位以上的超级大型集装箱船都将于2013～2014年交付，其中马士基航运就有20艘全球规模最大的1.8万TEU型船在今后两三年逐渐交付。这些“巨无霸”将逐渐投放到欧洲线上，从欧洲线撤下来的万箱级船舶将再分配到美洲线，该两大主流航线的竞争将更趋激烈。著名航运咨询机构Alphaliner预计，基于2013年需求增长5%～6%的预期，至2013年年底，全球集装箱的过剩运力将达到120万TEU。尽管新船交付延缓、拆船活跃、增长缓慢可以缓解一部分潜在风险，但仍不足以削弱运力严重过剩的基本判断，而要消化如此庞大的过剩运力，需要运量增长10%来支撑。2013年集装箱运输市场能否保持2012年的运价水平仍面临较大考验。

资料来源：全球海运市场——当低迷成为惯性……，国际商报网，2013.1.8。

3.1 国际海上货物运输概述

海上运输是一种历史悠久的国际贸易运输方式。国际贸易是全世界范围内的商品交换，海洋占地球表面积70%以上，这种地理条件决定了海上运输在国际贸易运输中的地位，世界上国际贸易货物有2/3以上是通过海上运输的。中国的海岸线长达18 000千米以上，有良好的海湾和优良的建港条件，天然河流有40多万千米，沿海有许多终年不冻的优良港口，长江等江河沿岸也有许多对外开放的港口，进行海上运输的条件优越。除了地理条件因素外，海上运输方式具有许多优点，从而使其成为国际贸易运输中最重要的运输方式。

3.1.1 国际海上货物运输的特点

（1）运输量大且通过能力强

海上运输船舶的载运能力远远大于铁路和公路运输货车的载运能力。随着科学技术的进步和造船业的发展，海上运输船舶逐渐向着专业化、高速化和大型化的方向演进，超巨型油轮的载运量已达60万吨以上，巨型集装箱船的载箱能力已达10 000标准箱以上。此外，海上运输是利用海上天然航道，能够四通八达，通过能力很强，不像铁路和公路运输受到道路和轨道条件的限制。

（2）运输成本低

海上运输主要利用天然水域和航道，除了在港口建设和船舶购置方面需要花费一定的投资外，水域和航道建设上几乎不需要花费投资，加之船舶的能源消耗量较低、载运量大、规模效益显著等原因，使海上运输成为各种运输方式中运输成本最低的运输方式。

(3) 对货物的适应能力强

海上运输货船能够适应固体、液体和气体等多种货物运输的需要。各种专业化运输船舶如油船、液化气船和集装箱船的产生为国际贸易货物采用海运方式提供了条件。同时，海船货舱容积大，可装载体积大、分量重的货物，对于超长、超大、超重货物的运输也有很强的适应性。

(4) 运输连续性差且风险较大

海上运输受自然条件尤其是季节、气候条件的影响大，如河流航道冬季结冰和港口封冻，枯水期水位变低，影响船舶的正常航行。同时，国际海上货物运输中船舶长时间在远离海岸的海洋上航行，海洋环境复杂，天气多变，随时可能遭遇狂风巨浪、暴雨、雷电、海啸、浮冰等自然灾害的袭击，遇险的可能性较大。与其他运输方式相比，海上运输的准确性和安全性相对较差。

(5) 运输速度慢

船舶体积大，受水流的阻力大，行驶的速度慢，加之运输中换装、交接等中间环节多，运输的速度慢，并且海上运输的距离一般较长，因此运输时间长。

3.1.2 国际航运船舶经营方式

国际航运是随着国际贸易发展起来的，国际航运船舶的营运方式必须适应国际货物贸易对运输的需求。例如，出口几百台电视机和出口几万吨玉米的货主对运输的需求显然不同。前者货物仅能装满几个集装箱，装到船上仅占用部分舱位，而且通常要求尽快运出。出于经济考虑，此时货主不可能要求一条船只为其服务。对于后者，通过选择适当吨位的船舶，货物可以装满整条船，因而整条船可以按照货主要求只为一个货主服务。

为了适应货物和贸易合同对运输的不同需求，同时使船公司合理利用船舶运力，获得更好的经济效益，国际航运中船舶的营运方式主要有班轮运输和租船运输两种。

3.1.2.1 班轮运输

(1) 班轮运输的概念

班轮运输又称定期船运输，是指船舶按事先制定的船期表，在特定的航线上，以既定的挂靠港顺序，经常地从事航线上各港口之间的货物运输，并按事先公布的费率收取运费。

定期班轮严格按照预先公布的船期表运行，不管货物是否装满船，离港和到港的时间不变。

（2）班轮运输的特点

1）“四固定”，即航线固定、港口固定、船期固定和费率固定。每一条班轮航线的始发港和目的港、中间挂靠港、到达各港口的时间以及运价都通过适当媒体对外公布，便于社会各界广泛利用。例如，2002年“中远”开辟大连至西欧集装箱班轮航线，提前公布该航线挂靠港及其顺序，而且公布自大连出发到达各挂靠港以及返程日期。

2）适合班轮运输的货物大多是工业制品、生鲜食品以及各种高价货物。这些货物价值较高，种类繁多，包装不一，收货和发货地点分散。每个托运人的货物往往批量小，不足以装满整条船，甚至不能装满一个舱，仅利用船舶的一部分舱位。

3）手续简便，方便货主托运。对于普通货物，不必在码头船边交货或收货，货主可在装货港码头仓库交货，收货人在卸货港码头仓库提货。对于班轮不能直达的港口，甚至内陆地区，班轮公司通常负责转运，以满足对外贸易的特殊需要。在货物装船之前，承运人和货主之间不需要签订书面运输合同，而是在货物装船后，由船舶公司或其代理人签发提单。提单上记载有关承运人、托运人或收货人的责任、权利和义务条款，作为处理运输过程中问题的依据。

（3）班轮运输的作用

1）有利于一般杂货和小额贸易货物运输。在国际贸易中，除大宗商品利用租船运输外，经常有零星成交、批次多、到港分散的货物。班轮船舶在固定航线上有规则地从事运输，即使是小批量货物，货主也能随时向班轮公司托运，而不需要将货物积攒成大批量时再交付运输。这样，货主能节省货物集中等待时间和仓储费用。

2）班轮运输“四固定”特点，且对社会公布，为买卖双方洽谈运输条件提供必要依据，使买卖双方有可能事先根据班轮船期表，商定交货期、装运期以及装运港口，保证货物按时上市。同时，根据班轮费率表事先核算运费和附加费用，能较准确地进行比价和核算货物价格，从而决定贸易是否成交。

3）班轮运输的船舶，技术性能较好，设备较齐全，船员的技术业务水平高，能满足各种货物对运输的要求。同时，在班轮挂靠的港口，班轮公司一般有自己专用的码头、仓库和装卸设备，有良好的管理制度，货运质量较有保证。

3.1.2.2　租船运输

（1）租船运输的概念

租船运输又称不定期船运输，是指船舶根据船舶所有人与需要船舶运输的租船人双方事先签订的租船合同安排营运，即根据租船合同，船舶所有人将船舶出租给租船人使用，以完成约定的货运任务，并按约定收取运费或租金。

租船营运方式与班轮运输不同，船舶的航线、运输的货物以及装货港、卸货港或中途停靠的港口是根据货主的要求确定。

(2) 租船方式

根据承租人不同的营运需要，有不同的租船方式，其中最主要的是航次租船和定期租船。随着国际经济和海上运输的发展变化，又出现包运租船和光船租船等租船方式。

1) 航次租船。航次租船简称程租，是以航次为基础的租船方式。航次是指从装货开始至卸货为止一次完整的运输过程。这种租船方式，船方必须按租船合同规定的航次完成货物运输任务，负责船舶的经营管理以及船舶在航行中的一切费用开支，而租船人只负责提供货物，并按约定支付运费。

航次租船可以在指定的港口之间进行一个航次或数个航次货物运输，由租船双方根据需要商定。如果签订一份租船合同时，规定船舶被租用数个航次，则称为连续航次租船。

2) 定期租船。定期租船简称期租，由船舶出租人提供一艘特定的船舶给承租人使用一定时期，在规定的期限内由租船人自行调度和经营管理。租金按月（或30天）、船舶载重吨计算。

3) 包运租船。包运租船，是指船舶出租人提供给承租人一定的运力（若干条船）船舶，在确定的港口之间和约定的时间内，完成合同规定的总货运量。承租人支付的运费根据双方商定的运费率和完成的总运量计算。包运租船主要承运大批量干散货（如谷物）或液体散货（如石油）等。

4) 光船租船。光船租船在某些方面与定期租船相似，也是船舶出租人将一艘特定的船舶提供给承租人使用一个时期的租船方式。不同的是，船舶所有人所提供的船舶只是一艘没有配备船员的空船。承租人接受了这艘船舶后还要为船舶配备船员才能使用，船员的工资和生活、船舶的营运管理及一切费用都由承租人负责。由于雇佣和管理船员工作繁重复杂，租船人对这种方式也缺乏兴趣，光船租船方式在租船市场上较少采用。

(3) 租船运输的特点

1) 租船运输的实施首先需要船舶所有人与承租人签订租船合同。租船合同中除规定船舶航线、载运货物种类及停靠港口外，还要明确双方应承担的责任、义务和享有的权利，合同的条款是双方权利与义务的依据。

2) 租船运费或租金水平的高低由签订合同的双方商定，直接受当时国际租船市场行情的影响。货多船少时运价上升，反之则下降。世界的经济状况，船舶运力供求关系的变化，季节性气候条件的不同，以及国际政治形势等，是影响运费或租金水平高低的主要因素。

3）租船运输适合运输大宗、低值货物，如谷物、油类、矿石、煤炭、木材、砂糖、化肥、磷灰土、水泥等，这类货物一般适合整船装运。船舶营运中有关费用的支出，根据不同的租船方式分别由船舶所有人和承租人分担，并在租船合同中说明。

4）适合租船运输的船型大多是大型专用货船，如油船、散货船和矿砂船。

（4）租船运输的作用

1）租船一般通过租船市场进行，货主可以根据货物品种、批量、运费以及装卸港口等因素租用符合自己运输需要的船舶，完成特定国际贸易货物运输。

2）租船市场开放，租船运价是竞争价格，个别船主不可能随意抬高运价，因此租船运输成本低，适合运输大批量、价值低的货物。

3）只要是船舶能安全进出的港口，租船都能按照承租人（货主）要求直达货物装卸港口，可以满足不同货主的特殊需要。

目前，在国际航运总量中，租船运输承担了大约 80%的运量，由于多是低值货物，其价值仅是货运总价值的 20%左右。相反，虽然班轮运输量仅占 20%，但其价值却占总价值的 80%。

3.2　杂货班轮货运程序

在杂货班轮运输中，承运人对货物的责任期间是从货物装上船起，至货物卸下船止。也就是说，虽然实务中托运人是将货物送至承运人指定的码头仓库交货，收货人在码头仓库提取货物，但除另有约定外，承运人对货物的责任期间仍然是“船舷至船舷”或“钩至钩”。关于装卸费用和装卸时间，则规定为由承运人负责装货作业、卸货作业和理舱作业及承担相关全部费用，并且不计算滞期费和速遣费，仅约定托运人和收货人须按照船舶的装卸速度交货或提取货物。否则，应赔偿船方因降低装卸速度或中断装卸作业所造成的损失。

3.2.1　货物出运

班轮公司的货物出运工作包括揽货、订舱和确定航次货运任务等，货运代理人的货物出运工作则包括安排货物托运手续、办理货物交接等内容。

3.2.1.1 揽货

船公司为使经营的船舶在载重量和载货舱容两方面均能得到充分利用，以期获得最好的经营效益，会通过各种途径从货主争取货源，揽集货载。通常做法是在所经营的班轮航线各挂靠港口及货源腹地通过自己的营业机构或船舶代理人与货主建立业务关系；通过报纸、杂志刊登船期表，如我国的《中国远洋航务公告》、《航运交易公报》、《中国航务周刊》等都定期刊登班轮船期表，以邀请货主前来托运货物，办理订舱手续；通过与货主、无船承运人或货运代理人等签订货物运输服务合同或揽货协议来争取货源。货运代理人应根据货物运输的需要，从运输服务质量、船期、运价等方面综合考虑，选择适当的班轮公司。

3.2.1.2 订舱

订舱是托运人（包括其代理人）向班轮公司（即承运人，包括其代理人）申请货物运输，承运人对这种申请给予承诺的行为。托运人申请货物运输可视为“要约”，即托运人希望和承运人订立运输合同意思的表示。根据法律规定，合同订立采取要约——承诺方式，因此，承运人一旦对托运人货物运输申请给予承诺，则货物运输合同订立。

国际海上货物运输合同是指承运人收取运费，负责将托运人托运的货物经海路由一国港口运至另一国港口的合同。因此，海上货物运输合同是一种双务有偿合同，而且应该是一种诺成合同。

国际贸易实践中，如果出口商以 CIF 价格条件成交，此时由出口商安排货物运输工作，即出口商承担出口货物的托运工作，将货物交船公司运往国外交进口商，所以订舱工作多数在装货港或货物输出地由出口商办理。但是，如果出口货物是以 FOB 价格条件成交，则货物运输由进口商安排，此时订舱工作就可能在货物的卸货地或输入地由进口商办理，这就是所称的卸货地订舱。卸货地订舱的货物在实践中也称“指定货”。

3.2.1.3 确定航次货运任务

确定航次货运任务是确定某一船舶在某一航次所装货物的种类和数量。承运人承揽货载时，必须考虑各票货物的性质、包装和每件货物的重量及尺码等因素。不同种类的货物对运输和保管有不同的要求，各港口的有关法律和规章也会有不同的规定。例如，重大件货物可能会受到船舶及装卸港口的起重机械能力影响和船舶舱口尺寸的限制；忌装货物的积载问题；各港口对载运危险货物船舶所作的限制等。而对于货物的数量，船公司也应参考过去的情况，预先对船舶舱位在各装货港间进行适当的分配，定出限额，并根据各个港口情况的变化，及时进行调整，使船舶舱位得到充分和合理的利用。货运代理人应该充分认识到船方在确定船舶航次货运任务方面考虑的问题，否则可能造成不必要的麻烦。

3.2.2 装船与卸船

3.2.2.1 货物装船

杂货班轮运输中，除另有约定外，都规定托运人应将其托运的货物送至船边，如果船舶是在锚地或浮筒作业，托运人还应用驳船将货物驳运至船边，然后进行货物的交接和装船作业。对于特殊货物，如危险货物、鲜活货、贵重货、重大件货物等，通常采取由托运人将货物直接送至船边交接装船的形式，即采取现装或直接装船的方式。

然而，由于杂货班轮运输船舶承运的货物种类多、票数多、包装式样多、挂靠港口多等原因，如果要求每个托运人都将自己托运的货物直接送至码头船边，可能会发生待装货物不能按规定的装船先后次序送至船边的情况。从而使装货现场发生混乱，影响装货效率，结果延长船舶在港的停泊时间，延误船期，也容易造成货损、货差现象。因此，在杂货班轮运输中，对于普通货物的交接装船，通常采用由班轮公司在各装货港指定装船代理人，由装船代理人在各装货港的指定地点（通常为港口码头仓库）接受托运人送来的货物，办理交接手续后，将货物集中整理，并按次序进行装船的形式，即所谓的“仓库收货，集中装船”的形式。

在杂货班轮运输的情况下，不论采取怎样的装船形式，托运人都应承担将货物送至船边的义务，而作为承运人的班轮公司的责任是从装船时开始，除非承运人与托运人之间另有不同的约定。因此，集中装船与直接装船的不同之处只不过是由班轮公司指定的装船代理人代托运人将货物从仓库送至船边，而班轮公司与托运人之间的责任界限和装船费用的分担仍然以船边货物挂上吊钩为界。从货主角度出发，在集中装船的形式下，当托运人在装货港将货物交给班轮公司指定的装船代理人（我国通常由港口的港区装卸公司充当）时，可视为将货物交给班轮公司，交货后的一切风险都由船公司负担。但是根据有关海上运输法规（如中国海商法第四十六条规定：承运人对非集装箱装运的货物的责任期间，是指从货物装上船时起至卸下船时止，货物处于承运人掌管之下的全部期间。前款规定，不影响承运人就非集装箱装运的货物，在装船前和卸船后所承担的责任，达成任何协议）和提单条款的规定，对于件杂货运输，船公司的责任是从本船船边装货时开始，即使是在“仓库收货，集中装船”的情况下，船公司与托运人之间的这种责任界限并没有改变。也就是说，船公司的责任期间并没有延伸至仓库收货。虽然装船代理人在接收货物后便产生了如同船公司所负担的那种责任，实际上船公司和装船代理人各自对托运人所应负担的责任仍然存在着一定的界限，即根据船公司和装船代理人之间的特约，在船边装船以前属于装船代理人的责任。

3.2.2.2 货物卸船

在杂货班轮运输中，理论上卸船就意味着交货，是指将船舶所承运的货物在提单上载明的卸货港从船上卸下，在船边交给收货人并办理货物的交接手续。

但是，如果由于战争、冰冻、港口罢工等特殊原因，船舶已不可能前往原定的卸货港，或会使船舶处于不安全状态，则船公司有权决定船舶驶往能够安全到达的附近港口卸货。

船方和装卸公司根据载货清单和其他有关单证认真地组织和实施货物的卸船作业，避免发生误卸的情况，即避免发生原来应该在其他港口卸下的货物卸在本港的溢卸和原来应该在本港卸下的货物遗漏未卸的短卸的情况。船公司或其代理人一旦发现误卸时，应立即向各挂靠港口发出货物查询单，查清后应及时将货物运至原定的卸货港。提单条款中一般都有关于因误卸而引起的货物延迟损失或货物损坏责任问题的规定，因误卸而发生的补送、退运费用由船公司负担，但对因此而造成的延迟交付或货物的损坏，船公司不负赔偿责任。如果误卸是因标志不清、不全或错误，以及因货主的过失造成的，则所有补送、退运、卸货或保管的费用都由货主承担，船公司不负担任何责任。

在杂货班轮运输中，对于危险货物、重大件等特殊货物，通常采取由收货人办妥进口手续后至船边接收货物，并办理交接手续的现提形式。但是，如果各个收货人在船抵达后都同时来到码头船边接收货物，同样会使卸货现场十分混乱，影响卸货效率，延长船舶在港停泊时间。所以，为使船舶在有限的停泊时间内迅速将货卸完，实践中通常由船公司指定装卸公司作为卸货代理人，由卸货代理人总揽卸货和接收货物并向收货人实际交付货物的工作。因此，在杂货班轮运输中，对于普通货物，通常采取先将货物卸至码头仓库，进行分类整理后再向收货人交付的所谓“集中卸船，仓库交付”的形式。

与装船的情况相同，在杂货班轮运输中，不论采取怎样的卸船交货形式，船公司的责任都是以船边为责任界限，而且卸货费用也是按这样的分界线划分。船公司、卸货代理人、收货人三者之间的相互关系与前述的船公司、装船代理人、托运人三者之间的关系相同。

3.2.3　提取货物

在杂货班轮运输中，由于多采用“集中卸船，仓库交付”的形式，并且收货人必须在办妥进口手续后方能提取货物，所以通常是收货人先取得提货单，办理进口手续后，再凭提货单到堆场、仓库等存放货物的现场提取货物。而收货人只有在符合法律规定及航运惯例的前提条件下，方能取得提货单。

在使用提单的情况下收货人必须把提单交回承运人，并且该提单应当经适当正确的背书，否则船公司没有交付货物的义务。同时，收货人还须付清所有应该支付的费用，如到付的运费，共同海损分担费等，否则船公司有权根据提单上留置权条款的规定，暂时不交付货物，直至收货人付清各项应付的费用。如果收货人拒绝支付应付的各项费用而使货物无法交付时，船公司还可以经卸货港所在地法院批准，对卸下的货物进行拍卖，以拍卖所得价款充抵应收取的费用。因此，货运代理人应及时与收货人联系，取得经正确背书的提单，并付清应该支付的费用，以便换取提货单，并在办理了进口手续后提取货物。

在已经签发提单的情况下，收货人要取得提货的权利，必须以交出提单为前提条件。然而，有时由于提单邮寄延误，或者作为押汇跟单票据的提单未到达进口地银行，或者虽然提单已到达进口地银行，但是因为汇票兑现期限的关系，在货物已运抵卸货港时，收货人还无法取得提单，也就无法凭提单换取提货单提货。此时，按照一般的航运习惯，收货人会开具由一流银行签署的保证书，以保证书交换提货单后提货。船公司同意凭保证书交付货物是为了能尽快地交货，而且除有意欺诈外，船公司可以根据保证书将因凭保证书交付货物而发生的损失转嫁给收货人或保证银行。但是，由于违反运输合同的义务，船公司对正当的提单持有人仍负有赔偿一切损失责任的风险。因此，船公司会及时要求收货人履行解除担保的责任，即要求收货人在取得提单后及时交给船公司，以恢复正常的交付货物的条件。实践中，船公司要求收货人和银行出具的保证书的形式和措辞虽各不相同，但主要内容都包括收货人和保证银行应同意下列条件：

（1）因不凭提单提取货物，收货人和银行保证赔偿并承担船公司及其雇员和代理人因此承担的一切责任和遭受的一切损失；

（2）对船公司及其雇员或其代理人因此被起诉而提供足够的法律费用；

（3）对船公司的船舶或财产因此被扣押、羁留或遭到这种威胁而提供所需的保释金或其他担保以解除或阻止上述扣押或羁留，并赔偿船公司由此所遭受的一切损失、损害或费用；

(4) 收到提单后换回保证书；

(5) 对于上述保证内容由收货人和银行一起负连带责任。

提单上的卸货港一栏内有时会记载两个或两个以上可供货主选择的卸货港名称，这是因为货主在货物装船前尚未确定具体的卸货港，所以在办理货物托运时提出选择卸货港交付货物的申请，并在船舶开航后从提单上所载明的选卸港范围内选定对自己最为方便或最为有利的卸货港，最后在这个港口卸货和交付货物。这种由货主选择卸货港交付的货物称为“选港货”。由于为“选港货”签发的提单中卸货港一栏内已明示了卸货港的范围，所以收货人在办理提货手续时，只要交出一份提单即可。但是货主必须在船舶自装货港开航后，抵达第一个选卸港之前的一定时间（通常为 24 小时或 48 小时），把决定了的卸货港通知船公司及被选定卸货港船公司的代理人，否则船长有权在任何一个选卸港将货物卸下，并认为船公司已履行了对货物运送的责任。

如果收货人认为有必要将货物改在提单载明的卸货港以外的其他港口卸货交付，可以向船公司提出变更卸货港的申请。但是，所变更的卸货港必须是在船舶航次停靠港口范围之内，并且必须在船舶抵达原定卸货港之前或到达变更的卸货港（需提前卸货时）之前提出变更卸货港交付货物的申请。由于变更卸货港交付货物是在提单载明的卸货港以外的其他港口卸货和交付货物，所以收货人必须交出全套提单才能换取提货单提货。而且，在船公司根据积载情况，考虑变更卸货港卸货和交付货物对船舶营运不会产生严重影响，接受货主变更卸货港的申请后，收货人还应负担因这种变更而发生的货物翻舱、捣载费、装卸费以及因变更卸货港产生的运费差额和有关手续费等费用。

在船公司普遍没有自己的海运单，而又不需要收货人在卸货港以提单换取提货单的情况下，“电放”的做法产生了。“电放”是指在装货港货物装船后，承运人签发提单，托运人再将全套提单交回承运人，并指定收货人，承运人以电讯方式授权其在卸货港的代理人，在收货人不出具提单的情况下交付货物。由于与传统的做法不同，因此托运人和收货人都要出具保函，但收货人不需要履行解除担保的责任。同时，承运人不能交错货，托运人（卖方）应能收到货款，而收货人（买方）应能提到货物，这是“电放”中各方应注意的问题。

在使用海运单的情况下，收货人无须出具海运单，承运人只要将货物交给海运单上所列的收货人，就被视为已经做到了谨慎处理。通常收货人在取得提货单提货之前，应出具海运单副本及自己确实是海运单注明的收货人的证明材料。

海运单与提单相比，也具有承运人收到货物的收据和运输合同成立的证明作用，但它不是物权凭证，不得转让。因此，实践中应注意的问题：对一票货物，使用海运单就不再使用提单等单证；海运单必须记名收货人；海运单通常签发一份正本；收货人提货时不需出具正本海运单，而只要证明其是海运单中的收货人；在收货人向承运人请求提货之前，只要符合要求，托运人有权改变收货人的名称。

3.3　租船运输业务流程

租船运输与班轮运输不同，它主要是船公司与租船人或货主在租船市场上，通过各自或共同的租船经纪人，参考某一个标准的租船合同范本进行洽租。在租船运输过程中，可以是由货主或托运人首先通过某些方式将运输需求公开，之后运力提供者即船舶所有人，与托运人即承租人就租船业务涉及的运输条件及相应的条款进行商定。当双方就相关的问题共同认可时，船舶所有人与托运人之间通常要签订包括船期、挂靠港、租金以及双方的责任与义务在内的租约，即租船合同。签订了租船合同，其就具有了民事法规所规定的法律约束效力，从而意味着双方当事人必须按照租船合同所规定的内容履约，任何一方未按照租船合同履行自己的义务而出现纠纷，双方也须按照租船合同的约定进行处理。

3.3.1　租船市场

3.3.1.1　租船市场的形成及定义

货主要在众多的船公司中选择一家合适的出租人，或者船舶出租人要想在某个特定的时期内给自己的船舶寻找到合适货物，都似大海捞针，因此需要有一个专门的市场可以为这两类客户提供服务。由此世界上形成了很多专门的租船市场，其中活跃着成千上万个租船经纪人，使得相隔很远的船舶所有人和货主都可以及时找到合适的对象，迅速并满意地完成租船业务。

租船市场是需求船舶的承租人和提供船舶运力的出租人协商洽谈租船业务，订立租船合同的主要场所。它通常设立在世界上货主和船东汇集、外贸和运输繁荣发达的地方。世界上各种租船场所有专门在城市内设集中场所当面洽谈的，也有不设专门集中场所而分散在城市内由各个经纪人凭借互联网、电传、传真等一系列通信设施进行洽谈的。

3.3.1.2　主要租船市场

随着租船业务的发展，世界已形成几个重要的租船市场。

（1）英国伦敦租船市场

英国伦敦的波罗的海商业航运交易所是公认的世界上历史最悠久、租船业务最多的散杂货租船市场。波罗的海商业航运交易所的主要业务包括租船、船舶买卖、粮食和油料作物种子交易以及航空租机交易。它有一个固定的集中场所，供船东、租船经纪人和租船代理人聚集面谈租船业务，其成交量约占世界租船总成交量的30%以上。它也是世界上其他租船市场关注和参考的对象。

波罗的海商业航运交易所的业务以洽谈租船合同为主。船东经纪人和租船代理人在交易大厅内公布的资料中了解当天的租船行情、货物以及船舶的种类和数量，寻找合适的对象商洽。租船交易一般通过租船经纪人进行，交易完全公开，其成交租约最终也将被船东和承租人获悉，只有个别洽谈的业务对外保密。交易所的租船活动可以代表世界各地船货供求状态，也可以反映世界航运市场的状况。这里供应的船舶主要是希腊船东的船舶或受其控制的方便旗船，另外有美国船东控制的方便旗船。由于希腊是拥有世界上最多的经营不定期船船东的国家，在伦敦市场供应的船舶最多，其租船行情的变化对世界上其他地方的租船市场有着决定性的影响。因此，这里的交易动态受到了世界各地的船东和承租人的密切注意。

（2）美国纽约租船市场

纽约租船市场在第二次世界大战前只是一个地区性交易市场。战后，美国的经济发展较快，进出口货物增多，美国成为重要的货主国家，纽约是世界上最大的经济中心，纽约的海事仲裁机构、海事律师事务所、海事诉讼和海事法律体系健全，这些对租船及航运市场产生了重要的影响，现已发展成为仅次于伦教租船市场的世界第二大租船市场。其主要地点虽然设在纽约，并命名为航运交易所，但是它没有专门的场所，而是通过电话、电传、传真、计算机通讯等方式进行租船业务洽谈。这个交易所采用会员制度，以船东、货主、租船经纪人等为会员。

纽约租船市场上的主顾主要是谷物、铁矿石、煤炭进出口商和希腊及挪威的船东。成交的船舶主要是油船、散装粮船和其他干散货船，其中油船成交量约占世界同类船舶成交总量的30%左右。由于时差的关系，通常国际性的租船活动每天先在伦敦进行，然后再转向纽约。所以，这两个市场构成了世界租船市场的核心。

（3）北欧租船市场

北欧租船市场包括挪威的奥斯陆、瑞典的斯德哥尔摩、德国的汉堡、荷兰的鹿特丹等专业化船舶租船市场，均属于地区性租船市场。该市场是以租赁特殊的高技术船舶为主，如冷藏船、液化石油气船、滚装船等。在租船方式上，以长期期租为主。船舶所有人主要从事第三方的海上运输，在市场上提供运力，寻找世界各地需要运力的租船人，因此船舶所有人对于租船市场的依赖性很大。

(4) 亚洲租船市场

亚洲租船市场包括日本东京、中国的香港和上海、东南亚的新加坡等租船市场，也属于地区性租船市场。该租船市场上成交的主要是短程近洋运输船舶的租赁。随着亚洲经济的发展和区域性贸易的繁荣，以及亚洲航运业的日益壮大，这些租船市场发展较快，规模不断扩大。

3.3.2　租船合同范本

租船是通过船舶所有人与承租人签订租船合同来实现和约定法律责任的。租船合同的签订是一项非常细致和严密的工作，为了各自的利益，谈判中双方对于合同的条款几乎是逐字逐句进行推敲的。从合同法的角度而言，合同中有关双方的权利、义务和责任以及费用等规定，订得越详尽越明确越好。因此在租船合同中，合同的条款少则十几条，多则上百条。这是一项庞大的“工程”，如果双方从头到尾逐条谈判，一一起草，势必会造成一场持久战，影响交易的速度。由于租船合同中有一些条文和内容是属于共性而相差不大的，所以为简化订租手续，节约签租时间和费用，同时为了在合同中列入对自己有利的一些条款，维护自己的利益，国际上的一些航运垄断集团、大型船舶公司、货主垄断组织，根据各自的特点，结合货物种类、航线等，预先编制了供承租人和船舶所有人双方选用的租船合同范本，其中列出了合同的主要条款作为洽谈合同的基本意向。

大多数租船合同范本是船舶所有人或代表船舶所有人利益的航运集团单方面拟定的，与承租人的利益会有一些冲突。因此，承租人与船舶所有人之间要对租船合同范本的条款进行删减、修改和补充。为了便于进行此工作，每一租船合同范本都为其规定了代码名称，并为每一条款规定了代号，且在每一行文字前给出了行次编号，使用这些代码和编号即可方便地进行合同条款的商定。

从 19 世纪开始，陆续出现一些标准的合同范本，发展至今，租船合同范本的种类已经相当丰富。随着运载货物、航线不同，有着各种不同的范本，如英国航运公会认可，并得到公认的用于煤炭运输的合同范本有 16 种，用于木材运输的合同范本有 7 种，用于谷物运输的合同范本有 11 种。同时随着租船方式的不同，合同范本也不同，无论航次、定期或光船租船方式都有适用的租船合同范本。这些范本根据是否得到公认和是否得到广泛采用而分为标准租船合同格式、非标准租船合同格式和厂商租船合同范本。

标准租船合同通常是指由英国航运公会、波罗的海国际航运公会、纽约土产交易所和日本海运集会所等公共机构所制定或认可，并被公认和广泛采用的合同格式。非标准租船合同通常是指不属于标准租船合同范围，但其格式有一定的规律，并常被采用。厂商租船合同则是一些大宗货主为租赁船舶而制定的特殊合同格式。

目前，国际航运市场中常被采用的标准租船合同格式主要有以下几种。

3.3.2.1 标准航次租船合同格式

（1）杂货租船合同

1）统一杂货租船合同

统一杂货租船合同，简称为“金康（GENCON）”，是波罗的海国际航运公会的前身波罗的海白海航运公会于1922年制定，被英国航运公会采用。合同格式几经修订，目前租船市场上选用的是1994年修订版。1994年修订版将原来的17项条款，增列为19项。

这个租船合同范本是一个不分货种和航线，适用范围比较广泛的航次租船合同的标准格式。

2）斯堪的纳维亚航次租船合同

斯堪的纳维亚航次租船合同，简称为“斯堪康（SCANCON）”，是波罗的海国际航运公会于1956年制定，1962年修订，适用于斯堪的纳维亚地区的杂货航次租船合同。

（2）煤炭运输租船合同

1）威尔士煤炭租船合同

该合同格式是波罗的海白海航运公会于1896年采用，1924年最后一次修订，专用于煤炭运输的租船合同标准格式。该格式中，以连续小时表示装卸时间，并对滞期费规定了特定的算法。

2）美国威尔士煤炭合同

该合同格式是美国船舶经纪人和代理人协会于1953年制定，专用于煤炭运输的航次租船合同标准格式。

3）普尔煤炭航次租船合同

该合同格式简称为“普尔（POLCOALVOY）”，是波罗的海国际航运公会于1971年制定，1978年4月修订，用于煤炭运输航次租船合同的标准格式。

（3）谷物运输租船合同

1）谷物泊位租船合同

该合同格式简称为“巴尔的摩C式（BALTIMORE Form C）”，由北美粮食出口协会、北美托运人协会以及纽约土产交易联合会制定，1974年修改，被广泛使用于从北美和加拿大出口谷物的海上运输租船业务中。

2）北美谷物航次租船合同，1989

该合同格式称为“NORGRAIN”，由北美粮食出口协会、波罗的海国际航运公会、英联合王国航运委员会、英国船舶经纪人和代理人全国联盟制定，专用于从美国和加拿大出口谷物的海上运输航次租船。

3）澳大利亚谷物租船合同

4）太平洋沿岸谷物租船合同

（4）矿石运输租船合同

1）C（矿石）7 租船合同

该合同格式由英国政府制定，用于进口铁矿石的航次租船合同的标准格式。

2）铁矿石租船合同，1962（SCANORECON，1962）

（5）液体货物运输租船合同

1）油轮航次租船合同，1977

该合同格式由美国船舶经纪人和代理人协会于 1977 年制定，专门适用于油轮航次租船。

2）油船航次租船合同，1976

该合同格式由波罗的海国际航运公会、船舶经纪人和代理人全国联盟和日本海运集会所联合采用，也被称为国际独立油轮船东协会油船航次租船合同。

3）气体航次租船合同，1972

该合同格式由波罗的海国际航运公会为液化天然气以外的其他气体的运输租船而制定的航次租船合同标准格式。

4）化学品船航次租船合同

该合同格式简称为“BIMOHEMVOY”，由波罗的海国际航运公会为化学品船航次租船合同而制定的标准格式。

除此之外，常用的还有“古巴食糖租船合同”、“北美化肥航次租船合同”、“波罗的海木材船租船合同”等。

3.3.2.2 定期租船合同的标准形式

（1）纽约土产交易所定期租船合同

该定期租船合同又称为“土产格式”，是美国纽约土产交易所制定的定期租船合同的标准格式。这一标准格式得到波罗的海国际航运公会及船舶经纪人和代理人联合会推荐，现行使用的是 1993 年修订版，代码为“NYPE 93”。由于它的内容较全面，它的规定比较公平，所以得到了较广泛的使用。

（2）波尔的姆统一定期租船合同

该标准定期租船合同又简称为“BALTIME”。该标准定期租船合同格式由波罗的海国际航运协会于1909年制定，并由英国航运公会认可。现行使用的是1974年修订版。“波尔的姆”格式和“土产格式”的主要区别在于二者的条款内容各有侧重。“波尔的姆”侧重于船舶所有人的利益，这是国际航运界所公认的。“土产格式”内容较“波尔的姆”格式更公平一些，故在航运市场不够景气时，使用较多。

(3) 中租期租船合同

该合同格式由中国租船公司制定，专门用于中国租船公司从国外期租船使用的租船合同标准格式。

根据我国《海商法》第127条的规定，我国法律关于定期租船合同的规定属于任意性规定，租船业务当事人在不违反法律的前提下，可以订立其协商认可的内容。

3.3.2.3 光船租船合同的标准格式

(1) 光船租船A式合同

光船租船A式合同是波罗的海国际航运公会制定的光船租船合同标准格式。

(2) 光船租船B式合同

光船租船B式合同是由波罗的海国际航运公会制定，专门用于抵押贷款新造船舶的光船租船合同的标准形式。

3.3.3 租船程序

船舶所有人是租船市场上的船舶供给方，承租人是船舶的需求方。借助于通信技术条件，船舶所有人和承租人在展开租船业务时，绝大多数是通过电话、电传、电子邮件、传真等通信手段洽谈的。从发出询盘到签订租船合同的租船业务全过程称为“租船程序”。这一程序是租船业务的重要环节，主要包括询盘、发盘、还盘和受盘四个阶段。

3.3.3.1 询盘

询盘又称询价，目的和作用是让对方知道发盘人的意向和需求的概况，通常是由承租人以希望的条件通过租船经纪人来进行。承租人根据自己对货物运输的特殊需要或对船舶的特殊要求，将基本的货物信息和船舶要求信息，通过经纪人传送到租船市场上，寻找合适的船东。有时船舶所有人也会发出询盘，船舶所有人发出询盘的目的是承揽货物运输业务。询盘的内容一般包括必须让对方知道的项目，简单扼要。

承租人对航次租船询盘的主要内容项目一般包括：

(1) 承租人的名称及营业地点；

(2) 货物种类、名称、数量、包装形式；
(3) 装卸港口或地点；
(4) 受载期及解约日；
(5) 装卸时间和装卸费用条件；
(6) 租船方式和期限以及运费率或佣金率；
(7) 船舶类型、载重吨、船龄、船级；
(8) 希望采用的租船合同范本等。

承租人对定期租船询盘的主要内容项目一般包括：
(1) 承租人的名称及营业地点；
(2) 船舶吨位和船型；
(3) 租期、租金及佣金；
(4) 交/还船地点、航行范围；
(5) 交船日期和解约日；
(6) 对船舶的特殊要求；
(7) 希望采用的租船合同范本等。

船舶所有人对航次租船询盘的主要内容项目一般包括：
(1) 船舶所有人姓名及营业地点；
(2) 出租船舶的类型、船名、船籍、吨位等船舶规范；
(3) 运费率及运费支付条件；
(4) 装卸港口或地点；
(5) 受载期和解约日；
(6) 装卸时间、装卸费负担以及滞期/速遣费费率；
(7) 希望采用的租船合同范本及佣金；
(8) 报价的有效期等。

船舶所有人对定期租船询盘的主要内容项目一般包括：
(1) 船舶所有人姓名及营业地点；
(2) 出租船舶的类型、船名、船籍、吨位、航行范围等船舶规范；
(3) 船舶在各种包装状态下的积载容积；
(4) 租期形式；
(5) 交/还船地点；
(6) 交船期和解约日；
(7) 租金率、支付条件以及交还船时船上剩余燃油的数量限制和价格；
(8) 希望采用的租船合同范本及佣金；
(9) 报价的有效期等。

上述内容只是一般情况，询盘人可根据实际需要、不同的租船方式及内容等进行调整。询盘阶段一般不进行具体的租船业务洽谈，主要目的是收集运输市场对询盘内容的反映。所以，询盘又分为一般询盘和特别询盘。一般询盘具有了解市场情况的性质，向多方发出询盘，以得到更多的报盘，从而获取最佳选择。特别询盘则是看准一个合适对象具体进行洽询，不向市场公开。

询盘可以向船舶经纪人或租船代理人发出，通过他们在租船市场上寻找合适的租船对象，也可直接向船舶所有人或承租人发出。

3.3.3.2 发盘

发盘又称报价，这一行为在我国合同法中被称为要约。承租人或船舶所有人围绕询盘中的内容，就租船涉及的主要条件答复询盘方即为“发盘”。发盘意味着对询盘内容存在兴趣，发盘时应考虑对方接受发盘内容的可能性。在租船合同中，承租双方进行洽租，条款谈判时往往分成两步，先洽谈主要条款，谈妥主要条款之后，再进一步谈细节。

在航次租船合同的发盘中，主要条款包括：

(1) 船舶所有人姓名及营业地点；

(2) 船名和船舶技术规范；

(3) 租船洽谈的方式及期限；

(4) 装卸港口或地点；

(5) 受载期及解约日；

(6) 装卸时间以及滞期和速遣条件；

(7) 运费及支付条件和相应的佣金；

(8) 采用的合同范本以及报价的有效期限。

有时主要条款还包括战争风险条款、燃油条款、附加保险费条款等。

在定期租船合同的发盘中，主要条款包括：

(1) 船舶所有人姓名及营业地点；

(2) 船名和船舶技术规范；

(3) 租期形式；

(4) 交/还船地点；

(5) 交船期和解约日；

(6) 航行区域限制和货物种类、数量、要求的包装形式；

(7) 租金率和支付条件；

(8) 交/还船时船上剩油数量限制和价格；

(9) 采用的合同范本及佣金等其他船舶所有人愿意作为主要条款的内容。

发盘中的船舶规范应该包括船名、建造年份、船旗、登记吨、载重吨、包装和散装容积、舱口数以及尺寸、装卸设备、航速、燃油消耗等。由于租船合同项目很多，不可能在发盘中开列很多条款，上述的主要条款也是可变的。船舶所有人往往在发盘时对所报船舶规范留有余地，加有“all details about”，或写上“all details given without guarantee”等。

为了解决洽租过程中的困难，租船业务中的一方事先拟制好一个租船合同样本，等正式发盘时使用。在租船合同样本中，特定的可变项目，如船东名称、船名、货物名称、数量、装卸港口、受载期和运价等，均留待洽租时具体商定。每次洽租时，首先开列上述主要租船条款，次要条款在对主要条款达成协议后，再进行商议。

不同的发盘形式具有不同的约束力和不同的法律效力。现行的发盘形式有绝对发盘和条件发盘，习惯上分别称为实盘和虚盘。

(1) 绝对发盘

在一项发盘中写有“firm”字样的均可视为绝对发盘。绝对发盘是指具有绝对成交的意图，主要条款明确肯定、完整而无保留，具有法律效力。发盘方不能撤回或更改发盘中的任何条件，接受发盘的一方也不能试图让发盘方改变条件。绝对发盘时，发盘人一般都规定了对方接受并答复的期限，即时限。发盘人在时限内不得再向第三方做出相同内容发盘，而接受绝对发盘方要在时限结束前，就发盘中的条件给予明确答复，否则无效。时限的长短在租船业务中没有统一标准，是由发盘人决定的，主要取决于发盘方的意愿和市场的行情。长则几天，短则只有十几分钟，乃至立即答复。决定时限时，应当考虑到时限的合理性，应注意的问题包括：

1) 不同地区的时差以及可能存在的夏令时，国际上公认的原则是，以答复到达发盘方时的当地时间为准。

2) 船舶的受载期或交船期。受载期较近，则从快；受载期较远，则从慢。

3) 市场因素。若市场运价平稳，时限可长些；运价变化剧烈时，承租人与船舶所有人的想法不同。

4) 洽租进程。在洽租开始阶段，时限可长些，后期阶段则可短些。

绝对发盘的发出意味着租船业务洽谈进入决定时刻，如果接受发盘方认可发盘中的条件，并在时限内予以同意的答复，该项租船业务即告成交。如果接受发盘方不接受发盘中的条件，或明确表示不接受发盘中的条件，或在时限内不予答复，该项租船业务即告失败。这时，发盘方可向第三方发盘。

(2) 条件发盘

条件发盘是指发盘方在发盘中对其内容附带某些“保留条件”，所列各项条件仅供对方进行磋商，接受发盘方可对发盘中的条件提出更改建议的发盘方式。在条件发盘中，没有“firm”字样，也不规定答复时限，对发盘中的各项条件达成协议之前，条件发盘对双方不具约束力。因此，内容相同的条件发盘方可向几个不同的接受方同时发出，就其内容进行反复的探讨和修改。按照国际航运惯例，一般发盘方应遵循“先复先交易”的原则，与第一答复方洽谈。条件发盘中所附的常见“保留条件”有四种：

1）以船未租出，或货未定船为条件。在洽租过程中，有时船方为了尽快给船舶寻找合适的货载，可能把同一条船同时报给两家或更多的承租人，但为了避免一条船被多家租用的可能，对其中一家开出一个绝对发盘，而对其他人开出以船未租出为条件的条件发盘。如果一个条件发盘被接受时，该船尚未租出，则这个接受是有效的；如果船已租给接受绝对发盘方，则这个接受是无效的。租船方使用这种条件报盘时，用意也如此，但含义是以货未定船为条件。

2）以发货人接受船舶的受载期为条件。这是承租人使用的条件，有时承租人不能肯定船舶的受载期是否能被发货人接受，而开出这个条件。承租人等待各种其他租船条款谈妥后，将船和受载期通知发货人。发货人认为受载期合适并确认接受后，承租人才与船舶所有人签订租船合同。船舶所有人一般不愿接受这种发盘，因为在运价下跌时，承租人常以发货人不接受受载期为由撤回发盘。

3）以再确认为条件。这个保留条件没有说明条件的具体内容，是一个含糊不清的条件。发盘人可以不说明任何理由确认或不确认已经做出的发盘。

4）其他条件。例如：以细节内容为条件、以董事会批准为条件、以收货人同意为条件、以足够商品为条件、以取得信用证为条件、以政府批准为条件等。

任何一个带有上述条件的发盘均可视为条件发盘。任何一种条件都是当事人出于某种需要或策略而提出的，或由于发盘时受保留条件限制；或认为成交时机不成熟，需要进一步观察市场变化，从而获得更大利益；或为了在洽谈中掌握主动等。条件发盘往往具有一定的投机性，接受发盘时应予以注意。例如，船舶所有人开出船尚未租出的发盘，可能是企图利用几个承租人之间的竞争来达到待价而沽的目的。因此，承租人一般不宜做出积极反应。

条件发盘中保留条件的有无以及放弃与否决定了发盘的法律效力。在放弃保留条件之前，条件发盘不构成一项具有约束力的合同，对于租船业务洽谈双方不具备限制力。

3.3.3.3 还盘

我国合同法将还盘认定为一种反要约的行为，是指接受发盘的一方对发盘中的一些条件提出修改，或提出自己的新条件，并向发盘人提出的过程。还盘的目的在于要求对方更改对自己不利的，或合同执行上不可行的洽租条件。这时，要仔细审查对方发盘的内容，决定哪些可以接受，哪些不能接受，要进行修改和补充并逐一提出。还盘中没有涉及的对方发盘中的条件，都被认为是可以接受的条件。

还盘也有虚实之分，还实盘时，对方一经接受，合同即告成立。还虚盘时，必然有附带条件，这时，还盘反复多次，直到双方达成协议或终止洽谈。在租船过程中，对于很多发盘都会予以还盘。承租人接到船舶所有人的发盘后，经常接受部分内容，而对其他内容提出还盘，诸如写作“charterers accept owner's offer，except…”，之后列出承租人的报价，继续谈判。如果对对方的发盘完全不能接受或者可以接受的条件很少，另一方也可以采用发盘形式要求对方还盘，如写成“charterers decline owner's offer and offer as follows”。这表明接受最初发盘的一方不予接受对方的绝大多数条件，但仍有继续洽谈的意愿。

3.3.3.4　受盘

受盘即为明确接受或确认对方所报的各项租船条件，这是租船程序的最后阶段，在合同法中这一阶段被称为承诺，一旦承诺生效，则意味着合同也同时生效了。

对于带有“subdetails”的受盘在承租双方之间是否已经构成有效的合同，英国法与美国法的观点不同。美国法认为，只要双方对合同的主要条款已经谈妥，即使还有一些细节问题尚待商讨，但合同已经成立，“subdetails”仅表示填补合同的空白，并不意味着重新衡量整个谈判，即使以后双方对细节问题无法达成一致意见，合同也同样成立，而细节纠纷可提请仲裁解决。英国法的观点与此正好相反，法院认为带有“subdetails”条件的受盘并不代表具有约束力的合同已经成立，需要根据日后细节的谈判再来确定合同的效力，只有无条件地接受所有条款才能构成生效的受盘，从而带来成立的合同，即最后一次还实盘的全部内容被双方接受，才成为租船业务成交的标志，各种洽租条件对双方才具有法律约束力。

有效的受盘必须在发盘或还盘规定的时限内，且不能有保留条件。若时限已过，则欲接受的一方必须要求另一方再次确认才能生效。当发盘方放弃“保留条件”要求对方受盘时，受盘方应确认收到的是一项不附带任何保留条件的实盘。在发盘方要求对方先予以受盘，尔后再取消保留条件情况下，受盘方为保护自己的利益，避免不必要的法律纠纷，必须规定发盘方在接受受盘后取消保留条件的时间限制。如果发盘方没有在该时间限制内正式放弃保留条件，受盘方的受盘仍不具备任何约束力。

3.3.3.5 签约

正式的租船合同是在合同主要条款被双方接受后开始拟制的。受盘后，双方共同承诺的实盘中的条款已产生约束双方的效力。按照国际惯例，在条件允许的情况下，双方应签署一份“确认备忘书”或称“订租确认书”，作为简式的租船合同。

确认备忘书没有固定统一的格式，一般包括以下内容：

（1）确认备忘书签订日期；

（2）船名，或可替代船舶；

（3）签约双方的名称和地址；

（4）货物名称和数量；

（5）装卸港名称及受载期；

（6）装卸费用负担责任；

（7）运费或租金率、支付方法；

（8）有关费用的分担；

（9）所采用标准租船合同的名称；

（10）其他约定特殊事项；

（11）双方当事人或其代表的签字。

签约可由承租人或船舶所有人自己签约，也可以授权租船代理人签约。租船代理人签约时要说明，由谁授权代表当事人（承租人或船舶所有人）签约以及代理人的身份。若代理人不表明自己的身份，在发生法律问题时，则可能被认为是当事人，从而负有履行租船合同的法律责任。

租船合同通常制作正本两份，签署后由船舶所有人和承租人双方各持一份存档备用。

3.4 集装箱海运流程

3.4.1 集装箱运输出口货运业务

3.4.1.1 集装箱出口货运流程

（1）订舱

发货人或其货运代理人根据贸易合同或信用证条款的规定，在货物托运前的一定时间，填写集装箱货物托运单或订舱单，向船公司或其代理公司或其他运输经营人申请订舱。

（2）接受托运申请

船公司或其代理公司在接到托运申请时，首先应考虑其航线、船舶、港口、运输条件等状况能否满足发货人的要求。在接受托运申请后，应审核托运单并与订舱单核对，确认无误后，在装货单上签章，然后将装货单退还给货主或货运代理人。货主或货运代理人即可持装货单向海关办理货物出口报关手续。船公司或其代理人则在承运货物后，根据订舱单或托运单缮制订舱清单，分送集装箱装卸作业区的集装箱码头、堆场和货运站，以准备空箱的发放和重箱的交接等事宜。

（3）提取空箱

集装箱通常由船公司无偿借给货主或集装箱货运站使用。在整箱货的情况下，船公司或其代理公司在接受托运申请后，即签发集装箱发放通知单，连同集装箱设备交接单一并交给托运人或货运代理人，据以到集装箱堆场或内陆站提取空箱。在拼箱货的情况下，则由集装箱货运站提取空箱。提取空箱时，由装卸作业区的人员会同提取空箱的卡车司机代表集装箱堆场及集装箱使用人对集装箱及其附属设备的外表状况进行检查，然后分别在设备交接单上签字，各执一份。

（4）报检

发货人或货运代理应按照国家有关法规且根据商品特性，在规定期限内填写好申报单，分别向商检、卫检、动植物检疫等口岸监管部门申报检验。经监管部门审核或查验，依据不同情况分别予以免检放行或经查验处理后出具有关证书放行。

（5）报关

发货人或货运代理应依据国家有关法规，在规定期限内持报关单、场站收据、商业发票等有关单证向海关办理申报手续。经海关审核后，根据不同情况分别予以直接放行或查验后出具证书放行，并在场站收据上加盖放行章。

（6）装箱

货主或货运代理人托运的货物既可能是整箱货，也可能是拼箱货。在整箱货的情况下，由货主自行办理出口报关手续，装箱时需有发货人或货运代理所申请的理货人员到场计数验残。装箱完毕，由发货人或货运代理负责施加船公司铅封，并缮制装箱单和场站收据，注明卸货港口、提单号码、箱号、封志号、货名、件数、质量和尺码等。

其中内陆（通过水路、公路、铁路）运输至集装箱码头堆场的整箱货，另应有内陆海关关封，由有关代理向出境地海关办理转关手续。拼箱货装箱由发货人或货运代理将不足一整箱的货物连同事先缮制的场站收据送交集装箱货运站，集装箱货运站核对场站收据和货物并在场站收据上签收。如发现货物外表有异状，需在场站收据上按货物的实际情况作出批注。集装箱货运站根据各货主的货物性质类别组拼装箱。装箱时，需有货运站所申请的理货人员到场计数验残。装箱完毕，由货运站负责施加船公司铅封，并填制装箱单（内容同整箱货）等。

(7) 集装箱交接

不论是整箱货还是拼箱货最终都须送交集装箱装卸作业区的集装箱堆场等待装船。发货人或其代理人将重箱连同按装箱顺序缮制的装箱单和设备交接单（进场）以及场站收据，送交集装箱装卸作业区集装箱堆场码头。首先，集装箱装卸作业区的人员会同运输的卡车司机对进场的重箱检验后，双方签署设备交接单，并将设备交接单中的用箱人联退还运箱人；其次，集装箱堆场码头核对有关单证后在场站收据上签字并退交发货人或货运代理以换取提单。

(8) 换取提单

发货人或货运代理凭集装箱堆场签署的场站收据，向船公司或其代理公司换取提单，并据此向银行结汇。

(9) 装船

集装箱进入集装箱装卸作业区的集装箱堆场后，装卸作业区根据待装货箱的流向和装船顺序编制集装箱装船计划或积载计划，在船舶到港前将待装船的集装箱移至集装箱前方堆场，按顺序堆码于指定的箱位，船舶到港后，即可顺次装船。装船后缮制出口载货清单向海关办理船舶出口报关手续。

(10) 单证资料传送

船公司或其代理应于船舶开航前24小时向船方提供提单副本、舱单、装箱单、积载图、特种集装箱的清单、危险货物集装箱清单、危险货物说明书、冷藏集装箱清单等全部随船资料，并应于起航后（近洋开船后24小时，远洋起航后48小时内）采用传真、电子邮件、电传、邮寄等方式向卸货港或中转港发出卸船的必要资料。随着集装箱船舶航行速度的加快，船公司内部信息系统（单证交换系统）的建立和完善，上述单证已经通过电子化的方式在船公司内部交换。

3.4.1.2 发货人在出口货运中的业务

上述的出口货运业务，包括了承运人、码头、集装箱货运站、托运人等各方。事实上，每一方在出口货运业务中所要做的工作并不相同，这里只介绍发货人在出口货运中的业务。

(1) 订立贸易合同

作为出口方，发货人首先必须与国外的收货人订立贸易合同。无论哪一种运输方式，其运输都是建立在贸易基础上的。

（2）备货

出口贸易合同订立后，发货人应在合同规定的装运期限前全部备好出口货物，其数量、品质、包装、标志等必须符合合同条件的规定。

（3）租船订舱

以 CFR、CIF 价格条件成交时，发货人负有租船订舱之责任。特别是在出口特殊货物需采用特殊集装箱运输时，发货人的这一责任显得更重。由于一般集装箱船对特殊集装箱的装载数量有限，应尽早订舱。

（4）报关

拼箱货习惯上按普通货方法报关，整箱货通常采用统一报关，因为海关人员到现场审查方便，既可以发挥集装箱运输的优越性，又可省略部分手续。

（5）货物装箱与托运

报关完毕后，在整箱货运情况下发货人即可安排装箱，并在装箱完毕后将货箱运至集装箱码头堆场，取得经码头堆场签署的场站收据。拼箱货经报关后运至集装箱货运站，由货站负责装箱并签署场站收据。

（6）投保

出口货物如以 CIF 价格条件成交，发货人负责办理投保手续，并支付保险费，也可委托货运代理代投保。

（7）支付运费和签发提单

如果是预付运费，发货人只要出示经码头堆场签署的场站收据，支付全部运费后，承运人或其代理人即签发提单。如果是到付运费，只要出示场站收据即签发提单。此外，在对签发清洁提单有异议时，发货人可向承运人出具保证书以取得清洁提单。

（8）向收货人发出装船通知

以 CFR、CIF 价格条件成交出口贸易合同，发货人在货物装船完毕后向收货人发出装船通知是合同的一项条件。如货物的丢失、损害是由于发货人在货物装船完毕后没有向收货人发出装船通知，致使收货人未能及时投保，该货物的丢失、损害由发货人负责赔偿。

3.4.2　集装箱运输进口货运业务

3.4.2.1　集装箱运输进口货运流程

（1）寄送货运单证

发货方及出口港在船舶开航后，将集装箱货物的有关单证寄给卸货港的船公司或其代理公司。

(2) 卸船准备

卸货港船公司或其代理公司在收到从国外寄来的有关货运单证后，经整理即递送给有关集装箱码头堆场和集装箱货运站，以做好卸船准备。

(3) 发出到货通知

船公司或其代理公司向收货人或其代理人发出到货通知书，通知收货人或其代理人做好报关提货准备。

(4) 换取提货单

收货人或其代理人凭船公司或其代理公司所发的到货通知书和正本提单到有关船公司或其代理公司，换取提货单。如果是到付运费，则必须先付清运费再换单。

(5) 卸船

船舶靠泊后，集装箱码头堆场作业人员即上船与船方洽谈卸船事宜，进行卸船作业。船方委托理货人员计箱验残，与集装箱码头堆场人员交接，码头堆场按照拟定的卸船堆场计划堆放集装箱。卸船完毕后，由理货人员编制理货报告单，送交船公司或其代理公司。

如果是烈性危险品集装箱卸船，那么在船舶靠泊前，船公司或其代理公司必须凭有关危险品单据向口岸港监部门，签证船舶载运危险货物申报单，经准许后才能准备卸箱。然后根据事先约定，收货人或其代理人必须按计划即时派车到船边直接提箱。

(6) 报验

收货人或其代理人须在规定期限内，持提货单和其他有关单证，到商检、卫检、动植物检等口岸监管部门办理有关申报手续。经审核同意即在提货单上盖章放行；如须查验，则开出查验通知另约时间，经查验并消毒处理后，再在提货单上盖章放行。

(7) 报关

收货人或其代理人在规定期限内，持报关单、提货单和提单副本以及装箱单等其他商务、运输单证，到海关办理申报、纳税手续。经海关审核同意后，在提货单上盖章放行；如须查验，则在提货单上盖查验章，另约时间进行查验，经查验后无问题，再在提货单上加盖放行章放行。

(8) 提整箱货或拼箱货

收货人或其代理人凭盖有一关三验等放行章的提货单，到有关集装箱码头堆场的提货受理处办理提货手续。如果提取整箱货，那么收货人或其代理人还必须向有关船公司或其代理人办理放箱单，办妥放箱手续并在提货单上盖船公司的放箱章后，才予以办理提箱手续。提箱时，收货人或其代理人另须凭设备交接单，与集装箱码头堆场人员进行交接。收货人提箱后，应尽可能在免费用箱的时间内拆箱、卸货，并把空箱返回指定的地点。如果提取的是拼箱货，则先由集装箱货运站提取重箱到货运站，再由货主到货运站提取货物。

（9）货物索赔

收货人在提货时发现货物与提单（或装箱单）不符时，应分清责任并及时向有关责任方（发货人、承运人、保险公司等）提出索赔，并提供有效的单据和证明。

3.4.2.2　收货人在进口货运中的业务

（1）签订贸易合同

收货人作为买方首先必须与卖方订立贸易合同。

（2）租船订舱

如果货物是以 FOB 价格条件成交，收货人负有租船订舱之责任，并须将有关船名、装船期通知发货人。

（3）申请开立信用证

收货人必须在合同规定的日期向其所在地银行提出开证申请，并按合同规定的内容填写开证申请书，请开证行开证。

（4）投保

进口货物如以离岸价（FOB），或到岸价（CIF）成交，收货人负有投保之责任，并支付保险费。

（5）取得有关装船单据

收货人要取得有关装船单据，必须向银行支付货款，即购买装船单据，或向银行开信托收据后取得装船单据。在按托收汇票结汇时，进口地银行对出口地银行负有代收货款的责任。因此，在付款交单条件下，收货人只有在支付货款后才能取得单据。如为承兑交单，收货人对接管的票据确认后，才能取得单据。收货人在得到单据后，应仔细审核提单记载的事项和提单背书的连贯性。

（6）换取提货单

收货人在提货前，应将提单交还给船公司或其代理人，据以取得提货单。在集装箱货物从船上卸下后，凭提货单即可提货。

（7）提取货物

通常，整箱货应去码头堆场提货，拼箱货应去货运站提货。值得注意的是，整箱货连同集装箱一起提取，应办理集装箱设备收据。

（8）索赔

收货人在提取货物时，如发现货物丢失、损坏，应向责任方提出损害赔偿。

3.5 国际海运单据

3.5.1 海运提单

3.5.1.1 海运提单的内涵

提单必须由承运人或船长，或他们的代理签发，并应明确表明签发人的身份。提单是证明海上运输合同成立和证明承运人已接管货物或已将货物装船，并保证至目的地交付货物的单证。提单也是一种货物所有权凭证，承运人据以交付货物。提单持有人可据以提取货物，也可凭此向银行押汇，还可在载货船舶到达目的港交货之前进行转让。

提单内容由正面事实记载和背面条款两部分组成。各公司所制定的提单内容大致相同。

3.5.1.2 海运提单背面条款及其依据

提单背面印定的条款规定了承运人与货方之间的权利、义务和责任豁免，是双方当事人处理争议时的主要法律依据。

在全式正本提单的背面列有许多条款，主要有以下几项。

(1) 定义条款：主要对“承运人”、“托运人”等关系人加以限定。前者包括与托运人订有运输合同的船舶所有人，后者包括提货人、收货人、提单持有人和货物所有人。

(2) 管辖权条款：指出当提单发生争执时，按照法律，某法院有审理和解决案件的权力。

(3) 责任期限条款：规定了承运人对货物灭失或损害承担赔偿责任的期间。一般海运提单规定承运人的责任期限从货物装上船舶起至卸离船舶为止。集装箱提单则从承运人接受货物至交付指定收货人为止。

(4) 包装和标志：要求托运人对货物提供妥善包装和正确清晰的标志。如因标志不清或包装不良所产生的一切费用由货方负责。

(5) 运费和其他费用：运费规定为预付的，应在装船时一并支付；运费规定为到付的，应在交货时一并支付。当船舶和货物遭受任何灭失或损失时，运费仍应照付，否则承运人可对货物及单证行使留置权。

(6) 自由转船条款：承运人虽签发了直达提单，但由于客观需要仍可自由转船，并不须经托运人的同意。转船费由承运人负担，但风险由托运人承担，而承运人的责任也仅限于其本身经营的船舶所完成的那段运输。

(7) 错误申报：承运人有权在装运港和目的港查核托运人申报货物的数

量、重量、尺码与内容，如发现与实际不符，承运人可收取运费罚款。

（8）承运人责任限额：规定承运人对货物灭失或损坏造成的损失所负的赔偿限额，即每一件或每计算单位货物赔偿最多不超过若干金额。

（9）共同海损：规定若发生共同海损，按照什么规则理算。

（10）美国条款：规定来往美国港口的货物运输只能适用美国 1999 年颁布的《美国海上货物运输法》，运费按联邦海事委员会登记的费率本执行，如提单条款与上述法则有抵触时，则以美国法为准。

（11）舱面货、活动物和植物：对这三种货物的接受、搬运、运输、保管和卸货的规定，由托运人及其代理承担风险，承运人对其灭失或损坏不负责任。

3.5.1.3　海运提单正面填写

根据 1993 年 7 月 1 日公布实施的中国《海商法》第七十三条的规定，提单正面应记载以下各项：

（1）货物的品名、标志、包数或者件数、重量或者体积，以及运输危险货物时对危险性质的说明。

（2）承运人的名称和主要营业所。

（3）船舶名称。

（4）托运人的名称。

（5）收货人的名称。

（6）装货港和在装货港接收货物的日期。

（7）卸货港。

（8）多式联运提单增列接收货物地点和交付货物地点。

（9）提单的签发日期、地点和份数。

（10）运费的支付。

（11）承运人或者其代表。

中国《海商法》第七十三条还同时规定，“提单缺少本款规定的一项或者几项的，不影响提单的性质。”提单正面记载的事项在法律上具有初步证据的意义。

3.5.1.4　提单种类

（1）按提单收货人的抬头划分

1）记名提单

记名提单又称收货人抬头提单，是指提单上的收货人栏中已具体填写收货人名称的提单。提单所记载的货物只能由提单上特定的收货人提取，或者说承运人在卸货港只能把货物交给提单上所指定的收货人。如果承运人将货物交给提单指定以外的人，即使该人占有提单，承运人也应负责。

使用记名提单，如果货物的交付不涉及贸易合同下的义务，则可不通过银行而由托运人将其邮寄给收货人，或由船长随船带交。这样，提单可以及时送达收货人而不致延误。因此，记名提单一般只适用于运输展览品或贵重物品，特别是在短途运输中使用有优势，在国际贸易中较少使用。

2）指示提单

指示提单是指在提单正面“收货人”一栏内填上“凭指示”（To order）或“凭某人指示”（Order of…）字样的提单。这种指示提单按照表示指示人的方法不同，又分为托运人指示提单，记名指示人提单和选择指示人提单。如果在收货人栏内只填记“指示”字样，则称为托运人指示提单。这种提单在托运人未指定收货人或受让人之前，货物所有权仍属于卖方。在跟单信用证支付方式下，托运人是以议付银行或收货人为受让人，通过转让提单而取得议付货款的。如果收货人栏内填“某某指示”，则称为记名指示提单。如果在收货人栏内填“某某或指示”，则称为选择指示人提单。记名指示提单或选择指示人提单中指名的“某某”既可以是银行的名称，也可以是托运人。

指示提单是一种可转让提单，提单的持有人可以通过背书的方式把它转让给第三方，而无须经过承运人认可，所以这种提单为买方所欢迎。其中不记名指示（托运人指示）提单与记名指示提单不同，它设有经提单指定的人背书才能转让的限制，所以其流通性更大。指示提单在国际海运业务中使用较广泛。

3）不记名提单

不记名提单是指提单上“收货人”一栏内没有指明任何收货人，而只是注明“提单持有人”字样或将这一栏空白，不填写任何人的名称的提单。这种提单不需要任何背书手续即可转让或提取货物，十分简便。承运人应将货物交给提单持有人，谁持有提单，谁就可以提货，承运人交付货物只凭单不凭人。这种提单丢失或被窃后风险特别大，即使转入善意的第三者手中，也易引起纠纷，故国际上较少使用这种提单。另外，根据有些班轮公司的规定，凡使用不记名提单，在给大副的提单副本中必须注明卸货港通知人的名称和地址。

（2）按货物是否已装船划分

1）已装船提单

已装船提单是指货物装船后，由承运人或其授权代理人根据大副收据签发给托运人的提单。如果承运人签发了已装船提单，就是确认他已将货物装在船上。这种提单除载明一般事项外，通常还必须注明装载货物的船舶名称和装船日期，即提单项下货物的装船日期。由于已装船提单对于收货人及时收到货物有保障，所以在国际货物买卖合同中一般都要求卖方提供已装船提单。根据国际商会《国际贸易术语解释通则》的规定，凡以CIF或CFR条件成交的货物买卖合同，卖方应提供已装船提单。以跟单信用证为付款方式的国际贸易，更要求卖方必须提供已装船提单。国际商会《跟单信用证统一惯例》规定，如信用证要求海运提单作为运输单据时，银行将接受注明货物已装船或已装指定船只的提单。

2）收货待运提单

收货待运提单又称待装提单，或简称待运提单。它是承运人在收到托运人交来的货物但还没有装船时，应托运人的要求而签发的提单。签发这种提单时，说明承运人确认货物已交由承运人保管并存在其所控制的仓库或场地，但还未装船。这种提单未载明所装船名和装船时间，在跟单信用证支付方式下，银行一般不肯接受这种提单。但当货物装船、承运人在这种提单上加注装运船名和装船日期并签字盖章后，待运提单即成为已装船提单。同样，托运人也可以用待运提单向承运人换取已装船提单。

随着集装箱运输的发展，承运人在内陆收货越来越多，而货运站不能签发已装船提单，货物装入集装箱后没有特殊情况，一般货物质量不会受到影响。港口收到集装箱货物后，向托运人签发场站收据，托运人可持场站收据向海上承运人换取待运提单，这里的待运提单实质上是收货待运提单。由于在集装箱运输中，承运人的责任期间已向两端延伸，所以根据《联合国国际货物多式联运公约》和《跟单信用证统一惯例》的规定，在集装箱运输中，银行可以接受以这种提单办理货款的结汇。

（3）按提单上有无批注划分

1）清洁提单

在装船时，货物外表状况良好，承运人在签发提单时，未在提单上加注任何有关货物残损、包装不良或其他妨碍结汇的批注的提单称为清洁提单。

使用清洁提单在国际贸易实践中非常重要，买方要想收到完好无损的货物，首先必须要求卖方在装船时保持货物外观良好，并要求卖方提供清洁提单。根据国际商会《跟单信用证统一惯例》第三十四条规定，“清洁运输单据，是指货运单据上并无明显地声明货物及/或包装有缺陷的附加条文或批注者；银行对有该类附加条文或批注的运输单据，除信用证明确规定接受外，当拒绝接受。”以跟单信用证为付款方式的贸易，通常卖方只有向银行提交清洁提单才能取得货款。清洁提单是收货人转让提单时必须具备的条件，同时也是履行货物买卖合同规定的交货义务的必要条件。

中国《海商法》第七十六条规定，“承运人或者代其签发提单的人未在提单上批注货物表面状况的，视为货物的表面状况良好。”承运人一旦签发了清洁提单，货物在卸货港卸下后，如发现有残损，除非是由于承运人可以免责的原因所致，承运人必须负责赔偿。

2）不清洁提单

货物装船时，承运人若发现货物包装不牢、破残、渗漏、玷污、标志不清等现象时，大副将在收货单上对此加以批注，并将此批注转移到提单上，这种提单称为不清洁提单。中国《海商法》第七十五条规定，“承运人或者代其签发提单的人，知道或者有合理的根据怀疑提单记载的货物品名、标志、包数或者件数、重量或者体积与实际接收的货物不符，在签发已装船提单的情况下怀疑与已装船的货物不符，或者没有适当的方法核对提单记载的，可以在提单上批注。说明不符之处、怀疑的根据或者说明无法核对。”

实践中，承运人接收货物时，如果货物外表状况不良，一般先在大副收据上作出记载，在正式签发提单时，再把这种记载转移到提单上。在国际贸易的实践中，银行是拒绝出口商以不清洁提单办理结汇的。为此，托运人应把损坏或外表状况有缺陷的货物进行修补或更换。习惯的变通办法是由托运人出具保函，要求承运人不要将大副收据上所作的有关货物外表状况不良的批注转批到提单上，而根据保函签发清洁提单，以使出口商能顺利完成结汇。承运人因未将大副收据上的批注转移到提单上，可能承担对收货人的赔偿责任，承运人因此遭受的损失应由托运人赔偿。但是，在向托运人追偿时往往难以得到法律的保护，因此承担很大的风险。承运人与收货人之间的权利义务是提单条款的规定，而不是保函的保证。所以，承运人不能凭保函拒赔，保函对收货人是无效的，承、托双方的做法可能损害了第三者收货人的利益，有违民事活动诚实信用的基本原则，容易构成与托运人的串通，对收货人进行欺诈行为。

由于保函换取提单的做法有时能起到变通的作用，故在实践中难以完全拒绝，中国最高人民法院在《关于保函是否具有法律效力问题的批复》中指出：“海上货物运输的托运人为换取清洁提单而向承运人出具的保函，对收货人不具有约束力。不论保函如何约定，都不影响收货人向承运人或托运人索赔；对托运人和承运人出于善意而由一方出具另一方接受的保函，双方均有履行之义务。”承运人应当清楚自己在接受保函后所处的地位，不可掉以轻心。

（4）按提单内容的简繁划分

1）全式提单

全式提单是指提单除正面印提单格式所记载的事项，背面还列有关承运人与托运人及收货人之间权利、义务等详细条款的提单。由于条款繁多，又称繁式提单，在海运的实际业务中得到大量使用。

2）简式提单

简式提单又称短式提单、略式提单，是相对于全式提单而言，是指提单背面没有关于承运人与托运人及收货人之间的权利、义务等详细条款的提单。这种提单一般在正面印有“简式”字样，以示区别。简式提单中通常列有如下条款，“本提单货物的收受、保管、运输和运费等事项，均按本提单全式提单的正面、背面的铅印、手写、印章和打字等书面条款和例外条款办理，该全式提单存本公司及其分支机构或代理处，可供托运人随时查阅”。简式提单包括两种：

第一种，租船合同项下的提单。

在以航次租船的方式运输大宗货物时，船货双方为了明确双方的权利、义务，首先要订立航次租船合同。在货物装船后，承租人要求船方或其代理人签发提单，作为已经收到有关货物的收据。这种提单就是“租船合同项下的提单”，因为这种提单中注有“所有条件均根据某年某月某日签订的租船合同”，或者注有“根据……租船合同开立”字样，所以它受租船合同的约束。因为银行不愿意承担可能发生的额外风险，所以当出口商以这种提单交银行议付时，银行一般不愿接受。只有在开证行授权接受租船合同项下的提单时，议付银行才会同意，但往往同时要求出口商提供租船合同副本。国际商会《跟单信用证统一惯例》规定，除非信用证另有规定，银行将拒收租船合同项下的提单。

根据租船合同签发的提单所规定的承运人责任，一般应和租船合同中所规定的船东责任相一致。如果提单所规定的责任大于租船合同所规定的责任，在承租人与船东之间仍以租船合同为准。

第二种，非租船合同项下的简式提单。

为了简化提单备制工作，有些船公司实际上只签发给托运人一种简式提单，而将全式提单留存，以备托运人查阅。这种简式提单上一般印有“各项条款及例外条款以本公司正规的全式提单所印的条款为准”等内容。按照国际贸易惯例，银行可以接受这种简式提单。这种简式提单与全式提单在法律上具有同等效力。

（5）按签发提单的时间划分

1）倒签提单

倒签提单是指承运人或其代理人应托运人的要求，在货物装船完毕后，以早于货物实际装船日期为签发日期的提单。如果货物实际装船日期晚于信用证规定的装船日期，若按实际装船日期签发提单，托运人就无法结汇。为了使签发提单的日期与信用证规定的装运日期相符，承运人应托运人的要求，在提单上仍以信用证的装运日期填写签发日期，以免违约。签发这种提单，尤其当倒签时间过长时，有可能推断承运人没有使船舶尽快速遣，应当承担货物运输延误的责任。特别是当市场上货价下跌时，收货人可以以“伪造提单”为借口拒绝收货，并向法院起诉要求赔偿。

2）预借提单

预借提单是指货物尚未装船或尚未装船完毕的情况下，信用证规定的结汇期（即信用证的有效期）即将届满，托运人为了能及时结汇，要求承运人或其代理人提前签发的已装船清洁提单，即托运人为了能及时结汇而从承运人那里借用的已装船清洁提单。

这种提单往往是当托运人未能及时备妥货物或船期延误、船舶不能按时到港接受货载，估计货物装船完毕的时间可能超过信用证规定的结汇期时，托运人从承运人那里借出提单用以结汇，因此必须出具保函。承运人签发这种提单承担更大的风险，可能造成承、托双方合谋对善意的第三者收货人进行欺诈。签发这种提单的后果：一是因为货物尚未装船而签发提单，即货物未经大副检验而签发清洁提单，有可能增加承运人的赔偿责任；二是因签发提单后，可能因种种原因改变原订的装运船舶或发生货物灭失、损坏或退关，会很容易地使收货人掌握预借提单的事实，以欺诈为由拒绝收货，并向承运人提出索赔要求，甚至诉讼；三是不少国家的法律规定和判例表明，在签发预借提单的情况下，承运人不但要承担货损赔偿责任，而且会丧失享受责任限制和援引免责条款的权利，即使该票货物是因免责事项原因受损的，承运人也必须赔偿货物的全部损失。

3）过期提单

过期提单有两种含义，一是指出口商在装船后延滞过久才交到银行议付的提单。按国际商会《跟单信用证统一惯例》规定，“如信用证无特殊规定，银行将拒受在运输单据签发日期后超过 21 天才提交的单据。在任何情况下，交单不得晚于信用证到期日”。二是指提单晚于货物到达目的港，这种提单也称为过期提单。因此，部分国家的贸易合同一般都规定有“过期提单也可接受”的条款。

（6）按收费方式划分

1）运费预付提单

以 CIF、CFR 价格条件成交为运费预付，按规定货物托运时必须预付运费。在运费预付情况下出具的提单称为运费预付提单。这种提单正面载明

“运费预付”字样，运费付后才能取得提单。付费后若货物灭失，运费不退。

2）运费到付提单

以FOB条件成交的货物，不论是买方订舱还是买方委托卖方订舱，运费均为到付，并在提单上载明“运费到付”字样，这种提单称为运费到付提单。货物运到目的港后，只有付清运费，收货人才能提货。

3）最低运费提单

最低运费提单是指对每一提单上的货物按起码收费标准收取运费所签发的提单。如果托运人托运的货物批量过少，按其数量计算的运费额低于运价表规定的起码收费标准时，承运人按起码收费标准收取运费，为这批货物所签发的提单是最低运费提单，也称为起码收费提单。

3.5.2 杂货班轮货运单证

3.5.2.1 杂货班轮货运主要单证

在杂货班轮运输中，从办理货物托运手续开始，到货物装船、卸船直至货物交付的整个过程，都需要编制各种单证。这些单证是货方（包括托运人和收货人）与船方之间办理货物交接的证明，也是货方、港方、船方等有关单位之间从事业务工作的凭证，又是划分货方、港方、船方各自责任的必要依据。

在这些单证中，有的是受国际公约和各国国内法规约束的，有的则是按照港口当局的规定和航运习惯而编制使用的。尽管这些单证种类繁多，各国港口的规定又有所不同，但主要单证是基本一致的，并能在国际航运中通用。在集装箱班轮运输中，除了一些集装箱运输使用的专门的单证外，也使用这些单证，只不过是在单证中另外加上有关集装箱运输的内容。目前国际上通用的以及中国航行于国际航线船舶所使用的主要单证包括：

（1）在装货港编制使用的单证

1）托运单（Booking Note，B/N）

托运单（国内有时用“委托申请书”代替）是指由托运人根据买卖合同和信用证的有关内容向承运人或其代理人办理货物运输的书面凭证。承运人或其代理人对该单的签认，即表示已接受这一托运，承运人与托运人之间对货物运输的相互关系即告建立。

2）装货联单

在杂货班轮运输的情况下，托运人如果以口头形式预订舱位，船公司对这种预约表示承诺，则运输合同关系即告建立，这种以口头形式订立的合同也符合法律的规定（如中国合同法第十条规定：当事人订立合同，有书面形式、口头形式和其他形式）。但是，国际航运界的通常做法是由托运人向船公司提交详细记载有关货物情况以及对运输的要求等内容的装货联单。原则上，托运人应先将托运单交船公司办理托运手续，船公司接受承运后在托运单上签章确认，然后发给托运人装货联单。但是，实务中通常却是由货运代理人向船舶代理人申请托运，然后由货运代理人根据托运人委托，填写装货联单后提交给船公司的代理人。货运代理人填写装货联单的依据是托运人提供的买卖合同和信用证的内容以及货运委托书或货物明细表等。

目前中国各个港口使用的装货联单的组成不尽相同，主要由以下各联组成：

① 托运单（Booking Note，B/N）及其留底；

② 装货单（Shipping Order，S/O）；

③ 收货单（Mate's Receipt，M/R）等。

装货单，亦称下货纸，是托运人（实践中通常是货运代理人）填制交船公司（实践中通常是船舶代理人）审核并签章后，据以要求船长将货物装船承运的凭证。由于托运人必须在办理货物装船出口的海关手续后，才能要求船长将货物装船，所以装货单又常称为“关单”。当每一票货物全部装上船后，现场理货员即核对理货计数单的数字，在装货单上签注实装数量、装船位置、装船日期并签名；再由理货长审查并签名，证明该票货物如数装船无误；然后随同收货单一起交船上大副，大副审核属实后在收货单上签字，留下装货单，将收货单退给理货长转交托运人（或货运代理人）。

签发装货单时，船公司或其代理人会按不同港口分别编装货单号（因为最终的提单号基本上都是与装货单号相同的），装货单号不会重复，也不会混港编号。签发装货单后，船、货、港等方面都需要有一段时间来编制装货清单、积载计划、办理货物报关、查验放行、货物集中等装船的准备工作。因此，对每一航次在装货开始前一定时间应截止签发装货单。若在截止签发装货单日之后，再次签发装货单，则称之为“加载”。通常只要还没有最后编妥积载计划，或积载计划虽已编妥，但船舶的舱位尚有剩余，并且不影响原积载计划的执行时，船方都会设法安排“加载”。不过，在确定截单日或安排“加载”时，船方和货方应注意中国海关法第十八条的规定，出口货物的发货人除海关特准的外应当在装货的 24 小时以前，向海关申报。

收货单是指某一票货物装上船后，由船上大副签署给托运人的作为证明船方已收到该票货物并已装上船的凭证。因此，收货单又称为“大副收据”或“大副收单”。大副在签署收货单时，会认真检查装船货物的外表状况、货物标志、货物数量等情况。如果货物存在外表状况不良，标志不清，数量短缺，货物损坏，有水渍、油渍或污渍等情况，大副会将这些情况记载在收货单上。这种在收货单上记载有关货物外表状况不良或有缺陷的情况称为“批注”，习惯上称为“大副批注”。有大副批注的收货单称为“不清洁收货单”；无大副批注的收货单则为“清洁收货单”。

托运人取得收货单后，即可凭此要求船公司签发提单。

3）装货清单

装货清单是根据装货联单中的托运单留底联，将全船待运货物按目的港和货物性质归类，依航次靠港顺序排列编制的装货单的汇总单。装货清单的内容包括船名、装货单编号、件数、包装、货名、毛重、估计立方米及特种货物对运输的要求或注意事项的说明等。

装货清单是大副编制积载计划的主要依据，又是供现场理货人员进行理货，港口安排驳运、进出库场以及掌握托运人备货及货物集中等情况的业务单据。当有增加或取消货载的情况发生时，船方（通常是船舶代理人）及时编制“加载清单”，或“取消货载清单”，并及时分送各有关方。

4）载货清单

载货清单亦称“舱单”。它是在货物装船完毕后，根据大副收据或提单编制的一份按卸货港顺序逐票列明全船实际载运货物的汇总清单，内容包括船名及国籍、开航日期、装货港及卸货港，同时逐票列明所载货物的详细情况。

载货清单是国际航运实践中一份重要的通用单证。船舶办理报关手续时，必须提交载货清单。载货清单是海关对进出口船舶所载货物进出国境进行监督管理的单证，如果船载货物在载货清单上没有列明，海关有权依据海关法的规定进行处理。载货清单又是港方及理货机构安排卸货的单证之一。在中国，载货清单还是出口企业在办理货物出口后，申请退税，海关据以办理出口退税手续的单证之一。因此，在船舶装货完毕离港前，船方应由船长签认若干份载货清单，并留下数份随船同行，以备中途挂港或到达卸货港时办理进口报关手续使用。此外，进口货物的收货人在办理货物进口报关手续时，载货清单也是海关办理验放手续的单证之一。

如果在载货清单上增加运费项目，可制成载货运费清单。

5）货物积载图

在货物装船前，必须就货物装船顺序、货物在船上的装载位置等情况做出一个详细的计划，以指导有关方面安排泊位、货物出舱、下驳、搬运等工作。这个计划以一个图表的形式表示，即用图表的形式表示货物在船舱内的装载情况，使每一票货物能形象具体地显示其在船舱内的位置。该图表通常称为积载图。在货物装船以前，大副根据装货清单上记载的货物资料制定货物积载计划。但是，在实际装船过程中，往往会因为各种客观原因，使装货工作无法完全按计划进行。例如，原计划的货载变动以及货物未能按时集港而使装船计划改变等，造成货物实际在舱内的积载位置与原来的计划不一致。当然，在装船过程中，对原计划的改动原则上应征得船长或大副的同意。当每一票货物装船后，应重新标出货物在舱内的实际装载位置，最后绘制成一份“货物积载图”。

6）危险货物清单

危险货物清单是专门列出船舶所载运全部危险货物的明细表，记载的内容除装货清单、载货清单所应记载的内容外，特别增加危险货物的性能和装船位置两项。

为了确保船舶、货物、港口及装卸、运输的安全，包括中国港口在内的世界上很多国家的港口都专门做出规定，凡船舶载运危险货物都必须另行单独编制危险货物的清单。

按照一般港口的规定，凡船舶装运危险货物时，船方应向有关部门（如中国海事局）申请派员监督装卸。在装货港装船完毕后由监装部门签发给船方一份“危险货物安全装载书”。这也是船舶载运危险货物时必备的单证之一。

另外，有些港口对装、卸危险货物的地点、泊位，甚至每一航次载运的数量，以及对危险货物的包装、标志等都有规定。因此，船公司和货主对各国有关装卸危险货物的规定应事先了解，以免日后发生不必要的麻烦。

除上述主要单证外，为了提高运输效率和效益，还会使用其他一些单证，如重大件清单、剩余舱位报告、积载检验报告等。

（2）在卸货港编制使用的单证

1）过驳清单

过驳清单是采用驳船作业时，作为证明货物交接和表明所交货物实际情况的单证。过驳清单是根据卸货时的理货单证编制的，内容包括驳船名、货名、标志、号码、包装、件数、卸货港、卸货日期、舱口号等，并由收货人、卸货公司、驳船经营人等收取货物的一方与船方共同签字确认。

2）货物溢短单

货物溢短单是指一票货物所卸下的数字与载货清单上所记载的数字不符，发生溢卸或短卸的证明单据。货物溢短单由理货员编制，并且必须经船方和有关方（收货人、仓库）共同签字确认。

3）货物残损单

货物残损单是指卸货完毕后，理货员根据卸货过程中发现的货物破损、水湿、水渍、渗漏、霉烂、生锈、弯曲变形等情况记录编制的，证明货物残损情况的单据。货物残损单必须经船方签认。

以上三种单据通常是收货人向船公司提出损害赔偿要求的证明材料，也是船公司处理收货人索赔要求的原始资料和依据。因此，船方在签字时会认真进行核对，在情况属实时才会给予签认。在各方对单证记载内容意见不一致时，应尽量协调，以取得一致意见。经协商不能取得一致意见时，船方也可能在单证上做出适当的保留批注。货主在获取以上三种单据时，应检查船方的签字。

4）提货单

提货单（Delivery Order，D/O），又称小提单，是收货人凭以向现场（码头仓库或船边）提取货物的凭证，内容包括船名、货名、件数、数量、包装式样、标志、提单号、收货人名称等。

提货单的性质与提单完全不同，它只不过是船公司指令码头仓库或装卸公司向收货人交付货物的凭证，不具备流通及其他作用。因此，提货单上一般记有“禁止流通”字样。

3.5.2.2　货运单证流转程序

杂货班轮货运及主要货运单证流转程序如图3-1所示。

（1）托运人向船公司在装货港的代理人，也可直接向船公司或其营业所提出货物装运申请，递交托运单，填写装货联单。

（2）船公司同意承运后。其代理人指定船名，核对S/O与托运单上的内容无误后，签发S/O，将留底联留下后退还给托运人，要求托运人将货物及时送至指定的码头仓库。

（3）托运人持S/O及有关单证向海关办理货物出口报关、验货放行手续。海关在S/O上加盖放行章后，货物准予装船出口。

（4）船公司在装货港的代理人根据留底联编制装货清单（L/L）送船舶及理货公司、装卸公司。

（5）大副根据L/L编制货物积载计划交代理人分送理货、装卸公司等按计划装船。

（6）托运人将经过检验及检量的货物送至指定的码头仓库准备装船。

（7）货物装船后，理货长将S/O交大副，大副核实无误后留下S/O并签发M/R。

（8）理货长将大副签发的M/R转交给托运人。

（9）托运人持M/R到船公司在装货港的代理人处付清运费（预付运费情况下）换取正本已装船提单（B/L）。

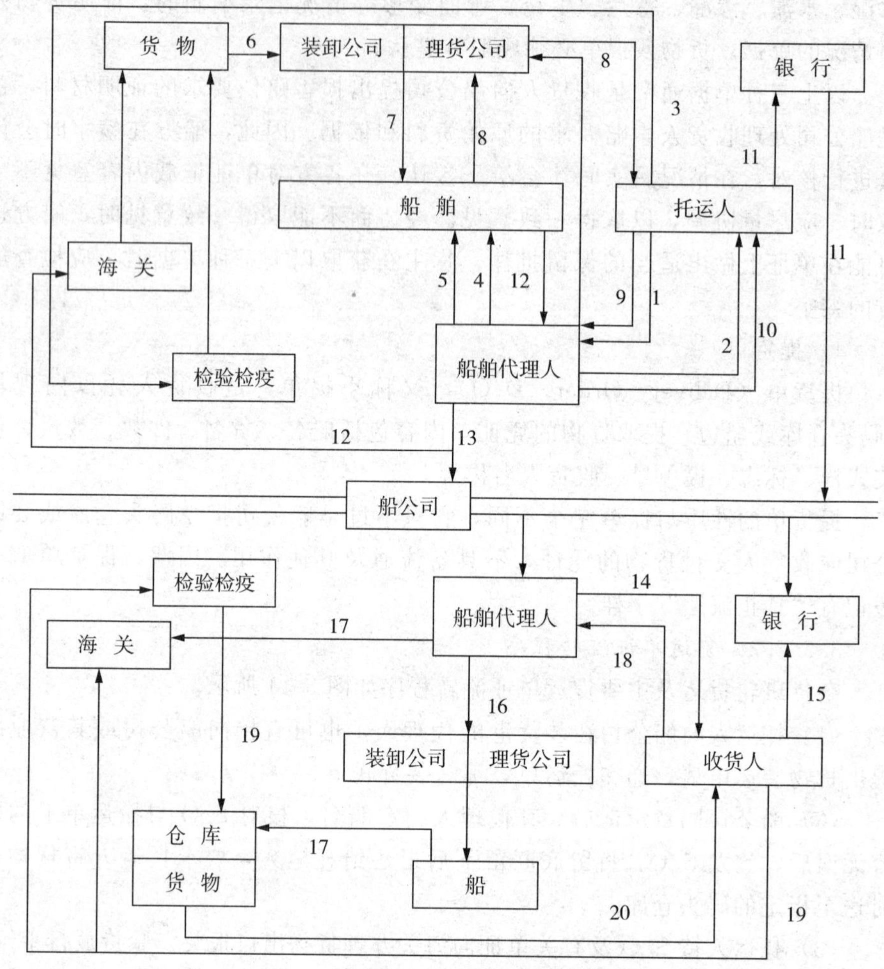

图 3-1 杂货班轮货运及主要货运单证流转程序

(10) 船公司在装货港的代理人审核无误后，留下 M/R，签发 B/L 给托运人。

(11) 托运人持 B/L 及有关单证到议付银行结汇（在信用证支付方式下），取得货款，议付银行将 B/L 及有关单证邮寄开证银行。

(12) 货物装船完毕后，船公司在装货港的代理人编妥出口载货清单（M/F）送船长签字后，向海关办理船舶出口手续，并将 M/F 交船随带，船舶启航。

(13) 船公司在装货港的代理人根据 B/L 副本（或 M/R）编制出口载货运费清单（F/M），连同 B/L 副本、M/R 送交船公司结算代收运费，并将卸货港需要的单证寄给船公司在卸货港的代理人。

(14) 船公司在卸货港的代理人接到船舶抵港电报、电话、电子邮件后，通知收货人船舶到港日期，做好提货准备。

(15) 收货人到开证银行付清货款取回B/L（在信用证支付方式下）。

(16) 卸货港船公司的代理人根据装货港船公司的代理人寄来的货运单证，编制进口载货清单及有关船舶进口报关和卸货所需的单证，约定装卸公司、理货公司，联系安排泊位，做好接船及卸货准备工作。

(17) 船舶抵港后，船公司在卸货港的代理人随即办理船舶进口手续，船舶靠泊后即开始卸货。

(18) 收货人持B/L正本向船公司在卸货港的代理人处办理提货手续，付清应付的费用后，换取代理人签发的D/O。

(19) 收货人办理货物进口手续，支付进口关税。

(20) 收货人持D/O到码头仓库或船边提取货物。

3.5.3 国际海上集装箱运输单证

3.5.3.1 集装箱设备交接单

集装箱设备交接单简称交接单，是集装箱所有人（集装箱船公司）或集装箱经营人委托集装箱堆场、码头、仓库（集装箱货运站）、装箱人（或用箱人）等使用集装箱的各关系人之间交接集装箱设备的凭证，也是明确各关系人的责任范围和发生经济关系的依据。

设备交接单分进场联、出场联各三联。三联出场联依序为船代联，码头、堆场联，用箱人、运箱人联。各联进场联依序为船代联，码头、堆场联，用箱人、运箱人联。

设备交接单的各栏分别由集装箱代理人（一般是船公司指定的船舶代理人）、码头或堆场、用箱人或运箱人等工作经办人员填写。

由集装箱代理人填写的内容为用箱人/运箱人、提箱地点、船名/船次、集装箱尺寸/类型、免费期限、出场目的/状态等。

由码头、堆场填写的内容为集装箱出场、进场日期，检查记录，出场联还要填写提箱地点和集装箱号等栏目。

由用箱人、运箱人填写的内容为运输工具的车辆牌照号，进场联还要填写来自地点、集装箱号、提单号、铅封号等栏目。

设备交接单的流转过程如下：

(1) 集装箱代理人根据船代的预配清单，填制设备交接单。

(2) 由用箱人、运箱人凭船代预先告知的相应提单号，向集装箱代理人申领设备交接单，一般集装箱代理人会与用箱人、运箱人签订领取设备交接单的用箱协议，并收取一定数额的押金。

(3) 用箱人、运箱人到指定的集装箱堆场，与堆场经办人员对照设备交接单、检查集装箱的外表状况后，双方在设备交接单上签字，出场联中的第一、第二联（船代联，码头、堆场联）留在堆场，第三联由用箱人、运箱人保管。

(4) 用箱人、运箱人装完货后，根据箱封号等据实填写设备交接单的进场联相关内容，将集装箱重箱及设备交接单一同转交集装箱码头作业区的收货道口。

(5) 码头与用箱人、运箱人对设备交接单、集装箱重箱检查后，双方签字确认。码头将进场联的第一、第二联（货代联，码头、堆场联）留下，将第三联交用箱人、运箱人保管。

(6) 堆场、码头分别将留下的出场联第一联、进场联第一联转交船代，据以结算上下车费等。

3.5.3.2 集装箱装箱单

集装箱装箱单是托运人向承运人提供箱内所装货物的明细清单，也是集装箱船舶进出口报关时向海关提交的载货清单的补充文件资料，是船舶积、配载的依据，是装港、卸港进行集装箱装卸作业编制计划的依据，是发生货损时处理索赔事故的原始依据之一。装箱单的填制数据准确与否与货物能否正常出运、能否正常退税核销有十分重要的关系。

集装箱装箱单有五联，第一联为码头联，第二联为承运人联，第三联为船代联，第四联为发货人联，第五联为装箱人联。整箱货由发货人缮制装箱单，拼箱货由作为装箱人的集装箱货运站缮制装箱单。

集装箱装箱单的流转过程如下：

(1) 发货人或装箱人将货物装箱后，依据装箱顺序（由里至外）填制装箱货物的船名/航次、箱号、封号、箱型、箱类、提单号、件数与包装、毛重、尺码、货名和唛头（标志）及其他货运资料。对于特种货物，还应加注特定要求，如对冷藏货物要求注明对箱内温度的要求等。

(2) 将集装箱和五联装箱单一起送集装箱堆场或码头。码头或堆场的业务人员在五联单上签收，留下第一、二、三联，将第四、五联退还交集装箱货物的发货人或装箱人保留。

(3) 码头或堆场留下的三联中，码头联用以编制装船计划，船代联用以缮制积载计划，承运人联作为处理货损事故的依据。

3.5.3.3 场站的收据联单

场站收据联单又称场站收据、港站收据、码头收据（Dock Receipt，D/

R)。场站收据是货物托运单，也是货物的订舱单，是发货人向船方或其代理申请订舱的形式单据，它是全套货运单证中最重要的单据。场站收据在各地的联数各有不同，上海是一式十联，有的口岸是一式九联。下面以上海为例予以说明：

第一联：货主留底。托运单原先由货主初步缮制后将此联留底，故做第一联。

第二联：船代留底。船代留底联上盖有货主的公章或订舱章，船代据以缮制载货清单，船公司据以编制预配图。

第三联：运费通知（1）。船代在此联上批注运价，作为船代结算部门办理运费结算的参考依据。

第四联：运费通知（2）。此联作为货代向发货人办理运费结算的参考依据。

第五联：装货单（S/O），又称场站收据副本、海关联，船代在此联上盖“订舱章”，表示确认接受发货人的订舱；海关凭此接受出口报关申报。

第五联（附页）：缴纳出口货物港务申请书。由港区核算应收的港务费用。

第六联（浅红色）：场站收据副本大副联，为理货单据，表示大副已代表船方接收了单据上的货物，一般由理货公司签署后将此联留存。

第七联（黄色）：场站收据（D/R），又称收货单，装货完毕后由大副签字和批注，即表示所列货物已装上船，此联又叫“大副收据”。装船结束后，船舶代理凭此联签发已装船提单。

第八联：货代留底。此联由货运代理公司留存以备查询。

第九联：配舱回单（1）。

第十联：配舱回单（2）。配舱后交还发货人，发货人凭此缮制提单，如果货运代理代为统一缮制提单，第九、十联则不必退还发货人。

一式十联的场站收据联单的流转过程如下：

（1）货主填制集装箱货物托运单一式十联，委托货运代理人代办托运手续。

（2）货运代理人审核托运单后接受委托，将货主留底联退还货主。

（3）货运代理人持其他九联托运单到船公司的指定代理人（船代）处代办托运手续。

（4）船代审核托运单，确认订舱数据无误后，接收订舱并在托运单上缮制提单号、船名、航次等运输信息。在场站收据副本（S/O）上盖章确认订舱。船公司或其他代理人留下船代留底联、运费通知（1）、运费通知（2）三联，将其余各联退还给货运代理人。

(5) 代理人留存货代留底联，据以缮制货物业务记录表。

(6) 货运代理人根据船代退回的配舱回单（1）联缮制提单和其他货运单证。

(7) 货运代理人持盖有章的船代订舱的场站收据副本联（S/O）、第五联（附页）、第六联大副收据副本和第七联场站收据联，随同出口货物报关单和其他出口报关用的单证到海关办理货物出口报关手续。

(8) 海关审核有关报关单证，同意出口的，则在第五联场站收据副本（S/O）上加盖放行章，然后将经过海关加盖放行章的装货单和其他各三联退还给货运代理人。

(9) 货运代理人将海关退还的四联单证及配舱回单（2）连同集装箱或待装箱货物转交集装箱堆场或集装箱货运站。

(10) 集装箱堆场或集装箱货运站验收集装箱或货物后，若无异常状况，在正本场站收据（D/R）及配舱回单（2）上签章，并退还给货主或货运代理人；如实际收到的集装箱货物与场站收据和配舱同单（2）的记载不符，则须在正本场站收据和配舱回单（2）上批注，退还货主或货运代理人。货主或货运代理人须根据配舱回单（2）的批注修改已缮制的提单。

(11) 集装箱堆场或集装箱货运站收下 S/O，集装箱装船后，将大副收据交船方大副，第五联（附页）交港务局计算港建港杂费。

(12) 货主或货运代理人持 D/R 正本或事先缮制的提单至船公司或其代理人处，办理签发正本提单手续。船公司或船公司代理人收回 D/R，签发提单。

由于集装箱业务的快速发展，海关报关程序的改变，电子数据交换在船公司、船代、货代间的广泛应用，货代为货主代为制作集装箱托运单现象的普遍存在等因素，造成原先针对十联单设计的单证流转程序发生了很大的变化。例如，实际操作中已将场站收据单由原先的一式十联单简化为一式四联，即第五联装货单、第五联（附页）缴纳出口货物港务申请书，第六联场站收据副本大副联和第七联场站收据。货物进港也不再遵循必须先将集装箱送交船公司的集装箱堆场的惯例，而是直接交集装箱码头。海关予以盖章放行的场站收据副本等四联单据，由货运代理人直接送交船公司在码头的现场经办人员，码头配载会据此安排集装箱装船。船公司或其代理人依据从码头现场理货公司返还的正本场站收据缮制并签发提单。货运代理人或货主直接到船公司或其代理人处申领提单。集装箱的运费通过船公司或其代理人向货主或货运代理人收取。

【小 结】

本章首先介绍国际海洋运输的基本概念以及海洋运输船舶的经营方式。其次，从货物出运、装船与卸货、提取货物三个方面介绍了杂货班轮的货运程序。货物出运主要包括揽货、订舱、确定航次货运任务三部分工作。再次，从租船市场、租船合同、租船流程三个方面介绍了租船运输业务流程。租船市场部分主要介绍了英国伦敦租船市场、美国纽约租船市场、北欧租船市场、亚洲租船市场等世界主要租船市场；租船合同部分介绍了杂货租船合同、煤炭运输租船合同、谷物运输租船合同、矿石运输租船合同、液体货物运输租船合同等租船合同范本以及各种租船合同的标准形式。租船的程序主要包括询盘、发盘、还盘、受盘和签约。

集装箱运输是海运班轮运输的主要方式，集装箱出口货运流程主要包括订舱、接受托运申请、提取空箱、报检、报关、装箱、集装箱交接、换取提单、装船、单证资料传送；集装箱进口货运流程主要包括寄送货运单证、卸船准备、发出到货通知、换取提货单、卸船、报验、报关、提整箱货或拼箱货、货物索赔。

海运提单作为国际海洋运输中最主要的单据，提单必须由承运人或船长或他们的代理签发，并应明确表明签发人的身份。提单是证明海上运输合同成立和证明承运人已接管货物或已将货物装船，并保证运至目的地交付货物的单证。提单也是一种货物所有权凭证，承运人据以交付货物。提单持有人可据以提取货物，也可凭此向银行押汇，还可在载货船舶到达目的港交货之前进行转让。其他海运相关单证还有托运单、装货联单、装货清单、载货清单、货物积载图、危险货物清单、过驳清单、货物溢短单、货物残损单、提货单、集装箱设备交接单、集装箱装箱单等。

【案例讨论】

低迷中前进的中国航运

2012年上半年中国内地的12家航运企业普遍出现了业绩的大幅下滑，造成这种问题的原因在于中国经济放缓，需求下跌，船舶供过于求更趋严重，尤其值得注意的是船舶载重吨位越大亏损越大，大小船出现严重倒挂现象。

低迷的情况在2012年下半年仍未好转。虽然第三季度是传统的需求旺季，但是根据上海国际海运中心的报告，该季度中国航运景气指数为78.17点，处于较为不景气区间，比二季度下降13.37点。港口吞吐量连续10个月处于冷区间，甚至超过了2008年全球金融危机的时候。悲观的情绪在航运企业中蔓延开来，2012 年四季度中国航运信心指数为 44.05，较二季度下降 19.37 点，处于较为不景气区间，有 63%的航运企业对行业总体运行状况持悲观态度。同期数据显示大型船运企业、航运服务业和港口的状况不佳，但是小型的干散货企业、集装箱企业运营情况相对较好。

在 2012 年第四季度，形势并未出现明显的逆转。在该季度中国航运景气指数出现了回升，达到 88.58，较上一季度上升了 10.41 点，但是仍旧处于相对不景气区间。在各项经济指标回暖的情况下，航运市场的各项指标不见起色，其主要原因可能是经济回暖的推动力不足以使航运业迅速走出逆境。航运企业对未来同样缺乏信心，仅有 7%的企业对 2013 年持有乐观态度，而持悲观态度的却占到了 50%，这也使 2013 年一季度中国航运信心指数为 63.12，虽有回升，但还处于较为不景气区间。

虽然在 2012 年中国航运业处于持续低迷的状态，但是在四季度各项数据出现了回升，加上 2013 年国内各项经济数据释放了部分积极的信号以及国际经济状况逐渐稳定，中国航运业可能处于较为稳定的调整期，不会出现各项数据持续下滑的情况。同时由于运力需求很难迅速增长，2013 年可能会出现大量的船舶拆解，尤其是状况最为堪忧的干散货船，从而促进船舶拆解业的发展。

讨论题

1. 中国航运业为什么会出现低迷？
2. 航运业的低迷对国际货物运输有什么影响？

复习思考题

1. 国际海上货物运输有什么特点，船舶有哪些经营方式？
2. 简述杂货班轮的货运程序。
3. 租船市场和租船合同范本主要有哪些？
4. 简述集装箱出口的业务流程。
5. 简述杂货班轮货运单证的流转。

第 4 章　国际航空货物运输

【教学目标】

(1) 了解航空运输的基本特点，国际航空货运的主要种类；

(2) 掌握航空货运进出口的主要流程；

(3) 了解主要特种物品航空运输的注意事项；

(4) 掌握航空运单的主要内容；

(5) 了解空港物流的特点以及在中国的发展趋势。

【引导案例】

航空货运的乱象

2012 年 10 月 22 日，南航 CZ6524 航班在辽宁大连落地后发生了货物燃烧事件。经大连机场公安分局对起火事件的调查认定，此次货物着火原因为包裹内耐风火柴（属禁运危险品）自燃引起。之后，中航协对涉及该起事件货运操作的上海韵达货运有限公司、上海汇行国际物流有限公司、上海启昊货运代理有限公司给予严厉处罚，注销这 3 家航空销售代理公司资格认证。

随着中航协调查的深入，发现在南航航班货物燃烧事件中，有 2 宗含有锂电池物品的实际托运人为上海圆通速递有限公司。圆通速递在向南航交运该 2 宗货物前，未对货物进行核实并按照相关规定进行正确分类，也未按照规定在运输文件中随附检测报告。中航协认为，圆通速递在此次事件中未对其托运的货物按照操作规程验货、分类，导致谎报为普通货物的危险品交运航空公司，严重影响了飞行安全，性质十分严重。最终决定注销圆通速递等公司的二类货运代理资质，并请各航空公司终止与该公司合作，不承运其揽收货物。

之后中航协从 2012 年 11 月 23 日至 2013 年 1 月 23 日对航空货运代理企业开展为期两个月的安全运输整顿，其间暂停货运代理资质认可。

中航协的整顿内容主要是针对国内航空货运和代理领域存在的普遍问题。目前国内的航空货运代理有成百上千家，操作不规范的行为并不少见，而代理之间层层转包的模式，更使安全责任无法清晰明确。

值得注意的是，在耐风火柴谎报为普通货物事件中，作为最直接揽货方的韵达公司，虽持有中国航协颁发的销售代理人资质认可证书，但其实并没有实际开展代理业务，也未同任何一家航空公司签署销售协议，而是作为供货方将货物交给了另一家货运代理汇行公司，而汇行公司又将货物转交给另一家货运代理启昊公司。

“由于每个货运代理与航空公司的关系不同，能够获得的舱位资源和价格不同，因此就会出现货物层层转包以获得最佳利润的现象。”业内人士分析，各环节链条增加后，如果任一环节未履行安全检查职责，就可能出现安全隐患。

此外，目前货物在上飞机之前最后一环节的机场或地面服务代理的安检标准不统一，哪些货物能上，哪些货物不能上，很多时候看的不是法规，而是关系。快递企业需要在源头上把好关，如严格执行货物的实名制以及快递员收货时的开箱验视等，同时加强员工培训。

4.1 国际航空货物运输概述

4.1.1 航空运输及其特点

4.1.1.1 航空运输的概念

航空运输是指利用飞机从空中航线运送旅客和货物的一种运输方式，具有速度快和不受地形限制的特点。航空货物运输成本高、运量小，适合对时间要求高的货物进行运输，适合运载的货物主要是两类，一类是价值高、运费承担能力很强的货物，如贵重设备的零部件、高档产品等；另一类是紧急需要的物资，如救灾抢险物资等。

4.1.1.2 航空运输的特点

航空运输是社会生活和经济生活的一个重要组成部分，是目前发展最快的一种运输方式。航空运输的特点表现在以下几个方面：

(1) 速度快

在各种运输方式中，航空运输速度最快，其时速达 1 000 千米左右，且距离越长，节省时间越多。因而航空运输适用于中长距离的旅客运输、邮件运输和精密、贵重货以及鲜活易腐物品的运输。

(2) 机动性大

飞机在空中运行，受航线条件限制的程度相对较小，可以跨越地理障碍将两地连接起来。航空运输的这一特点使其成为执行救援、急救等紧急任务必不可少的手段。

（3）基本建设周期短且投资少

航空运输的设备条件是飞机和机场。这与修建铁路和公路相比，建设周期短、占地少、投资省、收效快。

航空运输的主要缺点是飞机机舱容积和载重量都比较小，运载成本和运价比地面运输高；飞机飞行往往受气象条件限制，影响准时性；此外，航空运输速度快的优点在短途运输中难以显现。

4.1.2　航空运输的种类

在国际航空货物运输中，航空货物运输方式主要有班机运输、包机运输、集中托运和航空快递等。

4.1.2.1　班机运输

班机是指在固定的航线上定期航行的航班，即班机运输有固定的始发站、目的站和途经站。按照业务对象不同，班机运输可分为客运航班和货运航班。客运航班一般采用客货混合型飞机，一方面搭载旅客，一方面运送小批量货物；货运航班只承揽货物运输，一般使用全货机。但考虑到货源方面的因素，货运航班一般只由一些规模较大的航空公司在货运量较为集中的航线上开辟。

班机运输具有以下特点：

（1）迅速准确。由于班机运输具有固定航线、固定的始发港和目的港、中途挂靠港，并具有固定的班期，因此可以准确、迅速地将货物送到目的港。

（2）方便货主。托运人、收货人可以准确掌握货物的起运、到达时间，对于贸易合同的履行具有较高的保障。

（3）舱位有限。班机运输大多采用客货混合机型，货运量季节变化会出现舱位不足现象，不能满足大批量货物及时出运要求，往往只能分批运送。不同机型的货物舱位大小各异，如波音 747 为 8～10 吨的货物舱位。

4.1.2.2　包机运输

当货物批量较大，班机运输难以满足需要时，采用包机运输。包机运输可分为整包机和部分包机两类。

（1）整包机，即包租整架飞机，是指航空公司或包机代理公司，按照与租机人双方事先约定的条件和费率，将整架飞机租给租机人，从一个或几个航空港装运货物到指定目的港的运输方式。

包机的费用一次一议，随国际市场供求情况变化。一般是按每飞行 1 千米固定费率收取费用，并按每飞行 1 千米费用的 80%收取放空费。大批量货物使用包机时，应尽量使去程和回程都有货载，以降低租机人的运输成本支出。

（2）部分包机，即由几家航空货运公司（或托运人）联合包租一架飞机，或者由航空公司把一架飞机的舱位分别卖给几家航空货运公司的货物运输方式。

部分包机适合于运送1吨以上且货运量不足整机的货物，此种形式货物运输费用比班机运输低，但因需要等待其他货主备好货物，因此运送时间较长。

包机运输可以由承租人自行设定航程的起止点和中途停靠港，运输灵活性高。但各国政府为了保护本国航空公司利益，常对从事包机业务的外国航空公司实行各种限制，如申请入境、通过领空和降落地点等复杂的审批手续，大大增加了包机运输的营运成本。

4.1.2.3 集中托运

集中托运是指集中托运人将若干批单独发运的货物组成一整批，向航空公司办理托运，采用一份航空总运单集中发运到同一目的港，由集中托运人在目的港指定的代理人收货；再根据集中托运人签发的航空分运单分拨给各实际收货人的运输方式。它是航空货物运输中普遍开展的一种形式。

集中托运具有方便货主、降低成本的特点。集中托运人将若干小批量货物组成一大批托运，由于航空运价随着货物计费重量的增加而逐级递减，集中托运商发运大批量货物可得到较低的运价。货物到达目的站，由分拨代理商统一办理海关手续后，再分别将货物交付给不同的收货人。

4.1.2.4 航空快递

航空快递是指具有独立法人资格的企业将进出境的货物从托运人所在地通过自身或代理的网络运达收货人的一种快速运输方式，是目前国际航空货运中最快捷的运输方式。它不同于航空邮寄和航空货运，是由一个专门经营该业务的公司和航空公司合作，派专人以最快的速度在货主、机场、用户之间运送货物。

与其他运输方式相比，航空快递具有以下特点：

（1）航空快递以运送文件单证和小包裹为主；

（2）航空快递因中间环节少而快于普通的航空货运；

（3）航空快递中存在一种比普通空运分运单应用更为广泛的交付凭证——POD（Proof of Delivery）；

（4）办理快递业务的大都是国际性的跨国公司，如DHL、UPS、FedEx等。

4.2　国际航空货运进出口业务流程

4.2.1　国际航空货运出口业务流程

国际航空货物运输的出口业务流程包含以下几个环节。

4.2.1.1　市场销售

市场销售也就是揽货，处于整个航空货物出口运输业务流程的核心地位。在具体操作时，货运代理人员需向货主即出口单位介绍本公司的业务范围、服务项目、各项收费标准，特别是向出口单位介绍优惠运价和服务优势。航空货运代理公司与出口企业就出口货物运输事宜达成意向后，可以向发货人提供中国民航的“国际货物托运书”。对于长期出口或出口货量大的单位，航空货运代理公司一般都与之签订长期的代理协议。

4.2.1.2　委托运输

航空货运代理接受委托时，首先需填写委托书并加盖公章，作为货主委托代理承办航空货运出口货物的依据。航空货运代理公司根据委托书要求办理出口手续，并据以结算费用。根据《华沙公约》规定，货运单应由托运人填写，也可由承运人或其代理人代为填写。实际上，目前货运单均由承运人或其代理人填制。作为填开货运单的依据——托运书，应由托运人自己填写，且必须在上面签字或盖章。

4.2.1.3　审核单据

审核的单据包括以下几种。

（1）发票、装箱单：发票上一定要加盖公司章，标明价格术语和货价。

（2）托运书：一定要标明目的港名称或目的港所在城市名称，明确运费预付或运费到付、货物毛重、收发货人、电话/电传/传真号码/电邮。托运人签字处一定要有托运人签名。

（3）报关单：注明经营单位注册号、贸易性质、收汇方式，并要求在申报单位处加盖公章。

（4）外汇核销单：在出口单位备注栏内，一定要加盖公司章。

（5）许可证：合同号、出口口岸、贸易国别、有效期、一定要符合要求并与其他单据相符。

（6）商检证：商检证、商检放行单、盖有商检放行章的报关单均可。商检证上应有“海关放行联”字样。

（7）进料/来料加工核销本：注意本上的合同号是否与发票相符。

(8) 索赔/返修协议：要求提供正本，要求合同双方盖章，外方没章时，可以签字。

(9) 到付保函：凡到付运费的货物，发货人都应提供到付保函。

(10) 关封。

4.2.1.4 订舱

国际航空货运出口业务流程中包括预订舱和订舱。

预订舱是航空货运代理根据所制定的预配舱方案，按航班日期打印出总运单号、件数、重量、体积等，向航空公司预订舱。此时货物还没有入库，所以预报数和实际数可能会有差别。

订舱是将所接收的空运货物向航空公司正式提出运输申请并订妥舱位。货物订舱需根据发货人的要求和货物标识的特点而定。一般地，大宗货物、紧急物资、鲜活易腐物品、危险品、贵重物品等，必须预订舱位。非紧急的零散货物可以不预订舱位。

货运代理订舱时，依照发货人的要求选择最佳的航线和最佳的承运人，同时为发货人争取最低、最合理的运价。订舱后，航空公司签发舱位确认书即舱单，同时给予装货集装器领取凭证，以表示舱位订妥。

4.2.1.5 制单

制单是填开航空货运单，包括总运单和分运单。填开航空货运单的主要依据是发货人提供的国际货物托运书。货运单一般用英文填写，目的地为中国香港地区的货物运单可以用中文填写，但货物的品名一定要用英文填写。

如果所托运的货物是直接发给国外收货人的单票托运货物，填开航空公司运单即可。如果所托运的货物属于以国外代理人为收货人的集中托运货物，必须先为每票货物填开航空货运代理公司的分运单，然后再填开航空公司的总运单，以便国外代理人对总运单下的各票货物进行分拨。

4.2.1.6 接货

接收货物是指航空货运代理公司把即将发运的货物从发货人手中接过来并运送到自己的仓库。接收货物时应对货物进行过磅和丈量，根据发票、装箱单或送货单清点货物，核对货物的数量、品名、合同号或唛头等是否与货运单上所列一致。

(1) 检查货物的外包装是否符合运输的要求

1) 托运人提供的货物包装要求坚固、完好、轻便，应能保证在正常的操作（运输）情况下，货物完好地运达目的站。同时，也不损坏其他货物和设备。

2) 为了不使密封舱飞机的空调系统堵塞，不得用带有碎屑、草末等的材料做包装，如草袋、草绳、粗麻包等。包装的内衬物，如谷糠、锯末、纸屑等不得外漏。

3）包装内部不能有突出的棱角，也不能有钉、钩、刺。包装外部需清洁、干燥，没有气味和油腻。

4）托运人应在每件货物的包装上详细写明收货人、另请通知人和托运人的姓名和地址。如包装表面不能书写时，可写在纸板、木牌或布条上，再挂在货物上，填写时字迹必须清楚、明晰。

5）包装的材料要良好，不得用腐朽、虫蛀、锈蚀的材料。无论木箱还是其他容器，为了安全，必要时可用塑料、铁箍加固。

6）如包装件有轻微破损，应在货运单标注出详细情况。

（2）外包装上的标记和标签

1）标记

标记即在航空运输货物外包装上由托运人书写的有关事项和记号。

托运人地址和收货人地址：注明托运人、收货人的姓名、地址、联系电话、传真号。

其他标记：注明合同号、操作（运输）注意事项等。

2）标签

标签按作用划分，可分为识别标签、特种货物标签和操作标签。

识别标签是说明货物的货运单号码、件数、重量、始发站、目的站、中转站的一种运输标志，分为挂签和贴签两种。

特种货物标签是说明特种货物性质的各类识别标志，分为活动物标签、危险品标签和鲜活易腐物品标签。

操作标签是说明货物储运注意事项的各类标志。

在使用标签之前，应清除所有与运输无关的标记与标签，体积较大的货物需对贴两张标签，袋装、捆装、不规则包装除使用两个挂签外，还应在包装上写清货运单号码和目的站。

4.2.1.7 报关

出口报关是指发货人或其代理人在货物发运前，向出境地海关办理货物出口手续的过程。

4.2.1.8 费用结算

费用结算主要涉及发货人、承运人和国外代理人三方面的结算。即在运费预付时向发货人收取航空运费、地面运输费和各种服务费与手续费。同时，向承运人支付航空运费及代理费、代理佣金。在到付运费的情况下，收货方的航空货运代理公司在将货物移交收货人时，应收回到付运费并退还给发货方的货运代理，同时发货方的货运代理应将代理佣金的一部分分给其收货地的货运代理。

4.2.1.9 信息传递

货物交接发运后，货运代理公司除了做好航班跟踪外，还要为客户提供相关的信息服务。其主要包括订舱信息、审单及报关信息、仓库收货信息、交运称重信息、一程及二程航班信息、集中托运信息、单证信息等。

4.2.2 国际航空货运进口业务流程

国际航空货物运输的进口业务流程，是指航空货运代理公司对于货物从入境到提取或转运整个流程的各个环节所需办理的手续及准备相关单证的全过程，具体包括以下几个环节。

4.2.2.1 代理预报

在国外发货前，进口单位应将合同副本或订单及其他有关单证送交进口空港所在地的航空货运代理，作为委托报关、接货的依据。国外货运代理公司将运单、航班、件数、重量、品名、实际收货人及其地址、联系电话等内容通知目的地代理公司，这个环节叫代理预报。代理预报的目的是使代理公司做好接货前的所有准备工作。

4.2.2.2 交接单货

货物到达后，航空货运代理接到航空公司到货通知时，应从机场或航空公司营业处取单。取单时应注意两点：

(1) 航空公司免费保管货物的期限为 3 天，超过此限取单应付保管费；

(2) 进口货物应自运输工具进境之日起 14 天内办理报关。如通知取单日期已临近或超过限期，应在先征得收货人同意缴纳滞报金的情况下方可取单。

航空货运代理公司在与航空公司办理交接手续时，应根据运单及交接清单核对实际货物，若存在有单无货或有货无单的情况，应在交接清单上注明，以便航空公司组织查询并通知入境地海关。若发现货物短缺、破损或其他异常情况，应向民航索要商务事故记录，作为实际收货人交涉索赔事宜的依据。

4.2.2.3 理货与仓储

货运代理公司从航空公司接货后，即短途驳运进自己的监管仓库，组织理货及仓储。

4.2.2.4 到货通知

货物到目的港后，货运代理人应从航空运输的时效出发，为减少货主仓储费，避免海关滞报金，尽早、尽快、尽妥地通知货主到货情况，提请货主配齐有关单证，尽快报关。

4.2.2.5　进口报关

取回运单后应与合同副本或订单校对，如合同号、唛头、品名、数量、收货人或通知人等无误，立即填制“进口货物报关单”并附必要的单证向设在空港的海关办理报关。如由于单证不全而无法报关时，应及时通知收货人补齐单据或通知收货人自行处理，以免承担需缴滞报金的责任，作为收货人应立即答复或处理。

海关审单通过后，航空货运代理应按海关出具的税单缴纳关税及其他有关费用，然后凭交费收据将所有报关单据送海关放行部。海关对无需验货的货物直接在航空运单上盖章放行，对需要验货的查验无讹后放行，对单货不符的由海关扣留，另行查处。

4.2.2.6　发货

海关放行后，属于当地货物应立即送交货主；如为外地货物，立即通知货主到口岸提取或按事先的委托送货上门。对须办理转运的货物，如不能就地报关的，应填制“海关转运单”并附有关单据交海关制作“关封”随货转运。

提货时如发现缺少、残损等情况，航空货运代理应向航空公司索取商务记录，交货主向航空公司索赔，也可根据货主委托代办索赔。

4.2.3　集中托运业务

4.2.3.1　集中托运业务流程

集中托运业务又称集拼业务，是指集中托运商将多个托运人的货物集中起来作为一票货物交付给承运人，用较低的运价运输货物。货物到达目的站，由分拨代理商统一办理海关手续后，再分别将货物交付给不同的收货人。其业务流程如图 4－1 所示。

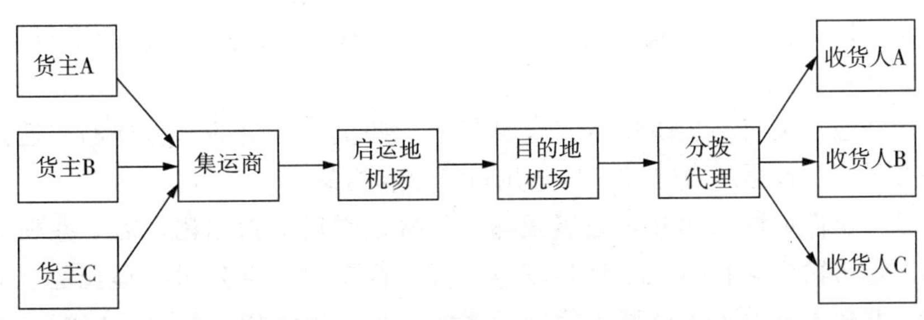

图 4－1　集中托运业务流程

(1) 集中托运商在收到 A、B、C 三个货主的货物之后，进行集中托运，即把来自三个不同的托运人的货物集中到一起，交给航空公司。

（2）集中托运商以托运人的名义向航空公司办理托运，集中托运商和航空公司之间需要一个凭证，这个凭证就是主运单。主运单是集中托运商与航空公司之间交接货物的凭证，同时又是承运人运输货物的正式文件。

（3）集运商同时以自己的名义，分别向A、B、C三个货主签发分运单。分运单是集运商与A、B、C三个货主之间交接货物的凭证，也是集运商承诺将货物运到指定目的地机场的文件。

（4）货物在到达目的地机场后，由集运商在目的地机场的分拨代理商统一办理进口报关和提取货物手续。

（5）集运商在目的地机场的分拨代理商凭借收货人A、B、C出示的各自的分运单，分别将各自的货物交付给不同的收货人。

4.2.3.2 集中托运商

集中托运商与货运代理人的地位相似，但有所不同。集中托运人的地位类似多式联运中的多式联运经营人，承担的责任不仅仅是在始发地将货物交给航空公司，在目的地提取货物还要转交给不同的收货人。集中托运人承担的是货物的全程运输责任，在运输中具有双重角色。他对各个发货人担负货物运输责任，地位相当于承运人；而在与航空公司的关系中，他又作为集中托运的一整批货物的托运人。

4.2.4 国际航空快递业务

航空快递是指具有独立法人资格的企业，将进出境货物或物品从发件人所在地通过自身或代理的网络运达收件人的一种快速运输方式。采用上述运输方式的进出境货物、物品叫快件。航空快递实际也是一种联合运输，与空运方式前后衔接的一般是汽车运输。

快件业务从所发运快件的内容看，主要分成快件文件和快件包裹两大类，快件文件以商务文件、资料等无商业价值的印刷品为主，还包括银行单证、合同、照片、机票等。

快件包裹又叫小包裹服务，包裹是指一些贸易成交的小型样品、返修零配件及采用快件运送方式的一些进出口货物和物品。

航空快件运输（尤其是包裹运输）与普通空运货物相比，需要办理的手续相同，运输单据和报关单证也基本一样，都要向航空公司办理托运，都要与收、发货人及承运人办理单货交接手续，都要提供相应的单证向海关办理进口、出口报关手续，但还有其自身特点。

（1）快递公司有完善的快递网络。快递是以时间、递送质量区别于其他运输方式的，其高效运转建立在完善的网络之上。

（2）从收运范围看，航空快运以收运文件和小包裹为主。文件包括银行票据、贸易合同、商务信函、装船单据、小件资料等，包裹包括小零件、小件样品、急用备件等。快运公司对收件有最大重量和体积的限制。

（3）从运输和报关看，航空快运业务中有一种其他运输形式所没有的单据——交付凭证。它由多联组成（各快运公司不尽相同），一般有发货人联、随货同行联、财务结算联、收货人签收联等，其上印有编号及条形码。交付凭证类似航空货运中的分运单，用途更广泛。

（4）从服务层次看，航空快运因设有专人负责，减少了内部交接环节，缩短了衔接时间，运送速度快于普通货运和邮递业务。

（5）从服务质量看，快件在整个运输过程中都处于电脑的监控之下，每经一个中转港或目的港，电脑都必须输入其动态信息（提货、转运、报关等）。派送员将货送交收货人时，让其在交付凭证上签收后，电脑操作员将送货情况输入电脑，这样，信息很快就能反馈到发货方，一旦查询，立刻就能得到准确的回复。

4.3　特种货物航空运输

特种货物运输是利润空间较大、操作难度较大的货物运输，虽然运量并不大，但利润丰厚而且稍有不慎就会出现问题。

特种货物包括贵重货物、动物、尸体、骨灰、危险物品、外交信袋、作为货物运输的行李和鲜活易腐货物等。随着经济结构的调整，这类货物的运输量呈现明显的增长趋势。运输这类货物，利润空间比普通货物要大，愈来愈受到航空公司、代理公司的重视。同时，由于运输特种货物操作难度大，容易出现问题，运输特种货物除按一般运输规定外，还应严格遵守每一类特种货物的特殊规定。

4.3.1　鲜活易腐货物

鲜活易腐货物是指在一般运输条件下容易死亡或变质腐烂的货物，如虾蟹类、肉类、花卉、水果、蔬菜类、沙蚕、活赤贝、鲜鱼类、植物、树苗、蚕种、蛋种、乳制品、冰冻食品、药品、血清、疫苗、人体白蛋白、胎盘球蛋白等。此种货物，一般要求在运输和保管中采取特别的措施，如冷藏、保温等，以保持其鲜活或不变质。

4.3.1.1　收运条件

（1）鲜活易腐货物应具有必要的检验合格证明和卫生检疫证明，还应符合有关到达站国家关于此种货物进出口和过境的规定。托运人交运鲜活易腐货物时，应书面提出在运输中需要注意的事项及允许的最长运输时间。

（2）包装鲜活易腐货物必须有适合此种货物特性的包装，注意不致因在运输途中包装破损或有液体溢出而污损飞机或其他装载物。凡怕压货物，外包装应坚固抗压；需通风的货物，包装上应有通气孔；需冷藏冰冻的货物，容器应严密，保证冰水不致流出；带土的树种或植物苗等不得用麻袋、草包、草绳包装，应用塑料袋包装，以免土粒、草屑等杂物堵塞飞机空气调节系统。为便于搬运，鲜活易腐货物每件重量以不超过25千克为宜。

（3）标签

除识别标签外，货物的外包装上还应拴挂“鲜货易腐”标签和向上标签。

4.3.1.2 仓储

为减少鲜活易腐货物在仓库存放的时间，托运人或收货人可直接到机场办理交运或提取手续。

4.3.1.3 运输

承运前必须查阅TACT（the Air Cargo Tariff）规则本中的第七部分，关于各个国家对鲜活易腐物品进出口、转口的运输规定。比如机场能否提供冷库、清关的时间范围等，确定无误后方可承运。

鲜活易腐货物应优先发运，尽可能利用直达航班。收运鲜活易腐品的数量取决于机型以及飞机所能提供的调温设备。鲜活易腐货物运达后，应由航空公司或其地面代理立即通知收货人来机场提取。承运前还应查阅TACT规则本中第八部分有关承运人对鲜活易腐品的承运规定。如果在周末和节假日无法办理清关手续，应尽量安排货物在工作日到达中转站或目的站。

4.3.1.4 处理几类鲜活易腐品的要求

（1）鲜花

鲜花对温度的变化敏感，所收运的数量取决于机型的要求，通常可采用集装箱运输。托运人应在飞机起飞前的最后限定时间内到机场交货，装机时应注意天气的变化。

（2）蔬菜

一些蔬菜含较高的水分，若不保持充分通风状况的话，会导致氧化变质，因此每件包装必须保证通风，摆放应远离活动物及有毒物品，以防止污染。如果用集装箱装运，不可与其他货物混装。大多数蔬菜会散发出一种叫乙醇的气体，会对鲜花和植物造成影响，因此蔬菜不可与鲜花、植物放在同一舱内。

（3）新鲜/冷冻的鱼、肉

必须密封包装，不致渗漏液体，必须小心存放以免造成污染。机舱和集装器内必须洁净，若之前运输过活动物的话，必须经过消毒处理，操作人员也应经过卫生检查。

（4）干冰

干冰常被作为货物的冷却剂，应在货物包装、货运单以及仓单上注明。由于干冰是固体，用干冰冷却的货物包装上应有使 CO_2 气体散出的漏孔并根据 IATA 有关对限制物品的规定，在货物外包上做好标记或贴有相关标贴。

4.3.1.5　运输不正常的处理

（1）如遇班机延误、衔接脱班，因延长运输时间而对货物的质量发生影响时，航空公司应及时通知收货人或托运人征求处理意见并尽可能按照对方意见处理。在此期间，对鲜活易腐货物按要求妥善保管。同时，尽可能安排最早的航班运出。

（2）在运输途中货物发生腐烂变质或在目的站由于收货人未能及时提取使货物腐烂变质时，航空公司视具体情况将货物毁弃或移交当地海关和检疫部门处理，由此发生的额外费用将通过货运单填制人向托运人收取。发现此类货物腐烂变质时，航空公司将填写运输事故记录并通知托运人或收货人。

4.3.2　活体动物

航空运输的快捷性、安全性，活动物的运输在整个国际航空运输中占有重要地位。活动物不同于其他货物，对环境的变化敏感性很强，由于活动物的种类繁多，各具特性等因素，工作中容易出现各种各样的麻烦。因此，工作人员一方面应多了解各种动物的个性，另一方面应严格按照运输规则组织运输。

IATA 每年出版一期《活动物规则》，包括有关活体动物运输的各项内容，如包装种类、操作和仓储标准等，目的是保证活动物安全到达目的地。收运活体动物应以《活动物规则》为依据，严格遵守各项规定。装卸活体动物时必须谨慎，以确保动物和人的健康与安全。装卸活体动物时应避免污染其他的货物。

4.3.2.1　收运基本条件

交运的动物必须健康状况良好，无传染病，并具有卫生检疫证明。托运人必须办妥海关手续，根据有关国家的规定，办妥进出口和过境许可证，以及目的地国家所要求的一切文件。妊娠期的哺乳动物，一般不予收运，除非兽医证明动物在运输过程中无分娩的可能，方可收运，但必须对此类动物采取防护措施。对于动物与尚在哺乳期的幼畜同时交运的情况，只有大动物与幼畜可以分开时，方可收运。有特殊不良气味的动物，不予收运。

4.3.2.2 包装

动物容器的尺寸，应适合不同机型的舱门大小和货舱容积。容器的大小应适应动物的特性，应为动物留有适当的活动余地，大型动物容器需适合用机械进行装卸的要求。

容器应坚固，防止动物破坏、逃逸和接触外界。容器上应有便于搬运的装置。动物的出入口处，应设有安全设施，以防发生事故。容器必须防止动物粪便漏溢，污损飞机，必要时加放托盘和吸湿物（禁止用稻草作吸湿物）。容器必须有足够的通气孔以防止动物窒息。对不能离水的动物，包装应注意防止水的漏溢以及因缺氧而造成动物在途中死亡。必要时容器内应备有饲养设备和饲料。

4.3.2.3 标签和标记

容器上应清楚地注明收货人的姓名和详细地址（与货运单上相同），容器上还应注明动物的习性和特性以及有关特殊饲养的方法及注意的事项。容器上贴有下列标贴：

（1）“动物”标贴；

（2）“不可倒置”标贴；

（3）对有毒动物应贴“有毒”标贴。

4.3.2.4 仓储

根据动物习性，野生动物，包括哺乳动物和爬行动物喜欢黑暗或光线暗淡的环境，一般放置在安静阴凉处；家畜或鸟类一般放置在敞亮的地方。不可在高温、寒冷、降雨等恶劣天气时露天存放活体动物。

装载活体动物的容器要求与其他货物有一定的隔离距离以便通风。互为天敌的动物、来自不同地区的动物、发情期的动物不能一起存放。动物不能与食品、放射性物质、毒性物质、传染物质、灵柩、干冰等放在一起。实验用动物应与其他动物分开存放，避免交叉感染。除非托运人有特别要求，承运人不负责给动物喂食、喂水。经常存放动物的区域应定期清扫，清扫时应将动物移开。

4.3.2.5 运输

活体动物必须在订妥全程舱位之后方可收运，动物运输不办理运费到付。动物运输应尽量利用直达航班，如无直达航班，应尽量选择中转次数少的航班。应注意动物运达目的站的日期，尽量避开周末和节假日，以免动物运达后延误交付，造成动物死亡。只有部分机型的下货舱可以通风和控制温度，动物装载在下货舱内运输时，应考虑不同的飞机所提供的运输条件。动物在运输过程中，由于自然原因而发生的病、伤或死亡，承运人不负责任，除非证明是承运人造成的责任。由于托运人的过失或违反承运人的运输规定，致使动物在运输过程中造成对承运人或第三者的伤害或损失时，托运人应负全部责任。动物在运输途中或到达目的地后死亡（除承运人的责任事故外）所产生的一切处理费用，应由托运人或收货人承担。

4.3.2.6　对几类动物运输的包装要求

（1）运输凶猛动物（如装运熊、山猫、野狗、狐狸、狼、虎、豹、狮等）的包装要求

运输上述动物的容器必须坚固、安全，须用坚硬木料制作，容器前部应用粗钢丝网或铁栏杆制成。门上栏杆的距离，应能防止动物前爪外伸。容器后部应有一活门，活门必须有安全开关，以防动物逃逸而发生事故。

容器地板应做成铁筐形，使动物的排泄物能落到下面的托盘上。如不能做成铁筐形，则地板必须防漏，并应有吸湿物，保证动物的排泄物不外溢。容器必须保证空气流通，不致使动物窒息。容器的两侧，必须留有足够的通风孔，容器后面的滑门，应从上到下都有通风孔，通风孔的直径约为 2.5 厘米，通风孔外面应有稀麻布或铁纱保护。

为了地面运输工作人员的安全，动物容器上应有便于搬运装置。容器的大小除应适应机门的大小外，还应根据动物的大小和数量而定，并应留有余地，保证动物能自由活动和站立。

容器应装有供动物饮水的装置。对熊、狗、狼以及其他有锐利爪子的动物，容器四面应衬以金属板，防止动物抓破容器。

（2）运输一般动物（如羊驼、羚羊、小骆驼、鹿、家畜、斑马等）的包装要求

运输上述动物可用木质或轻金属容器，容器的两侧和顶部可用刨光的木料制作，或用麻布、帆布（内塞刨花或纤维）作衬垫。容器两侧的木板不能低于动物站立时两肩的高度，肩以上可用木条板。两边条板之间的间隔应能足以防止动物的头和脚伸出去。容器的后部应设一滑门或合页门，门上应备有安全插销，防止动物逃逸。容器的地板应做成条板式的，以防止动物滑倒。地板应能防止粪便漏溢，并应有吸湿物。必要时容器上应设有食槽，可从外面加放饲料。

装带角动物的容器，高度和宽度应保证不会伤及动物的角，动物的角不致刺穿容器顶部。容器的大小，应能对动物的活动有所限制，限制动物不能完全转身，以免动物活动时自身挤伤。容器下部四壁护板应坚固合适，使动物在活动时不致损伤腿蹄。收运长颈鹿时，应注意年龄，超过 6 个月不予收运。

(3) 运输鸟类包装的一般要求

运输鸟类的容器，应考虑鸟的生活习性使之在容器内能自由活动。容器的大小要使鸟能自由上下栖息，容器内应设有盛装饲料和饮水的器皿。为防止鸟跌落水槽而溺死，可在水槽里放置小浮板。应该注意禁用锡焊的器皿盛装饲料和饮水，以免中毒。爱争斗的鸟必须分装，容器应有足够的通气孔。如用铁纱罩时，必须处理好，以免伤害鸟类。

(4) 运输爬行动物（如蛇等）的包装要求

以上动物应装在结实的袋（尼龙网袋等）里，所用的袋应保证空气流通。将袋口封好，然后放在用胶合板制的外包装里。胶合板箱应坚固，应有足够的气孔，通气孔应有罗纱或铁纱保护，以防动物逃逸。箱盖应能抽动，箱底和周围应用金属片加固，箱外再用承木加固。

(5) 运输甲鱼的包装要求

用牢固的木箱包装，每只木箱高度应小于25厘米，强度可承受同类包装、同类重量、同类体积八层堆积的压力。木箱底部要有相应的吸湿物衬垫，以免甲鱼排泄物溢出污染飞机。

4.3.3 危险物品

危险物品是指在航空运输中，可能危害人身健康、安全或对财产造成损害的物品或物质。危险物品航空运输应按照危险物品手册进行。危险物品手册是根据芝加哥公约附件18和ICAO技术指南的内容编制，国际航协组织一些危险物品运输专家对危险物品手册内容每年进行修改，所有的承运人和代理人都统一使用最新出版的危险物品手册。

根据其所具有的不同危险性，危险物品分为九类。其中有些类别又分为若干项。第一类爆炸品，第二类气体，第三类易燃液体，第四类易燃固体、自燃物质和遇水易燃物质，第五类氧化剂和有机过氧化物，第六类毒性物质和传染性物质，第七类放射性物质，第八类腐蚀性物质，第九类杂项类。某些危险品，名称上虽看不出是危险品，但实际上是危险品，如电器开关可能含有水银。

危险品运输应注意以下方面：

(1) 预先检查原则

危险物品的包装件在组装集装器或装机之前，必须进行认真检查，包装件在完全符合要求的情况下，才可继续进行作业。检查的内容包括外包装无漏洞、无破损，包装件无气味、无任何漏泄及损坏的迹象；包装件上的危险性标签和操作标签是否正确无误、粘贴牢固，包装件的文字标记（包括运输专用名称、UN或ID编号、托运人和收货人的姓名及地址）是否书写正确、字迹清楚。

（2）方向性原则

装有液体危险物品的包装件均按要求贴有向上标签，在搬运、装卸、装集装板或集装箱以及装机的全过程中，必须按该标签的指向使包装件始终保持直立向上。

（3）轻拿轻放原则

在搬运或装卸危险物品包装件时，无论是采用人工操作还是机械操作，都必须轻拿轻放，切忌磕、碰、摔、撞。

（4）固定货物、防止滑动原则

危险物品包装件装入飞机货舱后，装载人员应设法固定。防止危险物品在飞机飞行中倾倒或翻滚，造成损坏。

4.4　航空运单

航空运单是承运人与托运人之间缔结运输合同的文件，也是由承运人或其代理人出具的货物收据。但它不具有物权凭证的性质，既不能转让，也不能凭此提取货物，收货人提货须凭航空公司发出的提货通知单。航空运单与海运提单有很大的不同，但与国际铁路运单相似。

4.4.1　航空运单的分类

4.4.1.1　航空主运单

凡由航空运输公司签发的航空运单，称为主运单，它是航空运输公司据以办理货物运输和交付的依据，是航空公司和托运人订立的运输合同。每一批航空运输的货物都有自己的航空主运单。

4.4.1.2　航空分运单

集中托运人在办理集中托运业务时，签发的航空运单称作航空分运单。航空分运单是集中托运人与托运人之间的货物运输合同。合同的双方是货主和集中托运人，货主与航空公司没有直接契约关系，也没有直接的货物交接关系。

4.4.2　航空运单的内容

各航空公司使用的航空运单大多借鉴国际航空运输协会推荐的标准格式，差别不大。

（1）始发站机场：填写国际航空运输协会统一制定的始发站机场或城市

的三字代码，这一栏应该和（11）栏一致。

1A：国际航空运输协会统一编制的航空公司代码，如中国国际航空公司的代码是999。

1B：运单号。

（2）发货人姓名、住址：填写发货人姓名、地址、所在国家及联络方法。

（3）发货人账号：必要时填写。

（4）收货人姓名、住址：填写收货人姓名、地址、所在国家及联络方法。与海运提单不同，因为航空运单不可转让，所以“指示”之类的字样不得出现。

（5）收货人账号：同（3）栏一样，必要时填写。

（6）承运人代理的名称和所在城市。

（7）代理人的国际航空运输协会代号。

（8）代理人账号。

（9）始发站机场及所要求的航线：始发站应与（1）栏填写的内容一致。

（10）支付信息：只有在采用特殊付款方式时才填写。

（11）11A（C，E）：去往（to）：分别填入第一（二、三）中转站机场的国际航空运输协会代码。

11B（D，F）：承运人（by）：分别填入第一（二、三）段运输的承运人。

（12）货币：填入ISO货币代码。

（13）收费代号：表明支付方式。

（14）运费及声明价值费。

此时有两种情况，预付或到付。如预付，在14A中填入“*”，否则填入14B中。需要注意的是，航空货物运输中的运费与声明价值费的支付方式必须一致，不能分别支付。

（15）其他费用：也有预付和到付两种支付方式。

（16）运输声明价值：在此栏填入发货人要求的用于运输的声明价值。如果发货人不要求声明价值，则填入“NVD”。

（17）海关声明价值：发货人在此栏填入对海关的声明价值，或者填入“NCV”，表明没有声明价值。

（18）目的地机场：填写最终目的地机场的全称。

（19）航班及日期：填入货物所搭乘航班及日期。

（20）保险金额：在航空公司提供代理保险业务且客户有此需要时填写。

（21）操作信息：一般填入承运人对货物处理的有关注意事项等。

（22）22A—22L项是货物运价和运费细节。

22A 货物件数和运价组成点：填入货物包装件数，如 10 包即填“10”。当需要组成比例运价或分段相加运价时，在此栏填入运价组成点机场的国际航空运输协会代码。

22B 毛重：填入货物总毛重。

22C 重量单位：选择千克或磅。

22D 运价等级：针对不同的航空运价共有 6 种代码，它们是 M（起码运费）、C（特种运价）、S（高于普通货物运价的等级货物运价）、R（低于普通货物运价的等级货物运价）、N（45 kg 以下货物适用的普通货物运价）、Q（45 kg 以上货物适用的普通货物运价）。

22E 商品代码：使用特种运价时，需要在此栏填写商品代码。

22F 计费重量：填入航空公司据以计算运费的计费重量，该重量可以与货物毛重相同，也可以不同。

22G 运价：填入该货物适用的费率。

22H 运费总额：数值应为起码运费值或者运价与计费重量两栏数值的乘积。

22I 货物的品名、数量，含尺码或体积：货物的尺码应以厘米为单位，尺寸分别以货物最长、最宽、最高边为基础。体积是上述三边的乘积，单位为立方厘米。

22J 该运单项下的货物总件数。

22K 该运单项下的货物总毛重。

22L 该运单项下的货物总运费。

(23) 其他费用：除运费和声明价值附加费以外的其他费用。根据国际航空运输协会规则，各项费用分别用三个英文字母表示。其中前两个字母是某项费用的代码，如运单费表示为 AW；第三个字母是 C 或 A，分别表示费用应支付给承运人或货运代理人。

(24) 运费，有预付与到付两种方式。

(25) 声明价值费，也有预付与到付两种方式。

(26) 税款金额，也有预付与到付两种方式。

(27) 需要付给货运代理人的其他费用合计金额。

(28) 需要付给承运人的其他费用合计金额。

(29) 需预付或到付的各种费用。

(30) 预付、到付的总金额。

(31) 发货人的签字。

(32) 签单时间（日期）、地点、承运人或其代理人的签字。

(33) 货币换算及目的地机场收费记录。

以上所有内容不一定要全部填入航空运单，国际航空运输协会也并未反对在运单中写入其他所需内容，但这种标准化的单证有利于提高航空货运经营人工作效率，有利于促进航空货运业深化电子商务发展。

4.5 国际空港物流服务

国际空港物流发展水平，标志着国家和地区高端产业的发展阶段。空港物流作为一个国家或地区经济与世界经济连接的重要纽带，是衡量国家或地区市场开放程度、经济发达程度、信息和物质交换便利程度的重要标准。在经济全球化背景下，空港物流客观上承担着国家或地区经济纳入全球经济体系的关键节点和载体功能。

4.5.1 空港物流概述

4.5.1.1 国际空港物流定义

空港物流是以机场为主体，依托机场航线网络及航空运输优势，以信息技术及相关高新技术为支撑，向社会提供现代物流服务的系统。国际空港物流是依托机场为货物的集散地，利用航空运输技术实现国际贸易物流，还包括实现国际展览与展品物流、国际邮政物流和援外项目物流等非贸易空港物流模式。

4.5.1.2 空港物流服务的内容

空港物流以航空及机场地面配套物流设施为核心，为多家航空公司、航空货运代理、综合物流企业提供公共物流设施、物流信息服务及综合物流服务。

空港物流服务的内容主要包括四类：第一类是基础物流服务，主要是国际航空货物（进出口货物）的运输、搬运、装卸、仓储、配送等；第二类是增值物流服务，主要是国际航空货物（进出口货物）的简单加工、分拆、包装，为贵重、危险、易腐货物提供特殊仓储及处理、相关咨询服务、展示与展销等；第三类是公共物流服务，如报关、报检、保税、查验等海关和检验检疫服务等；第四类是国际航空货运代理。

4.5.2 中国空港物流现状

一个国家物流发展水平和空港物流发展的规模与水平直接相关。目前，国外空港物流的发展已形成布局网络化、运作高效性、业务综合性的特点。

同时，国外空港物流越来越重视信息化手段，并倾向于为高科技产品和国际贸易提供服务，其综合服务功能逐步拓展，大大突破了传统的航空货运业务范围，有力地促进了机场业和地方经济社会的发展。与发达国家的空港物流产业相比，中国的空港物流产业尚处于起步发展阶段。

4.5.2.1　中国空港物流市场容量分析

中国市场日益成熟的制造业以及不断增长的消费者需求，继续推动航空物流的快速发展，航空运输在中国整个运输周转量中所占比重迅速增长。据《波音世界航空货运预测》分析，在未来 20 年间，世界航空货运以 6.2%的年平均增长率增长，总运输量将增长至三倍；亚洲航空货运市场将继续引领世界航空货运业，其中中国航空货运每年将平均增长 10.6%，中国将成为世界航空货运最具发展潜力的市场。

空港具有天然的国际货物集散地优势，有利于实现国家之间差异化生产要素的最佳结合。全球性的制造业要求全球采购、全球分销、交货迅速，只有依靠空港物流的分拨、集散等服务能力，才能保证运输的快速顺畅，这为中国空港物流发展带来了前所未有的机遇。

4.5.2.2　空港物流行业特点分析

航空物流不等同于航空货运，航空物流通常包括航空货运和快递两个市场。一般来说，航空货运是在单张合约下货主与承运人间的门到机场、机场到门、门到门运输。快递的范围更严格一些，需要向货主提供一站式运输服务，把货物由指定收货处送抵货主特指的终点。

（1）空港物流园区逐步走向成熟

从 2000 年中国第一个空港物流园区——天津空港国际物流区获准设立以来，空港物流园区逐渐在地方经济发展中起重要的推动作用，北京空港物流园区、上海国际物流园区、南京空港物流园区和广州空港物流园区等相继建立。从航空货运中心到空港物流园区的转变是中国航空物流朝全方位增值业务发展的标志，空港物流中心的建立使原来的航空货运中心成为集运输、转运、储存、装拆箱、仓储及信息化为一体的重要物流枢纽。

空港物流作为各种物流企业和物流活动的载体，其规划逐渐走向理性化，全国物流园区的集聚效应日益凸显。众多知名企业纷纷在园区投资兴业，使园区的发展获得新的增长点。

（2）局部航空物流市场业已形成

目前，中国形成了以“长三角”和“珠三角”为轴心的区域性航空运输市场。长江三角洲和珠江三角洲地区由于产业积聚作用，主要生产高附加值、深加工、技术密集型、适时生产的产品和鲜活食品。这些相关产业的发展和产品输出，营造了一个广阔的市场，巨大的需求促进了空港物流的产生和发展，促使以“长三角”和“珠三角”为轴心的区域性运输市场的形成，尤其是“珠三角”地区已经成为国内航空货源最大的生成地。华东四省市（上海、安徽、浙江、江苏）航空货运量超过全国总量的40%，广东航空货运量接近全国总量的30%。

4.5.2.3 空港物流行业格局分析

中国空港物流业尚处于单一的运输服务模式阶段，国内航空物流营业网络在量和质两个方面，还难以满足现代物流的发展需要。每年约有2/3的货运量被国外航空公司消化，使处于起步阶段的国内航空货运市场面临着经营危机。市场格局主要呈现以下特点：

(1) 国际企业大举抢滩登陆

中国加快融入WTO的步伐，服务领域开放，市场准入标准的降低，使得大量外企涌入，加剧了国内货运市场竞争。对比国内企业，国际企业优势明显，国际知名的航空物流企业为了缩短时间，在整个操作流程中推行严格的标准化作业规范，国外航空物流业在反应速度、覆盖网络、地面处理能力、客户服务和供应链服务、收入管理、运力协调等领域里具有竞争优势。

国际大型的跨国物流企业已经陆续抢滩中国市场，UPS、TNT、FedEx等国外著名的物流业界已布局全国，使得中国航空货运市场的竞争变得异常激烈。

(2) 本土企业迅速成长

2003年，中国政府正式开放第五航权。2004年，民航总局放松对航空货运发展的经济管制并出台扶持政策，使得专业货运航空公司和货运代理如雨后春笋般蓬勃发展，出现了如中货航、国货航、扬子江快运、翡翠国际货运航空有限公司和珠海捷晖货运有限公司等企业。

(3) 中西合璧——空港物流发展的第三条路

国内部分企业积极提高服务质量、占领市场，实施资源整合和市场调整。同时谋求与国际巨头合作机会，寻找新的市场良机。

4.5.2.4 空港物流的趋势分析

(1) 空港物流范围扩大

航空货运业按照区域化的发展梯度进行，逐步由东部向中部、西部地区延伸。东部、南部沿海地区由于经济较发达、观念较新，先行一步，随着中国西部大开发战略、中部崛起战略、东北振兴战略的实施，空港物流逐步向中西部地区转移，面临广阔的需求空间。

（2）航空物流业客货分离

进入 21 世纪以来，全球具有一定规模的航空公司纷纷把货运业务分拆成独立运作的货运航空公司，同时提供其他配套、增值服务，将航空物流塑造成为利润中心，国内航空运输中利用客机腹舱的货运方式已经难以适应用户对于航空货运更加快速、及时和可靠的要求。中国航空物流业要达到世界同等水平，必须加大航空物流业客货分离的步伐，强化航空货运能力。

（3）信息化是推动空港物流发展的重要平台

在网络覆盖日益广阔和航班频率更加密集的形势下，客户的快速响应需求和货主的个性化服务要求越来越高，先进完备的空港物流信息平台建设的要求更加突出。

（4）一体化全方位的个性服务

目前，很多大客户不再满足于简单的航空货物运输，对按照具体需求而量身定做的个性化服务有着强烈的需求。因此，以信息技术为基础，以客户需求为中心，结合生产企业的供应链管理，配合生产厂商设计出以“一站式”、“门到门”服务为特征的一体化物流解决方案，为客户企业提供以原料和产品的供应、生产、运输、仓储、销售等环节结合成有机整体的优质高效的个性化综合物流服务成为一种必然的趋势。

（5）服务对象范围扩大

当前，巨型工业机械制造设备、建筑车辆和其他庞大、超重货物的航空货运也开始出现。大型货物流向亚洲，不仅反映亚洲的基础设施建设达到规模，也反映亚洲未来不可小觑的物流增长。过去远东只扮演制造设备接受地的角色，而现在日本、韩国和中国出产的大型设备正源源不断地输往欧洲和北美，可见大型机械设备运输服务作为中国空港物流服务的重要部分将成为一种新的发展趋势。

【小　结】

本章主要介绍了国际航空运输的基本概念、一般货物的进出口流程、特种货物航空运输的注意事项、航空运单以及空港物流等内容。航空运输是指利用飞机从空中航线运送旅客和货物的一种运输方式，具有速度快和不受地形限制的特点。航空货物运输成本高、运量小，适合对时间要求高的货物进行运输。广义的航空货物运输服务分为三种，即航空普通货物运输、航空邮件运输和航空快递运输。国际航空货物运输的出口业务流程包括市场销售、委托运输、审核单据、订舱、制单、接货、报关、费用结算、信息传递等环节；国际航空货物运输的进口业务流程包括代理预报、交接单货、理货与仓储、进口报关、发货等环节。特种货物运输是利润空间较大、操作难度较大的货物运输，虽然运量不大，但利润丰厚而且稍有不慎就会出现问题。特种货物包括贵重货物、动物、危险物品、外交信袋、作为货物运输的行李和鲜活易腐货物等。航空运单是承运人与托运人之间缔结运输合同的文件，也是由承运人或其代理人出具的货物收据。空港物流是以机场为主体、依托机场航线网络及航空运输优势、以信息技术及相关高新技术为支撑、向社会提供现代物流服务的系统。国际空港物流是依托机场为货物的集散地，利用航空运输技术实现国际贸易物流，还包括实现国际展览与展品物流、国际邮政物流和援外项目物流等非贸易空港物流模式。

【案例讨论】

从货主视角看航空货运

现在，航空货运业的通行模式是代理人向航空公司预订舱位并进行结算。然而，这种模式往往忽视了运输三角中最重要的一方——货主的利益。在实际操作中，航空公司和代理人控制大部分的话语权，货主的心声往往难以得到有效传达，因此，许多货主正在为他们自己的处境大声疾呼。

(1) 负面影响多

众所周知，货物有可能出现意外的丢失（特别是在转运途中），也有可能出现破损，客户常抱怨货物在地上滞留的时间远大于在空中的运输时间。虽然大多数货主不得不接受这样的现实，但航空货运服务中存在的诸多负面因素，已经让一些客户寻找其他的运输方式。

燃油附加费是最主要的负面因素之一。美国货主的贸易联盟——全国产业运输联合会副总裁彼得·盖蒂认为，“现在，航空货运价格不灵活，航空公司对经济下滑和油价下降的反应速度过慢。”欧洲货主协会也认同上述观点，“由于运量下降，运价已降到了合理范围内，但燃油价格始终是客户最重要的考虑因素。”

安保规章，特别是美国的安保条例是货主们关注的又一个重要因素。比例高达50%的出口货物必须通过安检或者扫描，但是美国政府并未明示这50%到底是飞机载货量的一半，还是所有代理、地面操作或是机场货物的50%，或是每批货物的50%。安保规章对货主这一群体的限制正在加剧。

由于加拿大的许多出口货物需要通过卡车运输到美国机场，加拿大出口商相应受到美国安保措施的影响。“如果你是‘已知货主’，那么货物将不需要安检”，加拿大东芝公司负责海关和运输的主管约翰·奥瑞利表示。发运鲜货的货主承受的损失最大，位于波士顿的东岸海鲜公司总裁兼CEO迈克尔指出："如果我们有一箱海产品货物需要安检，那么整个冷链都会破裂，从而危害到整批货物的卫生状况。一般通过整个安检需要5个小时，而到那时，龙虾已经死了。"

当然，航空公司和代理人对安检措施不承担责任，但他们应该通过设计合理的流程、确保尽早取得所有必需的数据并递交给当局等措施，努力降低货物损失。

(2) 运力控制

航空公司可以控制的另外一个因素是运力。阿尔发协会（Alpha Association），一家在世界范围内开展业务的英国贸易公司的老板大卫认为，"某些航线上的舱位短缺，会造成真正的麻烦。例如英国至非洲航线只有3家主要航空公司运营，如果他们将宽体飞机调成窄体飞机，那我们就遭殃了。我们必须要求代理人提前1周或更长时间订舱位。如果货物不能按计划运输，代理人需要组织其他货物填满舱位。我们虽然并不需要为没有利用的舱位付费，但如果多次出现这种情况，代理人就会放弃我们的生意。"运力短缺可以解释为什么加拿大公司会通过卡车运货到美国机场。

如果运送危险品的话，舱位就更难找了。麦克·佩是一家飞机零件的全球供应公司——Aero Inventory的物流经理，他指出，"通常危险品只能通过全货机运输，我们很难找到合适的舱位。"随着航空公司更多地使用小型全货机，市场上的可用运力正在减少。为了获得所需要的舱位，货主往往需要同航空公司保持良好的关系。

在世界其他地方，情况更糟。不仅航空公司对现有机队进行评估后在不断缩减货机和宽体客机的投入，而且机场的基础设施也让航空公司的操作更加困难。2008年纽约肯尼迪机场和纽瓦克机场的延误激增，美国联邦航空管理局（FAA）宣布计划拍卖上述机场的起降时刻（slot）。这一决定虽然受到纽约和新泽西港口委员会（PANYNJ）的反对，并在2008年12月付诸法律，使得拍卖计划遭到推迟，但是这一行动仍未结束。这一拍卖计划要求航空公司对他们已经拥有的起降时刻进行竞拍。PANYNJ预计，这将会导致成本上升12%，并造成纽约出发的运力缩减。

在其他地区如加拿大，机场每年的投入主要针对旅客，而不是货物。约翰·奥瑞利指出"如果在基础设施投入和服务提升等方面没有发生明显的变化，加拿大的航空货运产业就无法发展壮大。作为进口商，我们在多伦多、温哥华和一些地区机场需要更多的服务。多伦多的起降费是北美最高的，也是世界上收费最高的机场之一，这对货运经营没有好处。"

(3) 确保货运链条的完整

确保文件环节完整正确，需要货主、代理人和航空公司各方的通力合作。Aero Inventory 在大部分航线上依靠代理 Kuehne&Nagel 进行文件检查，但是在美国使用的是联邦快递公司，需要依靠自己的供应商进行文件操作。麦克·佩解释说："我们在美国拥有 500 家供应商，如果有一家不能正确录入数据，当遇到海关时我们就会有麻烦。"

鲜货的文件更棘手，最大的挑战来自卫生部门的要求。文件在美国获得通过后必须跟着货物走，如果不能和货物一起运达，货物就会被搁置；如果货物出现问题，文件也会被扣留。任何一种情况下，鲜货都会死。运输鲜货如此棘手，东岸海产品公司干脆成立了自己的代理公司。

航空业在运输鲜货方面已经大有提升。过去大部分机场没有冷库，对于鲜货运输也没有优先程序保证。但目前，欧洲通过立法已经提高进出欧洲货物处理程序的速度。

鲜花运输更麻烦。Flora Holland 公司的进口经理阿诺德如此评论，"我们的确看到了好的变化，但是仍有改进的空间。我们的鲜花需要保持 2℃ 的恒温，但在机场、停机坪或是飞机上，货物往往需要承受高达 20℃ 的高温。如果冷链不能贯穿全程，就很难将温度降下来，特别是在货物到达欧洲后。"

阿诺德要求代理能保证在鲜花到达后立即放入冷库，在进出机场的运输过程中，将鲜花放在 2℃～5℃ 的车中。鲜花应在最后 1 分钟装到飞机上，装机前使用隔热布、隔热毯等设施保护鲜花。飞机应该始终保持一定的温度。"即使你使用专门的货机，也并不是每一个雇员都知道如何正确操作。航空货运的过程总是充满风险。"

这是 Flora Holland 和许多同业者尽可能多地将鲜花转向海运的原因。虽然海运并不适合运输所有的鲜花种类，但的确有许多品种的鲜花在通过长达两周的海运后到达时的状态，要比仅需几个小时的空运状态还要好。

此外，货物丢失后的赔偿低。麦克·佩说，"我们在货物丢失后拿到的赔偿数额少得可怜。航空公司利用《蒙特利尔条约》和《华沙条约》做保护，我们获得的赔偿一般仅为每千克 20 美元。为此，我们需要另外购买保险，和保险公司再走一遍全套的索赔程序。我们做下来往往一无所获，即使货物损失不是我们的过错。"

可见，提高货物处理效率的最好方法是建立起良好的关系。但是这对那些零散货主和无法做到这点的货主意味着什么？难道不应该是每位货主都应享受到良好的服务吗？难道不应该每名雇员都通过培训，正确掌握处理特殊货物和文件的方法码？在绝大部分时间里，即使是航空公司的老主顾，也对这个行业能否安全、快捷高效地运输自己的货物缺乏足够的信心。如果客户将货物转向海运，航空货运行业只有在自己身上寻找原因了。

资料来源：从货主视角看航空货运，同考网，2012.2.5。

讨论题

1. 航空货运存在哪些问题？
2. 对于文中的问题，可以采用哪些方法解决？

复习思考题

1. 国际航空货物运输的方式有哪几种？
2. 国际航空货运出口业务流程是什么？
3. 国际航空货运进口业务流程是什么？
4. 鲜活易腐货物的国际航空运输应注意什么问题？
5. 危险品运输应注意什么？
6. 航空运单的主要内容有哪些？
7. 什么是空港物流？

第5章 国际陆上货物运输

【教学目标】

(1) 了解国际铁路运输、道路运输和管道运输的基本概念;
(2) 掌握国际铁路联运的主要流程;
(3) 了解国际道路运输的基本流程以及TIR制度下的道路运输;
(4) 了解国际铁路联运与国际道路运输的主要单证,掌握填制的方法。

【引导案例】

铁路联运发展助力对外贸易

以前,从我国前往欧洲主要的货运方式是航空和海运。其中海运时间为40天左右,时间长,运费低;空运时间为2天左右,速度快,但成本高。在原铁道部、海关总署的大力支持下,通过“渝新欧”沿线国家共同努力,推出了运输时间控制在15天左右的铁路运输方案。

“渝新欧”现已形成稳定的运行线路,其始发重庆团结村集装箱中心站,经新疆阿拉山口出境,途经哈萨克斯坦、俄罗斯、白俄罗斯、波兰,最终到达德国工业腹地鲁尔区重镇——杜伊斯堡,全程11 179千米。其中,国内段3 777千米,哈萨克斯坦段3 419千米,俄罗斯段1 497千米,白俄罗斯段580千米,欧盟段(波兰、德国)1 906千米。除重庆到杜伊斯堡的主线外,还成功开辟了重庆到莫斯科、切尔克斯克、法兰克福、安特卫普等分线。

中铁国际多式联运有限公司和渝新欧(重庆)物流有限公司成功试运行了两列使用国际货协/货约统一运单的“渝新欧”班列,比预计时间提前2天到达目的地。

与传统的国际货协运单相比,国际货协/货约统一运单使用了汉、英、俄3种语言,可在中国境内一票报关、在波兰与德国铁路口岸马拉舍维奇站一票通过,直达目的地德国杜伊斯堡。该运单的使用一方面减少了中途的换单作业环节,3种语言的表述极大地淡化了国际界限。另一方面所有信息都能直接体现在统一运单上,减少了转关报关环节,极大地提高了通关效率和准点率。

5.1　国际陆上货物运输概述

5.1.1　国际铁路货物运输

5.1.1.1　国际铁路货物运输概述

在国际货物运输中，铁路运输是一种仅次于海洋运输的主要方式，海洋运输的进出口货物大多靠铁路运输进行货物集中和分散。

铁路运输具有许多优点，一般不受气候条件的影响，保障全年的货物运输，运量较大，速度较快，连续性较高，运转过程中可能遭受的风险较小。办理铁路货运手续比海洋运输简单，发运人和收货人可以在就近的始发站（装运站）和目的站办理托运和提货手续。

目前世界铁路总长度为 140 万千米左右，其中美洲铁路约占世界铁路总长的 1/2，欧洲占 1/3 左右，而非洲、澳洲和亚洲总共占 1/6 左右。

5.1.1.2　国际铁路货物联运

在国际铁路货物运输中，铁路联运的方式被广泛采用。

（1）国际铁路货物联运的概念

国际铁路货物联运是指在两个或两个以上国家铁路运送中，使用一份运送单据，以连带责任办理货物的全程运送，在由一国铁路向另一国铁路移交货物时，无需发、收货人参加。国际铁路货物联运是通过几个国家不间断地运送到目的地，所以其涉及面广，运输条件即车、票、证都必须符合有关国际联运的规章和规定，办理手续较复杂。

国际铁路货物联运是在国际上通过有关国家之间的协商，订立国际铁路货物联运协定或协议，使得相关国家铁路在货物运输组织上相互衔接，为国际贸易货物的交流提供一种经济便捷且安全的运输方式。

（2）国际铁路货物联运的优点

1）简化手续，方便收、发货人。虽然货物在全程运送中要经过多个国家，涉及多次交接甚至多次换装等作业，但作为发货人只需在始发站办理一次性托运手续，即可将货物运抵目的国家的铁路到站，发货人或收货人无须在国境站重复办理托运的烦琐手续。

2）充分利用铁路运输的优势。铁路运输具有成本较低，运输连续性强，运输风险小和不易受天气、季节变化的影响等优势。实行国际铁路联运后，参加联运国铁路连成一体，形成国际铁路运输网络，便于发货人根据货物的运输要求，充分利用铁路运输优势和选择运输路径，既加快送达速度，又节省有关费用支出。

3）可及早结汇。发货人利用国际联运办理完出口货物的托运手续后，即可凭车站承运后开具的有关联运凭证和其他商务单证办理结汇，无须等到货物到达目的地后才办理。这样既保证发货人收取货款，又加速资金的周转，便于国际贸易的开展，对贸易双方均有利。

4）促进铁路沿线外向型经济及铁路运输企业的发展。通过开展国际联运，为铁路沿线外向型经济的开发提供了有利的条件。例如亚欧第二大陆桥的贯穿，为沿线的中国东部地区及中亚国家的经济发展提供了良好的机遇。

5.1.2 国际道路运输

道路运输是现代运输的主要运输方式之一，是构成陆上运输的两个基本运输方式之一。道路运输既是一个独立的运输体系，也是车站、港口和机场集散物资的重要手段。

5.1.2.1 道路运输的特点

道路运输机动灵活、简捷方便，在短途货物集散运输上，比铁路、航空运输有优越性，尤其是在实现“门到门”的运输中。其他运输方式或多或少依赖道路运输来最终完成两端的运输任务。道路运输的特点主要有以下几个方面：

（1）拥有很强的配送能力，提供“门到门”服务，无须中间环节。

（2）运输中提供货运服务的转运国无须增加关税检查。

（3）如果因为路面施工、堵塞或运输服务受到破坏而需要改变行车路线，道路运输可以进行灵活的改变。

（4）在一定的距离范围内，与航空运输相比，国际道路运输在运输时间和运费方面具有竞争力。

（5）办理凭证简单。

（6）服务趋于高可靠性和标准化。

（7）对于数量不大的杂货和选择性散货的运输，道路专运车是一种理想的运输方式。

（8）与通常的海上运输（散货）服务相比，包装成本更低。

（9）在整个道路运输期间，司机与运输工具同行，可以通过人力的监控减少损坏和泄漏的风险。

（10）拖车服务灵活，有助于商业发展。

道路运输的缺点：载重量小、不适宜装载大件、重件货物，不适宜走长途运输；车辆运输途中震动较大，容易造成货损和货差事故；与水运和铁路运输相比，运输成本和费用比较高。

5.1.2.2　道路运输的经营方式

(1) 公共运输业

公共运输业专业经营汽车货物运输业务并以整个社会为服务对象，其经营方式包括：

1) 定期定线。不论货载多少，在固定路线上按时间表行使。

2) 定线不定期。在固定路线上视货载情况派车行使。

3) 定区不定期。在固定的区域内根据需要派车行使。

(2) 契约运输业

按照承运人和托运人双方签订的运输契约运送货物，与其签订契约的一般是常年运量大且稳定性强的企业。契约的期限一般较长，按契约规定托运人保证提供一定的货运量，承运人保证提供所需的运力。

(3) 自用运输业

自用运输业是指工厂、企业、机关自置汽车，专为运送自己的物资和产品，一般不对外营业。

(4) 汽车货运代理

汽车货运代理本身既不掌握货源也没有交通工具，是以中间人的身份一面揽货，一面向运输公司托运，借以收取手续费和佣金。有的汽车货运代理商专门向货主揽取零星货载，加以归纳集中成为整车货物；然后自己以托运人的名义向运输公司托运，赚取零担和整车货物运输费用之间的差额。目前发达的国际货运代理多属于后一种经营方式。

5.1.3　国际管道运输

5.1.3.1　管道运输的定义与特点

(1) 管道运输的定义

管道运输是利用管道输送气体、液体和粉状固体的一种特殊的运输方式，它随着石油原油生产而产生。管道运输与普通货物的运输形态不同。普通货物运输是随着运输工具的移动，货物被运送到目的地，作为管道运输工具的管道是固定不动的，只是货物本身在管道内移动。管道运输是运输通道和运输工具合二为一的专门的运输方式。

目前，在全球能源产品（石油原油、成品油、天然气、油田伴生气、水煤浆等）的运输中，管道运输占有较大的比重。近年来，管道运输被进一步研究开发用于散状物料、成件货物、集装物料运输，并发展了容器式管道输送系统。

(2) 管道运输的特点

管道运输具有以下特点：

1) 运量大

输油管线可以源源不断地完成输送任务。根据其管径的大小不同，每年的运输量可达数百万吨到几千万吨，甚至超过亿吨。

2) 占地少

管道运输建设实践证明，运输管道埋藏在地下的部分占管道总长度的95%以上。管道运输占地少，分别为公路的3%和铁路的10%左右。

3) 管道运输建设周期短、费用低

管道运输系统的建设周期与相同运量的铁路建设周期相比，一般要短1/3以上。中国铺设的大庆至秦皇岛全长1 152千米的输油管道，用时23个月，若建设一条同样运输量的铁路，至少需要3年时间。管道建设费用比铁路低近60%。

4) 管道运输安全可靠、连续性强

石油和天然气易燃、易爆、易挥发、易泄漏，采用管道运输方式可以避免以上危险。同时，由于油、气泄漏导致的大气、水和土壤污染也大大减少。管道运输符合运输绿色化的要求。此外，管道大都埋藏于地下，恶劣多变的气候对其影响小，可以确保运输长期、安全、稳定地进行。

5) 管道运输耗能少、成本低、效益好

发达国家采用管道运输石油，每吨千米的能耗不足铁路的1/7，在大量运输时的运输成本与水运接近。因此，在无水条件下，采用管道运输是一种最节能的运输方式。

管道运输还是一个连续的工程，运输系统不存在空载行程，运输效率高。理论和实践表明，管道口径越大，运输距离越远，运输量越大，运输成本越低。

6) 灵活性差

管道运输除承运的货物比较单一外，也不容许随便扩展管线，实现“门到门”的灵活运输服务。管道运输常要与铁路运输、汽车运输、水路运输配合，才能完成全程输送。

管道运输的上述特点决定了它适合于那些单向、定点、量大的流体状货物（如石油、油气、煤浆、某些化学制品原料等）的运输，而利用容器包装运送固态的货物（如粮食、砂石、邮件等），也有广阔发展前景。

5.1.3.2 管道运输的类别和经营

(1) 根据铺设工程划分

管道运输按铺设工程可分为架空管道、地面管道和地下管道。其中，以地下管道的应用最普遍。视地形情况，一条管道也可能三者兼而有之。

（2）根据地理范围分

管道运输按地理范围可分为原油管道、成品油管道和系泊管道。从油矿至聚油塔或炼油厂，称为原油管道；从炼油厂至海港或集散中心，称为成品油管道；从海港至海上浮筒，称为系泊管道。

（3）根据运输对象划分

管道运输按运输对象可分为液体管道、气体管道和水浆管道。

物料的管道运输采取两种方式。第一种方式是把散状或粉尘状物料与液体或气体混合后沿管道运输，这种与液体混合的方式叫浆液运输。它适用于煤、天然沥青、砂、木屑、浆料等货种。这种方案受物料性质、颗粒大小与重量等因素的限制，运输距离不能太长，能耗较多，对管道的磨损较大。

第二种方式是用密封容器装散状物料，放在管道的液流中，或用专用载货容器车装散状物料，置于管道气流中，靠压力差的作用运送物料。这种用容器车进行管道运输的方法，能运送大量不同的货物。

管道运输的管道路线和运输固定，运输费用计算比较简单。按油类不同品种规格规定不同的费率标准，计算标准多数以桶为单位，有的以吨为单位，且均规定每批量的最低托运量。

5.2　国际铁路货物运输

5.2.1　国际铁路货物联运进出口运输程序

5.2.1.1　在贸易合同中订立国际铁路联运交货条款

如果国际贸易双方的当事人，根据国际铁路联运的特点、运送费用和速度等，选定国际铁路联运作为该批货物的运输方式，那么贸易合同当事人应在合同中订立国际铁路联运交货条款。

适用于国际铁路联运的贸易术语主要有 FCA、CPT 和 CIP。中国通过国际铁路联运对外出口货物，多数是以 CPT 或 CIP 条件成交，也有相当一部分是通过 FCA 条件成交。合同中的交货条款除了应写明上述贸易术语外，交货地点一定要具体明确，原因为交货地点是划分运输费用的界限。

5.2.1.2　出口货物托运与承运

（1）托运所涉及的单证

办理货物托运手续时，所需要的单证主要有货协运单及其随附单证。

货协运单是国际铁路货物联运运单中的一种，是由发送国铁路代表所有参加运送货物的各国铁路同发货人之间订立的运输契约。参加联运的各国铁路和发、收货人在货物运送中具有相应的权利和义务，它对铁路和发、收货人都具有法律效力。国际铁路货物联运中，还使用补充运行报单。补充运行报单有带号码和不带号码之分。

经国际铁路联运出口的货物通过国境站时，需要履行报关和检验检疫等法定手续，发货人必须将所需的单证附在货协运单上。这些单证主要有出口货物报关单、出口货物明细单、出口收汇核销单、发票等，根据需要可能还有出口许可证和各类检验检疫证书等。

货协运单上所附的一切单证，应由发货人记入货协运单第23栏“发货人添附的文件”栏内，并牢固地附在货协运单上，随货物同行。

铁路没有义务检查发货人在货协运单上所添附的单证是否正确和是否齐全。

（2）托运与承运过程

货物托运是发货人向铁路提出委托运输的行为，承运是铁路承诺运输的行为。托运与承运的过程实际是铁路与发货人之间签订运输合同的过程。

国际铁路联运出口货物同国内运输货物托运相类似，发货人应向车站提出货协运单，以此作为货物托运的书面申请。车站接到货协运单后，应进行认真审核，对整车货物运送的申请应检查是否有批准的月度、旬度货物运输计划和日要车计划，检查货协运单各项内容的填写是否正确，如确认可以承运，应予以登记。车站在货协运单上登记货物应进入车站的日期或装车日期，即表示受理托运。发货人按登记指定的日期将货物搬入车站或指定的货位。

货物进站时，发货人应组织专人在车站接货。由铁路装车的货物，应会同铁路货运员对货物的件数、包装、品名、唛头标记、货协运单及其随附单证逐件进行检查，如发现问题或互相不符，必须修复、更换或查明原因予以更正。经铁路货运员验收完毕，认为符合国际货协和有关规章制度的规定，铁路货运员同发货人办理货物交接手续，并在货协运单上签证确认。整车货物一般在装车完毕后，发站按货协运单记载向发货人核收运送费用，并在货协运单上盖承运日期戳，以表示货物业已承运。

零担货物的托运与整车货物不同，发货人在托运时，不要求申报月度、旬度要车计划，仅凭货协运单直接向车站申请托运。车站受理托运后，发货人应按登记指定的日期将货物搬进货场，送到指定的货位，经铁路货运员查验、过磅后交由铁路保管。发站核收运送费用，并在货协运单上加盖承运日期戳以表示承运。

托运、承运完毕，以货协运单为具体表现的运输合同开始生效。铁路按国际货协的规定承担货物保管、装车并运送到指定目的地的责任。

5.2.1.3　运输合同的变更

货物承运后，托运人与承运人签订的运输合同对承运人、发货人和收货人都有约束力，但发、收货人对已发生法律效力的运输合同有权提出变更。

(1) 变更范围

1) 发货人变更范围

发货人要求变更运输的范围有，在发站将货物领回；变更到站，在必要的情况下，应注明变更运输合同后货物应通过的国境站；变更收货人；将货物返还发站。

2) 收货人变更范围

收货人要求变更运输的范围有，在到达国范围内变更货物的到站，变更收货人。收货人的变更申请只限于在到达国进口国境站，且在货物尚未从该国境站发出时办理，如货物已通过到达国的进口国境站，则只能按到达路现行的国内规章办理。

(2) 变更申请及变更程序

发、收货人要求变更运输合同时，应按国际货协规定的格式逐项填写变更申请书。运输合同变更申请书主要内容由四部分组成，第一是抬头，填写接受申请书的某铁路某站长；第二是该变更前的运输情况，如货物名称、批号、包装、件数、发送路与到达路名称、承运日期等；第三是请求变更的具体事项；第四是变更申请人的签字及申请变更日期。到达路可以接受收货人按到达路现行的国内规章规定的格式填写的运输合同变更申请书。

发货人应对每批货物单独填写一份变更申请书连同在"货物名称"栏内记入申请事项的运单副本提交发站。发站在收到申请书后，应在申请书和运单副本"货物名称"栏内发货人填记的事项处加盖车站日期戳；并由受理申请书的车站工作人员签字证明申请书已收到，然后将运单副本退还发货人。收货人将变更申请书提交到达国进口国境站，并且可在提交变更申请书时不提交运单副本。

(3) 变更限制

货物运输变更以发货人和收货人各申请办理一次为限，而且同一批货物不能分开办理变更。如果是成组车辆运送的数批货物，均变更为同一到站和同一收货人，则收货人也可按数批货物提出一份变更申请书。

(4) 变更后的货物运费

变更运输后，货物运费的计收应按正常条件办理且考虑下列特殊情况：

1) 如果货物在途中站交付，则运费只计收到该站为止。如果货物已通过了新到站，而铁路又将它返回该站，则除运到货物截留站的费用外，还应单独加算并核收从货物截留站至新到站的运费。

2）如果货物发往原到站以远的新到站或发往货物原运送路径以外的车站，则到原到站或货物截留站的运费和从该站到新到站的运费应分别计收。

3）如果货物返还发站，则从发站到返还站的往返运费，应分别计算，并向发货人核收。

另外，还核收运输合同变更费。这项费用按变更运输合同的铁路现行国内规章计算，向支付该铁路运费的发货人或收货人核收。

5.2.1.4 装车发运工作

按中国铁路的规定，在车站公共装卸场所内的装卸工作，由铁路负责组织；其他场所如专用线装卸场，则由发货人或收货人负责组织。但某些性质特殊的货物，如易腐货物、未装容器的活动物等，即使在车站的货场内，也均由发、收货人组织装车或卸车。

由铁路负责装车的货物，有关请车和拨车均由铁路自行办理；由发货人负责装车时，不论是在车站的货场内装车或是在专用线装车，发货人应按铁路批准的日要车计划，根据货物的性质和交货数量，向车站请拨车辆。铁路在货车调送到装货地点或车辆交接地点前，应将送车时间通知发货人；发货人应根据铁路送车通知按时接车，同时组织力量装车，在铁路规定的时间内完成装货工作，按时交车，并将装车完毕时间通知车站。

货物装车时应确保货物包装完整、清洁、牢固，货物标志、标记清晰完整；单证齐全、内容准确、完备；车辆的车体完整、清洁，技术状态良好，具备装车的必备条件。

由发货人装车的货物，发货人应在现场负责监装。铁路负责装车的货物，一般应由铁路监装，在必要时可要求发货人在货场检查货物装载情况。

对于敞车、平车及其他特种车辆装运超限货物，箱装和裸装的机械设备以及车辆等货物，应在装车时放置稳妥，捆绑牢固，以防运送途中发生移动、坠落、倒塌及相互撞击，保证安全运送。由中国铁路用敞车类货车发运货物时，装载加固按国内规章办理，暂不执行国际货协附件《敞车类货车货物装载加固规则》的规定。货物出口加固工作，应由铁路负责（自装车和专用线装车由发货人负责），但发货人应检查加固情况，如不合要求，应提醒铁路方面重新加固。

为保证货物运输安全，分清铁路与发、收货人之间以及铁路内部之间的相互责任，中国装运国际联运出口货物的棚车、冷藏车、罐车必须施封。铁路装车时由铁路施封，发货人装车由发货人施封。委托铁路施封时，发货人应在运单“铅封”栏内注明“委托铁路施封”。

5.2.1.5　国际联运货物在国境站的出入境工作流程

联运货物装车发运后，经过发送路途中运输，到达出口国境站办理出境手续。对进境货物而言，还需在进口国境站办理货物和车辆的交接手续。

(1) 国境站有关机构

在国境站，除办理一般车站办理的运转、货运、装卸及机车整备等作业外，主要还办理与邻国铁路货物和车辆的交接、货物的换装或车辆更换转向架、进出口货物的检验检疫与通关、国际联运票据的处理、文件的翻译以及货物运送费用的计算和复核等工作，这些工作根据本国铁路与邻国铁路间签订的各项协定进行。为完成国境站的各项工作，中国国境站除了设有一般车站应设的机构外，还设有以下机构：

1) 国际联运交接所

国际联运交接所（简称交接所）是国境站的下属机构，代表本国铁路具体办理与邻国铁路货物、车辆、运送工具的交接和换装等工作；各种交接单据、运送票据、商务记录的编制、翻译和交接工作；计算国际联运货物运到期限、国内各项运杂费和过境路运费；对货物和票据进行检查、处理和解决交接中存在的问题和车（机车车辆）、货（国际联运货物）、票（国际联运运送票据）、证（随附单证）存在的问题。

2) 海关、检验检疫机构

代表国家在口岸行使海关查验、征税和监管等职责，以及检验检疫机构对出入境货物的检验和检疫任务。

3) 国际货运代理机构

国际货运代理机构如中国对外贸易运输（集团）公司（简称中外运）和中国铁路对外服务公司（简称中铁外服）驻国境站的分支机构等，主要承担各种进出口物资的铁路发运、转运、联运、口岸分拨、报关、报验、大型集装箱的中转、拆箱、装箱等。

4) 口岸管理委员会或办公室

一般由口岸地方政府、铁路、海关、检验检疫机构、边防检查站等部门联合组成，是行使口岸管理的政府办事机构，主要对口岸进行综合管理与协调。

(2) 国境站出境工作流程

1) 出口国境站货运调度根据国内前方车站列车到达的预报，通知交接所和海关做好接车的准备工作。

2) 出口列车到达口岸后，铁路会同海关接车。铁路站车交接，铁路货运员检查载货车辆的铁路铅封是否完好、货物装载状态是否正常以及货物有无破损，并将随车运送票据送交接所处理；海关人员检查海关关封（在发站已报关完毕）是否完好，并对在发站已报关完毕的货物、车辆进行监管。

3）在口岸站办理出口货物报关手续的货物、车辆，在办好报检、报关手续后，接受海关的监管。

4）交接所实行联合办公，由铁路、海关、口岸代理参加，并按照业务分工，流水作业，协同工作。

铁路主要负责整理翻译运送票据，编制货物和车辆交接单（移交空车时，仅编制“车辆交接单”；移交重车时，还需一并编制“货物交接单”），作为向邻国铁路办理货物和车辆交接的原始凭证；口岸代理机构（中外运、中铁外服）主要负责审核货运单证，纠正出口货物单证差错，处理运输事故，向委托方提供货物信息；海关根据申报，经查验单、证、货相符，符合国家法令政策的规定，即准予解除监管，验关放行。

5）出口货运事故处理。属于铁路责任的，由铁路编制商务记录，免费修整货物或包装；属于发货人责任的，由口岸代理负责修整，发货人负担费用，或由发货人到国境站指导或将货物返回由发货人处理。

6）与邻国确定货物与车辆交接时间。出口国境站交接所将翻译好的有关单证交邻国驻我方人员，确定货、车交接时间。

7）编组车辆运送至邻国国境站，双方交接人员办理车、货、票、证交接。

（3）国境站进境工作流程

1）进口国境站根据邻国国境站货物列车的预报、确报，通知交接所和海关做好到达列车的接运和检查准备工作。

2）进口货物列车到站后，铁路会同海关接车。双方铁路交接票据后，交接所负责单证和货物的核对，海关对货物列车进行实际监管。

3）根据交付方编制的“货物交接单”和“车辆交接单”，两国国境站交接人员办理货物和车辆现场交接。

货物在国境站的交接可分为凭铅封交接和按实物交接，按实物交接又可分为按货物重量交接、按货物件数交接和按货物现状交接三种方式。车辆交接时，主要检查货车技术状态是否良好，是否符合《车规》中有关货车使用和技术条件的规定。

办理交接时遇有下述情况之一者可拒收：

① 货物状态、包装或装载方法不允许继续运送；

② 属于禁止输入或禁止过境的货物以及不准运送的货物；

③ 发货人或发站未遵守该项货物的特定条件；

④ 运送票据和添附文件短缺，又未按规定补送的；

⑤ 货物毁损或短少，交付路拒绝在关于货物现状的商务记录上签字；

⑥ 按规定不适合交接的车辆；

⑦ 货物的过境路要求发货人向有关代理人办理委托代付过境运送费用而未办理者；

⑧ 其他违反有关规定的情况。

4）口岸货运代理或收货人办理进口货物的报检、报关手续。海关根据进口货物报关单查验货物，在单、证、货相符，且符合国家相关政策法令的条件下，验关放行货物。对于转关运输的货物，海关继续监管，直至货物运至指运地结关为止。

5）相邻国境站轨距不同时，将车列调往换装线组织换装。在交接、换装过程中，发现货物有残损、短少等情况，应进行详细记载，作为双方铁路签署商务记录的原始依据。

6）铁路将车辆按流向编组，将货物运送至国内到站。

5.2.1.6　进口货物到达与交付

到站在货物到达后，应通知运单中所记载的收货人领取货物。在收货人付清运单中所记载的一切应付运送费用后，铁路须将货物连同运单正本和货物到达通知单交付收货人。

到站凭运杂费收据收费，运单不能作为收费和报销的凭证。到站应在运单“货物交付收货人”栏内加盖本站日期戳，并注明交付时间，以确认货物交付收货人。在交付货物时，到站应要求收货人在运单“货物交付收货人”栏内加盖收货戳记或签字，并填写日期，以确认货物已领取。

对于国外的小额订货、零担货物合装整车以及不同收货人按一份运单发运的混装货物，一般由国外集中发运，并以中国国境站为到站，口岸代理为收货人。口岸代理在进口国境站向铁路办理货物领取手续后，进行货物分拨，并以国内运单托运，分运至国内到站交付收货人。

5.2.2　国际铁路联运集装箱运输

5.2.2.1　关于国际铁路联运规章的说明

（1）办理车站

必须在中国铁路和《国际货协》参加国铁路规定的集装箱办理车站发运和接运集装箱。中国铁路的集装箱办理车站由《集装箱办理站名表》规定。

（2）运输限制

铁路集装箱不得装运能损坏或污染集装箱的货物以及能引起传染的有臭

味的食品和物质。用集装箱装运危险货物时，必须遵守《国际货协》附件 2《危险货物运送规则》（以下简称《危规》）的规定，在国内发运执行中铁《危规》。

向俄罗斯用集装箱运送货物时，单件货物的重量，小、中吨位集装箱不得超过120 千克；大吨位集装箱不得超过1 500 千克。

不符合《集装箱运送规则》规定条件的集装箱、《危险货物运送规则》未作规定的集装箱，运送途中需要加冷、通风、加温的食品或其他物品的专用集装箱，须经有关路预先商定后才能办理。由铁路大吨位集装箱向俄罗斯运进或运出家庭用品时，应同俄罗斯铁路部门预先商定。

（3）运送票据

运单采用国际货协运单，执行中国铁路和《国际货协》规定。

5.2.2.2 国际铁路集装箱装运程序

（1）发运国际铁路运输集装箱，按正常国际铁路货物运输计划申报。

经满洲里、绥芬河、二连、阿拉山口、凭祥铁路口岸站运输出口 20 英尺、40 英尺集装箱和过境的 20 英尺、40 英尺集装箱（包括回空国外的集装箱）的运输计划，由各办理国际铁路联运集装箱的车站，根据托运人提报的货物运输计划，报请下月集装箱国际联运装车计划表，按国际联运货物发运。

目前，中国与朝鲜间不开通正常集装箱货物运输，如发运集装箱货物，应按整车货物办理，按整车货物发运。集装箱作为货物包装物和货物一体办理运输手续，不做空集装箱返回运输。

（2）发往俄罗斯、哈萨克斯坦的集装箱货物，可使用中铁集装箱运输，使用人需提前与中铁集装箱运输有限责任公司签订使用协议，交付押金。可以指定在发运站提箱，由中铁集装箱运输有限责任公司负责把箱调到指定发运站。

（3）发往蒙古、越南的集装箱货物，可与中铁集装箱运输有限责任公司签订租箱协议，在发运站提箱运输并负责返箱运输。

（4）月度国际联运计划批下以后，按正常货物报关、报验、请车发运。但填写《国际货协运单》时应注意：

1）在运单第 10 栏“包装种类”内，填写“集装箱”字样，并在下面用括号注明装入集装箱内货物的包装种类。

2）在运单第 11 栏“件数”内，填写集装箱数，并在下面用括号注明装入所有集装箱内的货批总件数。

3）在运单第 13 栏“发货人确定的重量”内，填写集装箱的自重和总重。对于大吨位集装箱，应分别记载每箱的货物重量、集装箱自重和总重。运送大吨位空集装箱时，记载集装箱自重。

4）在运单第18栏“种类、类型”内，注明集装箱的种类（小、大、中、大吨位）和类型（如20英尺或40英尺）。

5）在运单第19栏“所属者及号码”内，注明集装箱所属者记号和号码。不属铁路的集装箱，应在号码之后注明大写拉丁字母“P”。

（5）装车条件

集装箱装车作业，除货物装车作业的一般要求外，还要注意以下几点：

1）装车时应逐箱核对箱号、施封号码与运单记载是否一致，核对集装箱到站与该车去向是否一致。

2）一车内各箱货物的重量差距较大时，要防止重量较重的箱都装在一端，造成车辆偏载影响安全，前后车轴载重量不超过10吨。

使用一辆货车装运两个20英尺集装箱时，两个集装箱应门对门装载，中间间隔距离不得大于200毫米。

3）使用一般平车（集装箱专用平车除外）装运集装箱时，除按上述规定办理外，还应采取加固措施。加固时，应牢固地将箱体下部四个角配件倒八字形捆绑在车底板或插槽上。一车装两个集装箱时，两个集装箱的重量不得相差10吨。

（6）货物的口岸交接及境外运输

集装箱国际联运的口岸交接及境外运输和普通货物一样，但在办理国境车站海关手续时，应注意集装箱是作为包装物出境并需返运回境。

向蒙古、越南的国际集装箱运输，采用租用中铁箱方式时，要与境外运输代理公司明确使用中铁箱的注意事项、使用期限和返箱时间限制。

在发往俄罗斯、哈萨克斯坦的集装箱货物使用中铁集装箱运输时，由中铁集装箱运输有限责任公司按协议负责境外运输、交接和返箱事宜。

5.2.2.3 中铁与俄、哈、蒙、越铁的铁路集装箱运输

中国有10个铁路口岸，与5个国家的铁路接轨，并根据《国际货协》可发运23国铁路联运货物。但中国铁路主要和俄、哈、蒙、越四国开展邻国间集装箱运输业务。相邻国家铁路中，中国与朝鲜间不开通正常集装箱货物运输。

除发运普通集装箱外，还可使用《国际货协》参加国铁路的铁路集装箱参与国际铁路联运，这种运输是根据双边铁路运输协议开通的。

中国的铁路集装箱国际互用主要采取两种形式，一是中国与俄罗斯和哈萨克斯坦铁路采用集装箱相互使用形式，由两国铁路签订“集装箱相互使用协议”，双方铁路集装箱可相互使用、保管并负责返运对方铁路集装箱；二是

对蒙古和越南采用由发货人租用铁路集装箱出境运输并负责返箱交到指定箱点。

（1）中国—俄罗斯、中国—哈萨克斯坦铁路集装箱相互使用

1）2004年1月21日，中俄和中哈铁路间，对于国际集装箱运输签订了相互使用协议，即中、俄、哈三国铁路的20英尺、40英尺国际标准集装箱在出境后相互使用，即中国铁路集装箱可发运国际联运货到俄罗斯和哈萨克斯坦境内车站，在该站卸货后，可将箱返运或装运俄罗斯货物运回中国，俄铁箱、哈铁箱同样办理。由双方铁路结算集装箱使用费（箱租）。

使用中铁或俄铁集装箱，在中铁集装箱办理站与俄铁集装箱办理站之间，通过满洲里/后贝加尔或绥芬河/格罗迭科沃国境站办理国际联运进出口和过境货物运输。

使用中铁或哈铁集装箱，在中铁集装箱办理站与哈铁集装箱办理站之间，通过阿拉山口/多斯特克国境站办理国境联运进出口和过境货物运输。

属于中铁的集装箱箱主代号为TBJU，属于俄铁的集装箱箱主代号为RZDU，属于哈铁的集装箱箱主代号为KZTU。

2）集装箱的运输条件

各国铁路应积极组织开行集装箱直达列车，尽可能利用卸空集装箱组织装运到所属铁路办理站的货物。办理集装箱运输时，铁路办理站对每一重集装箱要单独编制国际货协运单。同一车内不允许装运不同铁路到站的两个20英尺集装箱，或一重一空两个20英尺集装箱。每个重集装箱的总重不得超过集装箱的标记总重（一般20英尺箱为20吨，40英尺箱为30吨）。空集装箱免费办理回空运输。

3）集装箱的管理和经营人

中俄间和中哈间铁路国际集装箱的使用管理和费用清算等由各国铁路集装箱经营人负责。中铁集装箱经营人为中铁集装箱运输有限责任公司，俄铁集装箱经营人为俄罗斯交通部优质运输服务中心，哈铁集装箱经营人为哈萨克斯坦铁路代理公司。

中铁集装箱运输有限公司应根据中俄和中哈铁路签署的集装箱相互使用协议，制定关于集装箱使用、修理、赔偿和费用清算的具体实施细则。

4）铁路国际集装箱使用实施细则

中铁集装箱运输有限公司根据原铁道部发布的《中俄和中哈铁路间铁路大吨位集装箱相互使用办法》制定了《中俄和中哈铁路间铁路大吨位集装箱相互使用办法实施细则》（以下简称《细则》）。该《细则》对进出境集装箱的管理、使用和清算等做出了明确具体的规定。各进出口单位、发货人或国际

货运代理企业，在使用中铁或俄铁、哈铁集装箱办理国际联运进出口和过境货物运输时，应按照《细则》的规定进行操作。主要要求如下：

① 中铁集装箱运输有限公司作为中铁集装箱（以下简称“中铁箱”）的所有人和俄铁集装箱（以下简称“俄铁箱”）、哈铁集装箱（以下简称“哈铁箱”）的中国境内经营人，对参加中俄间或中哈间国际联运的中铁箱、俄铁箱和哈铁箱统一负责管理使用和费用清算工作。

② 进出境集装箱办理条件按《国际货协》有关规定办理。使用上述铁路集装箱到达俄罗斯或哈萨克斯坦时，办理站须要求托运人填制“集装箱使用订单”，并报请中铁集装箱运输有限公司批准后以调度命令下达。办理站可根据中国铁路总公司集装箱调度命令利用俄铁箱或哈铁箱回空顺路捎运货物。

③ 使用中铁集装箱经满洲里、绥芬河站出境运往俄罗斯，办理站须要求托运人在“国际货协”运单第 4 栏内填写“集装箱卸后交俄罗斯交通部优质运输服务中心管理”中文字样。

④ 使用中铁集装箱经阿拉山口站出境运往哈萨克斯坦，办理站须要求托运人在“国际货协”运单第 4 栏内加盖“此箱由哈铁中心管理”红色中文戳记（规格为 80 毫米×10 毫米）或用钢笔或圆珠笔填写同样内容的文字。

⑤ 由于发、收货人或其他代理人的责任和原因，造成集装箱破损、报废和丢失，应由发生站中铁集装箱运输有限公司按“进出境集装箱修理费用价目表”及有关赔偿规定和标准向责任方收取修理费、赔偿费及滞纳金，并使用“中铁集装箱运输有限公司运费杂费收据”。

(2) 中国—蒙古、中国—越南间铁路集装箱运输

1) 发运蒙古、越南的中铁集装箱，需要中方使用人（运输代理人或货主）与中铁集装箱运输有限公司签订集装箱租赁合同，租赁中铁集装箱（20 英尺、40 英尺），支付押金和租金，在发运站凭中铁集装箱提箱单提取中铁箱，用于中国到蒙古、越南的铁路运输，使用后按约定时间将空箱返运交到原出口国境站还箱。

2) 根据集装箱租赁合同，作为承租方在租用中铁集装箱办理国际联运业务时，要掌握以下操作程序：

① 根据运输需要和运输计划的安排，在发货装箱前应及时向中铁集装箱运输有限公司提出租箱申请，并写明发站、到站（国别）、货物品名、箱数等内容。当接到中铁集装箱运输有限公司确认的《租赁铁路集装箱提箱单》后，到指定的集装箱办理站与其办理“集装箱设备交接单”（出场）手续。在办妥提箱后，应于自提箱日起，及时将所租用的中铁集装箱在发站办理装车发运，并正确填写有关文件和单证，以免运输延误和口岸站滞留。

② 承租方要及时同中铁集装箱运输有限公司结算租箱费用，租金按合同规定标准支付。在发运有污染的货物时，应加收消毒和清扫费用，并支付给中铁集装箱运输有限公司箱管部门。

3）集装箱租赁合同

中铁集装箱运输有限公司作为中国铁路国际集装箱的管理者和经营人，各进出口单位、发货人或国际货运代理公司在办理对蒙古和越南等国的国际联运时，采用租赁中铁集装箱运输的方式，与中铁集装箱运输有限公司签订集装箱租赁合同，并按合同中的有关规定来执行。集装箱租赁合同中规定了出租人中铁集装箱运输有限公司与承租人的租赁手续、使用时间、租金交纳、使用返回的交接验收等权利、义务。

（3）发运时的注意事项

1）中国的发运人可使用中铁集装箱或装运俄罗斯、哈萨克斯坦货物到中国的返运空箱，装载发运到俄罗斯、哈萨克斯坦的集装箱货物。但不管使用中铁集装箱还是俄罗斯、哈萨克斯坦铁路返运空箱，中铁集装箱运输有限责任公司都要承担集装箱的运输、保管、返运交接责任。所以根据“相互使用集装箱协议”所发运的中铁、俄铁、哈铁集装箱，必须由中铁集装箱运输有限责任公司负责集装箱的境外运输和交接工作。中铁集装箱运输有限责任公司所收费用应包括外铁集装箱的使用费、境外运费、交接费用等。

2）发运到蒙古、越南的集装箱货物，在与中铁集装箱运输有限责任公司签订租箱协议发运后，要在与境外运输代理的协议中讲明，在规定的时间和规定的国境口岸将箱返回。

5.3 跨境道路货物运输

5.3.1 TIR 制度下的跨境道路运输

5.3.1.1 TIR 制度概述

为了有利于开展集装箱联合运输，使集装箱能原封不动地通过经由国，联合国所属欧洲经济委员会成员国之间于 1956 年缔结了关于集装箱的关税协定。参加该协定的签字国，有欧洲 21 个国家和欧洲以外的 7 个国家。协定的宗旨是相互间允许集装箱免税过境，在这个协定的基础上，根据欧洲经济委员会倡议，还缔结了《国际公路车辆运输协定》（Transport International Routier，TIR)。根据协定规定，对集装箱的公路运输承运人，如持有 TIR 手册，允许由发运地到达目的地，在海关签封下，中途可不受检查、不支付关税，也可不提供押金。TIR 手册是由有关国家政府批准的运输团体发行，这些团体大都是国际公路联合会的成员，必须保证监督其所属运输企业遵守海关法规和其他规则。

（1）TIR 的概念

TIR 公约的正式名称是《根据国际公路运输手册进行国际货物运输的海关公约》（Customs Convention on the International Transport of Goods under Cover of TIR Carnets），简称《TIR 证国际货物运输海关公约》，也称《国际道路运输公约》。该公约于 1959 年制定并于 1975 年进行修订，同年 3 月 20 日生效。

TIR 制度的基本原理为经授权的道路运输承运人，可以凭 TIR 单证在 TIR 公约缔约方的境内内陆海关接受查验并施关封后，中间经过的所有过境国的海关无须对货物进行任何检查，直接运往目的地国家的内陆海关。TIR 成为目前国际上通用的一种国际公路运输制度，遵循此制度的车辆，车头面板上都要挂蓝底白字的 TIR 标记。

（2）TIR 制度的基本原则

TIR 制度规定五项基本原则，即所谓的 TIR 制度的五大支柱。

1）采用符合标准的运输车辆或集装箱

TIR 公约对道路运输车辆或集装箱在货物载运安全方面的技术标准做了严格规定（该规定与《集装箱公约》相同，中国为其成员国）。只有符合该标准规定并由所属缔约国相关主管部门（通常为各国海关）签发核准牌照的车辆或集装箱方可投入 TIR 证运输。TIR 证运输要求使用符合海关监管要求、具有海关监管设置、能够确保安全的车辆或集装箱装载货物，是为了确保货物一旦装进车辆或集装箱并由海关加封后，在不留明显痕迹的情况下无法触及装载室内货物及将货物取走或更换，任何拆撬都将破坏海关关封而被发现。

对于不能装载在普通车辆或集装箱内的重型或大型货物运输，在起运地海关认为承运的重型或大型货物及一起承运的所有配件，可以容易地对照提供的说明加以辨认，或可以加上海关封志和/或辨认标志，使之能够防止任何不露明显痕迹地替换或卸下货物的条件下，可以用不加封的车辆或集装箱载运。

2）国际担保

为承担整个运输过程中的海关关税和收费的风险，TIR 公约建立了国际担保制度，由总部设在日内瓦的国际道路运输联盟（IRU）管理。TIR 公约要求每一个缔约国都特许一个代表国际道路运输企业的国家担保协会（须经海关授权），在TIR证运输出现意外、产生海关税费风险并无法追究TIR证运输承运人责任的情况下，不论违法者是本国或外国承运人，海关都可以向本国的国家担保协会要求偿付海关税费，由国家担保协会保证先期支付海关税及其他有关税收。当然，在发生任何违章情况时，海关在与国家担保协会取得联系之前，凡有可能应先向直接负责人索取税费。

在国际道路运输联盟（IRU）的管理下，所有TIR公约缔约国的国家担保协会和国际道路运输联盟（IRU）共同构成了把所有TIR公约缔约方联系在一起的一种联保系统，在TIR公约缔约国中形成一个TIR证运输的国际担保链而不是单个的国内担保。该联保系统由几家大保险公司担保，并由TIR执行理事会监督。在担保总额方面，各国可以在国家海关与国家担保协会的协议里体现本国的法律要求和关税利益要求，分别确定担保金的限额。但是国际道路运输联盟担保的最大限额是每张TIR运单5万美元，运输酒精和烟草的TIR运单最大担保额度为每张TIR运单20万美元。

3）TIR单证

TIR单证作为国际海关文件，既是TIR制度的行政支柱，也是TIR制度下所载运货物具备上述“国际担保”条件的法律证明文件，更是起运国、过境国和目的地国海关监管的依据。货物在TIR证运输全过程中都需附带在起运国启用的国际公认的海关文件（TIR证），以此作为在起运国、沿途国和目的地国的海关控管凭据。

TIR单证由国际道路运输联盟（IRU）根据TIR行政委员会的批准向各缔约国的国家担保协会集中发放。国家担保协会再根据本国承运人与协会签署的承诺声明中规定的条件，发放TIR单证给承运人。TIR运单由封面和一系列的运单收据及相应的存根组成。承运人完好填写带有国际道路运输联盟和签发协会名称、印章和签字的有效TIR单证后，开展TIR证运输，其中TIR证本身也是国际担保的有效证明。在TIR证签发协会批准的时间内，自起运国海关启用，直至货物运至目的地国海关完成TIR证运输，TIR单证一直有效。

4）海关监管的相互承认

起运国海关查验结果、签封及其采取的海关监管措施为所有过境国和目的地国海关所接受和承认，即根据TIR证运输程序，由起运国海关查验并施加关封后的道路车辆或集装箱，在通过过境国及目的地国家边境海关时不需要开封检查。只有在有充分证据怀疑TIR证运输存在违法可能或存有欺诈行为的情况下方可开封检查，即例外检查。

5）控制使用

各国国家担保协会颁发TIR证，运输企业使用TIR证均需获得包括海关在内的国家主管部门授权，实行行政许可管理。并不是所有的国际道路运输企业都可以开展TIR证运输，享受TIR证运输带来的通关与运输便利，只有符合相应资质、取得相应资格、经包括海关在内的国家主管部门授权许可的国际道路运输企业才能进入TIR证运输系统。

各国的国家政府主管部门（通常是海关）授权国家担保协会（通常为国家级道路运输协会）向符合条件的企业发放TIR单证，并对承运人使用TIR单证实行控制与管理。其中国家担保协会和运输企业必须分别符合以下基本条件：国家担保协会至少存在一年以上、财务状况良好、拥有具备TIR系统运作经验的工作人员、未曾严重触犯相关法规，而且需要同政府主管部门签订有关协议；TIR证运输企业必须具有良好的财务状况、未曾严重触犯相关法规，并提供列明自身责任的书面声明。

5.3.1.2 TIR的效果及中国的参与

（1）TIR的效果

1）TIR缔约国。TIR制度作为一种国际化制度，目前已覆盖了整个欧洲、大部分美洲、中东及北非地区，缔约方达到64个，可以实施TIR制度的国家达到54个。在与中国接壤或相邻的周边国家中，俄罗斯、哈萨克斯坦、塔吉克斯坦、乌兹别克斯坦、吉尔吉斯斯坦、土库曼斯坦、蒙古、阿富汗、韩国、日本已经加入TIR公约，并相应开展TIR证运输，印度、巴基斯坦正在进行中。

2）TIR单证使用情况。1952年印发的TIR单证数量仅略多于3 000张，但此后稳步增长。各国海关当局批准使用TIR证的运输公司达到34 000多家，基本上全球所有大型国际运输企业都参与TIR系统的运作。

3）便利化程度。加入TIR公约，采用TIR单证开展跨境货物运输，不需要经历在过境国海关重复性地交付较高数额的过境关税保证金或提供相应担保文书并开箱检查，以及过境运输结束后再返还保证金的过境担保环节。可以有效降低国际道路运输企业的过境担保费用与海关查验的时间成本，提高运输效率，减少某些国家不足额返还过境担保金所带来的担保损失风险，降低运输成本。

4）协调机制。当一国政府接受TIR公约，就应授权国家担保协会、发布可处理TIR业务的海关名单以及有关控管措施等；而国家担保协会对TIR方面的违章所收税费、颁发的TIR单证等负责。当发生关税等问题的争执时，可以通过各国认可、遵守的国际公约及国际法管理机构——联合国进行解决，维护本国企业利益。

（2）中国的参与

1）政府主导。2000年开始，以原交通部和海关总署相关司局为牵头单位的中国代表团首次参加IRU活动并开始对TIR的研究工作。2005年在北京举办的第三届欧亚道路运输大会通过的部长联合声明称“鼓励各国采用联合国有关道路便利运输公约，创造有利的跨境和过境运输条件，进一步消除亚欧道路运输通道上人为因素和官方程序所造成的非物理障碍，以实现亚欧道路运输的便利化”。

2）协会参与。中国道路运输协会（CRTA）一直致力于此项工作的推动，于2002年5月，经国务院、外交部、原交通部批准，加入IRU（国际道路运输联合会），中国成为IRU成员，成立了“IRU中国事务组”，专门处理有关IRU及国际道路运输的日常工作。目前，CRTA正在准备国家担保协会管理方案，以及TIR担保链运作草案，对履行TIR制度下的国家担保协会功能，授权其负责TIR证运输企业、运输车辆、运输人员的市场准入，以及承办关税担保、发放TIR单证进行全面研究。

3）六部委加一协会。我国政府正式启动“TIR公约研究工作”，成立了由外交部、原交通部、海关总署、公安部、国家质检总局、财政部、中国道路运输协会组成的联合工作小组。作为IRU中国成员，中国道路运输协会（CRTA）加入该TIR领导小组工作。

4）邻国与欧亚通道国的期盼。在欧盟扩大前，TIR业务执行国主要集中在东欧地区，以罗马尼亚、保加利亚等国家为代表。TIR业务主要应用于欧盟—东欧、东欧—独联体、欧洲—近东、独联体国家之间的国际道路运输领域。欧盟东扩后，UNECE、IRU都希望继续使该制度得到发展，特别是中国取得的经济成就，使得邻国及欧亚通道上各国希望在亚洲经济发展中占有举足轻重地位的中国能够加入并执行《TIR公约》。

5.3.1.3 TIR制度的运行

TIR制度运行的基本程序包括起运、出境、过境、抵达四大环节。

（1）起运

起运地海关根据运输经营人在TIR单证上填报的内容检查所载货物；符合要求后由海关对装载室或集装箱施加关封，同时在TIR单证上做相应记录，保留第一联凭单并填写相应的存根；然后将TIR单证交还给运输经营人，由其开始TIR证运输作业。

（2）出境

装载货物的TIR证运输车辆在离开起运国国境时，由起运国出境海关检查封志，从 TIR 单证上撕下第二联，填写相应的存根；并将撕下的凭单寄给起运地海关（通常为内陆海关），或使用电子邮件等其他方式发给起运地海关，以加快审核速度。起运地海关通过核对收到的凭单与自己原来保存的凭单，如果出境海关没有任何反对意见或保留意见，则放行。起运地出境海关填写的存根作为 TIR 业务在该国已经完成的凭据。如果起运地出境海关撕下的一联凭单含有保留意见，或没有送达起运地海关，或海关因其他原因怀疑 TIR 业务，则海关有权利进行调查，即“TIR 业务例外性调查”。

（3）过境

装载货物的 TIR 证运输车辆在途经每一个过境国时都适用与起运国执行相似的海关过境制度。沿途过境国的入境海关对封志进行检查，并从 TIR 单证中撕下一联凭单，出境海关也像起运国的出境海关一样处理 TIR 凭单。通过核对该国入境海关与出境海关所取下的两联 TIR 凭单，填写无误一致后即放行作业，若出现异常情况，则依出境环节所述程序进行处理。

（4）抵达

若入境海关同时也是目的地海关，便由入境海关填写 TIR 单证，并保存两联凭单，进行进口货物贸易清关处理。若货物入境后还需运往该国的另一海关（通常为内陆海关），则入境海关成为一个入境边境海关，执行过境环节中入境海关的类似程序；而该国境内的另一个海关成为目的地海关，执行开箱查验、清关等程序。

5.3.2　跨境道路运输进出口操作实务

5.3.2.1　跨境道路运输出口操作实务

跨境道路运输按运输的路途区间可划分为国界间运输和国内段运输，分界地点为边境口岸海关监管区。国界间运输指车辆经公路口岸来往于中国同邻国之间，在口岸海关监管区内装卸货物的运输形式。

过境道路出口货运操作流程示意图如图 5－1 所示。

其操作内容主要包括：

（1）发货人备齐出口报关资料，填制报送单向海关报验（或由货运公司代理报关）。

（2）海关审核后放行。

（3）通知货运公司（行内又叫外运车队）发货。

（4）货运公司接受委托并安排车辆前往发货人仓库装车，在海关监管下封关，并填写国际道路货物运单，由发货人确认。

（5）车辆抵达边境口岸时，接受口岸国际道路运输管理机构的查验，查

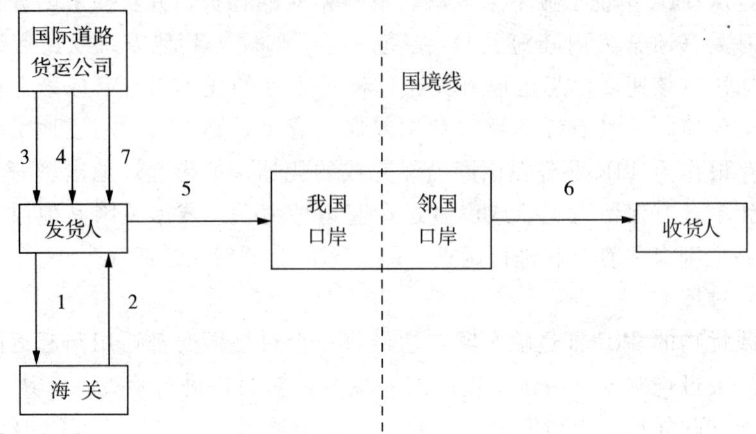

图 5-1　过境道路出口货运操作流程示意图

验包括车辆驾驶员的国际驾驶证、国际汽车运输行车许可证、国际道路运输国籍识别标志、国际道路运输有关牌证及货物出口相关单证。过境到对方口岸也要接受对等的查验。

(6) 通过口岸查验后，按规定线路将货物运达境外国海关指定停车地点(其他要由收货人办理本国进口报关)；然后再将货运到收货人处，并与收货人进行货物与相关单证的交接与确认。

(7) 货运公司凭相关承运单证与发货人进行运输费用的结算。

5.3.2.2　跨境道路运输进口操作实务

过境道路进口货运操作流程示意图如图 5-2 所示。有关各环节的具体操作内容，可参照跨境道路运输出口操作实务中的相关说明。

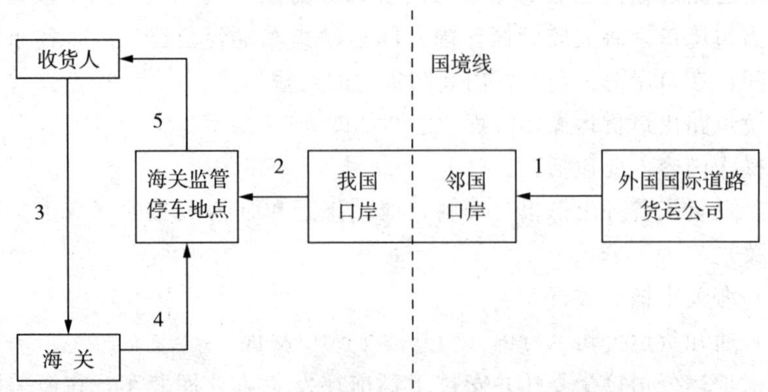

图 5-2　过境道路进口货运操作流程示意图

5.4　国际陆上货物运输单证

5.4.1　国际铁路货物运输单据

5.4.1.1　国际铁路货物联运单据的构成

使用于国际铁路货物运输中的各种单据，基本上分为两个部分，即外贸商务单据和铁路运输单据。

（1）外贸商务单据（包括海关、商检、保险及其他文件）

国际铁路联运的外贸进出口单据和其他运输方式使用的进出口单据基本一样，主要是外贸商务单据和海关文件（包括商检文件）。

（2）国际铁路货物运输单据的特点

由于中国与周边国家现行的国际铁路货物运输，其形成受历史政治条件限制，因此运输责任、运输条件、物权转让、交货条款等与国际贸易惯例存在一定差异，其单据也具有一定的特殊性。

1）在国际铁路运输中，可以在边境口岸通关，也可以在国内发运车站报关。这样会造成报关地与实际货物出境地的不一致，在这种情况下，运输及外贸单据的准确使用和缮制更重要。

2）国际铁路货物联运规定，在履行海关手续时，每一铁路车辆为一票货物报关。这样，在大型项目中多车发运，需给每一辆铁路车辆准备一套海关文件。如成套设备需整列发运，要事先向报关海关提出申请，获批后用一套出口单据报关。

3）在内地发运站报关时，铁路车辆可以作为监管运输工具使用，由海关加封后准予监管运输到国境站出境。值得注意的是由于用铁路联运出口的货物，有部分是无法装载在具备密封条件的棚车或集装箱中的，如大型机具、金属构架、散装货物等，所以有些内地海关往往以无密闭加封条件而不准予在发运车站报关。

4）在发运站报关后海关准予放行，但此时货物还在铁路车辆运至国境站途中，尚未出境。发运站海关在未得到国境站海关货物已出境的回执前，是不会退还外汇核销单、出口退税单和用于收汇核销的海关单据。

5）国际铁路货物联运的工作语言是中文和俄文，运输文件和单据的填写必须使用本国文字和工作语言的一种同时缮写。而国际商务和海关、商检的通用语言是英文，这一点在缮写国际铁路联运单据时必须注意，并加以必要的说明。运输单据必须严格按《国际货协》规定填写。

5.4.1.2 国际货协运单（国际铁路货物联运运单）

(1) 国际货协运单概述

国际货协运单是国际铁路货物联运最重要的文件之一。国际铁路货物联运，必须使用《国际货协》统一制定的国际货协运单。国际货协运单由《国际货协》参加国铁路统一制定使用，填写时使用发运国文字和《国际货协》工作语言填写（现工作语文是中文、俄文）。

1）运单是发、收货人（货主）与铁路间缔结的运送合同，具有法律效力，发货人填制好运单，盖上发货人章，发运站盖上带有日期的发运章后，即运输合同签订。

2）运单是国际铁路货物联运铁路连带责任的确认。发运国铁路、通过国铁路和到达国铁路（应都是《国际货协》适用路）在接受运单后，都应对运输承担连带责任的义务。

3）运单是用以银行议付货款、信用证核销的法律文件。

4）运单是发货人支付铁路运费的证明文件。

5）运单是办理货物进出口手续的法律文件。

(2) 国际货协运单的组成和流程

1）运单正本由五张组成

第1张——运单正本（给收货人），随同货物至到达站，并连同第5张和货物一起交给收货人。

第2张——运行报单（给到达路），随同货物至到达站，并留存到达路。

第3张——运单副本（给发货人），在发运车站加盖发运戳记后，相当于运输合同签订，货物发运后，交给发货人。它是用于外汇核销、信用证议付的发货凭证。

第4张——货物交付单（给到达路），随同货物至到达站，并留存到达路。

第5张——货物到达通知单（给收货人），随同货物至到达站，并连同第1张和货物一起交给收货人，作为收货人进口报关文件。

另外，每一过境铁路需加制一份不带编码的补充运行报单，由过境铁路留存。

2）发货车站带号码的补充运行报单，必须由发站填写，现在使用电子单据，自动留存。带号码的补充运行报单上的编号即批号（也即“运单号”），应填入运单和不带号码的补充运行报单“批号”栏内。

出口过境站应对带号码的补充运行报单同运单记载的运送费用核对、检查。

3）铁路内部用无号码的补充运行报单

无号码的补充运行报单的用途是每通过一个过境国加抄一份作为清算单，其程序是发站到出口国境站再到过境站。

（3）国际货协运单的制作

1）国际货协运单填写说明

① 运单各张和补充运行报单以及慢运和快运的票据，都不得相互代用（目前我国不执行快运）。

② 运单中规定由发货人填写的各栏和不带号码的补充运行报单中相应各栏均由发货人填写并添附俄文译文（除发往越南、朝鲜两国外）。运单中由发站和中途站填写的各栏和补充运行报单中相应各栏，由发站和中途站添附译文。

中国出口货物，在运单第 5 栏“收货人，通信地址”和第 8 栏“到达路和到站”中，除用中文和俄文译文填写外，发货人根据需要，也可加附贸易合同用的文字。中国发货到未参加国际货协铁路，在运单第 4 栏“发货人的特别声明”中，记载最终到站的实际收货人和他的通信地址时，也可加附贸易合同用的文字。

中朝、中越铁路间运送的货物，可以仅用本国文字填写，不附俄文译文。

③ 运单和补充运行报单中记载的事项，应用钢笔、圆珠笔填写清楚，或用打字机打印、印刷或加盖戳记。加盖戳记印文应十分清晰。填写文字必须正确，不得自造简称或简化字。除对危险货物特定要求的以外，不应加盖红色戳记或用红色墨水、圆珠笔填写（现在各口岸要求运单必须用电脑打印）。

发货人在运单记载的事项中，不准有划消或贴补以及擦改或涂抹等类的任何修改。在特殊情况下做修改时，不得超过一栏或相互关联的两栏。此时，发货人应在“发货人的特别声明”栏内注明运单已做修改，并签字或加盖戳记证明。

④ 向发货人返还货物或空容器时，应以原批货物运单中的原到站为发站，并援用原运单上的收货人填写“发货人，通信地址”。

⑤ 如运单篇幅不足，不能将有关货物的记载事项记入第 9～13 栏内，以及有关集装箱和运送用具的记载事项记入第 18 栏和第 19 栏。应在运单第 1～5 张和每张补充运行报单上，各添附一份篇幅相当于运单的补充清单。在补充清单上，按每栏分别记载其所需的有关事项。在运单第 9～11 栏或第 18 栏和第 19 栏内，记载“记载事项见补充清单”。在运单第 12 栏和第 13 栏内，注明货物共计件数和共计重量。在运单“发货人的特别声明”和“发货人的添附文件”栏篇幅不足时，发货人也可以添附补充清单。

在上述各种情况下，发货人均应在补充清单上签字，并在运单“发货人添附的文件”栏内注明添附补充清单的份数。发货人还应向发站提交必要份数的补充清单，以便添附在补充运行报单上。补充清单也同运单和补充运行报单一样应用发送国文字填写，并附俄文译文，但中朝、中越间运送货物时，不附俄文译文。

⑥ 过境《国际货协》参加国家铁路运送的货物，发货人应按《国际铁路货物联运通用货物品名表》填写货物名称，并在其下注明货物品名表的货物代码。如品名表中无该货物名称，则发站应填写产品分类表的类项。大吨位集装箱货物不记载顺号和类项。

2）国际货协运单正本填写方法

国际货协运单共有98个栏目，其中运单、不带号码的补充运行报单正面未画粗线的各栏由发货人填写，包括由发货人或车站（视何人办理货物装车或车辆施封）填写的7个栏目。由海关填写1个栏目，其余由铁路（包括发运路、过境路和到达路）负责填写。

① 由发货人填写的栏目

第1栏　发货人，通信地址

填写发货人名称及其通信地址。填写发货人名称可为发货人姓名或发货人单位完整名称。按中国铁路规定，发货人只能是商务部备案的国际货物运输代理企业和有外贸进出口权限的企业。外贸企业只能发运其自营货物。

向发货人返还货物或空容器时，要援用原批货物运单上的收货人名称填写。

第2栏　合同号码

发货人应在该栏内填写出口单位和进口单位签订的供货合同号码。

如供货合同有两个号码，则发货人在该栏内填写出口单位合同号码，进口单位合同号码可填写在第6栏内。

第3栏　发站

填写运价规程中所载的发站全称。如系专用线或专用铁道装车，应在发站后以括号注明专用线或专用铁道名称。

向发货人返还货物或空容器时，应以原运单中的原到站为发站。

第4栏　发货人的特别声明

发货人可在本栏中填写自己的声明，例如以下声明：

修改运单（不超过一栏或相关的两栏）时，注明所做的修改并签字或加盖戳记证明。

运送家庭用品而不声明价格时，记载“不声明价格”亲笔签字证明。

在过境路上绕路运送超限货物时，注明这一绕行的路径。

取得随旅客列车运送货物的同意后，注明“货物在铁路（铁路简称）随旅客列车运送”。

易腐货物的运送方法。

关于未完成海关和其他指示的说明。

如在运单上未添附出口许可证（国家规定的特定商品），则应注明出口许可证的号码、签发日期、有效期和该证所在的出口国境站为哪一单位。

对货物在运送和交付时发生阻碍问题的意见。

记载授权押运人的事项。

从《国际货协》参加路向未参加路发货，记载在国境站办理转运发送的代理人，中途转运站收转代理人和最终到站的实际收货人及通信地址。

填本票货物的到达国和通过国的代理人公司名称。

填写边境口岸代理公司名称。注明由谁代理口岸业务。

第 5 栏　收货人，通信地址

填写收货人名称及其通信地址。收货人只能是一个自然人或法人。填写收货人名称时，可为收货人姓名或收货单位完整名称。必要时，发货人可指定在收货人的专用线或专用铁路交货。往中、朝、越发货时，准许填写这些国家规定的收货人及其通信地址的代号。可以只用中文填写，向其他货协国家发货时，必须使用中、俄两种文字详细记述收货人名称、地址、联系人、联系电话。

下述事项可在本栏做相应记载：

从《国际货协》参加路向未参加路发货，记载“收转代理人”。

从《国际货协》参加路通过其过境路港口发货时，记载“收转代理人”。

第 6 栏　对铁路无约束力的记载

发货人可以在本栏填写有关本批货物的记载，供收货人参考，铁路对此不承担任何义务和责任。发货人还可在本栏右上角处填写进口单位合同号码。

第 7 栏　通过的国境站

记载货物应通过的发送国和过境国的出口国境站。如有可能从一个出口国境站通过邻国的几个进口国境站办理货物运送，还应注明运送所要通过的进口国境站。例如，通过阿拉山口向哈萨克斯坦运送货物时，应注明“阿拉山口—多斯特科”。过境蒙古到俄罗斯运送货物时，应注明“二连—扎门乌德（中蒙边境）、苏赫巴托—纳乌什基（蒙俄边境）”。

第 8 栏　到达路和到站

在斜线之前，应注明到达路的简称，在斜线之后，应用印刷体字母（中文用正楷粗体字）注明运价规程中所载的到站全称和注明到站的数字代号（如朝铁/西浦为 1－028，俄铁/新西伯利亚为 850609）。

在第 9～11 栏各栏内填写事项时，可不受各栏间竖线的严格限制。但是，有关货物事项的填写顺序，应严格符合条例各项的排列顺序。填写全部事项时，如篇幅不足，应添附篇幅相当于运单的补充清单，并在有关栏内记载"记载事项见补充清单"。

第 9 栏　记号、标记、号码

填写每件货物上的记号、标记、号码以及集装箱上的箱标箱号。

第 10 栏　包装种类

注明货物的包装种类（如木箱、纸箱、铁桶等）；使用集装箱运送货物时，注明"集装箱"字样，并在下面用括号注明装入集装箱内货物的包装种类。

如货物运送时不需要容器或包装，并在托运时未加容器和包装，则应记载"无包装"。

第 11 栏　货物名称

货物名称应符合《国际货协》规定，包括：危险货物须按《国际货协》附件第 2 号的规定（中国使用中铁《危规》品名）；过境货物须按《国际铁路货物联运通用货物品名表》的规定；其他货物或按运送该批货物适用的发送路、到达路或《国际铁路货物联运通用货物品名表》的规定，或按贸易上通用的名称填写。

下列事项可在本栏记载：

托运木材和木柴时，发货人可填写货物的垛数和以厘米为单位的高度或以立方米为单位的体积等。

运送危险货物时，发货人应在货物名称及关于货物危险性记载（如"爆炸危险"、"易燃"、"毒"等）的下面画一红线或盖红色戳记或红色墨水填写，并注明"中铁危险货物品名表第×××货物"。

用一份运单运送合装货物或准许混装的危险货物时，发货人应按每种货物分行记载名称、重量和件数。

如使用运送用具办理运送，发货人应在货物名称之下另写一行，注明运送用具名称。

货物押运时，必须使用正式押运员，并在发站办理押运人添乘手续，开具押运证，并应注明押运人的姓名及其他经过境站必需的证件号码。

运送超限货物时，发站记载"在……（铁路简称）是超限货物"，并注明从车底板起的货物高度和宽度。

运送铁路机车车辆、轨道起重机，如发送路确认其适于自轮运转，发站应对此做出记载，同时应注明最大容许速度，必要时，应注明其他运送条件。

第 12 栏　件数

注明一批货物的数量，使用集装箱运送货物，注明集装箱数，并在下面用括号注明装入所有集装箱内的货批总件数。

如用敞车类货车运送不盖篷布而未加封的货物，当总件数超过 100 件时，注明“堆装”字样，不注明货物件数。

运送小型无包装制品时，亦注明“堆装”字样，不注明件数。

如使用运送用具办理运送，则在运送用具名称同一行上，根据运单第 11 栏的填写内容注明该运送用具的数量。

第 13 栏　发货人确定的重量（千克）

注明货物的总重。用集装箱和托盘或使用其他运送用具运送货物时，注明货物重量，集装箱、托盘或其他运送用具的自重和总重。对于大吨位集装箱，应分别记载每箱的货物重量、集装箱自重和总重。运送空集装箱时，记载集装箱自重。

第 14 栏　共计件数（大写）

填写第 12 栏（件数）中所记载的件数要用大写，即货物件数或记载“堆装”字样，而发送集装箱货物时，注明第 12 栏括号中记载的装入集装箱内的货批总件数。

第 15 栏　共计重量（大写）

由发货人用大写填写 13 栏［发货人确定的重量（千克）］中所记载的总重量或由铁路方用大写填写第 32 栏［铁路确定的重量（千克）］中所记载的总重量。

第 16 栏　发货人签字

发货人应签字证明列入运单中的所有事项正确无误。

第 17 栏　互换托盘

本栏的记载事项，仅与互换托盘有关，我国暂不办理托盘运输。

第 18 栏　种类、类型

在发送集装箱货物时，只允许办理带有国际安全集装箱公约标牌的 20 英尺、40 英尺国际标准集装箱，注明集装箱种类、类型。

使用运送用具时应注明该用具的种类（例如：篷布、粮谷挡板、车门拴栏）。

第 19 栏　所属者及号码

运送集装箱时，应注明集装箱所属记号和号码（如 SZDU212846－8）。不属铁路的集装箱，应在号码之后注明大写拉丁字母“P”。本栏在使用中应注意写明箱子的所属者，如中铁箱、俄铁箱、货主所属自备箱。

第 20 栏　发货人负担下列过境铁路的费用

注明根据《国际货协》第 15 条由发货人负担过境路费用的过境路简称，并填写到达国和通过国铁路运输代理的名称、付费注册编码和本车货物的付费码。如发货人不负担过境路的费用，则发货人应记载“无”字样。如发货人、收货人都没有委托代理人支付过境国运费，则过境国有权拒收货物。

第 21 栏　办理种别

办理种别分为整车、大吨位集装箱，不需要者划消。

第 22 栏　由何方装车

可由发货人或铁路装车，不需要者划消。无划消记载时，即认为由发货人装车。

第 23 栏　发货人添附的文件

注明发货人在运单上添附的所有文件（如出口货物明细单、出口货物报关单、动植物检疫证书、出口许可证、品质证明书、商品检验证书、卫生检疫证书、植物检疫证书和其他货物出口所必需的文件）。

如运单上未添附出口货物明细单、出口货物报关单、出口许可证（国家规定的特定商品），发货人在本栏注明无须添附各文件。

如运单上附有补充清单，记载添附补充清单的张数。

第 24 栏　货物的声明价格（瑞士法郎）

用大写注明以瑞士法郎表示的货物价格。发货人在填写本栏货物的声明价值后，即被认为参加国际货物保价运输，需交纳相应保价费用。

第 25 栏　检查标签

采用检查标签时，必须在第二张（运行报单）和第一份补充运行报单（存根）的第 25 栏内，各贴附一份检查标签。检查标签应符合《国际货协》的规定。

中国铁路不采用检查标签，而将运送本批货物的带号补充运行报单的号码填入运单和不带号码的补充运行报单的本栏下半部，上半部不填。

第 50 栏　附件 2

根据《国际货协》附件第 2 号托运危险货物时，必须在方框内画对角线。

如果该栏中方框和“附件第 2 号”字样为黑色，则发货人在根据《国际货协》附件第 2 号托运至中华人民共和国、俄罗斯联邦及相反方向和过境这些国家的危险货物时，除在运单货物名称下画一横线外，同时还应在运单第一张货物名称下画一红线。

② 由发货人或车站填写（视由何人办理货物装车或车辆施封而定）

第 27 栏　车辆

注明车种、车号和所属路简称。如车辆上无车种标记，则按发送路现行的国内规章填写车种。如车辆上有 12 位数码，则不填写上述事项，而应填写其全部数码。

第 28 栏　标记载重

填写车辆上记载的标记载重量。

如使用标有“ABC”标记的车辆，则填写字母“C”及其下面所注的最大重量，以此作为载重量。

第 29 栏　轴数

填写所使用的车辆的轴数。

第 30 栏　自重

填写车辆上记载的自重。

第 45 栏　封印个数和记号

关于封印个数和记号，视由何方施封而确定由发站或发货人填写。填写车辆或集装箱上施加的封印个数和所有记号［车站名称、封印号码或施封年月日、铁路局简称或钳子号码（发货人封车时为发货人简称）］。

发货委托铁路代封时，发货人应注明“委托铁路施封”。

第 48 栏　确定重量方法

注明确定货物重量的方法，例如“用轨道衡”、“用 1/10 的衡器、用 1/100的衡器”、“按标准重量”、“丈量法”。

如由发货人确定重量，则发货人还应在本栏内注明关于确定货物重量的方法。

③ 由海关填写海关记载

第 26 栏由海关记载之用。货物报关后由海关加盖监管章。

④ 其余栏目由铁路填写（包括发送路、过境路和到达路）

5.4.2　国际道路货运单据

5.4.2.1　道路货运单概述

国际道路货物运单是用以证明道路货运合同和货物已由道路承运人接管或装上道路运输工具的一种货运单证。与海运提单相比，尽管国际道路货物运单也具有合同证明和货物收据的功能，但不具有物权凭证的性质。因此，道路货物运单不能转让，只能在抬头记名，货物到达目的地后承运人通知运单抬头人提货。

5.4.2.2 运单的种类与内容

(1) CMR运单

为了统一道路运输所使用的单证和承运人的责任，联合国欧洲经济委员会负责草拟了《国际道路货物运输合同公约》(Convention on the Contract for the International Carriage of Goods by Road，CMR)，简称《CMR公约》。根据《CMR公约》第6条规定，CMR运单（CMR International Consignment Note，CMR Road Waybill）包括19项内容，由3份正本组成。其中第1份交发货人，第2份随货同行，第3份由承运人留存。当待装货物装在不同车内或车内装有不同种类货物或数票货物，发货人或承运人有权要求对使用的每辆车、每种货或每票货分别签发运单。

(2) 中国国际道路运输的运单

为了加强对出入境汽车运输单证的管理，根据中国《国际道路运输管理规定》，从事国际道路货物运输的车辆应当使用国际道路货物运单，一车一单，在规定期限内往返一次有效。国际道路货物运单由承托双方填写并签字盖章，随车同行。国际道路货物运单由省级国际道路运输管理机构或者其委托的口岸国际道路运输管理机构发放。

根据中国《国际道路运输管理规定》，国际道路货物运单包括22项内容。实务中，一般使用一式四联单，第一联由承运人留存；第二联交始发地海关；第三联交口岸地海关；第四联随车携带。如是过境运输，可印制6～8联的运单，供过境海关留存。

此外，基于运输组织形式不同，国内道路运输使用不同的运单。

5.4.2.3 道路运单的制作

(1) 发货人填写运单的基本要求

发货人填写运单的基本要求如下：

1) 一张运单托运的货物必须属于同一发货人，对于拼装分卸的货物应将每一拼装或分卸情况在运单记事栏内注明。

2) 易腐、易碎、易溢漏的液体、危险货物与普通货物、性质相抵触、运输条件不同的货物，不得用同一张运单托运。托运普通货物时，不得夹带危险货物、易腐货物、流质货物、贵重物品、货币、有价证券等物品。

3) 一张运单托运的件货，凡不具备同品名、同规格、同包装的，以及搬家货物，应提交物品清单。

4) 轻泡货及按体积折算的货物，准确地填写货物的数量、体积、折算标准、折算重量及其有关数据。

5) 发货人要求自理装卸车时，经承运人确认后，在运单上注明。发货人不自理装卸作业时，应提交装卸机械作业申请书或委托承运人办理装卸机械的作业申请，并在运单中注明。

6）发货人委托承运人向收货人代递有关证明文件、化验报告或单据等，须在托运人记事栏内注明名称和份数。

7）对于有特殊要求的货物应在记事栏内注明商定的运输条件和特约事项。

8）发货人应对所填写的内容及所提供证明文件的真实性负责，并须签字盖章。

9）已签订年、季、月度或批量运输合同的，必须在运单“托运人签章或运输合同编号”栏中注明合同编号，托运人委托发货人签章。

10）应使用钢笔或圆珠笔填写，字迹清楚，内容准确。

11）已填妥的运单，如有更改，必须在更改处签字盖章。

（2）发货人托运集装箱货物或集装箱时运单制作的特殊要求

发货人托运集装箱货物或集装箱时运单制作的特殊要求如下：

1）一张运单托运的集装箱货物或集装箱，必须是同一托运人、收货人、起运地。

2）托运拼箱货物要写明具体品名、件数、重量。托运整箱货物除要写明具体品名、件数、重量外，还要写明集装箱箱型、箱号和封志号，并注明空箱提取和交还地点。

3）易腐、易碎、易溢漏的液体、危险货物与普通货物、性质相抵触、运输条件不同的货物，不得用同一张运单托运。

4）托运人要求自理拆装集装箱或自理装卸集装箱时，经承运人确认后，在运单内注明。

5）托运须经海关查验或商检、卫检、动植检的集装箱时，应将检验地点在运单中注明。

6）托运特种集装箱货物，应在运单中注明运输条件和特约事项。一是托运冷藏保温集装箱，托运人应提供冷藏保温集装箱货物的装箱温度和在一定时间内的保持温度；二是托运鲜活货物集装箱，应提供最长运输期限及途中管理、照料事宜的说明书，货物允许的最长运输期限应大于汽车运输能够到达的期限；三是托运危险货物集装箱，应按交通运输部颁布的《汽车危险货物运输规则》办理。

（3）运单的签发

道路运单的签发由承运人或其具名代理人签署。

【小　结】

国际陆上货物运输主要包括铁路运输、道路运输和管道运输。

铁路运输是一种仅次于海洋运输的主要方式。国际铁路货物联运是指在两个或两个以上国家铁路运送中，使用一份运送单据，并以连带责任办理货物的全程运送，在由一国铁路向另一国铁路移交货物时，无须发、收货人参加。中国在实施国际铁路货物联运的过程中主要遵循的是《国际货协》的相关规定，使用的是国际货协运单。

跨境道路货物运输中 TIR 制度是一种重要的制度。TIR 公约的正式名称是《根据国际公路运输手册进行国际货物运输的海关公约》，TIR 制度的基本原理为经授权的道路运输承运人，可以凭 TIR 单证在 TIR 公约缔约方的境内内陆海关接受查验并施关封后，中间经过的所有过境国的海关无须对货物进行任何检查，直接运往目的地国家的内陆海关。在跨境道路货物运输中常用的单据有 TIR 单证和 CMR 运单。

管道运输是利用管道输送气体、液体和粉状固体的一种特殊的运输方式，管道运输具有运量大、占地少、管道运输建设周期短、费用低、安全可靠、连续性强、耗能少、成本低、效益好、灵活性差的特点。

【案例讨论】

黑龙江国际道路运输转型发展

黑龙江省要从三个方面加快推进全省国际道路运输市场转型发展，促进国际道路运输的规模化、集约化和网络化。黑龙江省要加快推动国际道路运输由粗放发展向集约发展转型，由单一数量增长向质量效益增长转型，由传统产业向现代服务业转型。

一是要把转型发展的立足点放到提高质量和效益上来。按照以哈尔滨市为中心，以各边境口岸为节点，建设连接俄罗斯区域中心城市的五大运输通道的总体思路，抓好国际道路运输市场规划的编制工作；建设以哈尔滨为中心，以俄罗斯区域中心城市和港口城市为节点，连接蒙古、日本、韩国、北美及中国南方港口城市的中俄中、中俄外、俄中俄等多种联运方式于一体的陆海联运通道和欧亚运输走廊，服务于对俄经贸发展大局；要求各级交通运输主管部门主动做好与相关部门的沟通协调工作，建立定期的会晤协商机制，研究解决国际道路运输线路开通、延伸、营运车辆通关、口岸查验等方面存在的问题，促进国际道路运输的便利化和低成本。

二是要把转型发展的侧重点放到“六化”上来。落实车辆标准化，引导运输企业发展集装箱车、甩挂运输专用车、厢式车和大吨位运输车辆，提升运输企业的竞争能力，努力改善货物运输的被动局面。落实交易合同化，引导承托双方订立长期、稳定的运输合同，约束承托双方的权利、义务和责任。

落实组织场站化，计划在下一步加大口岸地区包括内陆港等场地建设，使外运企业充分发挥内陆港场站优势，把货源吸引进内陆港，进一步提高运输的组织程度。落实运输厢式化，通过通行费优惠政策，引导厢式车辆发展，优化运输结构，提高运输效率。落实经营联盟化，推动运输场站、运输企业、站车之间建立广泛的合作联盟，避免盲目投资，降低运输成本，节约运输资源。落实企业集约化，要求运输企业积极适应形势发展要求，积极参与现有零散车辆、挂靠车辆的并购、股份制改造工作，使运输企业由主要依靠行政干预实现规模扩张向主动占领市场转变，由挂靠经营、承包经营向实体型企业转变，彻底改变“只运不代”的运输方式。

三是要把转型发展的着力点放到信息化建设上来。加强信息化建设，建立健全公共信息服务平台，是提高国际运输管理水平，为对俄经贸发展和人员流动提供更加便捷、高效、优质的运输服务的必然选择。要通过信息技术在运输企业的广泛应用，使运输企业共享信息资源，合理组织运输生产，加快改造升级现有技术和资金积累，提高运输企业在国际道路运输市场中的竞争力，为经营联盟化提供信息支撑。

资料来源：http：//www.moc.gov.cn/st2010/heilongjiang/hlj_jiaotongxw/jtxw_wenzibd/201212/t20121220_1341643.html，2012.12.20。

讨论题

黑龙江省国际道路运输的转型思路对发展我国国际道路运输有何借鉴意义？

复习思考题

1. 简述国际铁路货物联运进出口运输程序。
2. 简述国际铁路集装箱装运程序。
3. 什么是 TIR 制度，TIR 制度的特点有哪些？
4. 如何制作国际货协运单？

第6章 国际货物多式联运

【教学目标】

(1) 了解国际货物多式联运的概念和运营条件；

(2) 掌握国际多式联运主要组织模式；

(3) 掌握OCP、MLB、IPI运输方式，了解西伯利亚大陆桥、新亚欧大陆桥运输业务；

(4) 了解基本的国际多式联运单据。

【引导案例】

中国海铁联运发展趋势

近年来，海铁联运因巨大的运能、较低的运输成本、较少的污染排放等优势，成为世界各国优先发展的运输方式。在此背景下，中国交通运输部加快发展集装箱海铁联运，建设畅通、高效、安全、绿色交通运输体系，作为我国构建完善综合交通运输体系的重要内容之一，开展大量工作。但相对于发达国家和中国港口集装箱巨大的“吞吐量绝对值”而言，中国集装箱海铁联运的发展仍然滞后。究竟是什么因素制约了我国集装箱海铁联运发展？

业内专家指出，中国集装箱海铁联运起步较早。自20世纪90年代起，上海、宁波、连云港、青岛、大连、深圳、厦门等沿海港口，纷纷依托已开通的多条至内陆省份的“五定”班列（定价、定点、定线、定车次和定时集装箱专线）开展海铁联运业务，集装箱海铁联运的大气候已在我国沿海港口形成。

目前，我国大连港/营口港—东北地区、天津港—华北/西北地区、连云港/青岛港—新亚欧大陆桥地区的集装箱海铁联运已具一定规模，成为全国最主要的三大集装箱海铁联运通道。此外，上海、宁波、厦门、广州、深圳以及北部湾等港辐射华东、华南、西南地区的集装箱海铁联运规模也逐步扩大。大连、营口、天津、连云港等四个港口的集装箱海铁联运运量，约占全国总量的一半。

但这背后是中国集装箱海铁联运数量上的尴尬。2010年，全国铁路完成集装箱运量425万标准箱，其中集装箱铁水联运运量162万标准箱。铁水联运数据与中国港口集装箱吞吐量的巨大数字相比，显得微乎其微。2010 年全国港口集装箱吞吐量达到 1.45 亿标准箱，2011 年达到 1.6 亿吨，自 2003 年以来一直蝉联港口集装箱吞吐量世界第一。

同时，与世界海铁联运发达国家相比差距也很大。鹿特丹港口海铁联运集装箱数量的比重达到 20%，加拿大、澳大利亚集装箱海铁联运量一般占总量的 30%以上。

“虽然我国开展集装箱海铁联运的时间已很长，但从整体上看，铁路运输在港口集装箱集疏运中的作用尚未充分发挥。”广州港集团董事长陈洪先说，“我国集装箱海铁联运在技术标准、法制法规、信息化网络建设、市场化体制等诸多方面还存在明显的缺陷，这极大地阻碍了我国集装箱海铁联运的发展。”

资料来源：2012 年我国海铁联运发展局势研究分析，中国行业研究网，2012.5.9。

6.1　国际货物多式联运概述

6.1.1　国际货物多式联运的概念

各种运输方式在产生和发展的过程中，承运人仅限于在自己的业务范围内独立组织和完成运输任务；托运人为了将货物运到目的地，有时要与多个运输单位签订运输合同，并多次结算费用和办理保险。这种运输组织形式不仅给托运人带来许多麻烦，而且可能由于托运人对承运方的情况不甚了解，造成运输时间过长和运输费用增大，甚至造成不合理的运输。为了解决这种运输组织形式带来的问题，多式联运应运而生，即由一个运输机构或运输经营人对货物运输全程负责，组织和完成包括从起运地接受货方的货物开始，到运输至最终目的地交货为止的时间内所涉及的全部运输、衔接和运输服务业务；而货主方只要与多式联运经营人签订一份全程运输合同，一次性交付费用，办理一次保险，就可以实现货物的全程运输。

多式联运是指联运经营人根据单一的联运合同，使用两种或两种以上的运输方式负责将货物由指定地点运至交付地点的运输。

国际多式联运必须满足以下基本条件：

(1) 至少采用两种运输方式

国际多式联运必须是以至少两种不同的运输方式连续进行的运输。严格来讲，运输方式是指铁路、公路、水路、航空、管道等五种运输方式。

（2）至少涉及两个国家

国际多式联运必须是国家（地区）之间的货物运输，即国际多式联运的接管货物地点和交付货物地点应位于不同的国家（地区）。

（3）具有一个多式联运合同

多式联运合同是多式联运经营人与托运人/收货人之间权利、义务、责任与豁免的合同关系和运输性质的确定。实践中常出现一份多式联运单据。

（4）多式联运经营人负责货物全程运输

多式联运经营人是订立合同的当事人，也是多式联运单证的签发人。他是“本人”，而非托运人或实际承运人的代理人。多式联运经营人对货物的全程运输承担责任。

采用多式联运的方式有利于发挥综合运输的优势，合理组织各种运输方式的衔接和配合，选择最佳的运输方式和最佳的运输路线，加速货物和资金的周转，充分发挥综合运输的整体功能。

国际货物的多式联运可以为货主提供全程所有的运输服务。与传统的分段运输相比，国际多式联运是一种较复杂、更高级的运输组织形式。在集装箱运输产生并在各种运输方式上普遍使用后，国际多式联运迅速发展。目前国际多式联运大都是集装箱运输。

6.1.2 国际多式联运的运营条件

（1）人力资源。从事国际多式联运业务的人员，应掌握国际货运代理、国际多式联运、国际物流管理等基本专业知识，并根据岗位不同，具备相应的、能满足岗位需要的专业技能和经验。

（2）经营网络。国际多式联运经营人拥有能覆盖业务范围、满足客户需要的经营线路和经营网络。

（3）设施设备。国际多式联运经营人应拥有必要的运输设备，尤其是场站设施和短途运输工具，同时与有关的实际承运人、场站经营人建立长期合作关系，通过整合运输资源，设计出满足客户需要的多式联运方案。

（4）管理制度。多式联运经营人应具有多式联运服务管理制度，包括多式联运合同、多式联运单据、多式联运费用制订与结算、服务质量跟踪与考核、服务作业流程控制等管理规定和管理方法。

（5）信息系统。国际多式联运经营人应拥有稳定、可靠和适应多式联运业务要求的信息系统，为客户提供及时、准确、可靠的信息服务。

6.2 国际多式联运主要组织模式

国际多式联运必须是两种或两种以上不同运输方式组成的连贯运输。从运输方式的组成看，理论上多式联运的组织形式包括但不限于海—铁、海—空、海—公、铁—公、铁—空、公—空、海—铁—海、公—海—空等类型，如图6-1所示。

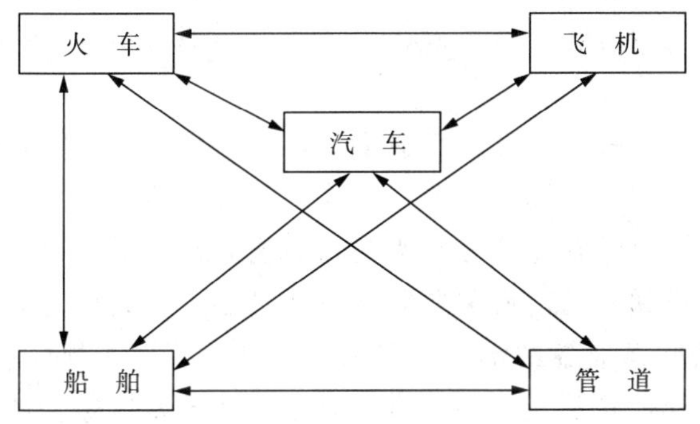

图6-1 多式联运的组织形式

目前，大多数多式联运仍需在不同运输方式之间进行换装作业，但也出现了货物中途无换装作业的多式联运组合形式，比如驼背运输、滚装运输、火车轮渡等。

各种运输方式因技术经济特征不同而导致其业务流程各具特色。多式联运组合形式不同，业务流程也有所不同。

6.2.1 以海运为核心的多式联运

以海运为核心的多式联运主要包括公海联运、海铁联运、火车轮渡、滚装运输等。内河与海运在航行条件、船舶吨位、适用法规上有所不同。因此，江海联运、载驳运输/子母船运输往往也视为多式联运。

6.2.1.1 海铁联运

海铁联运具有快速、安全、运能大、成本低等突出优势，成为国际多式联运的重要模式。目前，加拿大、澳大利亚集装箱海铁联运量一般占总量的30%以上。但中国海铁联运发展缓慢，集装箱多式联运中海铁联运的比重很低，仅占约1.5%，制约因素主要体现在以下几个方面：

(1) 船公司

目前，海铁联运的主体是船公司，船公司的积极性高低决定联运的规模大小。一方面，内陆出口货往往是农产品或农副产品，同样一个20英尺箱的重量可能是轻泡箱的4倍，船公司不得不考虑既要保证吃水适航，又要保证全部舱容的利用，从而在内陆订舱时就拒绝此类货物的订舱。例如，上海港长江口航道水深为8.5米，假设某船在上海有500个舱位，在不能充分满足积载的情况下，船公司只能拒载内地的重箱。另一方面，内陆运输条件差，集装箱周转时间长、成本高。因而，许多船公司对开展内陆联运的积极性不高。随着市场竞争日趋激烈和客户对物流服务需求水平的提高，船公司势必加大开展海铁联运的力度。

(2) 港口

目前，集装箱码头后方堆场普遍不足，港口及后方陆域规模及集疏运系统滞后于经济的发展；运输市场分散无序，资源与功能未能有效整合；港口和铁路部门在规划上没有充分考虑为两种运输方式的衔接预留发展空间，大多未设立适合于海铁联运的海关监管区，不具备进行大规模运作的条件。比较适合开展海铁联运业务的港区，普遍存在共同问题：规模小、各自投资、分散经营、没有形成集约化经营；有的港口存在着站线短、场地小、装卸设施落后和仓储能力差等问题。虽然具有经营方式灵活、多变的优势，但难以独自在海、公、铁等多式联运上做大文章，难以为客户提供以准时、快速、全过程跟踪服务为特点的物流服务。因此，切实解决港口与铁路在集装箱运输上分割脱节的问题，铁路、港口、货代、船代等单位联手经营市场，加大市场营销力度，在组织内地出口适箱货源的同时，积极组织内地进口适箱货源，力争减少箱体回空。

(3) 铁路

目前，中国铁路运输的网点普及不足，内陆有的地方不通铁路，通铁路的地方又不一定能办理集装箱业务。目前我国铁路90％的货运能力都被用来保证煤炭、石油、粮食、化肥、农药等重点物资运输，对发展快捷货运能力支撑不足。这导致客户将集装箱交给承运人后不能得到确切抵达目的地的时间承诺，难以保证运到期限，使客户无法安排与班轮衔接或安排生产和消费，手续繁琐且费用高。同时，按照铁路运行规定，铁路集装箱只能在全国铁路上流通运营，一般不能出境下海，增加港口拆装换箱的工作量与费用。

在管理上，铁路与其他运输方式的协调不够，不能有效形成多种运输方式有机结合的运输体系。软件方面存在问题：一是商务规则问题，中国目前现有规则与国际规则衔接不足，铁路的运票、运价体系和补偿体系与国际集装箱海运体系不一致。二是班期问题，目前铁路班期须达到一定货量之后才能发送，而船公司有固定班期，是制约海铁联运发展的一个“瓶颈”。三是数据共享问题，目前港口、船公司、查验单位难以实现数据信息共享，造成各环节的信息传递滞后。虽然铁路部门建有自己独立的运输管理信息系统(TMIS)，但该系统是一个内部管理系统，没有为其他运输环节或用户留有接口，客户难以查询集装箱在途位置，难以进行实时跟踪。这与现代物流发展所要求的为客户提供信息跟踪、查询和传输服务相比，差距较大。四是成本问题，铁路目前实行的“一口价”虽深受欢迎，但是变动频繁，时常让货主不知所措。由于难以实行“门对门”运输，使货主在支付铁路“一口价”的同时还得支付码头的装卸费，造成重复收费；同时内地货物回空率较高，箱体周转时间较长，既增加箱体的回空费用，又增加使用成本；此外，还涉及铁路和公路运输之间的转换，增加成本。

因此，一方面应尽快统一单据、货票，与国际接轨，以解决船公司直接向内陆放单的问题。另一方面，铁路应吸收社会资金参与到铁路集装箱运输，联合开发货源，联合经营货场，完善货场配套设施建设。同时探索将船务公司、码头的集装箱管理信息系统与铁路的 TMIS 系统有效结合，实现全程跟踪管理。

（4）运输代理

运输代理业务滞后也是影响海铁联运业务拓展的主要原因。目前绝大多数船务公司和多式联运经营人在内陆的代理机构较少，而内陆的很多公司又没有国际货运代理权限。由于缺乏合适的中介机构，多式联运经营人难以报出“一口价”，难以进行各方面的衔接。因此，运输代理人应与公路、港口、铁路、船务等相关企业携手联盟，成立运输联合体，以发挥各自优势，形成规模运作，将运输服务延伸到内陆，形成“门到门”的服务。

（5）货主

目前一些客户对海铁联运的认识不足，没有考虑海铁联运对物流成本降低所起的作用；同时由于受管理体制等制约，有些客户为了自己的利益而不愿意采用海铁联运的方式。

（6）政府

目前，中国负责推进此项业务的职能部门不明确，对拓展海铁联运的重要性认识不足；具体政策和相关法规的建设滞后，不能为实施海铁联运营创造良好的外围环境；缺乏对铁路、海关、港口等相关部门强有力的协调以及对相关配套基础设施的投入。

海关方面，在港区和铁路内大多未设立多式联运监管仓库和电子预报关系统，与内地通关、转关手续比较繁琐。企业受转关政策的限制，集、拼箱及中转业务发展比较困难。

发展海铁联运业务涉及铁路、港口、海关等多个部门，只要哪个部门不协调，海铁联运方式就不可能高效、便利地进行运作。只有政府有关部门积极倡导与支持，才有可能大规模地推进海铁联运业务的拓展。

（7）经济环境

不同国家经济发展的不平衡，造成进口和出口的集装箱规格、标准和箱量不同。目前，进口都是高附加值的产品，用的是大箱；而出口主要以粗加工为主，用的以小箱为主，造成出口和进口箱形的不匹配。箱源的不匹配成为制约船公司发展海铁联运的一大因素。

6.2.1.2　江海联运与载驳运输

江海联运在经济上不仅可以减少费用，降低损耗，而且可以扩张港口腹地，吸引众多货源，操作中可以减少运输环节和驳船次数，节省重复且无意义的卸货载货人力物力。因此，伴随着中国水路运输的强劲发展，无论是在政府层面，还是在企业层面，发展江海联运已经成为一种共识。

（1）长江江海联运与载驳运输

目前长江江海货物运输的方式，大体有三种：

1）江海直达运输，即使用江海两用船，运送途中无须中转换装，称为直达运输。

2）使用载驳运输/子母船运输。在海上航行时，将专用子驳积载在母船上，到河口将载货子驳卸入内河；然后由推船或拖船牵引子驳，将货物运至内河港口或货主指定的卸货地点。江海直达驳运输是海段和江段都用的顶推船或拖船带动驳船进行货物的运输，在下游的某一个港口进行重新编组。

3）江海联运，也称江海中转运输，即使用河船和海轮分段运输。由海船和内河船分段完成海上和内河运输任务，货物在河口港进行海船与内河船之间的换装作业。由于水深及港口码头接卸能力等因素的限制，一般大吨位的海轮难以直接进入长江中游，必须经中转。以近洋航线的进口运输为例：几十万吨级的海轮航行至宁波北仑港时，换成万吨级的小型海船，然后航行至长江下游港口，诸如上海、南通、江阴、镇江等；再将货物卸至中转港的堆场等待内河船舶装货，货物装入内河船或长江大型分节驳顶推船队后，再运送至长江沿线中、上游指定港口。此种运输方式即传统的江海三程中转运输，如图6-2所示。

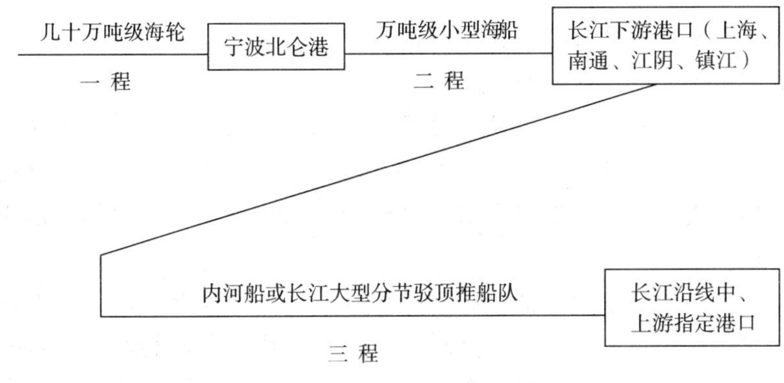

图 6－2　江海联运示意图

（2）黑龙江内贸跨境运输

东北地区是中国重要能源、原材料和商品粮的生产和储备基地。由于运力有限，东北地区运往南方的物资难以及时运出，不仅成为制约该地区经济发展的主要瓶颈之一，也使中国其他地区难以有效利用这些资源。为此，中国经与俄罗斯协商，双方共同提出了经牡丹江市过境至俄罗斯符拉迪沃斯托克港、东方港、纳霍德卡港装船，经日本海、黄海、东海至宁波、上海和广州等港口的内贸集装箱运输方案。2007 年 2 月 14 日，海关总署发布了《海关总署关于开展内贸货物跨境运输试点工作的公告》，同意开展内贸货物跨境运输业务试点。国家外汇管理局专门出台了《关于内贸货物跨境运输有关外汇管理问题的通知》（汇发【2007】21 号）作为外汇管理配套政策。

内贸货物跨境运输指国内贸易货物由中国关境内一口岸启运，通过境外运至中国关境内另一口岸的业务。内贸货物跨境运输是海关传统监管业务的新发展，本质上货物是内贸货物，原则上海关对内贸货物不征收进、出口关税及其他税费，但其进出境涉及海关监管。因此，它属于海关监管对象，海关应当比照现行规定予以监管。

内贸货物跨境运输具有限口岸和运输路线、限参与企业、限货物范围及运输方式、接受海关监管并实行专项管理、人民币结算的特点。

据测算，牡丹江经绥芬河、海参崴到上海节省陆路运输 820 千米，比牡丹江经大连中转到上海节省 90 千米。牡丹江经绥芬河、海参崴到广州比牡丹江直接到广州的陆路运输节省1 100千米，比牡丹江经大连中转到广州节省 900 千米。

6.2.1.3　火车轮渡与滚装运输

火车轮渡与滚装运输是一种特殊的海铁联运与公海联运方式。

(1) 火车轮渡

火车轮渡是指以装载旅客或货物的火车作为一个运输单元，由火车司乘人员驾驶，直接驶上、驶离船舶进行的运输。

借助于火车轮渡，实现铁路—海运—铁路多式联运。这种模式既可节省货物在装卸港的上装下卸而缩短货物的在途时间，又可弥补传统水路运输的不足。当然，火车轮渡仍然没有摆脱水运的特点，仍然要受轮船航速和装卸时间的限制。

目前，中国最长的跨海铁路轮渡是烟台至大连的铁路轮渡。烟大铁路轮渡是东北至长江三角洲地区陆海铁通道的重要组成部分。它北起辽东半岛南端的大连旅顺羊头洼港，南至山东半岛北部的烟台市四突堤港，海上直线距离 86.28 海里（159.8 千米），也是世界上第 35 条运输距离超过 100 千米的跨海铁路轮渡航线。烟大铁路轮渡工程在北部通过旅顺支线连接以哈大铁路为主干的东北铁路网，在南部通过蓝烟、胶济铁路与穿越鲁、苏、浙等省的沿海新线衔接，构成一条北起哈尔滨，南至上海的新的东部沿海通道。通过烟大铁路轮渡，大连到烟台的铁路运输距离缩短1 654千米，对东北至长江三角洲经济区效益的拉动作用非常大。据预测，铁路运输量初期为 650 吨，远期可达1 240万吨；汽车滚装初期为 8 万辆，远期可达 18 万辆。搭乘“中铁渤海 1 号”渡轮的火车，只需 4 个小时即可穿越渤海海峡。“中铁渤海 1 号”全长 182.6 米，宽 24.8 米，单航次可运载一列 50 节 80 吨重的货运列车，50 辆 20 吨汽车和 25 辆小汽车、480 名旅客。此外，中韩铁路轮渡项目——仁川与烟台之间（两城市的最近点只有 94 海里）的火车轮渡正处在论证之中。烟台仁川跨海轮渡项目一旦运营，将使新欧亚大陆桥向东得以延伸，在欧亚大陆桥上的火车可经烟台过海，直驶韩国、日本。

(2) 滚装运输

滚装运输是指以一台不论是否装载旅客或货物的机动车辆或移动机械作为一个运输单元，由托运人或其雇佣人员驾驶，直接驶上、驶离船舶进行的运输。

通常所称的“浮动公路”运输方式是借助于滚装运输实现公路—海运—公路多式联运的范例。它是指利用一段水运衔接两段陆运，衔接方式采用将车辆开上船舶，以整车货载完成这一段水运，到达另一港口后，车辆开下继续利用陆运的联合运输形式。这种联合运输的特点是在陆运与水运之间，不需将货物从一种运输工具上卸下再转换到另一种运输工具上，仍利用原来的车辆作为货物载体。优点是两种运输之间有效衔接，运输方式转换速度快，转换时不触碰货物，有利于减少或防止货损。

6.2.2　以陆运为核心的多式联运

以陆运为核心的多式联运主要包括驮背运输、公铁联运和大陆桥运输等。

6.2.2.1　驮背运输

驮背运输是一种特殊的公铁联运方式，由北美国家最先采用，最初是指将载运货物的公路拖车置于铁路平车上输送，也被称为平板车载运拖车（Trailer on Flatcar，TOFC）系统。尽管 TOFC 方式有助于铁路货运与汽车货运之间的直接转移，但存在着一些技术上的限制，如在铁路车上放置具有车轮的拖车会导致风阻力、损坏和重量问题。

因此，在 TOFC 方式的应用实践中，产生拖车或集装箱与铁路平板列车相结合的组织方式，如 COFC（Container on Flatcar）和公铁两用车。COFC 是指省去拖车而直接将集装箱置于铁路平车上输送；公铁两用车是指一种卡车拖车底盘，既能适合于橡胶轮又能适合于钢轨卡车的系统。目前的北美铁路运输系统采用 TOFC 和 COFC 两种方式并存的设备模式。

6.2.2.2　公铁联运

有效的公铁联运集公路、铁路为一体，不仅可以最大满足现代物流发展的需要，而且可以有效结合公路、铁路各自的优势，发挥铁路运输准时、安全、费用低以及公路运输快速、灵活、服务到门的优势；同时抛去铁路运输速度慢、网点少、服务差，公路运输安全系数低、费用高和交通拥挤等缺点。因此，公铁联运已成为为客户提供快速准时、安全高效、费用相对较低的“门到门”的物流服务体系。

6.2.3　以空运为核心的多式联运

以空运为核心的多式联运包括海空联运、陆空联运等。

6.2.3.1　海空联运

海空联运是把空运货物先经由船舶运至拟中转的国际机场所在港口，然后安排拖车将货物拖至拟中转的国际机场进行分拨、装板、配载后，再空运至目的地的国际多式联运形式。

海空联运方式始于 20 世纪 60 年代，80 年代得以较大的发展。目前，国际海空联运线主要包括：

（1）远东—欧洲：远东与欧洲间的航线有以温哥华、西雅图、洛杉矶为中转地；也有以中国香港、仁川、曼谷、海参崴为中转地；还有以旧金山、新加坡为中转地。

（2）远东—中南美：远东至中南美的海空联运发展较快，因为这些地区港口和内陆运输不稳定，所以对海空运输的需求很大。该联运线以迈阿密、洛杉矶、温哥华为中转地。

（3）远东—中近东、非洲、澳洲：以中国香港、曼谷、仁川为中转地至中近东、非洲的运输服务。在特殊情况下，还有经马赛至非洲、经曼谷至印度、经中国香港至澳洲等联运线，但这些线路货运量较小。

海空联运具有以下特点：

（1）安全、准确。海空联运是以航空运输为核心的多式联运，通常由航空公司或航空运输转运人，或者专门从事海空联运的多式联运经营人来制订计划，以便满足货主对于海空联运货物的抵达时间要求与一般空运一样能精确到“×号×时×分”。绝大多数飞机是无法实现海空货箱互换的，货物要在航空港换入航空集装箱。海空货物的目的地是机场，货物运抵后是以航空货物处理的。因此，如何在中转时快速、安全地处理货物以及像一般空运按时抵达目的地已成为海空联运的关键。

（2）迅速、经济。运输时间比全程海运少，运输费用比全程空运便宜。海空联运与其他运输模式的比较见表6-1所列，空运运费和海空联运运费按全海运运费做比例计算。一般地，运输距离越远，采用海空联运的优越性越大。因为同完全采用海运相比，其运输时间更短；同直接采用空运相比，其费率更低。因此，从远东出发将欧洲、中南美以及非洲作为海空联运的主要市场是合适的。此外，目前国际上对海空联运没有相应的规定和法律，运价可自由制定。

表6-1　海空联运与其他运输模式的比较

运输路线	海　运	成　本	海空联运	成　本	空　运	成　本
中国香港/西欧主要港口	23日	100%	13～14日	650%	2～3日	1400%
中国香港/东欧	30日	100%	13～14日	400%	2～3日	950%
中国香港/地中海东部	21日	100%	13～14日	450%	2～3日	850%
中国香港/地中海西部	28日	100%	13～14日	600%	2～3日	1300%
中国香港/中美	35日	100%	24～25日	500%	7～8日	5400%
中国香港/南美	35日	100% 100%	24～25日 24～25日	750% 750%	7～8日 7～8日	7600% 7600%

（3）可以解决旺季时直飞空运舱位不足的问题。

（4）货物要在航空港换入航空集装箱。随着商品技术含量的不断提高，且向轻、小、精、薄方向发展，还有跨国公司对及时运输的需求，发达国家已出现采用大型飞机进行国际标准集装箱（空水陆联运集装箱）的海空多式联运方式。

（5）托运货物的限制。基于海空运输规则及设施限制，有些货物暂不受运，如危险物品、贵重物品、活动物以及需要冷藏及冷冻的物品等。长度超过 595 厘米，或宽度超过 240 厘米，或高度超过 295 厘米的货物，每千克申报价超过 20 美元的货物，一般均不接受订舱。

可见，海空多式联运结合海运运量大、成本低和空运速度快、时间要求紧的特点，能对不同运量和不同运输时间要求的货物进行有机结合。

6.2.3.2　陆空联运

陆空联运较之海空联运而言，更普遍地被世界各国所采用，尤其是工业发达国家、高速公路较多的国家。陆空货物联运具有到货迅速、运费适中、安全保质、手续简便和可以提前结汇等优点。

国际陆空联运主要有空陆空联运（Ait-Train/Truck-Air，ATA）、陆空陆联运（Train-Air-Truck，TAT）和陆空联运（Train-Air or Truck-Air，TA）等形式。目前，接受这种联运方式的国家遍及欧洲、美洲和澳大利亚。

目前，陆空联运广泛采用“卡车航班”运输形式，即空运进出境航班与卡车内陆运输相结合。由于航空公司对卡车编制固定的航班号，确定班期和时刻，并对外公布，作为飞机航班运输的一种补充方式，完成飞机运输的功能，又称“卡车航班”。

（1）卡车航班弥补空运固定航班在机型、航线以及航班时间等方面的弱点，同时有效发挥陆运卡车装载能力大、运输路线灵活的优势，又发挥联程运输实行“一次报关、一次查验、一次放行”的直通式通关服务，大大节省通关时间，降低运输成本。

（2）通过卡车航班建立非枢纽机场与枢纽机场之间的联系。卡车航班完全是为了向枢纽机场汇集货物，或者为枢纽机场发散货物而开通的。

采用陆空联运应注意以下几点：

（1）应妥善选择运输方式。飞机航班在时间和安全性上都有卡车航班无法比拟的优势，飞机航班是固定的、现有的运力。对于批量小、单件货物重量、尺寸适合的货物以及特种货物，如鲜活易腐货物、贵重物品、危险物品，应当使用飞机航班运输。

（2）应处理好货物在两种运输方式之间的衔接，即要根据货物运输的续程航班时间来确定使用飞机航班或者卡车航班。为了确保航班收益最大化，所有货物在到达枢纽机场前必须预定续程航班，根据续程航班的时间确定运输方式。例如，在青岛至北京的航班选择上，如果续程航班于次日 15 时以前自北京起飞，只能安排飞机航班运输货物，使用卡车航班运输很难保证有足够的操作时间将货物安排在续程航班上。只有续程航班于次日 15 时以后自北京起飞时，才考虑安排卡车航班运输货物。

(3) 卡车航班的运营环境在某种意义上比空中航线更复杂，因为运输时间和路程比飞机航班长。所以，对于全程的道路状况和天气状况必须进行充分的调查，确保卡车航班安全、准时地到达枢纽机场，衔接续程航班。并且在发生任何异常情况时，予以妥善处理，将延误的时间减到最小，将可能的损失降到最低。

(4) 卡车航班是对飞机航线的延伸。卡车航班在形式上是卡车，但在概念上却是航班，卡车实际上是航空器的代替品，完全由航空公司按照固定的时间以及航线进行操作。按照国际惯例，货物从起运点到止运点都须设立机场，运单才可以直通。因此，全程采取国际航空货运单“一票到底”的形式，要求货运的始发站或目的地必须有国际航空组织公认的航空代码。由于此时仅使用航空货运单，因此“卡车航班”不是多式联运，要按照航空货物运输来处理有关事宜。

6.3 陆桥运输业务

6.3.1 陆桥运输的概念

在国际多式联运中，陆桥运输起着非常重要的作用。陆桥运输是指采用集装箱专用列车或卡车，把横贯大陆的铁路或公路作为中间“桥梁”，使大陆两端的集装箱海运航线与专用列车或卡车连接起来的一种连贯运输方式。大陆桥运输是指利用大陆桥，把大陆两端的海洋运输连接起来的海陆联运的集装箱运输方式，即海—陆—海的连续运输。随着大陆桥运输的发展，陆桥两端的集散点不断扩散，又加入了航空、公路、河运、管道等多种运输方式。大陆桥运输实际上是以铁路为主体，以集装箱为媒介，水运、航空、公路、管道等多种运输方式相结合，横跨洲际大陆，实行海陆衔接、“一票到底”的国际联运。

6.3.2 北美陆桥运输业务

北美大陆桥是指利用北美的铁路从远东到欧洲的海—陆—海联运。1971 年底，北美大陆桥由经营远东/欧洲航线的船公司和铁路承运人联合开办海—陆—海多式联运线。该大陆桥东起纽约，西至旧金山，西接太平洋，东连大西洋，全长4 500千米。该大陆桥运输包括美国大陆桥运输和加拿大大陆桥运输。美国大陆桥有两条运输线路：一条是从太平洋东部沿岸至大西洋西部沿岸的铁路和公路运输线；另一条是从太平洋东部沿岸至北美东南部墨西哥湾沿岸的铁路和公路运输线。加拿大大陆桥与美国大陆桥相似，由船公司把货物海运至温哥华，经铁路运到蒙特利尔等城市，再与大西洋海运相接。北美大陆桥是世界上历史最悠久、服务范围最广的陆桥运输线，从远东到北美东海岸的货物有相当一部分是采用双层列车进行运输的。1982 年开始营运的墨西哥大陆桥因服务范围有限，影响较小。

北美地区的陆桥运输不仅包括上述大陆桥运输，还包括小陆桥运输和微桥运输等运输组织形式。目前，中国出口去美国的集装箱货物，美国相当多部分进口商开来的信用证中经常出现 OCP、MLB、IPI 一词。中国出口商、运输经营人必须对此有所了解，有利于集装箱货物的进出口工作，避免实际业务中不应出现的责任纠纷和不必要的费用支出。

6.3.2.1 OCP 运输

“OCP”一词的英文全称为“Overland Common Point”（内陆公共点或陆上公共点），含义是指使用两种运输方式，将卸至美国西海岸港口的货物通过铁路运抵美国内陆公共点。从远东至美国内陆公共点的集装箱货物运输，使用 OCP 运输方式应注意下列几点：

（1）OCP 运输下的集装箱货物，卖方（发货人）承担的责任、费用终止于美国西海岸港口，货物卸船后，由收货人委托中转商持正本提单向船公司提货，并负责运抵收货人指定地点。

（2）收货人在收到货物单证 10 天内，必须申请进口保税运输，以保证将货物最终运抵交货地。如不按时提出申请，货物即转至保税仓库，产生各项费用。避免这些费用支出的做法是收货人或其代理人委托铁路公司代办运输至内陆公共点的保税申请手续。

（3）OCP 运输的集装箱货物，在买卖合同和信用证栏内应加注“OCP 运输”字样，签发提单时，其签发要求与买卖合同、信用证要求相符。

（4）OCP 运输的集装箱货物，在签发某些船公司专用提单时，目的港一栏内应注明“××港 OCP”。

（5）凡运往内陆公共点的集装箱货物，应在卸船 45 天内由收货人向铁路提供证明，如陆上运输单证、转运单、海关转口申请单等。

（6）OCP 运输不是真正的多式联运，尽管全程运输使用海、陆两种运输方式，但海、陆运输区段各自签单，海、陆区段运费各自计收，海、陆区段的运输责任各自划分，不具备多式联运使用一张单证、统一责任的要求。

6.3.2.2 MLB运输

"MLB"一词的英文全称为"Mini Land Bridge"（小陆桥）。其运输方式是使用海、陆运输方式将集装箱货物先运至日本港口，再转运至美国西海岸港口，卸船后交由铁路运抵美国东海岸港口或墨西哥湾区域。中国出运到美国的集装箱货物，在使用小陆桥运输时可先将货物运至日本港口，再转运至美国西海岸，卸船后，交铁路运抵美国东部海岸或墨西哥湾区域。使用MLB运输，对中国出口商、运输经营人来说，应注意以下问题：

(1) 小陆桥运输是完整的多式联运，由运输经营人签发全程联运提单，并收取全程运费，对全程运输承担责任。

(2) 小陆桥运输下的集装箱货物，其提单制作应分别注明"卸船港：××港"、"交货地：××交货地 MLB"。

(3) 小陆桥运输下成交的货物，卖方（发货人）承担的责任、费用终止于最终交货地。

(4) 小陆桥运输下的集装箱货物，运费计收应根据运输经营人在美注册的运价本收取运费，原则上无任何形式的运费回扣，除非运输经营人与货主之间订有服务合同，即在一定时间内提供一定货运量后，货主可享有一个较低运价。

(5) 按服务合同收取运费。货物托运人是无船承运人时，小陆桥运输的集装箱货物应出具两套提单，一套是无船承运人签发给货主的HOUSE－B/L；另一套是船公司签发给无船承运人的MEMO－B/L。前者给货主用于结汇；后者供无船承运人在美国的代理凭其向船公司提货。

6.3.2.3 IPI运输

"IPI"一词的英文全称为"Inter Point Intermodal"（内陆公共点多式联运）。与MLB运输相比，小陆桥运输下的集装箱货物，抵达区域是美国东海岸和墨西哥湾区域；IPI运输方式将集装箱货物运抵内陆主要城市。二者在运输方式、运输途径、运输经营人责任和风险上完全相同。与OCP运输相比较，IPI是完整的多式联运，而OCP运输不是完整的多式联运。使用IPI集装箱多式联运方式时，应注意以下问题：

(1) 在IPI运输方式下，其提单缮制时应写明"卸船港：××港"、"交货地：××交货地 IPI"。

(2) 运输经营人对货物承担的责任从接收货物时起至交付货物时止，即对全程运输负责。

(3) IPI运输方式下的集装箱货物，在到岸价的情况下，卖方（发货人）承担的责任、费用终止于最终交货地。

(4) IPI 运输尽管使用两种不同运输方式，但使用同一张货运提单，并收取全程运费。

将 OCP、MLB、IPI 三种运输方式列表比较，见表 6-2 所列。

表 6-2　OCP、MLB、IPI 三种运输方式比较

	OCP	MLB	IPI
货物成交价	卖方承担的责任、费用终止于美国西海岸港口	卖方承担的责任、费用终止于最终交货地	与 MLB 相同
提单签发	仅适用海上区段货物运输	适用全程运输区段	与 MLB 相同
运费计收	海、陆运输区段分别计收运费	收取全程运费	与 MLB 相同
保险区段	海、陆运输区段分别投保	可全程投保	与 MLB 相同
货物运抵区域	内陆公共点	美国东海岸和墨西哥湾区域	内陆公共点
多式联运方式	不具备完整的多式联运	具备完整的多式联运	具备完整的多式联运

6.3.2.4　危险品的多式联运

无论用火车还是卡车运输多式联运的危险品，运输之前一定要得到美国国家货物局或合格的铁路检验员对箱内货物绑扎情况的检验认可，在对箱外危险品识别标志的检验认可后方可出运。

无论是进口还是出口，在订舱时发货人都必须提供 IBS 和各区段运输公司的以下文件：

(1) 托运单证

1) 正确的托运名称、危险品等级、联合国编号、包装类别；2) 发货人；3) 24 小时服务的应急联系电话；4) 危险物品的重量；5) 发货人的危险品申报；6) 其他法律上需要的资料。

(2) 危险品案例资料说明书

一般铁路公司不接受对身体和安全可能造成任何原因伤害的危险货物。例如，爆炸品、压缩气体、易燃的物质、传染性、有毒及放射性物质。

根据危险品的性质，美国国家货物局制定了可以直接接受的多式联运危险品以及需评估后才能接受的危险品清单。

6.3.2.5 进口货物多式联运的操作程序

一般地，多式联运的货物要求在第一港卸下，并通过各种运输工具转运到目的地。在船舶的积载上，要求将属于多式联运的货物分区积载，并在卸货港优先卸货。如果港口有集装箱双层列车的车皮，则从船上卸下后直接装集装箱双层列车出运。当然，各港口的工作方式以及铁路运输公司等的工作方式不尽相同，多式联运时，要求各港口的IBS分公司按下列步骤完成内陆多式联运的工作程序。

（1）打印出多式联运跟踪报告。

（2）打印出多式联运舱单报告，审核舱单并核查以下内容：1）是否有超重货；2）是否有危险货；3）是否有超长货、大件货。如果发现以上这些货物，应作相关处理。

（3）审查舱单报告和跟踪报告，如有错误则改正。

（4）利用多式联运舱单或多式联运成本与路线查询表，核实所有路线是否正确。

（5）根据目的地选择承运人。

（6）呈送分派好的货运单证以便准备交货单和保税运输申请。

（7）发出多式联运通知给内陆点分公司。

（8）发出多式联运舱单给铁路，并得到铁路发的EDI发票，通知卡车公司工作计划。

（9）尽快接收交货单和保税运输批准号。

（10）船舶到达港口，应每天监视提箱、交货和铁路车皮运输时间，并通知内陆公司。

（11）从收货人/经纪人处得到交货指示，核实运费和清关情况后交货上门。

对内陆点分公司而言，需检查卸货港公司通知中所讲的多式联运货是否到达，每天检查其提箱、交货情况。若是上门交货条款，安排“门到门”运输。

6.3.2.6 出口货物多式联运的操作程序

在出口货物多式联运中，应做到以下几点：

（1）订舱前，内陆多式联运分公司应核实集装箱是否可用（特别是集装箱不足的地区）。

（2）订舱后，如果是上门提货运输条款，要同托运人或发货人联系，安排好装箱计划，确定承运人并通知承运人客户装箱的计划。

（3）为了指示铁路出运，空箱提运后，卡车司机要通知船公司每一个订舱号下的集装箱号。

(4) 集装箱运到铁路堆场时，所有的动态信息必须输入管理系统以便跟踪。

(5) 内陆公司开始跟踪集装箱的动态并通知港口分公司，如无动态显示，同铁路管理部门联系，要求其作出解释并改正。

(6) 港口分公司通过管理系统对多式联运跟踪，报告每天监督出口货物的内陆运输，以确保有足够的时间去港口、火车站提箱送码头出口。

(7) 如果在运输中有任何延迟，要立即通知相关承运人，并加以解决。

(8) 港口分公司收到铁路承运人寄来的到达通知时，立即书面通知分配好的卡车公司提箱并送交码头。

(9) 港口分公司跟踪动态，并在港口接收集装箱。

对于出口货物多式联运，一定要把握内陆堆场、铁路公司的最后结关时间。每条船舶在各内陆堆场，根据运输时间的不同，有不同的铁路结关时间。如果在铁路结关时间以前将集装箱送至内陆堆场，则该集装箱可以赶上港口船舶的结关时间。否则，难以配上预订的船。

6.3.3 西伯利亚大陆桥运输业务

西伯利亚大陆桥全长 1.3 万千米，东起俄罗斯东方港，西至俄芬（芬兰）、俄白（白俄罗斯）、俄乌（乌克兰）和俄哈（哈萨克斯坦）边界，经欧洲和中亚诸国。1997 年以后，俄罗斯将西伯利亚大陆桥运输作为国家竞争力的重要组成部分，采取了一系列措施改进运输条件，年均运量增长 50%以上。目前，中、日、韩进出口中亚的货物有两条通道，一是海运到中国的连云港等港口，再走新亚欧大陆桥到中亚；二是海运到俄罗斯东方港，再从东方港通过西伯利亚大陆桥铁路集装箱班列到中亚。尽管走新亚欧大陆桥到中亚比走西伯利亚大陆桥要近3 000多千米，但两陆桥过货量差距却逐年加大。西伯利亚铁路运量的 22%来自中国沿海地区，目前广州、深圳、厦门、宁波、上海、青岛、天津等港口都有直达俄罗斯东方港的航线。俄、韩十多家船运、铁路和货代公司在中国设立分公司和办事处，经营西伯利亚海铁联运，揽取中国出口中亚和俄罗斯的货物。

西伯利亚大陆桥运输是指使用国际标准集装箱，将货物由发运国（远东地区）途经跨越欧亚大陆的西伯利亚铁路运至欧洲或中近东的一种运输方式。使用这条陆桥运输线的经营者主要是日本、中国和欧洲各国的货运代理公司。西伯利亚大陆桥大大缩短了从日本、远东、东南亚及大洋洲到欧洲的运输距离，理论上节省运输时间。但是，由于西伯利亚大陆桥运输在经营和管理上存在的诸如港口装卸能力不足、铁路集装箱车辆不足、箱流的严重不平衡以及严寒气候等因素的影响，一定程度上阻碍了它的发展。

6.3.4 新亚欧大陆桥运输业务

新亚欧大陆桥是相对旧亚欧大陆桥而言的。它东起太平洋西岸连云港等中国东部沿海港口，西达大西洋东岸荷兰的鹿特丹、比利时的安特卫普等港口，横贯亚欧两大洲中部地带，总长约10 900千米。它的东端直接与东亚及东南亚诸国相连，进而与美洲西海岸相通。它的中国段西端，从新疆阿拉山口站换装出境进入中亚，与哈萨克斯坦德鲁日巴站接轨，西行至阿克套，进而分北中南三线接上欧洲铁路网通往欧洲。其北线由哈萨克斯坦阿克套北上与西伯利亚大铁路接轨，经俄罗斯、白俄罗斯、波兰通往西欧及北欧诸国。其中线由哈萨克斯坦往俄罗斯、乌克兰、斯洛伐克、匈牙利、奥地利、瑞士、德国、法国至英吉利海峡港口转海运或由哈萨克斯坦阿克套南下，沿吉尔吉斯斯坦边境经乌兹别克斯坦塔什干及土库曼斯坦阿什哈巴德西行至克拉斯诺沃茨克，过里海到达阿塞拜疆的巴库，再经格鲁吉亚第比利斯及波季港，越黑海至保加利亚的瓦尔纳，并经鲁塞进入罗马尼亚、匈牙利通往中欧诸国。其南线由土库曼斯坦阿什哈巴德向南进入伊朗，至马什哈德折向西，经德黑兰、大不里士入土耳其，过博斯普鲁斯海峡，经保加利亚通往中欧、西欧及南欧诸国，同时还可经过土耳其埃斯基谢基尔南下中东及北非。新亚欧大陆桥连接着东亚、中亚、西亚、中东、俄罗斯、东欧、中欧、南欧、西欧的40多个国家，占世界国家数的22%；面积为3 970万平方千米，占世界陆域面积的26.6%；居住人口数达22亿，占世界人口的36%。

新亚欧大陆桥在中国境内经过陇海、兰新两大铁路干线，全长4 131千米。它在徐州、郑州、洛阳、宝鸡、兰州分别与我国京沪、京广、焦柳、宝成、包兰等重要铁路干线相连，具有广阔的腹地。亚太地区运往欧洲、中近东地区的货物可经海运至中国连云港上桥，出中国西部边境站阿拉山口后，进入哈萨克斯坦国境内边境站换装，经铁路运至其边境站、港，再通过铁路、公路、海运继运至西欧、东欧、北欧和中近东各国。欧洲、中近东各国运往亚太地区的货物，经东欧国家铁路（俄罗斯为主）进入中国西部边境站阿拉山口换装，经中国铁路运至连云港后，再转船运至日本、韩国、菲律宾、新加坡、泰国、马来西亚等国家。

新亚欧大陆桥使得亚欧之间的货运距离比经西伯利亚大陆桥更短。从日本、韩国至欧洲，通过新亚欧大陆桥，水陆全程仅为12 000千米，比经苏伊士运河少8 000多千米，比经巴拿马运河少11 000多千米，比绕道好望角少15 000多千米。远东至西欧，经新亚欧大陆桥比经苏伊士运河的全程海运航线缩短运距8 000千米，比通过巴拿马运河缩短运距11 000千米。远东至中亚、中近东，经新亚欧大陆桥比经西伯利亚大陆桥，缩短运距2 700～3 300千米。该陆桥运输线的开通有助于缓解西伯利亚大陆桥运力紧张的状况。

新亚欧大陆桥使得东亚与中亚、西亚的货运距离大幅度减少。日本神户、韩国釜山等港至中亚的哈萨克斯坦、乌兹别克斯坦、吉尔吉斯斯坦、塔吉克斯坦、土库曼斯坦等五个国家和西亚的伊朗、阿富汗，通过西伯利亚大陆桥和新亚欧大陆桥，海上距离相近，陆上距离相差很大。如到达伊朗、德黑兰，走西伯利亚大陆桥，陆上距离达到13 322千米；走新亚欧大陆桥，陆上距离只有9 977千米，二者相差3 345千米。到达中亚的阿雷西，走西伯利亚大陆桥，陆上距离是8 600千米；走新亚欧大陆桥，陆上距离只有5 862千米，二者相差2 738千米。

运距的缩短，新亚欧大陆桥在运输时间和运费上比西伯利亚大陆桥有所减少，有利于同海运的竞争。同时，新亚欧大陆桥的东端桥头堡自然条件好，位置适中，气候温和，一年四季可不间断地作业。在亚欧经贸合作中，新亚欧大陆桥具有重要作用。它的东西两端连接着太平洋与大西洋两大经济中心，基本上属于发达地区，但空间容量小、资源缺；而其辽阔狭长的中间地带亦即亚欧腹地，除少数国家外，基本上属于欠发达地区。特别是中国中西部、中亚、西亚、中东、南亚地区，地域辽阔，交通不够便利，自然环境较差，但空间容量大、资源富集、开发前景好、开发潜力大，是人类社会赖以生存、发展的物华天宝之地。因此，新亚欧大陆桥通过区域，在经济上具有较强的相互依存性与优势互补性，有良好的互利合作前景。

新亚欧大陆桥的畅通，有利于促进沿桥国家的经贸合作以及亚欧经济的发展与繁荣。新亚欧大陆桥的贯通，有利于促进沿桥区域经济的平衡协调发展，对于推进沿桥地带的开发开放、加快工业化和城市化进程、提高各国综合国力，具有重大的战略意义。新亚欧大陆桥的发展，有利于开拓中亚市场，有利于提高我国大陆沿海港口体系的国际地位，有利于我国港口从根本上摆脱地理环境的制约，优化沿海港口区位，为开展国际贸易运输创造有利条件。

新亚欧大陆桥使得亚欧之间的货运距离要比经西伯利亚大陆桥短，但它经过多个国家，国家之间的合作不畅造成口岸通过手续复杂，货物积压现象严重，而铁路标准等方面的问题也长期悬而未决。

6.4 国际多式联运单据

6.4.1 国际多式联运单据的概念

1980年，联合国《国际多式联运公约》对多式联运单据的定义是：“国际多式联运单据是指证明多式联运合同以及证明多式联运经营人接管货物并负责按照合同条款交付货物的单据。”

1991年，贸发会议/国际商会《多式运输单据规则》的定义是：“多式联运单据是指证明多式联运合同的单据，该单据可以在适用法律的前提下，以电子数据交换信息取代，而且能以可转让方式签发，或者表明记名收货人，以不可转让方式签发。”

6.4.2 国际多式联运单据的性质

国际多式联运单据分为可转让的和不可转让的两种形式，两种形式单据的性质是有差别的。

6.4.2.1 可转让的多式联运单据

可转让的多式联运单据称为国际多式联运提单，具有多式联运合同的证明、货物收据与物权凭证三大功能。

目前，国际货运代理协会联合会（FIATA）、波罗的海航运公会（BIMCO）等行业组织已制定了标准格式的多式联运提单（FIATA的代码为FBL92，BIMCO的代码为MULTIDOC95）供会员使用。此外，一些大型航运公司也制定了自己的多式联运提单。为了扩大其使用范围，航运公司制定的多式联运提单几乎是“一单两用”的港至港或多式联运提单。

6.4.2.2 不可转让的多式联运单据

不可转让的多式联运单据称为多式联运运单。目前，常见的标准格式为国际货运代理协会联合会（FIATA）的FIATA运单（代码为FWB，1992）和波罗的海航运公会（BIMCO）的运单（代码为MULTIWAYBILL95）。

不可转让的多式联运单据不具有物权凭证功能，即类似于运单（如海运单、空运单），仅具有多式联运合同的证明和货物收据两大功能。这两类单据的共同点是它们均具有运输合同证明和货物收据的功能，最大区别在于可转让的多式联运单据具有物权凭证功能，可以转让；不可转让的多式联运单据不具有物权凭证功能，不具有流通性，收货人一栏必须是记名的。

6.4.3 国际多式联运单据内容

实践中，多式联运单据除应满足多式联运方面的要求外，还应该能够为国际贸易服务。国际多式联运单据一般包括 15 项内容。

（1）货物品类、标志、危险特征声明、包数或者件数、重量；

（2）货物的外表状况；

（3）多式联运经营人的名称与主要营业地；

（4）托运人名称；

（5）收货人名称；

（6）多式联运经营人接管货物的时间、地点；

（7）交货地点；

（8）交货日期或者期间；

（9）多式联运单据可转让或者不可转让的声明；

（10）多式联运单据签发的时间、地点；

（11）多式联运经营人或其授权人的签字；

（12）每种运输方式的运费、用于支付的货币、运费由收货人支付的声明等；

（13）航线、运输方式和转运地点；

（14）关于多式联运遵守公约或法律规定的声明；

（15）双方商定的其他事项。

6.4.4 美加线上国际多式联运提单的制作特点

6.4.4.1 在成交订约方面

（1）在 MLB 运输和 IPI 运输下，发货人应采用 CIF 或 CFR 交易。

（2）如果收货人的最终目的地是在 OCP 区域的，比如芝加哥(Chicago)，则原来的成交价为 CIF 或 CFR Chicago 的可改为 CIF 或 CFR 美国西海岸指定港口，并在贸易合同中明确货物的运输方式是从中国口岸到美国西海岸指定港口转运至 OCP 最后目的地。

6.4.4.2 贸易合同、信用证及货物运输标志方面

（1）在 MLB 运输和 IPI 运输下，贸易合同和信用证目的地一栏应加注 MLB 或 IPI 字样；在货物的运输标志内，应把卸货港和 MLB 或 IPI 的最后目的地同时列明。

（2）OCP 运输条件下，在贸易合同和信用证目的地一栏应加注 OCP 字样；在货物的运输标志内，应把卸货港和 OCP 的最后目的地同时列明。

6.4.4.3 卸货港与交付地的记载

(1) 卸货港和交货地，除显示具体地点外还必须加上州名，如“LongBeach，CA”。

(2) 如果是MLB或IPI运输，申请订舱时应说明MLB或IPI运输，在货运单证中将卸货港和MLB或IPI的最后目的地同时列明。在提单制作时，提单上的交货地栏中应加注“MLB或IPI”字样。比如，MLB运输下，卸货港为长滩（LongBeach），目的地为休斯敦（Houston），提单上的卸货港和交货地分别填写“LongBeach”和“MLB Houston”。IPI运输下，卸货港为长滩（LongBeach），目的地为孟菲斯（Memphis），提单上的卸货港和交货地分别填写“LongBeach”和“IPI Memphis，TN”。

(3) 如果是OCP运输，申请订舱时应说明OCP运输，在货运单证中将卸货港和OCP的最后目的地同时列明。在提单制作时，提单上的交货地栏中应加注“OCP”字样，同时在提单正面的货物内容一栏内加注“转运至内陆点”字样。比如，卸货港为西雅图（Seattle），目的地为芝加哥，应在卸货港栏内填写“Seattle”，目的地栏内填写“OCP Chicago”，货物内容栏加注“Intransit to Chicago”。

6.4.4.4 发货人、收货人、通知方的记载

(1) 发货人的资料必须完整，包括发货人名称、详细的地址。如果发货人资料不详细导致货物不能装船，或在目的港不能卸货、清关等一切后果及由此引起的罚金，将由发货人自行承担。

(2) 收货人或通知方必须是美国境内的，且收货人或通知方必须有一方是美国境内真正的收货人。对目的地收货人/通知方的地址必须严格按照以下格式：

BUILDING NO.（收货人/通知方办公室或住址门牌）

STREET NAME（街道名称）

CITY NAME（城市名称）

STATE NAME OR ABBREVIATION（E. G. NYFORNEWYORK）（洲名或洲名缩写）

US FIVE DIGITZIPCODE（美国5位邮政编码）

(3) 美国海关现已正式同意接受指示提单（To Order），但拒绝接受“To Order”或者“To Order of Shipper/Bank”等空白抬头的指示提单输入方式，因此必须采取记名抬头的方式（“To Order of the Actual Name of Bank”或者“To Order of the Actual Name of the Shipper”）；而且Shipper或Bank的详细的名称、地址和联系方法必须在“To Order of”后面列明。

（4）使用的服务合约签约方必须是发货人/收货人/通知方中的一个，而且必须有关联。同时，如果发货人为签约方，运费条款必须是运费预付；如果收货人/通知方为签约方，运费条款必须是运费到付。涉及两个以上通知人的，签约方必须是第一通知人。

6.4.4.5　货名、标志、数量与体积的记载

发货人必须提供详细准确的毛重、体积、件数、品名及正确的柜号、柜型和封签号。

（1）件数应体现最小的外包装单位数，如“cartion、packages、woodencase”，不允许以 PALLET 作为最小包装单位。

（2）品名应尽量详细，能描述出货物的性质、形状等。提单不接受概括的品名描述，如“FAK、generalcargo、chemicals、foodstuff、polyresin、accessories”等。此外，美国海关不接受个人物品，只接受家用物品并加上详细品名。

（3）提单不显示“said to contain”。

（4）美国内陆点的限重为 17 236 KGS/20 GP、19 958 KGS/40 GP（40 HC），但最高不能超过 20 900 KGS/20 GP、22 500 KGS/40 GP（40 HC）。加拿大内陆点的限重为 21 500 KGS/20 GP、24 000 KGS/40 GP（40 HC）。

6.4.4.6　运输条款

（1）至美国基本港的运输条款：CY/CY；

（2）至美国内陆点的运输条款：CY/RAMP（码头堆场至铁路堆场）；

（3）至美国门点的运输条款：CY/DOOR，而不要使用 CY/CY，以免货物延迟运输。

此外，无船承运人提单的编号必须体现在船公司提单的备注栏。

【小　结】

多式联运是指联运经营人根据单一的联运合同，使用两种或两种以上的运输方式负责将货物由指定地点运至交付地点的运输。国际多式联运在人力资源、经营网络、设施设备、管理制度、信息系统方面有一定的经营条件。

国际多式联运必须是两种或两种以上不同运输方式组成的连贯运输。从运输方式的组成看，理论上多式联运的组织形式包括海—铁、海—空、海—公、铁—公、铁—空、公—空、海—铁—海、公—海—空等多种类型。

陆桥运输是指采用集装箱专用列车或卡车，把横贯大陆的铁路或公路作为中间“桥梁”，使大陆两端的集装箱海运航线与专用列车或卡车连接起来的一种连贯运输方式。北美大陆桥是指利用北美的铁路从远东到欧洲的海—陆

—海联运。西伯利亚大陆桥运输是指使用国际标准集装箱，将货物由发运国（远东地区）途经跨越欧亚大陆的西伯利亚铁路运至欧洲或中近东的一种运输方式。新亚欧大陆桥东起太平洋西岸连云港等中国东部沿海港口，西达大西洋东岸荷兰的鹿特丹、比利时的安特卫普等港口，横贯亚欧两大洲中部地带，总长约10 900千米。新亚欧大陆桥使得东亚与中亚、西亚的货运距离大幅度减少。

国际多式联运单据是指证明多式联运合同以及证明多式联运经营人接管货物，并负责按照合同条款交付货物的单据。国际多式联运单据分为可转让的和不可转让的两种形式，两种形式单据的性质是有差别的。国际多式联运单据一般包括 15 项内容。

【案例讨论】

蚌埠市海铁联运的发展

继 2012 年底开通蚌埠到上海铁海联运普通班列之后，2013 年 9 月，蚌埠将再开通到上海的国际集装箱定时定点快线，到宁波的集装箱专线，同时，蚌埠被确立为上海铁路局铁路货运改革试点城市。这标志着蚌埠市铁海联运取得重大突破，为蚌埠加速打造“黄金口岸”注入新动力。

蚌埠区位优势明显，铁路交通枢纽地位突出，早在 1993 年就经省政府批准设立蚌埠铁路口岸，功能完备的蚌埠口岸辐射淮南、淮北、宿州、凤阳等地，货源潜力巨大。近年来，随着我市进出口企业迅猛发展，口岸经济愈显重要。依托自身优势，推动铁海联运，是加速打造蚌埠黄金口岸的重要途径。早在 1996 年，蚌埠口岸就在全省率先开展铁海联运业务，并开通蚌埠到上海五定班列。

蚌埠市口岸建设和铁海联运工作得到了省商务厅、省口岸办的重视和支持、大力宣传和推介，省口岸规划提出要把蚌埠建设成为皖北进出口集散中心。市委、市政府高度重视口岸工作，专门成立口岸办，完善部门沟通合作机制，并相继制定出台系列政策，对通过铁海联运的集装箱还给予 870 元/标箱的补助，全力推动蚌埠口岸建设、铁海联运及企业异地报关纳税等工作的开展。经过积极努力，2013 年 6 月，蚌埠市积极携手知名央企，推进世界 500 强企业中国远洋运输集团在蚌埠市设立国际集装箱还箱点，此举不仅有效降低了企业运输成本，减少了运输时间，更使蚌埠口岸成为中远集团全球运输网络节点之一，标志着蚌埠市迈入铁海联运新时代。2013 年 8 月 1 日，蚌埠市又争取到蚌埠到上海、到宁波运价下浮 30％的优惠。

2013 年以来，蚌埠市商务（口岸）部门抓住铁路货运体制改革的重要机遇，持续加大铁海联运推进力度，依托口岸建设条件基础好，货源支撑能力较强优势，多次与上海铁路局就降低铁海联运成本、再造铁海联运工作流程、搭建开放的货运平台等事宜进行会商，把功能相对单一的货场建设为皖北区域综合运输物流公共服务平台。上海铁路局同意将蚌埠列为货运改革试点城市，打造蚌埠铁路无水港，形成“南有义乌、北有蚌埠”的格局。并从 2013 年 9 月开始，开通蚌埠到上海、蚌埠到宁波的集装箱快线，把蚌埠铁路运输的价格由现在的降低 30%调到降低 40%，不仅再次降低了企业成本，对客户和市场高度关注的运输时间，进行了进一步明确。运输时间从蚌埠到上海控制在 20 小时以内；蚌埠到宁波控制在 25 小时左右，不超过 30 小时。蚌埠货运中心在作业标准、作业流程，满足客户和市场个性化需求等工作进行了细化和明确。为了降低企业负担，实现可持续发展，放开铁路短驳市场，引进竞争机制，实现敞开受理、随到随应、一口价服务、全程物流的目标。铁路部门还内部挖潜、优化内部管理，探索一业为主，多元并重的新服务模式，逐步形成重进重出、降低物流成本，把货场变成第四方物流交易中心，增加铁海联运对我市及周边地区企业、客户的吸引力和竞争力。

上海铁路局还将通过加强货运信息平台建设，满足企业对集装箱方便快捷的运输需求，实现实时、动态查询。2013 年计划投资 2 亿元，用于支持蚌埠南货场和海关监管场所建设。

与此同时，蚌埠市还持续深化与中远集团和宁波港集团的合作，中远集团在蚌埠市设立分公司，宁波港集团帮助我市引进轮船公司和货代企业；蚌埠到宁波的集装箱快线开通后，宁波口岸对我市铁海联运集装箱给予 500 元/标箱的补助。

资料来源：http：//www.bbnews.cn/xw/bb0yw/2013/09/422453.shtml，2013.9.12。

讨论题

蚌埠市海铁联运的发展有何借鉴之处？

复习思考题

1. 国际多式联运有哪些组织模式？
2. 试对 OCP、MLB、IPI 三种运输方式进行比较。
3. 国际多式联运单据有哪些主要内容？
4. 美加线上国际多式联运提单有什么制作特点？

第7章 国际物流报关

【教学目标】

(1) 了解进出口货物报关的各项管理制度；

(2) 掌握各个类别进出口货物的通关程序；

(3) 掌握进出口货物应征关税和其他税费的计算。

【引导案例】

广州海关助力广州打造“国际会展之都”

车展上展出的“科尼赛克”超级跑车，美术馆里展出的那不勒斯时期油画名作《维纳斯与阿多尼斯》，国际红酒展中的各类红酒……现在这些展品只需在一个窗口就能办结所有海关通关手续。近年来，广州海关不断优化监管服务，用实际行动支持广州打造“国际会展之都”。广州是我国第三大会展城市，仅今年前11个月广州就举办了各类国际会展66场，货品价值近1.22亿美元，平均每周都有一个国际会展在广州举办。与普通货物相比，参加展览的商品五花八门，品种繁、数量多，而报关企业往往在开展前两三天才能拿到进口展品清单，因此需要在短时间内完成备案、申请临时编码、申报通关等一系列海关手续，对通关时效要求更高。

为此，广州海关通过走访、调研、座谈会、宣讲会、发放“关长信封”等方式与会展企业进行多方面的沟通交流，了解企业展品的通关难题，积极改进在广州市政务服务中心设立的“一站式”会展服务，提供“会展窗口备案、24小时预约通关、上门验放、驻会监管”的一条龙服务，将监管现场延伸至会展中心，派员实地清点、验放，确保开箱、查验、布展同步进行，展品通关速度大大加快。

“以前需要奔波五六个部门才能完成的手续，现在只需到政务中心会展专窗前就能办成。”负责展品通关的口岸报关行经理李劲宏说。为支持广州打造“国际会展之都”，广州海关还成立了国际会展工作小组，对广州市会展业进行深入调研，通过理顺海关会展管理部门与现场监管部门的职能分工和着手开发展览监管系统等方式，进一步提高对会展业的综合服务水平。

资料来源：广州海关助力广州打造“国际会展之都”，中华人民共和国海关总署官网，2013.12.8。

7.1 国际物流报关概述

7.1.1 海关的功能

海关是货物及旅客进出国境必经之门，除维护国家安全，防止携带危险及违禁品外，还担负执行贸易管制及配合国家经济发展政策的任务，并负责课征关税、相关费用及查缉走私等相关业务之执行。

(1) 海关执行的查核工作

1) 实际通关的物品是否与货主申报相同。

2) 是否依法准许进口、出口。

3) 是否需课征各种税捐。

(2) 海关的功能

1) 财政的功能。关税为国税，属于消费税性质，为间接税，具有间接税的一切优点与缺点。其税课负担由纳税人转嫁于最后消费者。关税的特质即负担普遍、征收容易，而且税源充沛，适应国库需要。

2) 经济的功能。关税有保护国内产业的作用，如果运用得当，可促进国内生产技术之改良革新与资源之合理分配，引导国民于正确消费途径。但是保护关税过重，容易引起交易国报复，导致输出减少，影响本国产业。

3) 社会的功能。高关税可减少进口，抑制消费。若对奢侈品课以较高的税额，有助于财富的重分配。

为协调各国海关作业，国际合作成立世界海关组织(World Customs Organization，WCO)，提供世界海关执行的规范与准则。世界海关组织(WCO)设置调和制度委员会，制定国际商品统一分类制度公约(Convention on the Harmonized Commodity Description and Coding Systems，HS公约)。HS公约是将各类货品以HS六位码分类编号，世界上大部分国家均采用此种分类方式，以促进国际贸易。调和制度委员会制定货物分类规则，维持HS制度，有利于国际贸易及海关统计，符合国际贸易及科技的发展。

7.1.2 海关的主要职责

海关的主要职责包括：

(1) 课征税捐。课征国外进口货物的税捐，以增进政府税收。

(2) 查缉走私。查缉未向海关申报而运输货物进出国境。走私会影响国家税收，破坏国内经济与繁荣。若私运武器、枪械或毒品，更危及世界和平及国家安全。

(3) 执行贸易管制。为避免外国实施倾销或外国补贴，政府通常实施反制措施，针对倾销课征反倾销税，对外国补贴课征平衡税，用来删减进口商所获得的利益。

1) 倾销：指一国产品以低于该产品的正常价格销往另一国，导致严重损害该输入国的某一工业或有严重损害之虞或阻碍某一工业的建立。

2) 反倾销：为抵销或防止倾销，一国对倾销产品除依海关进口税而征收关税外，另课征不高于此项产品倾销差额的反倾销税。

3) 外国补贴：指出口商获得补贴以提升在外国市场的竞争力，如直接补助金、赋税减免、低价或免费使用政府设施及运输等。

4) 平衡税：进口货物在输出或生产国家的制造、生产、销售、运输过程，直接或间接领受财务补助或其他形式的补贴，导致损害本国，除依海关进口税征收关税外，另征适当平衡税。

(4) 保税、退税：政府鼓励厂商拓展对外贸易的措施。保税制度是对进入如保税工厂、保税仓库等保税区的进口原料、物料、半成品等，先允许在账面上登记数量，待其加工制成成品外销后，再依外销数量折算实际数量予以销账。退税制度是允许外销品的进口关税、营业税、货物税于成品外销后，申请退还已缴税款的措施。

(5) 编制统计资料：根据进出口数据编制贸易的相关统计资料，可以衡量进出口货物及价值的变化，分析进出口贸易的消长情形，以作为制定财经相关政策及贸易计划的参考。

7.2 国际货物报关制度

7.2.1 报关注册登记

7.2.1.1 报关与报关人

(1) 报关

报关是履行海关进出境手续的必要环节之一，是进出境运输工具的负责人、货物和物品的收发货人或其代理人，在通过海关监管口岸时，依法进行申报并办理有关手续的过程。

报关涉及的对象可分为进出境的运输工具和货物、物品两大类。由于性质不同，其报关程序存在差异。

运输工具报关须由船长、机长等负责签署到境、离境报关单，随附载货清单、航空运单、车辆运单等运输单证向海关申报，作为海关对客货装卸进行监管的依据。货物报关应由掌握提单或装货单的货物所有人、收发货人或其代理人，按海关规定，填写货物报关单向海关申报。填报项目除运输单证中报列者外，还应根据商业单证填明货物的发票或合同价格、原产地、具体品名（或另附装箱单、重量单、尺码单）、税则号列和成交价格等，以便海关用作对货物进行查验、归类、估价、核收关税和进行统计的依据。对申报不实等违章行为，申报人应负法律责任。

货物报关时，申报人除按“进口内销”报关外，还可选择“存入关栈”、“进口加工”、“暂准进口”、“出口加工”、“保税货物”等方式报关，其填报的项目和应办手续以及海关监管方法不同。有些国家为了简化报关手续和便利货运，海关对货运量大、货物进出口长年不断的报关人，准许在交保登记后，凭其进口货物账册，按月集中报关一次，称为记账纳税制；对用集装箱或保税车辆运输的“门到门”运输货物，准许在抵达目的地或出口起运时就地向海关办理进口、出口结关手续。中国海关也采用以上做法。

申请和接受货物、物品和运输工具办理进出境手续的整个过程，通常称为报关。报关的全过程：申报→接受申报→查验→征税→放行→结关。

1）申报。一切进出境货物、物品和运输工具都必须由收、发货人（或其代理人）在进出境时，持海关规定的单证向海关申报。

2）接受申报。海关接受申报，审核递交的单证是否齐全、准确、有效、清楚。

3）查验。进出境货物、物品、运输工具，除经海关总署特准免验的以外，由海关根据情况进行查验，确定实际进出口活动与单证申报的是否相符，检查有无瞒报、伪报和申报不实等走私违规情况。

4）征税。进出境货物、物品、运输工具经海关查验以后，除海关特准免税的以外，进出口货物、物品必须交纳税款或者提供担保，委托银行代缴。

5）放行。海关在放行前，要全面审核是否办完、办妥，然后分情况作出不同处理。一切手续完备、情况正常，海关即在单证上签印放行。

6）结关。当进出境运输工具、货物、物品的所有海关手续（包括登记备案、审核报关单证、查验、征税、销案、结案等）全部履行后，方准办理结关手续、解除海关监管。

（2）报关人

向海关办理报关手续的人叫报关人，报关人包括报关单位和报关员。

1）报关单位。报关单位是指向海关提出书面申请，经海关审核同意，拥有海关颁发的报关注册登记证书，有权办理进出口货物及运输工具报关手续的境内法人。报关单位分为以下三大类：

① 自理报关企业。其报关活动仅限于本单位业务范围的进出口货物，不能代理其他单位报关。它们通常是有进出口经营权的大中型企业，即工贸、农贸、技贸公司以及外商投资企业中的独资、合资和合作等企业。

② 代理报关企业。代理报关企业是代理客户经营对外贸易的仓储运输、国际运输工具、国际运输工具服务，兼营报关服务的企业。这类企业本身没有进出口经营权，只能代理该企业所承揽的货物的报关业务，如外运、外代公司等。

③ 专业报关企业。这类企业既无进出口经营权，也无国际运输代理权，而是专门从事接受进出口货物经营单位和运输工具负责人及其代理人的委托，办理报关、纳税等事宜，是具有法人地位的经营实体。它符合海关鼓励的报关专业化、社会化的发展方向。

2）报关员。报关员是指经海关总署组织的全国统一考试，取得报关员资格证书，按照规定程序在海关注册，向海关办理进出口货物报关业务的人员。

7.2.1.2 报关注册登记范围与程序

（1）报关注册登记范围

目前，经批准经营进出口贸易的企业越来越多，业务范围广泛。根据规定，除代办进出口货物报关手续的经营国际运输业务的企业、外轮代理公司以及专业报关企业必须向海关办理注册登记外，下列企业单位，如直接向海关办理进出口报关手续，也必须进行注册登记。

1）外贸专业进出口总公司及其子公司和所属省、自治区、直辖市（包括扩权市）级分公司，经批准有进出口经营权的外贸支公司。

2）有进出口经营权的工贸（农贸、技贸）公司。

3）有进出口经营权或部分经营权的其他全国性和地方性的各类进出口公司。

4）有进出口经营权的生产企业、企业联合体、外贸企业和生产企业的联合公司。

5）信托投资公司、经济技术开发公司、技术引进公司和租赁公司。

6）中国成套设备出口公司，各地区、各部门的国际经济技术合作公司，对外承包工程公司。

7）外商投资企业（即三资企业）。

8）免税品公司、友谊商店、外汇商店、侨汇商店。

9）各类保税工厂、保税仓库（油库）、外国商品维修服务中心及其附设的零部件寄售仓库。

10）经海关许可，直接办理进出口手续的经营对外加工装配和中小型补偿贸易的企业。

11）接受国际组织、外国政府或非政府组织无偿援助项目，并在相当时期内常有进出口物资的单位。

12）其他经常有进出口业务的企业，如某些进出口服务公司、展览公司、中国电影合作制片公司等。

另外无须办理注册登记，可直接委托报关企业报关或自行向海关报关的单位有以下几类：

1）各国驻华使馆、领馆等外交代表机构。

2）外国常驻商社、团体、银行、新闻单位等驻华的办事机构。

3）经海关总署特批的办理货物进出口报关手续的单位，如军事部门、安全部门、政府机关、学校、科研机构等。

4）执行国务院各部、委、办与邻近国家兴建项目而办理货物进出境报关手续的单位。

5）临时接受捐赠、礼品、国际援助等非贸易性进出口物资的单位。

6）临时性少量进出库货样的单位。

（2）报关注册登记程序

1）向海关提出办理报关注册的申请。符合海关规定条件的企业，向海关办理报关注册登记时，应当向海关提出书面申请，并递交规定的文件资料，包括上级部门的批准文件、工商行政管理部门发的营业执照以及海关规定的其他文件。值得注意的是，申办自理报关企业和代理报关企业所需要提供的文件资料有所不同。

2）海关审查企业的资格条件。海关审查的内容包括各种文件的真实性和合法性、企业性质、经营范围以及企业承担经济法律责任的能力等。

3）海关对审查合格者颁发证书。海关根据企业提交的文件、资料进行审核之后，在规定的期限内，按规定的职权范围自行审批或报上一级海关审批后，作出批准或不予批准的决定。对符合条件并获批准的企业分别颁发《自理报关企业注册登记证明书》、《专业报关企业注册登记证明书》或《代理报关企业注册登记证明书》，并给予海关证明登记企业编号（又称经营单位代码）。

7.2.2　海关对专业报关企业的管理

7.2.2.1　设立专业报关企业应具备的条件及申报程序

（1）申报条件

依据《中华人民共和国海关对专业报关企业的管理规定》（海关总署 1991

第50号令)、《中华人民共和国海关对报关单位和报关员的管理规定》(署监-【1992】1417号)、《海关总署、国家工商局关于报关企业审批注册问题的通知》(署监-【1994】84号)、《监管一司关于报关企业资格认定的补充通知》(监一货【1994】24号)等的规定，设立专业报关企业应具以下条件。

1)符合海关规定的固定报关服务场所及符合海关报关作业所需要的设备。

2)注册资金人民币150万元以上。

3)缴纳风险担保金人民币20万元。

4)健全的组织和财务管理机构以及与经营规模相适应的从业人员。

5)企业负责人、报关业务部门主管人员以及报关员具备海关规定的资格条件。

(2)申报程序

符合条件的企业，可向所在地海关提交书面申请报告、申请单位上级主管部门批准文件、可行性研究报告、专业报关企业章程、工商部门核发的《企业名称预先核准通知书》等文件，申请设立专业报关企业。经海关初审认为符合条件的，应将上述文件及初审意见报海关总署审批。海关总署在接到所报材料后30日内作出是否批准的决定。经海关总署批准后，申办企业方可向工商行政管理机关申领营业执照。

经海关总署批准，领取工商营业执照的专业报关企业，应持上述批文及营业执照向主管地海关领取《专业报关企业注册登记申请书》和《报关人员申请表》。

申请单位办理专业报关注册，须向海关提交以下文件。

1)海关总署的批准文件。

2)工商行政管理机关颁发的营业执照。

3)财政部门或其他法律规定的部门出具的验资报告及开户银行账号。

4)法定代表人及其授权的主管报关业务的负责人和报关员的姓名、联系电话号码和身份证号码。

5)专业报关企业印章、报关专用章、企业负责人或主管报关企业的负责人和报关员印章(或签字)备案文件(可填具在《报关人员申请表》内)。

6)风险担保金缴纳收据。

7)《专业报关企业注册登记申请书》。

8)海关认为需要的其他文件。

经海关审核上述单证齐全、有效、正确，为申请单位签发《专业报关企业注册登记证书》，该企业即可在所在管区从事专业报关活动。

7.2.2.2　专业报关企业行为规则

专业报关企业的行为规则主要包括以下几个方面。

（1）专业报关企业在所在关区（指直属海关）各口岸办理报关纳税等事宜，如需办理所在关区以外口岸报关事宜的，应向所在地海关提出书面申请，经所在地海关征得异地海关同意，报海关总署批准后，方可在在异地办理报关业务。

（2）专业报关企业在报关时，需向海关出示委托人的正式委托书。委托书应载明受托专业报关企业名称、地址、代理事项、双方责任、权限和期限、委托人的名称、地址、法人代表、企业性质及经营范围等内容，并加盖委托单位公章。专业报关企业应按海关要求协助海关与委托人联系，提供委托人与报关纳税等有关的文字记录材料。

（3）专业报关企业不得出借其名义，供他人受托办理进出口货物报关纳税等事宜，亦不得借用他人名义办理进出口货物报关纳税业务。

（4）专业报关企业应按海关规定设立专职报关员办理报关纳税手续，并应对报关员的报关行为承担法律和经济责任。

（5）专业报关企业申报进出口的货物，自海关填发税款缴纳证明的次日起到七日内，应代委托人缴纳税款，逾期由海关按规定征收滞纳金。超过 3 个月仍未缴纳税款的，海关可以责令担保人缴纳税款或者将货物变价抵缴。必要时，可以通知银行在担保人或者纳税义务人存款内扣缴。

（6）专业报关企业应依法建立账册和营业记录，真实、正确、完整地记录其受托办理报关纳税等事宜的所有活动，完整保留委托单位提供的各种单证、票据、函电，配合海关稽查。

（7）专业报关企业的收费项目及标准应经物价部门批准并对外公布。

具体可参照中华人民共和国海关行业标准——《报关服务作业》（HS/T32—2010）和《报关服务质量要求》（HS/T38—2013）等。

7.2.2.3　专业报关企业的年审和注销

海关对专业报关企业实行年审制度，企业应在每年 3 月 31 日以前向所在地海关提交上年度的“年审报告书”，办理年审。“年审报告书”的主要内容包括：年报关业务量及业务情况分析、报关差错及原因、遵守海关各项有关规定的情况及自我评估、经营管理等情况。办理注册登记不满一年的，当年度可不参加年审。

专业报关企业变更名称、法人代表、报关员、地址、企业性质或经营服务范围、注册资本及其他已在海关登记注册的内容，均应事先以书面形式报请所在地海关核准。

专业报关企业解散、破产时应以书面形式向所在地海关报告，在办结清理手续后须将《专业报关注册登记证书》退还所在地海关，海关将退还风险担保金。

专业报关企业因估计暂停营业1个月以上，应于事前以书面形式报所在地海关备案。暂停营业超过1年的应按上款办理注销《专业报关注册登记证书》的手续。

7.2.2.4 专业报关企业的法律责任

专业报关企业必须承担的法律责任有以下几种。

(1) 专业报关企业在办理报关纳税等事宜中，有违反海关法规行为的，由海关按照《中华人民共和国海关法》（以下简称《海关法》）和《中华人民共和国海关法行政处罚实施细则》的规定处理。

(2) 专业报关企业如有下列情形之一的，由所在地海关暂停其6个月以内的报关权：1）违反《海关法》和其他有关法规、但不构成走私行为；2）对报关员管理不严，多人次被取消报关员资格；3）拖欠税款和不能履行纳税义务；4)经海关年审不合格或未经海关同意不参加年审；5）未经核准变更企业名称、法人代表、报关员、地址、企业性质和经营范围及注册资本等注册登记内容；6)违反海关规定，因故暂停营业1个月以上，未事先以书面形式报所在地海关备案，或暂停营业超过1年以上未向海关办理解散、破产手续；7）出借其名义或借用他人名义办理进出口货物报关纳税等事宜；8）未建立账册和经营记录，或未完整保留有关单证、票据、函电，以及不接受海关稽查等；9）未按海关规定设立专职报关员办理报关纳税等手续；10）因其他原因需暂停报关权。

(3) 专业报关企业如有下列情形之一，由海关报海关总署核准后撤销其报关权：1）原有情况发生变化，已不具备开办专业报关企业和办理报关注册登记的法定条件；2）专业报关企业在办理报关纳税等事宜中，有严重违反海关法规的行为；3）因其他原因需取消报关权。

被工商行政机关依法吊销营业执照的，由所在地海关取消其报关资格，并报海关总署备案。

因被海关暂停或取消报关权所发生的专业报关企业与委托人之间的经济纠纷，由该企业自行负责。

7.3 国际货物报关实务

通关程序是指进出口货物收发货人、运输工具负责人、物品所有人或其他代理人按照海关的规定，办理货物、物品、运输工具进出境及相关海关事务的手续和步骤。

按照时间先后可以将通关程序分为三个阶段：

(1) 前期阶段。根据海关对保税货物、特定减免税货物、暂准进出境货物等的监管要求，进出口货物收发货人或其代理人在货物进出境以前，向海关办理上述货物备案手续的过程。

(2) 进出境阶段。根据海关对进出境货物的监管制度，进出口货物收发货人或其代理人在货物进出境时向海关办理进出口申报、配合查验、缴纳税费、提取或装运货物手续的过程。

(3) 后续阶段。根据海关对保税货物、特定减免税货物、暂准进出境货物等的监管要求，进出口货物收发货人或其代理人在货物进出境储存、加工、装配、使用后，在规定的期限内，按照规定的要求，向海关办理上述进出口货物核销、销案、申请解除监管手续的过程。

7.3.1　一般进出口货物通关的基本程序

一般进出口货物是指在进出境环节缴纳了应征的进出口税费并办结了所有必要的海关手续，海关放行后不再进行监管的进出口货物。一般进出口货物具有三个特征，一是进出境环节缴纳进出口税费；二是进出口时提交相关许可证件；三是海关放行即办结海关手续。

一般进出口货物通关基本程序适用的具体货物有以下几种。

(1) 一般贸易方式进出口货物（不包括享受特定减免税和准予保税进口的货物）；

(2) 易货贸易、补偿贸易、寄售代销贸易方式进出口货物（准予保税进口的寄售代销货物除外）；

(3) 承包工程项目进出口货物；

(4) 边境小额贸易进出口货物；

(5) 外国驻华商业机构进出口陈列用的样品；

(6) 外国旅游者小批量订货出口的商品；

(7) 租赁进出口货物；

(8) 随展览进出境的非卖品；

(9) 进出口货样广告品（不包括暂时进出口的货样广告品）；

(10) 免费提供的进口货物，包括：

1) 外商在经贸活动中赠送的进口货物；

2) 外商在经贸活动中免费提供的试车材料、消耗性物品；

3) 我国在境外的企业、机构向国内单位赠送的进口货物。

7.3.1.1 进出口申报

(1) 申报地点

进口货物由收货人或其代理人在货物的进境地海关申报；出口货物由发货人或其代理人在货物的出境地海关申报。

经收发货人申请、海关同意，进口货物的收货人或其代理人可以在设有海关的货物指运地申报；出口货物的发货人或其代理人可以在设有海关的货物起运地申报。

(2) 申报期限

进口货物的申报期限为自装载货物的运输工具申报进境之日起 14 日内，申报期限的最后一天遇法定假日顺延；出口货物的申报期限为货物运抵海关监管区、装货的 24 小时前。经海关批准集中申报的进口货物，自装载货物的运输工具申报进境之日起 1 个月内办理申报手续。

进口货物的收货人未按规定期限向海关申报的，由海关按《海关法》的规定征收滞纳金；进口货物自装载货物的运输工具申报进境之日起 3 个月仍未申报的，海关可以提取变卖处理；对于不宜长期保存的货物，海关可以根据实际情况提前处理。

(3) 申报单证

申报单证可以分为主要单证和随附单证两大类。主要单证是指报关单；随附单证包括基本单证、特殊单证和预备单证。

基本单证是指进出口货物的货运单据和商业单据，主要有进口提货单据、出口装货单据、商业发票、装箱单等。

特殊单证主要是指进出口许可证件、加工贸易登记手册（包括电子的和纸质的）、特定减免税证明、外汇收付汇核销单证、原产地证明书、担保文件等。

预备单证主要指贸易合同、进出口企业的有关证明文件等。

准备申报单证的基本原则是基本单证、特殊单证、预备单证必须齐全、有效、合法；报关单填制必须真实、准确、完整；报关单和随附单证数据必须一致。

(4) 申报前看货取样

进口货物的收货人向海关申报前，因需要确定货物的品名、规格、型号、归类等原因，可以向海关提出查看货物或者提取货样的书面申请，海关审核同意的，派人到场监管。

(5) 申报方式

一般情况下，进出口货物收、发货人或其代理人按先后顺序，先以电子数据报关单形式向海关申报，然后提交纸质报关单。在向未使用海关信息化管理系统的海关申报时，只提供纸质报关单；在实行无纸通关的海关，可以只电子报关。

（6）电子申报

报关单电子数据申报方式主要包括：

1）终端申报方式。进出口货物收、发货人或其代理人在海关规定的报关地点委托经海关登记注册的预录入企业，使用连接海关计算机系统的电脑终端录入报关单电子数据。

2）EDI 申报方式。

3）网上申报方式，通过“中国电子口岸”自行录入报关单电子数据。

通过上述方式中的一种将报关单内容录入海关计算机系统，生成电子数据报关单，一旦接收到海关发送的“接受申报”报文后，即表示电子申报成功。

（7）提交报关单及随附单证

海关审结电子数据报关单后，进出口货物收、发货人或其代理人应当自接到海关“现场交单”或“放行交单”通知之日起 10 日内，持纸质报关单及所有规定的随附单证并签名盖章，到货物所在地海关提交书面单证并办理相关手续。

（8）修改申报内容或撤销申报

海关接受申报后，除在下列情况以外，申报内容不得修改，报关单证不得撤销：

1）由于计算机、网络系统等方面的原因导致电子数据申报错误的；

2）海关在办理出口货物的放行手续后，由于配载、装运等原因造成原申报货物部分或全部退关，需要修改或撤销报关单证及其内容的；

3）报关员由于操作或书写失误造成申报差错，但未对国家贸易管制政策的实施、税费征收及统计指标造成危害的；

4）海关审价、归类审核或专业认定后，需对原申报数据进行修改的；

5）根据贸易惯例先行采用暂时价格成交，实际结算时按商检品质认定或国际市场实际价格付款方式而需要修改的。

海关已经布控、查验的进出口货物，不得修改报关单内容或撤销报关单证。

7.3.1.2 配合查验

（1）海关查验

海关根据《海关法》确定进出境货物的性质、价格、数量、原产地、货物状况等是否与报关单上已申报的内容相符，对货物进行实际检查，并且在查验时，货物的收、发货人或其代理人应当到场。

(2) 查验地点

一般在海关监管内进行，对进出口大宗散货、危险品、鲜活商品、落驳运输的货物，经收、发货人或其代理人申请，海关也可同意在装卸作业的现场进行查验。

(3) 查验时间

海关决定查验时，即将以书面通知的形式通知收、发货人或其代理人，约定查验的时间，一般约定在海关正常工作时间内。

(4) 复验和径行开验

海关认为必要时，可以依法对已经完成查验的货物进行复验，并且收、发货人或其代理人仍然应当到场。径行开验是指海关认为必要时，在收、发货人或其代理人不在场的情况下，自行开拆货物进行查验。

(5) 配合查验

配合查验应当做的工作包括：

1) 搬移货物，开拆和重封货物的包装。

2) 了解和熟悉所申报货物的情况，回答查验海关关员的询问，提供海关查验货物时所需要的单证或其他资料。

3) 协助海关提取需要作进一步检验、化验或鉴定的货样，收取海关出具的《取样清单》。

4) 查验结束后，认真阅读海关关员填写的《海关进出境货物查验记录单》，注意以下情况的记录是否符合实际并签字确认：一是开箱的具体情况；二是货物残损情况及造成残损的原因；三是提取货样的情况；四是查验结论。

(6) 货物损坏赔偿

在查验过程中或证实海关在径行开验过程中，因为海关关员的责任造成被查验货物损坏的，收、发货人或其代理人可以要求海关赔偿。赔偿范围仅限于在实施查验过程中由于海关关员的责任造成被查验货物损坏的直接经济损失，损失金额根据被损坏货物及其部件的受损程度或修理费确定。下列情况不属于海关赔偿范围：

1) 收、发货人或其代理人搬移、开拆、重封包装或保管不善造成的损失；

2) 易腐、易失效货物在海关正常工作程序所需时间内（含扣留或代管期间）所发生的变质或失效；

3) 海关正常查验时，产生的不可避免的磨损；

4）在海关查验之前已发生的损坏和海关查验之后发生的损坏；

5）由于不可抗拒的原因造成货物的损坏、损失。

收、发货人或其代理人在海关查验时，对货物是否损坏未提出异议，事后发现货物有损坏的，海关不负赔偿责任。

7.3.1.3　缴纳税费

收、发货人或其代理人根据海关开具的税款缴款书和收费票据，在规定时间内向指定银行办理税费交付手续。在实行“中国电子口岸”网上缴税和付费的海关，可以通过网络系统接收海关发出的税款缴款书和收费票据，在网上向签有协议的银行进行电子支付税费，收到银行缴款成功的信息后即可报请海关办理货物放行手续。

7.3.1.4　海关放行和货物结关

（1）海关放行

海关在进口货物提货凭证或者出口货物装货凭证上签盖“海关放行章”；实行“无纸通关”的海关通过计算机将“海关放行”报文发送给收、发货人或其代理人和海关监管货物保管人，相关人员自行打印海关通知放行的凭证，凭此办理手续。

（2）提取货物或装运货物

收、发货人或其代理人凭海关放行通知的证明、提货单、运单、场站收据等单证，到货物进出境地的港区、机场、车站、邮局等地办理进出境的手续。

（3）申请签发报关单证明联

1）进出口收付汇证明。对需要在银行或国家外汇管理部门办理收付汇核销的进出口货物，报关员应当向海关申请签发进口、出口货物报关单（收、付汇证明联）。海关审核后，签名加盖“海关验讫章”，同时通过电子口岸系统向银行和国家外汇管理部门发送证明联电子数据。

2）出口收汇核销单。

3）出口退税证明。对需要办理出口退税的出口货物，报关员向海关申请签发出口货物报关单（出口退税证明联）。海关审核后，予以签发并签名加盖“海关验讫章”，同时将证明联电子数据发送给国家税务机构。

4）进口货物证明书。对进口汽车、摩托车等，报关员应当向海关申请签发进口货物证明书，收、发货人凭此向国家交通管理部门办理汽车和摩托车的牌照申领手续，同时海关将电子数据发送给国家交通管理部门。

7.3.2　保税货物通关的基本程序

保税货物是指经海关批准未办理纳税手续进境，在境内储存、加工、装配后复运出境的货物。保税货物具有三大特性，即“经海关批准”、“是监管货物”、“应复运出境”。按照海关监管的形式可以分为三大类，即加工贸易保税货物、仓储保税货物、区域保税货物。其报关程序如下：

（1）备案申请保税

1）经国家批准的保税区域，包括保税区、出口加工区从境外运入区内储存、加工、装配后复运出境的货物，已经整体批准保税，备案阶段与报关阶段合并。

2）经海关批准的保税仓库，在货物进境入库之前，海关根据核定的保税仓库存放货物范围和商品种类，对报关入库货物的品种、数量、金额进行审核，并对入库货物进行核注登记。

3）加工贸易进口料件，包括来料加工、进料加工、外商投资企业履行产品出口合同、保税工厂、保税集团，进口料件之前都必须进入备案申请保税阶段。其具体环节为企业申请备案、海关审核准予保税、设立或不设立银行台账、海关建立电子《登记手册》或核发纸质《登记手册》。

（2）所有经海关批准保税的货物，包括区域保税货物、仓储保税货物和加工贸易经海关批准准予保税的货物，在进出境时都必须和其他货物一样进入报关阶段，但是保税货物暂缓纳税，不进入纳税环节。

（3）报核申请结案

其具体环节是企业报核、海关受理、实施核销、结关销案。

所有经海关批准保税的货物，包括区域保税货物、仓储保税货物和加工贸易经海关批准准予保税的货物，都必须按规定由保税货物的经营人向主管海关报核，海关受理报核后进行核销，核销后视下列不同情况，分别予以结关销案。

1）区域保税货物没有规定具体的保税期限，所以最终的结案应当以进行货物最终全部出境或出区办结海关手续为结案的标志。本期核销该批保税货物没有全部出境或出区办结海关手续的，不能结案，结转到下期继续监管，直到能够结案。

2）仓储保税货物应当以该货物在规定的保税期限内全部出境或出库办结海关手续为结案的标志，每月报核一次。本期核销该批保税货物没有全部出境或出库办结海关手续的，不能结案，结转到下期继续监管，直到能够结案或者到期变卖处理。

3）加工贸易经海关批准准予保税的货物应当以该加工贸易项下产品在规定期限内全部出口或者部分出口，不出口部分全部得到合法处理为结案的标志。海关受理报核后，在规定的核销期限内实施核销，对不设立台账的，予以结案；对设立台账的，应当到银行撤销台账，然后结案。

7.3.3 特定减免税货物通关的基本程序

特定减免税货物是海关根据国家的政策规定准予减免税进境，使用于特定区域、特定企业、特定用途的货物。其具有特定条件下减免税、除另有规定外应提交进口许可证件、特定的海关监管期限等特征。

7.3.3.1 减免税申请

（1）特定地区减免税货物进口申请

1）备案登记

① 保税区。保税区企业向保税区海关办理减免税备案登记时，应提交企业批准证书、营业执照、企业合同、章程等，并将有关企业情况输入海关计算机系统。海关审核后准予备案的，签发企业征免税登记手册，企业凭此办理货物减免税申请手续。

② 出口加工区。出口加工区企业应提交出口加工区管委会的批准文件、营业执照等，海关审核后批准建立企业设备电子账册，企业凭此办理减免税申请手续。

2）进口申请

① 保税区。企业向保税区海关提交企业征免税登记手册、发票、装箱单等，海关核准后签发《进出口货物征免税证明》。

② 出口加工区。企业向出口加工区海关提交发票、装箱单等，海关核准后在企业设备电子账册中进行登记。

（2）特定企业减免税货物进口申请

1）备案登记。特定企业主要是指外商投资企业，外商投资企业需要提交外经贸主管部门的批准文件、营业执照、企业合同、章程等，海关审核后准予备案的，即签发《外商投资企业征免税登记手册》，企业凭此办理货物减免税手续。

2）进口申请。外商投资企业向主管海关提交《外商投资企业征免税登记手册》、发票、装箱单等，经海关核准后签发《进出口货物征免税证明》。

（3）特定用途减免税申请

1）国内投资项目和利用外资项目减免税申请。投资项目经批准后，货物进口企业持国务院有关部门或省、市人民政府签发的《国内鼓励发展的内外资项目确认书》、发票、装箱单等，向项目主管直属海关提出减免税申请，海关审核后签发《进出口货物征免税证明》。

2）科教用品减免税申请。科教单位办理科研和教学用品减免税进口申请时，应持有关主管部门的批准文件，向单位所在地主管海关申请办理资格认定手续，经海关审核批准的，签发《科教用品免税登记手册》，凭此办理减免税手续。

3）残疾人专用品减免税申请。民政部门或中国残疾人联合会所属单位在进口特定减免税用品、专用仪器、专用生产设备时，应提交民政部门或残联的批准文件，主管海关经核准后签发《进出口货物征免税证明》。

7.3.3.2 进出口报关

特定减免税货物进口报关程序与一般进出口货物的报关程序基本相同，只在下列方面有所不同：

（1）特定减免税货物进口报关时，收、发货人或其代理人除了向海关提交报关单及随附的基本单证外，还应提交《进出口货物征免税证明》。

（2）特定减免税货物一般应提交进出口许可证件，但对外商投资和某些许可证件种类，国家规定有特殊优惠政策的，可以豁免进口许可证件。

（3）填制特定减免税货物进口报关单时，在“备案号”栏内填写《进出口货物征免税证明》上的12位编号。

7.3.3.3 申请解除监管

（1）监管期满申请解除监管

特定减免税货物监管期满，原减免税申请人应当向主管海关申请解除对减免税进口货物的监管，主管海关经审核批准，签发《减免税进口货物解除监管证明》，至此办结了全部海关手续。

（2）监管期内申请解除监管

特定减免税货物在海关监管期内要求解除监管的主要目的是为了在国内销售、转让、放弃或退运出境。

1）因特殊原因在海关监管期内销售的，企业应向原审批进口的外经贸主管部门申请，凭批准文件向海关办理缴纳进口税费的手续，海关按照使用时间折旧估价征税后，签发解除监管证明书，凭此办理结关手续。

2）企业如将货物转让给同样享受进口减免税优惠的企业，接受货物的企业应当先向主管海关申领《进出口货物征免税证明》，凭此办理货物的结转手续。

3）企业要求将特定减免税货物退运出境的，应向原审批进口的外经贸主管部门申请，凭批准文件向出境地海关办理货物出口退运申报手续，企业凭出境地海关签发的《出口货物报关单》及其他单证向主管海关申领解除监管证明。

4）企业要求放弃特定减免税货物的，应向主管海关提交放弃货物的书面申请，经海关核准后，按照海关处理放弃货物的有关规定办理手续。

7.3.4　暂准进出境货物通关的基本程序

暂准进出境货物是指为了特定的目的，暂时进境或暂时出境，有条件暂时免缴进出口关税并豁免进出口许可证件，在特定的期限内除因使用中正常的损耗外按原状复运出境或复运进境的货物。

按照中国海关对暂准进出境货物的监管方式，可分为以下几种：

（1）适用《ATA 单证册》报关的暂准进出境货物；

（2）不使用《ATA 单证册》的展览品；

（3）集装箱箱体；

（4）暂时进出口货物。

7.3.4.1　适用《ATA 单证册》报关的暂准进出境货物

中国于 1993 年加入《关于货物暂准进口的 ATA 单证册海关公约》及其相关附约，中国使用《ATA 单证册》的范围仅限于展览会、交易会、会议及类似活动项下的货物。一份《ATA 单证册》由 8 页 ATA 单证组成，一页绿色封面单证、一页黄色出口单证、一页白色进口单证、一页白色复出口单证、两页蓝色过境单证、一页黄色复进口单证、一页绿色封底。

（1）进境申报。收、发货人或其代理人持《ATA 单证册》向海关申报进境展览品时，先在海关核准的出证协会中国国际商会以及其他商会，将《ATA 单证册》上的内容预录入海关和商会联网的《ATA 单证册》电子核销系统，然后向展览会主管海关提交纸质《ATA 单证册》、提货单等单证。海关在白色进口单证上签注，并留存白色进口单证正联，存根联随《ATA 单证册》其他各联退给收发货人或其代理人。

（2）出境申报。收、发货人或其代理人持《ATA 单证册》向海关申报出境展览品时，向出境地海关提交国家主管部门的批准文件、纸质《ATA 单证册》、装货单等单证。海关在绿色封面单证和黄色出口单证上签注，并留存黄色出口单证正联，存根联随《ATA 单证册》其他各联退给收发货人或其代理人。

（3）过境申报。展览品所有人或其代理人持《ATA 单证册》向海关申报将货物通过中国转运至第三国参加展览会的，不必填制过境货物报关单，海关在两份蓝色过境单证上分别签注后，留存蓝色过境单证正联，存根联随《ATA 单证册》其他各联退给展览品所有人或其代理人。

（4）担保和许可证件。持《ATA 单证册》向海关申报进出境展览品的，无须向海关提交进出口许可证，也不需要提供担保。但如果进出境展览品及相关货物受公共道德、公共安全、公共卫生、动植物检疫、濒危野生动植物保护、知识产权保护等限制的，展览品所有人或其代理人应向海关提交进出口许可证件。

(5)《ATA单证册》申报文字。中国海关接受中文或英文填写的《ATA单证册》的申报，如果是英文填写的，海关可要求提供中文译本，用其他文字填写的则必须随附中文或英文译本。

(6) 核销结关。持证人在规定期限内将展览品复运进出境，海关在白色复出口单证和黄色复进口单证上分别签注，留存单证正联，存根联随《ATA单证册》其他各联退持证人，正式核销结关。

7.3.4.2 不使用《ATA单证册》的展览品

(1) 进出境展览品的范围

1) 进境展览品。进境展览品包括在展览会中展示或示范用的货物、物品，为示范展出的机器或器具所需用的物品，展览者设置临时展台的建筑材料及装饰材料，供展览品做示范宣传用的电影片、幻灯片、录像带、说明书、广告等。

2) 出境展览品。出境展览品包括国内单位赴境外举办展览会或参加境外博览会、展览会而运出的展览品，以及与展览活动有关的宣传品、布置品、招待品及其他公用物品。

(2) 展览品的暂准进出境期限

进境展览品自展览品进境之日起6个月内复运出境，如需延长期限，应向主管海关提出申请，经批准后最多延长6个月。出境展览品的暂准出境期限也为6个月。

(3) 展览品的进出境申报

1) 进境申报。展览品进境之前，展览会主办单位应将举办展览会的批准文件连同展览品清单一起送展出地海关，办理登记备案手续。展览品进境申报手续可以在展出地海关办理；从非展出地海关进口的，可以申请在进境地海关办理转关运输手续，在海关监管下将货物运至展览会举办地，由主管海关办理申报手续，展览会主办单位或其代理人向海关提供担保。

2) 出境申报。展览品出境申报手续应当在出境地海关办理，在境外举办展览会或参加境外展览会的企业应当向海关提交国家主管部门的批准文件、报关单、展览品清单等单证。随展览品出境的小卖品、展卖品，应当按一般出口申报。海关对展览品开箱查验核对，核准后海关留存一份清单，另一份封入关封交还给收发货人或其代理人，凭此办理复运进境申报手续。

(4) 进出境展览品的核销结关

1) 复运进出境。在规定期限内复运进出境的，海关分别签发报关单证明联。未能在规定期限内复运进出境的，展览会主办单位应向主管海关申请延期，在延长期内办理复运进出境手续。

2) 转为正式进出口。进境展览品在展览期间被人购买的，由展览会主办单位向海关办理进口申报、纳税手续。出境展览品在境外展览会后被销售的，由海关核对展览品清单后要求企业补办有关正式出口手续。

3) 展览品放弃或赠送。进口展览品的所有人将展览品放弃给海关的，由海关变卖后，将款项上缴国库。有单位接受放弃展览品的，应向海关办理进口申报、纳税手续。展览品所有人将展览品赠送的，受赠人应向海关办理进口手续。

4) 展览品毁坏、丢失、被窃。展览品因毁坏、丢失、被窃而不能复运出境的，展览会主办单位或其代理人应向海关报告。对于毁坏的展览品，海关根据毁坏程度估价征税；对于丢失或被窃的展览品，海关按照进口同类货物征收进口税；因不可抗力遭受损毁或丢失的，海关根据受损情况，减征或免征进口税。

7.3.4.3 集装箱箱体

集装箱作为运输设备暂时进出境的，报关有两种情况：

(1) 境内生产的集装箱及中国营运人购买进口的集装箱在投入国际运输前，营运人向其所在地海关办理登记手续，海关准予登记并符合规定的集装箱箱体，无论是否装载货物，海关准予暂时进境或异地出境，营运人或其代理人无需对箱体单独向海关办理报关手续，进出境也不受规定的期限限制。

(2) 境外集装箱箱体暂准进境，无论是否装载货物，营运人或其代理人应当对箱体单独向海关申报，并于入境之日起6个月内复运出境。如因特殊情况不能按期复运出境的，营运人应当向暂准进境地海关提出延期申请，但延长期不超过3个月，逾期办理进口及纳税手续。

7.3.4.4 暂时进出口货物

(1) 暂时进出口货物的适用范围

1) 在展览会、交易会、会议及类似活动中展示或者使用的货物；

2) 文化、体育交流活动中使用的表演、比赛用品；

3) 进行新闻报道或者摄制电影、电视节目使用的仪器、设备及用品；

4) 开展科研、教学、医疗活动使用的仪器、设备及用品；

5) 上述四项所列活动中使用的交通工具及特种车辆；

6）暂时进出的货样；

7）供安装、调试、检测设备时使用的仪器、工具；

8）盛装货物的容器；

9）其他暂时进出境用于非商业目的的货物。

以上货物除《ATA单证册》项下的货物、展览品、集装箱箱体外，均适用“暂时进出口货物”的监管方式。

（2）暂时进出口货物的期限

暂时进出口货物应当在从进境或出境之日起6个月内复运出境或者复运进境；如因特殊情况需延长期限的，延期不超过6个月。

（3）进出境申报

1）进境申报。暂时进口货物进境时，收货人或其代理人向海关提交主管部门允许货物为特定目的而暂时进境的批准文件、进口货物报关单、商业及货运票据等，办理暂时进境申报手续；除特殊规定的货物外，无须提供许可证件。货物进境时免缴进口税，但收货人或其代理人必须向海关提供担保。

2）出境申报。暂时出口货物出境时，发货人或其代理人向海关提交主管部门允许货物为特定目的而暂时出境的批准文件、出口货物报关单、商业及货运单据等，办理暂时出境申报手续。除特殊规定的货物外，无须提供许可证件。

（4）核销结关

1）复运进出境。进出口货物的收发货人或其代理人，留存由海关签章的复运进出境的报关单以备报核。

2）转为正式进口。因特殊情况转为正式进口的货物，由收货人或其代理人提出申请，提交有关许可证件，办理进口申报和纳税手续。

3）放弃。暂时进口货物在境内因货物所有人将货物放弃的，须向海关声明，由海关按相关规定处理货物。

4）核销结关。暂时进出口货物复运进出境、转为正式进口或者放弃以后，收、发货人或其代理人持海关签注的进出口报关单、有关处理放弃货物的收据及其他相关单证，向海关报核，申请结关。海关经审核，退还保证金，或办理其他担保销案手续，予以结关。

7.3.5 其他进出境货物通关的基本程序

7.3.5.1 转关运输货物

转关运输货物属海关监管货物，主要包括：

1）由进境地入境后，运往另一设关地点办理进口海关手续的货物；

2）在起运地已办理出口报关手续运往出境地，由出境地海关监管放行的货物；

3）由国内一设关地点转运到另一设关地点并由该地海关监管放行的货物。

（1）进口货物的转关

1）提前报关的转关。进口货物的收货人或其代理人在进境地海关办理进口货物转关手续前，向指运地海关录入《进口货物报关单》电子数据，指运地海关提前受理电子申报，同时生成《进口转关货物申报单》，并传输至进境地海关。收货人或其代理人向进境地海关提供《进口转关货物申报单》编号，并提交《进口转关货物核放单》、《汽车载货登记簿》或《船舶监管簿》、提货单。提前报关的申报期限为电子数据申报之日起 5 日内，超过期限的将被指运地海关撤销报关的电子数据。

2）直转方式的转关。收货人或其代理人在进境地海关录入转关申报手续，并提交《进口转关货物申报单》、《汽车载货登记簿》或《船舶监管簿》，在运输工具申报进境之日起 14 日内向进境地海关申报转关手续。直转的转关货物应在海关限定的时间内运抵指运地，货物运抵指运地之日起 14 日内向指运地海关申报。

3）中转方式的转关。对于具有全程提运单、需换装境内运输工具的中转转关货物，收货人或其代理人向指运地海关办理进口报关手续后，由境内承运人持《进口转关货物申报单》、《进口货物中转通知书》、按指运地目的港分列的纸质舱单等单证，向进境地海关办理货物转关手续。

（2）出口货物的转关

1）提前报关的转关。货物发货人或其代理人在货物未运抵起运地海关前，先向起运地海关录入《出口货物报关单》电子数据，生成《出口转关货物申报单》，并传输至出境地海关。货物应于电子申报之日起 5 日内运抵起运地海关，持《出口货物报关单》、《汽车载货登记簿》或《船舶监管簿》等单证向起运地海关办理出口转关手续；货物到达出境地后，持起运地海关签发的《出口货物报关单》、《出口转关货物申报单》、《汽车载货登记簿》或《船舶监管簿》办理转关货物的出境手续。

2）直转方式的转关。发货人或其代理人在货物运抵起运地海关后，向起运地海关录入《出口货物报关单》电子数据，生成《出口转关货物申报单》，并传输至出境地海关。发货人或其代理人持《出口货物报关单》、《汽车载货登记簿》或《船舶监管簿》等单证向起运地海关办理出口转关手续。货物到达出境地后，持起运地海关签发的《出口货物报关单》、《出口转关货物申报单》、《汽车载货登记簿》或《船舶监管簿》办理转关货物的出境手续。

3）中转方式的转关。具有全程提运单、需换装境内运输工具的出口中转转关货物，发货人或其代理人向起运地海关办理出口报关手续后，由承运人按出境运输工具分列舱单，向起运地海关录入并提交《出口转关货物申报单》、按出境运输工具分列的电子或纸质舱单、《汽车载货登记簿》或《船舶监管簿》等单证向起运地海关办理货物出口转关手续；经起运地海关核准后，签发《出口货物中转通知书》，凭此办理出境手续。

7.3.5.2 过境货物

过境货物是指从境外起运，在我国境内不论是否换装运输工具，通过陆路运输继续运往境外的货物。其范围包括：1）与我国签有过境货物协定国家的货物，或在同我国签有铁路联运协定的国家收货、发货的过境货物；2)对于同中国未签有上述协定国家的过境货物，应当经国家贸易、运输主管部门批准，并向入境地海关备案。

（1）进境货物报关手续

过境货物的经营人向进境地海关提交《过境货物报关单》，经审核后，进境地海关在提运单上加盖“海关监管货物”的戳记，并将《过境货物报关单》和过境货物清单制作关封后加盖“海关监管货物”专用章，连同上述提运单交经营人。

（2）过境货物复出境手续

经营人将进境地海关签发的关封完整及时地交出境地海关验核，由海关加盖放行章，在海关的监管下出境。

（3）对过境货物的特殊规定

1）过境货物的过境期限为6个月，需延长的最多可延期3个月，超过规定的海关有权变卖过期货物。

2）过境货物的运输路线、换装的交通工具、储存场所都由海关指定或经海关批准。

3）过境货物在境内发生损毁或灭失的（不可抗力的原因除外），经营人应当负责向出境地海关补办进口纳税手续。

7.3.5.3 转运货物

转运货物是指由境外起运，通过中国境内设立海关的地点换装运输工具，而不通过陆路运输，继续运往境外的货物。

（1）转运货物的条件

符合下列条件之一的，方可办理转运手续：

1）持有转运或联运提货单的；

2）进口载货清单上注明是转运货物的；

3）持有普通提货单，但在起卸前向海关申明转运的；

4）误卸的进口货物，经运输工具经理人提供确实证件的；

5）因特殊原因申请转运，经海关批准的。

（2）转运货物的报关手续

1）载有转运货物的运输工具进境后，承运人在《进口载货清单》上列明转运货物的名称、数量、起运地和到达地，向主管海关申报进境。

2）申报经海关审核后，在海关指定的地点换装运输工具。

3）在规定时间内运送出境。

（3）对转运货物的特殊规定

1）转运货物必须在 3 个月内办理海关有关手续并转运出境，超出规定期限 3 个月仍未出境的，海关有权提取变卖。

2）转运货物在口岸存放期间，不得开拆、换包装或进行加工。

3）口岸海关有权对货物进行开箱查验，但如果没有发现违法或可疑情况，一般仅做外形查验。

7.3.5.4　通运货物

通运货物是指由境外起运，由船舶、航空器载运进境并由原运输工具载运出境的货物。运输工具进境时，负责人应凭注明通运货物名称和数量的《船舶进口报告书》或国际民航机使用的《进口载货舱单》向进境地海关申报。进境地海关接受申报后，在运输工具抵境、离境时对货物予以核查，并监管货物实际离境。

7.3.5.5　无代价抵偿货物

无代价抵偿进口货物是指进口货物在征税或免税放行后，发现货物有残损、短少或品质不良，而由境外承运人、发货人或保险公司免费补偿或更换的同类货物。其具有以下特征：

（1）执行合同过程中发生的损害赔偿；

（2）海关对原申报进口的货物已经放行；

（3）抵偿货物是对损坏部分或短缺部分进行赔偿。

无代价抵偿货物的报关可以分为两种情况：

一是对于不属于国家限制进口商品的无代价抵偿货物的报关。该类型货物进口时，收货人应凭原进口货物报关单、税款缴纳凭证、索赔协议和商检证书向海关申报。申报后海关按有关规定查验以上单证外，还应凭相对应的出口报关单办理有关进口手续。如果无代价抵偿货物在进口时，不向海关报明已退运出口或虽已报明货物已退运出口，但无法提供相应的出口证明，海关按一般进口货物办理通关手续。

二是对于属于国家限制进口商品的无代价抵偿货物的报关。如与原进口的货物在品名、数量、价值及贸易性质等方面完全一致，可以在原进口货物已经退运出口条件下，免领有关进口许可证件免税放行。如原进口货物未退运出境或无法提供相应单证说明原进口货物已经退运出境的，应补办相关进口许可证件征税放行。

7.3.5.6 出料加工货物

出料加工货物是指中国境内企业（包括外商投资企业）运到境外进行技术加工后复运进境的暂准出境货物。出料加工原则上不能改变原出口货物的物理形态，对完全改变原出口货物物理形态的出境加工，属于一般出口。出料加工货物自出境之日起 6 个月内应当复运进境，因故需要延期的，最长延期不超过 3 个月。

开展出料加工须经外经贸主管部门批准，海关凭批准证明予以登记备案，并核发出料加工《登记手册》。

（1）出境申报。发货人或其代理人向海关提交《登记手册》、出口货物报关单、货运单据及其他相关单证。属许可证件管理的商品，免交许可证件，属应征出口税的，应提供担保。

（2）进境申报。出料加工货物复运进境，收货人或其代理人向海关提交《登记手册》、进口报关单、货运单据及其他相关单证，海关对出料加工复运进口货物以境外加工费、料件费、复运进境的运输及其相关费用和保险费审查确定完税价格征收进口税。

（3）核销结关。出料加工货物全部复运进境后，经营人向海关报核，海关进行核销，并对提供担保的予以撤销担保。

7.3.5.7 退运货物和退关货物

（1）一般退运货物

一般退运货物是指因质量不良或交货时间延迟等原因，被国内外买方拒收退运，或因错发、错运、溢装、漏卸而退运的货物。

1）退运进口报关手续

原出口货物退运进境时，若该批出口货物已收汇、已核销，原发货人或其代理人应填写进口货物报关单向进境地海关申报，并提供货物出口时的出口报关单，海关应凭加盖有已核销专用章的外汇核销单、出口退税专用联正本或《出口商品退运已补税证明》、保险公司证明、承运人溢装、漏卸证明等资料办理退运进口手续，同时签发一份进口货物报关单。

原出口货物退运进境时，若出口未收汇，原发货人或其代理人应凭原出口报关单、外汇核销单、报关单退税联申报退运进口，同时在进口报关单的备注栏上注明原出口报关单号。若出口货物部分退运进口，海关在原出口报关单上批注实际退运数量、金额后，退回企业并留存复印件，核实无误后验放相关货物进境。

2）退运出口报关手续

原进口货物退运出境时，原收货人或其代理人应填写出口货物报关单，并提交原货物进口时的进口报关、保险公司、承运人溢装、漏卸的相关证明等资料，经海关核实后验放出境。

（2）加工贸易退运货物

1）若加工贸易《登记手册》未核销，则按加工贸易退运货物报关；

2）若加工贸易《登记手册》已核销，则按暂时进出口申报，备案号为空，在备注栏内注明手册编号，退运进口需提供担保，对进口属于许可证件管理的，应另提供相当于进口货值 30％的风险担保金，待货物再次出境时，凭出口报关单及相应单证销保。

（3）直接退运货物

直接退运货物是指进口货物进境后向海关申报，但由于特殊原因无法继续办理进口手续，经主管海关批准将货物全部退运境外的货物。

1）申请直接退运，一般应在载运该批货物的运输工具申报进境之日起 3 个月内，由货物所有人或其代理人向进境地海关提交书面申请，并填写《直接退运货物审批表》。

2）出口报关单备注栏内填写进口报关单编号，同时注明海关审批件编号。

3）由于承运人的责任造成的错发、误卸等情况，进境地海关批准货物所有人或其代理人提出的书面申请后，可免填出口报关单。

（4）退关货物

退关货物是指出口货物在向海关申报出口后被海关放行，因故未能装上运输工具，发货单位请求将货物退运出海关监管区域不再出口的货物。

1）出口货物的发货人或其代理人应在得知货物未装上运输工具并决定不再出口之日起 3 日内，向海关申请退关。

2）经海关核准且撤销出口申报后方能将货物运出海关监管区域。

3）已缴纳出口税的退关货物，可以在缴纳税款之日起 1 年内，提出书面申请，向海关申请退税。

4）出口货物的发货人或其代理人办理退关手续后，海关对所有单证予以注销，并删除相关电子报关数据。

7.4 海关关税及其他税费的计算

7.4.1 进出口关税概述

关税是国家对进出口货物、物品所征收的进出境环节的流转税。关税的征收主体是国家，由海关代表国家向纳税义务人征收，征收对象是进出境的货物和物品。按照征收对象，可以将关税分成进口关税和出口关税两类。

(1) 进口关税

进口关税是指国家海关以进境货物和物品为征税对象所征收的关税。在中国根据计征标准的不同可以将进口关税分为从价税、从量税、复合税。

1) 从价税

从价税是以货物的价格作为计税标准，以应征税额占货物价格的百分比为税率，税额和税率成正比例关系，即

从价税应征税额＝货物的完税价格×从价税税率

从价税的优点：

① 依商品质量价值的高低而课征，有公平的税额。

② 随价格的变动，从价税亦随之调整，其真实负担保持不变，以保护本国产业。

从价税的缺点：

① 按价格、价值高低课征，易受市场价格变动的影响，计算烦琐。

② 货物的正确价值不易估计，难以做到正确、公平。

2) 从量税

从量税以货物的计量单位，如重量、数量、容量等作为计税标准，即

从量税应征税额＝货物数量×单位税额

从量税的优点：

① 课税手续简单，容易征收，只要确定商品数量即可计算关税。

② 课税有一定的标准，不易受市场价格的影响。

从量税的缺点：

① 税率依商品数量计算，不论商品价值高低。高质量及价值高者，实际负担的关税愈低，受关税保护较多；而低质量及低价值者，负担反而较重，受关税保护较少。

② 不随物价变动而调整。当物价上涨时，输入物品的关税负担比实际关

税负担减轻，而造成保护本国工业的作用有弱化的现象；反之，造成保护程度过甚的现象。

③ 从量税对若干产品很难适用。如艺术品难根据重量或面积而确定税率。

3）复合税

复合税是指一个税目中的商品同时使用从价、从量两种标准计税，即

复合税应征税额＝货物的完税价格×从价税税率＋货物数量×单位税额

此外，进口税还有正税和附加税之分。正税是按税则法定进口税率征收的关税；附加税是由于特定需要对进口货物除征收正税外另行征收的一种进口税。世界贸易组织一般不准其成员国随意征收进口附加税，只有在符合世界贸易组织反倾销、反补贴条例规定的情况下，才征收相应的反倾销税、反补贴税、特别关税（报复关税）。

（2）出口关税

出口关税是海关以出境货物和物品为征税对象所征收的关税，一般不征收出口税或仅对少数商品征收。征税的目的主要是限制、调控某些商品的过激、无序出口，特别是防止本国一些重要自然资源和原材料的出口。中国目前征收的出口关税都是从价税，即

应征出口关税税额＝出口货物完税价格×出口关税税率

7.4.2　进出口货物完税价格的确定

中国海关对大多数进出口货物和物品征收的都是从价税，所以必须确定货物应缴纳税款的价格，即经海关依法审定的完税价格，这是凭以计征进出口货物关税及进口环节税的基础。其法律依据是《海关法》、《进出口关税条例》和《审定进出口货物完税价格办法》（简称《审价办法》）的相关规定。

7.4.2.1　进口货物完税价格的确定

进口货物的完税价格，由海关以该货物的成交价格为基础审查确定，并应当包括货物运抵境内输入地点起卸前的运输及其相关费用、保险费。海关确定进口货物完税价格有六种估价方法：成交价格方法、相同货物成交价格方法、类似货物成交价格方法、倒扣价格方法、计算价格方法和合理方法。六种方法必须依次使用，如果收货人提出要求并提供相关资料，经海关同意，可以颠倒倒扣价格方法和计算价格方法的适用次序。

（1）成交价格方法

成交价格是建立在进口货物实际发票或合同价格的基础上，经过调整后的实付或应付价格。应用成交价格方法必须满足以下四个条件：

1）买方对进口货物的处置和使用不受限制，但国内法律、行政法规规定的限制、对货物转售地域的限制、对货物价格无实质影响的限制除外。

2）货物的价格不应受到导致该货物成交价格无法确定的条件或因素的影响。

3）卖方不得直接或间接从买方获得因转售、处置或使用进口货物而产生的任何收益，除非按照相关规定进行调整。

4）买卖双方之间没有特殊关系，如有特殊关系，应符合《审价办法》的相关规定。

关于成交价格的调整因素分为计入增加和扣减因素，针对不同情况分别予以考虑。在计入因素中，又可以分为四种情况：

1）由买方负担的费用，包括购货佣金以外的佣金和经纪费、与进口货物视为一体的容器费用、包装材料和包装劳务费用。

2）可按适当比例分摊的，由卖方直接或间接免费提供或以低于成本方式销售给买方，未包括在实付或应付价格之中的货物的价值。其主要包括进口货物所包含的材料、部件、零件的价值，在生产进口货物过程中使用的工具、模具的价值，生产该货物所必需的工程设计、技术研发、工艺和制图等工作的价值。

3）与该货物有关并作为卖方向中国销售的一项条件，应当由买方直接或间接支付的特许权使用费。

4）卖方直接或间接从买方获得因转售、处置或使用进口货物而产生的收益。

上述所有应计入的调整因素必须同时满足三个条件：由买方负担，未包括在进口货物的实付或应付价格中，有客观量化的数据资料。如果没有客观量化的数据资料，海关可以不采用成交价格方法而依次使用其他估价方法。价格调整因素的减项主要有三个方面：

1）厂房、机械、设备等货物进口后进行建设、安装、装配、维修和技术服务的费用，即一种对劳务的支付，而不是对进口货物本身的支付。

2）货物运抵境内输入地点起卸后的运输及其相关费用、保险费。

3）进口关税和国内税。

上述三个减项扣除的前提是必须能够与进口货物的实付或应付价格相区分，否则不能扣除。

（2）相同或类似货物成交价格方法

该方法除了货物本身有区别以外，在其他方面的适用条件都与成交价格方法一样。据以比照的相同或类似货物应共同具备五个要素：一是须与进口货物相同或类似；二是须与进口货物在同一国家或地区生产；三是须与进口货物同时或大约同时进口，为在进口货物接受申报之日的前后各 45 天以内；四是商业水平和进口数量须与进口货物相同或大致相同；五是当存在两个或更多的价格时，选择最低的价格。

如果没有相同商业水平或大致相同数量时，必须对因商业水平和数量、运输距离和方式的不同所产生的价格方面的差异作出调整，调整必须建立在客观量化的数据资料的基础上。

（3）倒扣价格方法

倒扣价格方法是以被估的进口货物、相同或类似进口货物在境内销售的价格为基础，固定完税价格。按倒扣的价格销售的货物应同时符合以下条件：

1）在被估货物进口时或大约同时销售；

2）按照进口时的状态销售；

3）在境内第一环节销售；

4）合计的货物销售总量最大；

5）向境内无特殊关系方销售。

应用倒扣价格方法应该扣除的费用包括：

1）该货物的同等级或同种类货物在境内销售时的利润、一般费用及通常支付的佣金；

2）货物运抵境内输入地点之后的运费、保险费、装卸费及其他相关费用；

3）进口关税、进口环节税和其他与进口或销售该货物有关的国内税；

4）加工增值税。

（4）计算价格方法

计算价格方法是以发生在生产国或地区的生产成本作为基础的价格，必须依据境外的生产商提供的成本方面的资料。采用计算价格方法的进口货物的完税价格由下列各项目的总和构成：

1）生产该货物所使用的原材料价值和进行装配或其他加工的费用；

2）与向我国境内出口销售同级或同类货物相符的利润和一般费用；

3）货物运抵境内输入地点起卸前的运输及其他相关费用、保险费。

（5）合理方法

合理的估价方法规定了使用方法的范围和原则，即运用合理方法，必须符合《进出口关税条例》、《审价办法》的公平、统一、客观的估价原则，必须以在境内可以获得的数据资料为基础。在使用合理方法估价时，禁止使用以下六种价格：

1）境内生产的货物在境内销售的价格；

2）在备选价格中选择高的价格；

3）依据货物在出口地市场的销售价格；

4）依据《进出口关税条例》第二十一条、《审价办法》规定之外的生产成本价格；

5）依据出口到第三国或地区货物的销售价格；

6）依据最低限价或武断、虚构的价格。

7.4.2.2 特殊进口货物完税价格的审定

（1）加工贸易进口材料和制成品的完税价格

1）进口时需征税的进料加工进口料件（不予保税部分），以该料件申报进口时的价格估定。

2）内销的进料加工进口料件或其制成品（包括残次品、副产品），以料件原进口时的价格估定。制成品因故转为内销时，以制成品所含料件原进口时的价格确定。

3）内销的来料加工进口料件或其制成品（包括残次品、副产品），以料件申报内销时的价格估定。

4）出口加工区内的加工企业内销的制成品（包括残次品、副产品），以制成品申报内销时的价格确定。

5）保税区内的加工企业内销的进口料件或其制成品（包括残次品、副产品），分别以料件或制成品申报内销时的价格估定。如果内销的制成品中含有从境内采购的料件，以所含从境外购入的料件原进口时的价格确定。

6）加工贸易加工过程中产生的边角料，以申报内销时的价格确定。

（2）从保税区进入非保税区、从出口加工区运往区外、从保税仓库出库内销的非加工贸易货物的完税价格

上述情况以海关审定的从保税区或出口加工区销往区外、从保税仓库出库内销的价格估定完税价格；对销售价格不能确定的，按照《进出口关税条例》第二十一条、《审价办法》的相关规定确定。如果销售价格未包括发生的仓储、运输及其他相关费用的，海关按照客观量化的数据资料予以计入。

（3）租赁进口货物的完税价格

1）以租金方式对外支付的租赁货物，在租赁期间以海关审定的该货物的租金作为完税价格。

2）留购的租赁货物以海关审定的留购价格作为完税价格。

3）承租人申请一次性缴纳税款的，可以按照进口货物完税价格估定方法或按照海关审查确定的租金总额作为完税价格。

（4）特定减免税货物的完税价格

减免税进口的货物予征、补税时，海关以审定的该货物原进口时的价格，扣除折旧部分价值作为完税价格。其计算公式如下：

$$完税价格=海关审定该货物原进口时的价格\times\frac{1-申请补税时实际已经使用的时间}{监管年限\times12}$$

7.4.2.3　出口货物完税价格的审定

出口货物的完税价格由海关以该货物的成交价格，以及该货物运至境内输出地点装载前的运输及其相关费用、保险费为基础审查确定，扣除出口关税税额。出口时的成交价格是指该货物出口时，卖方为出口该货物应向买方直接收取和间接收取的价款总额。成交价格含有支付给境外的单独列明的佣金的，应当扣除。出口货物的成交价格不能确定时，完税价格由海关依次使用下列方法估定：

（1）与该货物同时或大约同时向同一国家或地区出口的相同货物的成交价格。

（2）与该货物同时或大约同时向同一国家或地区出口的类似货物的成交价格。

（3）按照境内生产相同或类似货物的料件成本、加工费用、通常的利润和一般费用、境内发生的运输及其相关费用、保险费各项总和计算所得的价格。

（4）以合理方法估定的价格。

其具体计算公式如下：

$$出口货物完税价格=FOB-出口关税$$

7.4.2.4　进出口货物的运输及其相关费用、保险费的计算

（1）进口货物的运输及其相关费用、保险费应当按照下列方法计算。

1）海运进口货物，计算至该货物运抵境内的卸货口岸，如果该货物的卸货口岸是内河（江）口岸，应当计算至内河（江）口岸。

2）陆运进口货物，计算至该货物运抵境内的第一口岸，如果运输及其相关费用、保险费支付至目的地口岸，计算至目的地口岸。

3）空运进口货物，计算至该货物运抵境内的第一口岸，如果该货物的目的地为境内第一口岸以外的其他口岸，计算至目的地口岸。

（2）陆运、海运和空运进口货物的运费，应当按照实际支付的费用计算。如果进口货物的运费无法确定或未实际发生，海关应当按照该货物进口同期运输行业公布的运费率（额）计算。

(3) 陆运、海运和空运进口货物的保险费，应当按照实际支付的费用计算。如果进口货物的保险费无法确定或未实际发生，海关应当按照“货价加运费”二者总额的3‰计算保险费。

(4) 邮运的进口货物，应当以邮费作为运输及其相关费用、保险费。

(5) 以境外边境口岸价格条件成交的铁路或公路运输进口货物，海关应当按照货价的1%计算运输及其相关费用、保险费。

(6) 作为进口货物的自驾进口的交通工具，海关在审定完税价格时，可以不另行计入运费。

(7) 出口货物的销售价格如果包括离境口岸至境外口岸之间的运费、保险费，该运费、保险费应当扣除。

7.4.3 进出口税费的计算

海关征收的关税、进出口环节税、滞纳金、滞报金一律以人民币计征。进出口货物的成交价格及相关费用以外币计价的，海关计征有关税费时，采用当月适用的汇率计算，每月的计征汇率为上个月的第三个星期三（遇法定节假日的顺延采用第四个星期三）中国人民银行公布的基准汇率。以基准汇率以外的外币计价的，为同一时间公布的现汇买入价和现汇卖出价的中间值。

计算税款前要将审定的完税价格折算成人民币，完税价格计算至元，元以下的四舍五入。税额计算到分，分以下四舍五入。税款的起征点为人民币50元。

7.4.3.1 进出口关税税款的计算

进出口关税税款的计算程序：

(1) 按照归类原则确定税则归类，将应税货物归入恰当的税目税号；

(2) 根据原产地规则或相关规定，确定应税货物所适用的税率；

(3) 确定其实际进出口量；

(4) 根据完税价格审定办法和规定，确定应税货物的完税价格；

(5) 根据汇率使用原则，将外币折算成人民币；

(6) 按照计算公式正确计算应征税款。

7.4.3.2 进口环节税的计算

(1) 消费税

消费税的征收范围，仅限于少数消费品，可以分为四种类型：

1) 一些过度消费会对人的身体健康、社会秩序、生态环境等方面造成危害的特殊消费品，如烟、酒、鞭炮、烟花等；

2) 奢侈品、非生活必需品，如贵重金属及珠宝玉石、化妆品及护肤护发品等；

3）高能耗的高档消费品，如小轿车、摩托车、汽车轮胎等；

4）不可再生和替代的资源类消费品，如汽油、柴油等。

其计算程序与进出口关税的计算程序相同。

1）实行从价定率征收的消费税是按照组成的计税价格计算。其计算公式如下：

$$应纳税额=组成计税价格\times消费税税率$$

$$组成计税价格=\frac{完税价格+关税税额}{1-消费费率}$$

2）实行从量定额征收的消费税的计算公式如下：

$$应纳税额=应征消费税消费品数量\times单位税额$$

3）同时实行定额从量、从价定率征收的消费税是上述两种征税方法之和，即

$$应纳税额=应征消费税消费品数量\times单位税额+组成计税价格\times消费税税率$$

（2）增值税

在中国境内销售货物（销售不动产或免征的除外）、进口货物和提供加工、修理、修配劳务的，都要缴纳增值税。增值税计算公式如下：

$$应纳增值税税额=（关税完税价格+关税税额+消费税税额）\times增值税税率$$

（3）船舶吨税

船舶吨税是由海关在设关口岸，对进出、停靠中国港口的国家航行船舶代为征收的一种使用税。应征吨税的船舶有以下几种：

1）在中国港口行驶的外国籍船舶；

2）外商租用的中国籍船舶；

3）中外合营海运企业自用或租用的中、外国籍船舶；

4）中国租用的外国籍国际航行船舶。

船舶吨税按净吨位计征，公式如下：

$$吨税=净吨位\times吨税税率（元/净吨）$$

$$净吨位=船舶的有效容积\times吨/立方米$$

7.4.3.3　滞纳金的计算

关税、进口环节税应当自海关填发税款缴款书之日起 15 日内缴纳；逾期缴纳的，海关依法在原应纳税款基础上，按日征收滞纳税款的滞纳金。滞纳

金起征额为50元人民币，不足50元的免于征收。其计算公式如下：

关税滞纳金金额＝滞纳关税税额×0.5‰×滞纳天数

代征税滞纳金金额＝滞纳代征税税额×0.5‰×滞纳天数

7.4.3.4　滞报金的计算

对于进口货物未在规定的报关期限内申报的，由海关按照规定的比例征收滞报金。滞报金按日征收，其起征日为规定的申报时限的次日，日征收金额为进口货物完税价格的0.5‰，滞报金起征额为50元人民币，不足50元的免于征收。其计算公式如下：

进口货物滞报金金额＝进口货物成交价格×0.5‰×滞报天数

7.4.4　进出口税费的缴纳方式与退补

7.4.4.1　缴纳方式

纳税义务人向海关缴纳税款主要以进出口地纳税为主，也有部分企业经海关批准采取属地纳税方式。进出口地纳税是指货物在设有海关的进出口地纳税；属地纳税是指进出口货物应缴纳的税款由纳税人所在地主管海关征收，纳税人在所在地缴纳税款。目前，纳税义务人向海关缴纳税款的方式主要有两种：一种是持缴款书向指定银行办理税费交付手续；另一种是向签有协议的银行办理电子交付税费的手续。

7.4.4.2　强制执行

根据中国《海关法》规定，纳税人或其代理人应当在海关规定的缴款期限内缴纳税款（费），逾期缴纳的由海关依法征收滞纳金。纳税人、担保人超过3个月仍未缴纳税款的，海关可以依法采取强制措施扣缴，强制措施主要有强制扣缴和变价抵扣两种。强制扣缴和变价抵扣的税款含纳税人未缴纳的税款滞纳金。

（1）强制扣缴

强制扣缴是指海关依法自行或向人民法院申请采取从纳税（费）人的开户银行或者其他金融机构的存款中将相当于纳税人应纳税款的款项强制划拨入国家金库的措施，即书面通知其开户银行或者其他金融机构从其存款中扣缴税款。

（2）变价抵扣

变价抵扣是指如果纳税人的银行账户中没有存款或存款不足以强制扣缴时，海关可以将未放行的应税货物依法变卖，以销售货物所得价款抵缴应缴税款。如果该货物已经放行，海关可以将该纳税人的其他价值相当于应纳税款的货物或其他财产，以变卖所得价款抵缴应缴税款。

7.4.4.3　税款的退补

（1）退税

退税是指纳税义务人或其代理人缴纳税款后，由海关依法退还误征、溢征和其他应返还的款项的行为。以下情况经海关核准可予以办理退税手续：

1）已征进口关税的货物，因品质或者规格原因，原状退货复运出境的；

2）已征出口关税的货物，因品质或者规格原因，原状退货复运进境，并已重新缴纳因出口而退还的国内环节有关税收的；

3）已征出口关税的货物，因故未装运出口，申报退关的；

4）因海关误征，致使纳税人多缴税款的；

5）海关核准免验进口的货物，纳税人按申报内容完税后发现短卸，经海关审查认可的；

6）按特定减免税政策规定可予减免税的进出口货物，因各种原因在货物进出口时已予以征税，在规定期限内补交减免税证明的；

7）进口货物在完税之后、放行以前，发现因境外运输途中或者起卸时遭受损坏、损失的和起卸后海关放行前因不可抗力遭受损坏、损失的，以及海关查验时发现非因保管不慎造成的破漏、损坏或腐烂的；

8）进口货物纳税放行后，奉令特准退税的。

海关发现多征税款的，应当立即通知纳税义务人办理退还手续。纳税义务人发现多缴税款的，自缴纳税款之日起 1 年内可以以书面形式要求海关退还多缴的税款，并加算银行同期活期存款利息。海关应当自受理退税申请之日起 30 日内，查实并通知纳税义务人办理返还手续。纳税义务人应当自收到通知之日起 3 个月内，办理有关退税手续。退税必须在原征税海关办理。办理退税时，纳税义务人应填写退税申请表，连同原盖有银行收款章的税款缴纳收据正本，及其他必要单证（合同、发票等）送海关审核，海关同意后，应按原征税或者补税之日所实施的税率计算退税额。

（2）补税

进出口货物放行后，海关发现少征或者漏征税款的，应当自缴纳税款成者货物放行之日起 1 年内向纳税义务人补征税款；但因纳税义务人违反规定造成少征或者漏征税款的，海关可以自缴纳税款或者货物放行之日起 3 年内追征税款，并从缴纳税款或者货物放行之日起按日加收少征或者漏征税款 0.5‰的滞纳金。海关发现海关监管货物因纳税义务人违反规定造成少征或者漏征税款的，应当自纳税义务人应缴纳税款之日起 3 年内追征，并从应缴纳税款之日起按日加收少征或者漏征税款 0.5‰的滞纳金。

【小　结】

本章主要介绍对国际货物通关的管理制度、程序及相关规范。

进出口货物通关的一般程序是报关、查验、缴纳税费、结关；但对于一些特殊货物，如保税货物、特定减免税货物、暂准进出境货物等，海关都规定了相应的管理办法和通关程序。

按照征收对象可以将关税分成进口关税和出口关税两类；按照征收标准的不同又可分为从量税、从价税和复合税。关税计算的关键环节是完税价格的确定，这也是进口环节税计算的关键。

【案例讨论】

合肥海关12项举措助外贸增长

2012年合肥海关出台多项措施，力促安徽全省外贸稳定增长。海关采取的措施主要内容包括停止和取消五项收费、扩大“属地申报、口岸验放”通关模式范围、推进监管业务改革、支持企业走出去等。

在“停止和取消五项收费”方面，自2012年10月1日起，停止收取企业进出口货物纸质报关单证明联（进口付汇用、出口收汇用）、出口报关单退税联打印费、报关单条码费等费用，取消海关监管手续费，降低企业通关成本。

2012年11月15日前，“属地申报、口岸验放”通关模式应用范围放宽至一年内无走私违规记录、资信良好的B类生产型出口企业。此外，将AA类企业评定标准下调为进出口业务量50万美元，上一年度进出口额或进出口报关单数未达标的企业暂不下调管理类别。积极探索“作业叠加”和“结果互认”，提高后续监管整体效率，减轻企业负担。

合肥海关推进分类通关、多式联运流转货物监管等改革。在实现企业进出口分类通关全覆盖的基础上，重点保障高资信企业的通关便利。支持安徽省企业汽车整车出口转关，在特殊监管区域和监管场所间建立多式联运流转货物监管新模式，提高口岸通关效率。优化税收支付方式，采取“分批内销、集中报关”方式、“内销征税、集中报关”模式等，简化保税监管手续。定期发布数据，对贸易风险及时预警分析，为政府决策和企业生产经营提供海关统计信息咨询服务。强化服务窗口建设，开展包保服务，对战略型新兴产业、特色型优势骨干企业、主导型产业集群等重点企业和重大建设项目主动服务、全程关注。根据企业需求，推行正常通关、延时通关、预约通关等通关模式，为重点企业和特殊货物提供加急通关、上门验放、担保放行等便捷服务。积极打造“12360”海关服务热线，逐步实现全天候 7×24 小时服务。

在支持企业“走出去”方面，简化企业设备进境维修手续，提供多种担保方式；支持企业利用国外技术、生产工艺和低成本开展生产；对企业投资和对外承接工程出口境外的设备工具复进口，按照“不作价设备”账册和“保税工厂”方式进行监管。同时，优化征税管理，减轻企业税费负担。

资料来源：合肥海关 12 项举措助外贸增长，安徽日报，2012.10.12。

讨论题

1. 对企业来说，海关的这些举措有什么益处？
2. 海关的这些举措说明了什么？

复习思考题

1. 一般进出口货物通关的基本程序包括哪些？
2. 保税货物通关的基本程序是什么？
3. 特定减免税货物通关的基本程序是什么？
4. 暂准进出境货物通关的基本程序是什么？
5. 进出口货物完税价格的确定方法有哪些？

第8章 国际物流报检

【教学目标】

(1) 了解国际物流报检的基本概念和作用；

(2) 了解国际物流报检的制度、法律法规；

(3) 了解国际物流报检的流程。

【引导案例】

企业擅自从事进出口商品检验鉴定业务案

2008年5月，宁波检验检疫局执法人员通过网络搜索发现余姚市一公司在网上公开承揽出口货物咨询和检验工作。执法人员立即赶赴余姚市向该公司负责人了解情况。在接触过程中，发现该公司成立于2006年9月5日，注册资金仅3万元，员工4名。其营业执照载明业务范围：企业管理咨询、经济信息咨询、会务服务等，根本不包括从事出口货物的咨询和检验工作，而该公司实际开展的业务包括出口货物的咨询和检验，但该公司拒绝透露更多业务详情。执法人员据此判定，该公司有未经许可擅自从事进出口商品检验鉴定业务的重大嫌疑，遂立案调查。立案后，发现该公司确实存在擅自从事进出口商品检验鉴定业务的重大嫌疑事实。

资料来源：www.nbciq.gov.cn/2011-8-2。

8.1 国际物流报检概述

8.1.1 报检的概念

随着社会分工的深入和国际贸易的一体化深入，商品交换的过程越来越复杂。在商品交换中，出现了许多中介，其中，检验是比较重要的中介之一。检验与检疫是沟通跨界生产和消费的重要中介机构职能。作为国家的一个职能，检验和检疫以保护国家整体利益和社会效益为衡量标准，以相应的法律、行政法规、国际惯例等要求为准则，对出入境货物、物流运输工具、人员及其事项等进行检验检疫、管理及认证，并提供官方检验和检疫的单据或电子证明、民间检验检疫公证和鉴定证明的全部活动。

进出口商品报检是进出口商品的收、发货人或其代理人，根据《商检法》等有关法律、法规，对法定检验的进出口商品，在检验检疫机构规定的时限和地点，向检验检疫机构办理申请检验、配合检验、付费、取得商检单等手续的全过程。

在国际贸易和商品进出口过程中，与报检联系在一起的有报关。报关和报检二者作为管理职能，既有联系又有区别。从二者联系看，二者都是办理进出口通关的过程之一，但是报关的对象是海关，而报检的对象是进出口商品检验检疫部门。在程序结构上，报检先于报关，只有在商检部门检验完毕后，出具入境货物通关单，海关才接受报关申请，接着进行相应的审单征税放行等过程。在范围上，并不是所有的进出口商品都需要报检，只有国家规定的商品才需要报检，而所有进出口商品（除少量的自带，特殊的绿色通道）都需要报关。

从检验检疫的性质看，中国出入境检验检疫事业的发展分三个阶段：

第一阶段为萌芽阶段（分两个时期），是新中国成立以前，自鸦片战争以来，西方列强侵略中国，开始不平等的国际贸易，他们控制中国的对外贸易和商品检验主权。1864 年，由英商劳合氏的保险代理人上海仁记洋行代办水险和船舶检验、鉴定业务，它是中国第一个办理商检的机构。面对极端的不平等检验检疫，1929 年“中华民国”政府迫于当时国内外形势压力，成立工商部上海商品检验局，作为中国第一家由国家设立的官方商品检验局，标志着中国检验检疫事业的开端。1932 年“中华民国”政府行政院通过了《商品检验法》，这是中国商品检验最早的法律。但这个法律的实施范围很小，作用和职能没有得到彰显。

第二阶段为形成阶段，自 1949 年至 1978 年。1949 年新中国成立之初，应国家和国际需要，中央贸易部国外贸易司设立了商品检验部分。其后在 1952 年，中央贸易部分为商业部和对外贸易部，在外贸部内设立商品检验总局。

第三阶段为发展阶段，自 1978 年至今。1989 年 2 月 21 日第七届全国人大常委会六次会议通过公布《中华人民共和国进出口商品检验法》，是检验检疫事业重要的发展标志，这部法律确定了商检部门的执法地位。其后于 2001 年，为与国际接轨和符合 WTO 的规制要求，原国家出入境检验检疫局和国家质量技术监督局合并，组建国家质量监督检验检疫总局，并作为国务院正部级直属机构，行驶检验检疫的权力和相关事务监督。

8.1.2　报检的法律依据

检验检疫机构是国家行政机关、国家出入境监督管理机关。检验检疫的监督管理是国家行政执法活动。检验检疫机构作为《中华人民共和国进出口商品检验法》、《中华人民共和国进出境动植物检疫法》、《中华人民共和国国境卫生检疫法》、《中华人民共和国食品卫生法》的行政执法机构，人大常委会确立了它们在法律上的行政执法主体地位，国务院批准检验检疫部门实行垂直领导体制。

中国出入境检验检疫法规，已形成相对完整的法律体系，奠定了依法施检的执法基础，除四个法律以外，各种配套法规、规范性程序文件、检验检测技术标准、检疫对象的消毒、灭菌、除虫等无害化处理规范等，经过具体化和修改补充已基本完整齐备。中国出入境检验检疫的法律体系，还适应有关国际条约。

中国检验检疫法律，具有完备的监管程序，保证了法律的有效实施。具体表现为以下三方面。

（1）所有检验检疫法规都有一个具有强制性的闭环性的监管措施。

（2）在海关、边防把住最后一道关口的前提下，检验检疫部门的强制性报检签证程序、强制性安全卫生检测技术标准、强制性的抽样检查程序也随之发挥监督机制。

（3）合同规定凭检验检疫部门检验证书交货结算和对外索赔的，没有证书无法装船结汇和对外索赔。

8.1.3 报检单位

自理报检单位是指经所在地出入境检验检疫机构注册登记并取得报检单位代码的外贸相关单位（包括有进出口经营权的国内企业、出口货物的生产企业、进出口货物的收发货人、有进出境相关业务的科研单位、运输单位等），依法自行办理出入境检验检疫报检事宜的，在工商行政管理部门注册登记的境内企业法人。

代理报检单位是指质检总局注册登记，受出口生产企业的委托，或受进出口货物收发货人的委托，或受外贸关系人等的委托，依法代为办理出入境检验检疫报检事宜的，在工商行政管理部门注册登记的境内企业法人。

8.1.4 报检的分类

8.1.4.1 进出口商品检验

进出口商品检验是指确定进出口商品是否符合国家技术规范强制性要求的合格评定活动。合格评定程序包括抽样、检验与检查；评估、验证和合格保证；注册、认可和批准以及上述各项的组合。

法定检验的商品到货后，收货人必须向卸货口岸或者到达站的商检机构办理登记。商检机构在报关单上加盖“已接受登记”的印章。海关凭商家报关单盖的印章验放。

对外贸易合同或者运输合同约定进口商品检验地点的，在约定的地点检验；未约定检验地点的，在卸货口岸、到达站或者商检机构指定的地点检验。大宗散装商品、易腐烂变质商品以及卸货时发现残损或者数量、质量短缺的商品，必须在卸货口岸或者到达站检验。需要结合安装调试进行检验的成套设备、机电产品以及在口岸开件检验后难以恢复包装的商品，可以在收货人所在地检验。

法定检验的出口商品，发货人应当在商检机构规定的地点和期限内，持合同等必要的单证向商检机构报检。商检机构对已报检的出口商品，应当在不延误装运出口的期限内检验完毕。检验合格的，按照规定签发检验证书、放行单或者在报关单上加盖印章。商检机构对法定检验以外的出口商品，可以在生产、经营单位检验的基础上定期或不定期地抽查检验。商检机构检验合格的出口商品，发货人应当在检验证书或者放行单签发之日起 60 天内出口；逾期出口的，必须重新报检。为出口危险货物生产包装容器的企业，必须申请商检机构进行包装容器的性能鉴定。生产出口危险货物的企业，必须申请商检机构进行包装容器的使用鉴定，使用未经鉴定合格的包装容器的危险货物，不准出口。

对装运出口易腐烂变质食品的船和集装箱，承运个人或者装箱单位必须在装货前申请检验，未经检验合格的，不准装运。

进出口商品检验相关法律责任如下：

（1）违反商检法律、行政法规，须经国家商检机构检验的进口商品未报经检验而擅自销售或者使用的，或者必须经商检机构检验的出口商品未报经检验合格而擅自出口的，由商检机构没收违法所得，并处货值金额 5%以上 20%以下的罚款，构成犯罪的，依法追究刑事责任。

（2）违反商检法律、行政法规，未经国家商检部门许可，擅自从事进出口商品检验鉴定业务的，由商检机构责令停止非法经营，没收违法所得，并处违法所得 1 倍以上 3 倍以下的罚款。

（3）进出口属于掺杂掺假、以假充真、以次充好的商品或者以不合格进出口商品冒充合格进出口商品的，由商检机构责令停止进出口，没收违法所得，并处货值金额 5%以上 3 倍以下的罚款，构成犯罪的，依法追究刑事责任。

（4）伪造、编造、买卖或者盗窃商检证单、印章、标志、封识和质量认证标志的，依法追究刑事责任。

(5) 国家商检部门、商检机构的工作人员违反法律规定，泄露所知悉的商业秘密的，依法给予行政处分；有违法所得的，予以没收；构成犯罪的，依法追究刑事责任。

(6) 国家商检部门、商检机构工作人员滥用职权、故意刁难，徇私舞弊、伪造检验结果或者玩忽职守、延误检验出证的，依法给予行政处分，情节严重，构成犯罪的，依法追究刑事责任。

8.1.4.2 进出口动植物检疫及卫生检疫

进出口动植物检疫及卫生检疫是指为防止动物传染病、寄生虫病和植物危险性病、虫、杂草以及其他有害生物（以下简称病虫害）传入、传出国境，保护农、林、牧、渔业生产和人体健康，促进对外经济贸易的发展，对出入境的动植物、动植物产品和其他检疫物，装载动植物、动植物产品和其他检疫物的装载容器、包装物，以及来自动植物疫区的运输工具实施检疫。

依据动植物检疫法，中国禁止下列各类物品进境：

(1) 动植物病原体（包括菌类、毒种等）、害虫及其他有害生物。

(2) 动植物疫情流行的国家和地区的有关动植物、动植物产品和其他检疫品。

(3) 动物尸体和土壤。

按照中国相关法律的规定，出入境动植物检疫监督的范围包括：

(1) 出入境动植物产品的生产、加工和存放过程。

(2) 出入境动物、植物种子、种苗及其繁殖材料隔离饲养、隔离种植过程。

(3) 出入境动植物、动植物产品和其他检疫物的熏蒸、消毒过程。

(4) 在机场、港口、车站、仓库、加工厂、农场等生产、加工、存放出入境动植物、动植物产品和其他检疫物的场所实施动植物疫情监测。

(5) 根据需要，对运载出入境动植物、动植物产品和其他检疫物的运输工具、装载容器加施动植物检疫封识或标志。

(6) 根据具体情况，对进入保税区、保税仓库的贸易性保税入境动植物、动植物产品实行建议监督。

出入境动植物检疫的主要程序包括货主申请、填写报检单、检疫（现场、实验室、隔离）、检疫结果的判断和出证（根据检疫结果，按照中国与有关国家或地区签订的双边检疫协定书中的规定、国家标准，参考有关国际标准出证）。

检疫不合格的由口岸出入境检验机构签发《检疫处理通知单》，通知货主或其代理人分别做除害、退回、销毁处理。检疫合格的签发《检疫放行通知单》、检疫证书或在报关单上加盖印章，准予入境或出境。

8.1.4.3 出入境运输工具、集装箱的检疫

出入境运输工具、集装箱的检疫是指来自国外的运输工具因故停泊、降落在中国境内非口岸地点的时候，运输工具的负责人应当立即向就近的国境卫生检疫机关或者当地卫生行政部门报告。除急救情况外，未经国境卫生检疫机关或者当地卫生行政部门许可，任何人不准上下运输工具，不准装卸行李、货物、邮包等物品。

8.1.5 报检程序

出入境报检程序一般包括：单证准备，相关数据录入，递交单证，协同检验检疫活动，缴费和签订单证文件。其具体内容如下：

8.1.5.1 准备报检单证

(1) 报检时，应使用国家质检总局统一印制的报检单，报检单必须加盖报检单位印章或已向检验检疫机关备案的“报检专用章”；

(2) 报检单所列项目应填写完整、准确，字迹清晰，不得涂改，无相应内容的栏目应填写“＊＊＊”，不得留空；

(3) 报检单位必须做到三个符合：一是单证相符，二是单货相符，三是单单相符；

(4) 随附单证原则上要求原件，确实无法提供原件的，应提供有效复印件。

8.1.5.2 电子报检数据录入

(1) 使用经国家质检总局评测合格并认可的电子报检软件进行电子报检；

(2) 须在规定的报检时限内，将相关出入境货物的报检数据发送至报检地检验检疫机构；

(3) 对合同或信用证中涉及检验检疫特殊条款和特殊要求的，应在电子报检中同时提出；

(4) 对经审核不符合要求的电子报检数据，报检人员可按照检验检疫机构的有关要求对报检数据修改后，再次报检；

(5) 报检人员收到受理报检的反馈信息后打印出符合规范的纸质货物报检单；

(6) 需要对已发送的电子报检数据进行更改或撤销报检时，报检人员应发送更改或撤销申请。

8.1.5.3 现场递交单证

(1) 电子报检受理后，报检人员应在检验检疫机构规定的地点和期限内，

持本人《报检员证》到现场递交纸质报检单、随附单证等有关资料。

(2) 对经检验检疫机构工作人员审核认为不符合规定的报检单证，或需要报检单位作出解析、说明的，报检人员应及时修改、补充或更换报检单证，及时解析、说明情况。

8.1.5.4 缴纳检验检疫费

报检人员应在检验检疫机构开具收费通知单之日起 20 日内足额缴纳检验检疫费用。

8.1.5.5 联系配合检验检疫

报检人员应主动联系，配合检验检疫机构对出入境货物实施检验检疫。

8.1.5.6 签领证单

对出入境货物检验检疫完毕后，检验检疫机构根据评定结果签发相应的证单；报检人在领取检验检疫机构出具的有关检验检疫证单时，应如实签署姓名和领证时间，并妥善保管。

8.1.6 报检的作用

报检的作用主要体现在三个方面：

(1) 保护本国产品，振兴民族产业；

(2) 保护物种；

(3) 符合 WTO 协议，有利于合法地开展业务。

从形式上看，出入境检验检疫是国家主权的体现；出入境检验检疫是国家管理职能的体现；出入境检验检疫是国家维护根本经济权益与安全的重要的技术贸易壁垒措施，是保证中国对外贸易顺利进行和持续发展的需要。出入境动植物检疫对保护农林牧渔业生产安全，促进农畜产品的对外贸易和保护人体健康具有十分重要的意义。国境卫生检疫对防止检疫传染病的传播，保护人体健康是一个十分重要的屏障。

8.2 国际货物报检制度

8.2.1 法律法规

目前涉及中国货物报检制度的相关法律法规有《中华人民共和国进出口商品检验法》、《中华人民共和国进出境动植物检疫法》、《中华人民共和国国境卫生检疫法》、《中华人民共和国食品安全法》、《中华人民共和国进出口商品检验法实施条例》、《中华人民共和国进出境动植物检疫法实施条例》、《中华人民共和国国境卫生检疫法实施细则》、《中华人民共和国认证认可条例》、《中华人民共和国对外贸易法》、《中华人民共和国海关法》等法律法规，这些法律法规均对国际货物报检做出具体的规定。

8.2.1.1　《中华人民共和国进出口商品检验法》

该法律规定了出入境检验检疫机构对法定检验以外的进出口商品，根据国家规定实施抽查检验，主要内容包括：

第五条　进出口药品的质量检验、计量器具的量值检定、锅炉压力容器的安全监督检验、船舶（包括海上平台、主要船用设备及材料）和集装箱的规范检验、飞机（包括飞机发动机、机载设备）的适航检验以及核承压设备的安全检验等项目，由有关法律、行政法规规定的机构实施检验。

第六条　进出境的样品、礼品、暂准进出境的货物以及其他非贸易性物品，免予检验。但是，法律、行政法规另有规定的除外。列入目录的进出口商品符合国家规定的免予检验条件的，由收货人、发货人或者生产企业申请，经国家质检总局审查批准，出入境检验检疫机构免予检验。免予检验的具体办法，由国家质检总局等有关部门制定。

第十六条　法定检验的进口商品的收货人应当持合同、发票、装箱单、提单等必要的凭证和相关批准文件，向海关报关地的出入境检验检疫机构报检；海关放行后 20 日内，收货人应当依照本条例第十八条的规定，向出入境检验检疫机构申请检验。法定检验的进口商品未经检验的，不准销售，不准使用。

进口实行验证管理的商品，收货人应当向海关报关地的出入境检验检疫机构申请验证。出入境检验检疫机构按照国家质检总局的规定实施验证。

第十七条　法定检验的进口商品、实行验证管理的进口商品，海关凭出入境检验检疫机构签发的货物通关单办理海关通关手续。

第十八条　法定检验的进口商品应当在收货人报检时申报的目的地检验。大宗散装商品、易腐烂变质商品、可用作原料的固体废物以及已发生残损、短缺的商品，应当在卸货口岸检验。对前两款规定的进口商品，国家质检总局可以根据便利对外贸易和进出口商品检验工作的需要，指定在其他地点检验。

8.2.1.2　《中华人民共和国进出境动植物检疫法》

该法律规定了进境、出境、过境携带、邮寄、运输工具的检疫，其主要内容包括：

第十条　输入动物、动物产品、植物种子、种苗及其他繁殖材料的，必须事先提出申请，办理检疫审批手续。

第十一条　通过贸易、科技合作、交换、赠送、援助等方式输入动植物、动植物产品和其他检疫物的，应当在合同或者协议中订明中国法定的检疫要求，并订明必须附有输出国家或者地区政府动植物检疫机关出具的检疫证书。

第十二条　货主或者其代理人应当在动植物、动植物产品和其他检疫物进境前或者进境时持输出国家或者地区的检疫证书、贸易合同等单证，向进境口岸动植物检疫机关报检。

第十三条　装载动物的运输工具抵达口岸时，口岸动植物检疫机关应当采取现场预防措施，对上下运输工具或者接近动物的人员、装载动物的运输工具和被污染的场地作防疫消毒处理。

第十四条　输入动植物、动植物产品和其他检疫物，应当在进境口岸实施检疫。未经口岸动植物检疫机关同意，不得卸离运输工具。

输入动植物，需隔离检疫的，在口岸动植物检疫机关指定的隔离场所检疫。

因口岸条件限制等原因，可以由国家动植物检疫机关决定将动植物、动植物产品和其他检疫物运往指定地点检疫。在运输、装卸过程中，货主或者其代理人应当采取防疫措施。指定的存放、加工和隔离饲养或者隔离种植的场所，应当符合动植物检疫和防疫的规定。

第十五条　输入动植物、动植物产品和其他检疫物，经检疫合格的，准予进境；海关凭口岸动植物检疫机关签发的检疫单证或者在报关单上加盖的印章验放。

输入动植物、动植物产品和其他检疫物，需调离海关监管区检疫的，海关凭口岸动植物检疫机关签发的《检疫调离通知单》验放。

第十六条　输入动物，经检疫不合格的，由口岸动植物检疫机关签发《检疫处理通知单》，通知货主或者其代理人作如下处理。

（一）检出一类传染病、寄生虫病的动物，连同其同群动物全群退回或者全群扑杀并销毁尸体；

（二）检出二类传染病、寄生虫病的动物，退回或者扑杀，同群其他动物在隔离场或者其他指定地点隔离观察。

输入动物产品和其他检疫物经检疫不合格的，由口岸动植物检疫机关签发《检疫处理通知单》，通知货主或者其代理人作除害、退回或者销毁处理。经除害处理合格的，准予进境。

第十七条　输入植物、植物产品和其他检疫物，经检疫发现有植物危险性病、虫、杂草的，由口岸动植物检疫机关签发《检疫处理通知单》，通知货主或者其代理人作除害、退回或者销毁处理。经除害处理合格的，准予进境。

第十八条　本法第十六条第一款第一项、第二项所称一类、二类动物传染病、寄生虫病的名录和本法第十七条所称植物危险性病、虫、杂草的名录，由国务院农业行政主管部门制定并公布。

第十九条　输入动植物、动植物产品和其他检疫物，经检疫发现有本法第十八条规定的名录之外，对农、林、牧、渔业有严重危害的其他病虫害的，由口岸动植物检疫机关依照国务院农业行政主管部门的规定，通知货主或者其代理人作除害、退回或者销毁处理。经除害处理合格的，准予进境。

第二十条　货主或者其代理人在动植物、动植物产品和其他检疫物出境前，向口岸动植物检疫机关报检。

出境前需经隔离检疫的动物，在口岸动植物检疫机关指定的隔离场所检疫。

第二十一条　输出动植物、动植物产品和其他检疫物，由口岸动植物检疫机关实施检疫，经检疫合格或者经除害处理合格的，准予出境；海关凭口岸动植物检疫机关签发的检疫证书或者在报关单上加盖的印章验放。检疫不合格又无有效方法作除害处理的，不准出境。

第二十二条　经检疫合格的动植物、动植物产品和其他检疫物，有下列情形之一的，货主或者其代理人应当重新报检。

（一）更改输入国家或者地区，更改后的输入国家或者地区又有不同检疫要求的；

（二）改换包装或者原未拼装后来拼装的；

（三）超过检疫规定有效期限的。

第二十三条　要求运输动物过境的，必须事先经中国国家动植物检疫机关同意，并按照指定的口岸和路线过境。

装载过境动物的运输工具、装载容器、饲料和铺垫材料，必须符合中国动植物检疫的规定。

第二十四条　运输动植物、动植物产品和其他检疫物过境的，由承运人或者押运人持货运单和输出国家或者地区政府动植物检疫机关出具的检疫证书，在进境时向口岸动植物检疫机关报检，出境口岸不再检疫。

第二十五条　过境的动物经检疫合格的，准予过境；发现有本法第十八条规定的名录所列的动物传染病、寄生虫病的，全群动物不准过境。

过境动物的饲料受病虫害污染的，作除害、不准过境或者销毁处理。

过境动物的尸体、排泄物、铺垫材料及其他废弃物，必须按照动植物检疫机关的规定处理，不得擅自抛弃。

第二十六条　对过境植物、动植物产品和其他检疫物，口岸动植物检疫机关检查运输工具或者包装，经检疫合格的，准予过境；发现有本法第十八条规定的名录所列的病虫害的，作除害处理或者不准过境。

第二十七条　动植物、动植物产品和其他检疫物过境期间，未经动植物检疫机关批准，不得开拆包装或者卸离运输工具。

8.2.1.3　《中华人民共和国国境卫生检疫法》

其相关内容包括：

第七条　入境的交通工具和人员，必须在最先到达的国境口岸的指定地点接受检疫。除引航员外，未经国境卫生检疫机关许可，任何人不准下交通工具，不准装卸行李、货物、邮包等物品。具体办法由本法实施细则规定。

第八条　出境的交通工具和人员，必须在最后离开的国境口岸接受检疫。

第九条　来自国外的船舶、航空器因故停泊、降落在中国境内非口岸地点的时候，船舶、航空器的负责人应当立即向就近的国境卫生检疫机关或者当地卫生行政部门报告。除急救情况外，未经国境卫生检疫机关或者当地卫生行政部门许可，任何人不准上下船舶、航空器，不准装卸行李、货物、邮包等物品。

第十条　在国境口岸发现检疫传染病，疑似检疫传染病，或者有人非因意外伤害而死亡并死因不明的，国境口岸有关单位和交通工具的负责人，应当立即向国境卫生检疫机关报告，并申请临时检疫。

第十一条　国境卫生检疫机关依据检疫医师提供的检疫结果，对未染有检疫传染病或者已实施卫生处理的交通工具，签发入境检疫证、出境检疫证。

第十二条　国境卫生检疫机关对检疫传染病染疫人必须立即将其隔离，隔离期限根据医学检查结果确定；对检疫传染病染疫嫌疑人应当将其留验，留验期限根据该传染病的潜伏期确定。

因患检疫传染病而死亡的尸体，必须就近火化。

第十三条　接收入境检疫的交通工具有下列情形之一的，应当实施消毒、除鼠、除虫或者其他卫生处理。

（一）来自检疫传染病疫区的；

（二）被检疫传染病污染的；

（三）发现有与人类健康有关的啮齿动物或者病媒昆虫的。

如果外国交通工具的负责人拒绝接受卫生处理，除有特殊情况外，准许该交通工具在国境卫生检疫机关的监督下，立即离开中华人民共和国国境。

第十四条　国境卫生检疫机关对来自疫区的、被检疫传染病污染的或者可能成为检疫传染病传播媒介的行李、货物、邮包等物品，应当进行卫生检查，实施消毒、除鼠、除虫或者其他卫生处理。

入境、出境的尸体和骸骨的托运人或者代理人，必须向国境卫生检疫机关申报，经卫生检查合格后发给入境、出境许可证，方准运进或者运出。

8.2.2 部门规章与地方法律法规

8.2.2.1 《国务院关于加强食品等产品安全监督管理的特别规定》

其相关内容包括：

第七条　出口产品的生产经营者应当保证其出口产品符合进口国（地区）的标准或者合同要求。法律规定产品必须经过检验方可出口的，应当经符合法律规定的机构检验合格。

出口产品检验人员应当依照法律、行政法规规定和有关标准、程序、方法进行检验，对其出具的检验证单等负责。

出入境检验检疫机构和商务、药品等监督管理部门应当建立出口产品的生产经营者良好记录和不良记录，并予以公布。对有良好记录的出口产品的生产经营者，简化检验检疫手续。

出口产品的生产经营者逃避产品检验或者弄虚作假的，由出入境检验检疫机构和药品监督管理部门依据各自职责，没收违法所得和产品，并处货值金额3倍的罚款；构成犯罪的，依法追究刑事责任。

第八条　进口产品应当符合我国国家技术规范的强制性要求以及我国与出口国（地区）签订的协议规定的检验要求。

质检、药品监督管理部门依据生产经营者的诚信度和质量管理水平，以及进口产品风险评估的结果，对进口产品实施分类管理，并对进口产品的收货人实施备案管理。进口产品的收货人应当如实记录进口产品流向。记录保存期限不得少于2年。

质检、药品监督管理部门发现不符合法定要求产品时，可以将不符合法定要求产品的进货人、报检人、代理人列入不良记录名单。进口产品的进货人、销售者弄虚作假的，由质检、药品监督管理部门依据各自职责，没收违法所得和产品，并处货值金额3倍的罚款；构成犯罪的，依法追究刑事责任。进口产品的报检人、代理人弄虚作假的，取消报检资格，并处货值金额等值的罚款。

8.2.2.2 相关法律法规

中国各省也颁布实施一些与检验检疫相关的法律法规规定，如《安徽省的进境动物及动物产品检疫许可肉类产品检验检疫准入名单》、《浙江局出入境特殊物品审批流程》等。

以《浙江局出入境特殊物品审批流程》为例，它规定了浙江口岸出入境特殊物品的卫生检疫审批工作，由浙江出入境检验检疫局卫生检疫监管处（以下简称浙江局卫生处）实施，按“受理、审查、决定”分离的原则和权限划分建立工作岗位和责任制度。

出入境特殊物品申请和审批过程包括注册和申请。出入境特殊物品的卫生检疫审批申请人第一次申请时需在电子监管系统进行注册，提交注册信息。系统自动生成该申请人用户名，密码由申请人自行设定。浙江局卫生处根据申请人注册信息和相关资质材料等进行审批。审批通过后，申请人注册成功，可通过其用户名和密码登录电子监管系统。

申请人进入电子监管系统的特殊物品企业登录，按照有关要求填写《出入境特殊物品卫生检疫审批申请表》并上传申请附表和随附文件，附表文件为《出入境特殊物品卫生检疫审批申请表（附表）》和出入境特殊物品卫生检疫审批单（附表），随附相关文件主要为相关主管部门批文和特殊物品描述性文件等。

8.2.3 报检员管理规定

中国每年进出口货品超过数十万种，其中有70%以上需要检验检疫。同时技术壁垒的影响越来越大，关税逐步降低，报检员的工作价值越来越大。报检员是企业与检验检疫部门之间的桥梁，其承担的检验检疫报检工作是检验检疫工作的第一道程序，报检工作质量的高低不仅直接影响到检验检疫工作的整体质量和工作效率，也直接影响着进出口企业能否顺利通过检验检疫、顺利通关和结汇。

超强度脑力劳动是报检员职业的最大特点。一名合格的报检员，除应具备基本常识和理论知识外，还须具有良好的沟通能力，如良好的口才，较强的表达才能，善于与客户、海关和商检等沟通，解答客户提出的各种专业性问题，等等。

报检员受国家质检总局主管，检验检疫机构负责组织报检员资格考试、注册及日常管理、定期审核等工作。报检员在办理报检业务时，应当遵守出入境检验检疫法律法规和有关规定，并承担相应的法律责任。报检员资格全国统一考试是测试应试者从事出入境检验检疫报检工作必备业务知识水平和能力的执业资格考试，自2003年起开始实行。

对报检员的管理主要依据《出入境检验检疫报检员管理规定》，其具体内容包括：

第一章　总　则

第一条　为加强对出入境检验检疫报检员（以下简称报检员）的管理，规范报检员的报检行为，维护正常的报检工作秩序，根据《中华人民共和国进出口商品检验法》及其实施条例、《中华人民共和国进出境动植物检疫法》及其实施条例、《中华人民共和国国境卫生检疫法》及其实施细则、《中华人民共和国食品卫生法》等法律法规的规定，制定本规定。

第二条　本规定所称报检员是指获得国家质量监督检验检疫总局（以下简称国家质检总局）规定的资格，在国家质检总局设在各地的出入境检验检疫机构（以下简称检验检疫机构）注册，办理出入境检验检疫报检业务（以下简称报检业务）的人员。

第三条　国家质检总局主管全国报检员管理工作，检验检疫机构负责组织报检员资格考试、注册及日常管理、定期审核等工作。

第四条　报检员在办理报检业务时，应当遵守出入境检验检疫法律法规和有关规定，并承担相应的法律责任。

第二章　报检员资格

第五条　报检员资格实行全国统一考试制度。报检员资格全国统一考试办法由国家质检总局另行制定。

第六条　参加报检员资格考试的人员应当符合下列条件。

（一）年满 18 周岁，具有完全民事行为能力；

（二）具有良好的品行；

（三）具有高中或者中等专业学校以上学历；

（四）国家质检总局规定的其他条件。

第七条　资格考试合格的人员，取得《报检员资格证》。2 年内未从事报检业务的，《报检员资格证》自动失效。

第三章　报检员注册

第八条　获得《报检员资格证》的人员，方可申请报检员注册。

第九条　报检员注册应当由在检验检疫机构登记并取得报检单位代码的企业向登记地检验检疫机构提出申请，并提交下列材料。

（一）报检员注册申请书；

（二）拟任报检员所属企业在检验检疫机构的登记证书；

（三）拟任报检员的《报检员资格证》；

（四）检验检疫机构需要的其他证明文件。

第十条　检验检疫机构对提交的材料进行审核，经审核合格的，予以注册，颁发《报检员证》。

第十一条　《报检员证》是报检员办理报检业务的身份凭证，不得转借、涂改。未取得《报检员证》的，不得从事报检业务。

第十二条　报检员调往当地其他企业从事报检业务的，应当持调入企业的证明文件，向发证检验检疫机构办理变更手续；调往异地企业从事报检业务的，应当向调出地检验检疫机构办理注销手续，并持注销证明向调入企业所在地检验检疫机构重新办理注册手续。经核准的，检验检疫机构予以换发新的《报检员证》。

第十三条　代理报检单位的报检员不得同时兼任两个或者两个以上代理报检单位的报检工作。自理报检单位的报检员不得同时兼任两个或者两个以上自理单位的报检工作。

第十四条　报检员遗失《报检员证》的，应当在7日内向发证检验检疫机构递交情况说明，并登报声明作废。对在有效期内的，检验检疫机构予以补发。未补发《报检员证》前报检员不得办理报检业务。

第十五条　有下列情况之一的，报检员所属企业应当收回其《报检员证》交当地检验检疫机构，并以书面形式申请办理《报检员证》注销手续。

（一）报检员不再从事报检业务的；

（二）企业因故停止报检业务的；

（三）企业解聘报检员的。

因未办理《报检员证》注销手续而产生的法律责任由报检员所属企业承担。

第四章　报检员职责

第十六条　报检员依法代表所属企业办理报检业务。报检员应当并有权拒绝办理所属企业交办的单证不真实、手续不齐全的报检业务。

第十七条　报检员应当对所属企业负责，接受检验检疫机构的指导和监督，并履行下列义务。

（一）遵守有关法律法规和检验检疫的规定；

（二）在办理报检业务时严格按照规定提供真实的数据和完整、有效的单证，准确、清晰地填制报检单，并在规定的时间内缴纳有关费用；

（三）参加检验检疫机构举办的有关报检业务的培训；

（四）协助所属企业完整保存各种报检单证、票据、函电等资料；

（五）承担其他与报检业务有关的工作。

第五章 监督管理

第十八条 检验检疫机构负责对经其注册的报检员的业务培训、日常管理和定期审核工作。

第十九条 检验检疫机构对报检员的管理实施差错登记制度。

第二十条 《报检员证》的有效期为 2 年，期满之日前 1 个月，报检员应当向发证检验检疫机构提交审核申请书。

第二十一条 检验检疫机构结合日常报检工作记录对报检员进行审核。经审核合格的，其《报检员证》有效期延长 2 年。经审核不合格的，报检员应当参加检验检疫机构组织的报检业务培训，经考试合格后，其《报检员证》有效期延长 2 年。未申请审核或者经审核不合格，且未通过培训考试的，不予延长其《报检员证》有效期。

第二十二条 报检员有下列行为之一的，由检验检疫机构暂停其 3 个月或者 6 个月报检资格。

（一）不履行本规定第十七条规定，情节严重的；

（二）1 年内出现 3 次以上报检差错行为，情节严重的；

（三）转借或者涂改报《报检员证》的。

第二十三条 报检员有下列行为之一的，由检验检疫机构取消其报检资格，吊销《报检员证》。

（一）不如实报检，造成严重后果的；

（二）提供虚假合同、发票、提单等单据的；

（三）伪造、变造、买卖或者盗窃、涂改检验检疫通关证明、检验检疫证单、印章、标志、封识和质量认证标志的；

（四）其他违反检验检疫法律法规规定，情节严重的。

第二十四条 报检员在从事报检业务活动中有其他违反法律法规规定的，按照相关法律法规规定处理。

第六章 附 则

第二十五条 《报检员资格证》和《报检员证》由国家质检总局统一印制。

第二十六条 本规定由国家质检总局负责解释。

第二十七条 本规定自 2003 年 1 月 1 日起施行。

8.3 国际货物报检业务

8.3.1 报检范围

出入境检验检疫报检范围包括：

(1) 国家法律法规规定必须由出入境检验检疫机构规定检验检疫的，具体有以下对象。

1) 列入《出入境检验检疫机构实施检验检疫的进出境商品目录》内的货物；

2) 入境废物、进口旧机电产品；

3) 出口危险货物包装容器的性能检验和使用鉴定；

4) 进出境集装箱；

5) 进境、出境、过境的动植物、动植物产品及其他检疫物；

6) 装载动植物、动植物产品和其他检疫物的装载容器、包装物、铺垫材料，进境动植物性包装物、铺垫材料；

7) 来自动植物疫区的运输工具，装载进境、出境、过境的动植物、动植物产品及其他检疫物的运输工具；

8) 进境拆解的废旧船舶；

9) 出入境人员、交通工具、运输设备以及可能传播检疫传染病的行李、货物和邮包等物品；

10) 旅客携带物（包括微生物、人体组织、生物制品、血液及其制品、骸骨、骨灰、废旧物品和可能传播传染病的物品以及动植物、动植物产品和其他检疫物）和携带伴侣动物；

11) 国际邮寄物（包括动植物、动植物产品和其他检疫物、微生物、人体组织、生物制品、血液及其制品以及其他需要实施检疫的国际邮寄物）；

12) 其他法律、行政法规规定需经检验检疫机构实施检验检疫的其他应检对象。

(2) 输入国家或地区规定必须凭检验检疫机构出具的证书方准入境的。

(3) 有关国际条约规定须经检验检疫的。

(4) 对外贸易合同约定须凭检验检疫机构签发的证书进行交接、结算的。

(5) 申请签发一般原产地证明书、普惠制原产地证明书等原产地证明书的。

《出入境检验检疫机构实施检验检疫的进出境商品目录》以《商品分类和

编码协调制度》为基础编制而成，包括了大部分法定检验检疫的货物，是检验检疫机构依法对出入境货物实施检验检疫的主要执行依据。其中海关监管条件、检验检疫类别代码含义如下。

海关监管条件代码：

A 表示对应商品须实施进境检验检疫；

B 表示对应商品须实施出境检验检疫；

D 表示对应商品海关与检验检疫联合监管。

检验检疫类别代码：

M 表示对应商品须实施进口商品检验；

N 表示对应商品须实施出口商品检验；

P 表示对应商品须实施进境动植物、动植物产品检疫；

Q 表示对应商品须实施出境动植物、动植物产品检疫；

R 表示对应商品须实施进口食品卫生监督检验；

S 表示对应商品须实施出口食品卫生监督检验；

L 表示对应商品须实施民用商品入境验证。

8.3.2　国际货物报检程序

8.3.2.1 入境货物检验检疫申报

(1) 入境货物报检单的填制要求

报检单位须加盖报检单位印章，准确填写本单位在检验检疫机构备案或注册登记的代码。所列各项内容必须完整、准确、清晰，不得涂改。

1) 编号：电子报检受理后自动生成，在受理回执中自动反馈。

2) 报检单位：填写报检单位的全称。

3) 报检单位登记号：填写报检单位在检验检疫机构备案或注册登记的代码。

4) 联系人：填写报检人员姓名；电话：填写报检人员的联系电话。

5) 报检日期：检验检疫机构实际受理报检的日期，由检验检疫机构受理报检人员填写。

6) 收货人：填写外贸合同中的收货人，应中英文对照填写。

7) 发货人：填写外贸合同中的发货人。

8) 货物名称（中/外文）：填写本批货物的品名，应与进口合同、发票名称一致，如为废旧货物应注明。

9) H.S编码：填写本批货物的商品编码，以当年海关公布的商品税则编码分类为准。

10）原产国（地区）：填写本批货物生产/加工的国家或地区。

11）数/重量：填写本批货物的数/重量，应与合同、发票或报关单上所列的货物数/重量一致，并应注明数/重量单位。

12）货物总值：填写本批货物的总值及币种，应与合同、发票或报关单上所列的货物总值一致。

13）包装种类及数量：填写本批货物实际运输包装的种类及数量，应注明包装的材质。

14）运输工具名称号码：填写装运本批货物的运输工具的名称和号码。

15）合同号：填写对外贸易合同、订单的号码。

16）贸易方式：填写本批货物进口的贸易方式，根据实际情况选填一般贸易、来料加工、进料加工、易货贸易、补偿贸易、边境贸易、无偿援助、外商投资、对外承包工程进出口货物、出口加工区进出境货物、出口加工区进出区货物、退运货物、过境货物、保税区进出境仓储、转口货物、保税区进出区货物、暂时进出口货物、暂时进出口留购货物、展览品、样品、其他非贸易性物品、其他贸易性货物等。

17）贸易国别（地区）：填写本批进口货物的贸易国别（地区）。

18）提单/运单号：货物海运提单号或空运单号，有二程提单的应同时填写。

19）到货日期：填写本批货物到达口岸的日期。

20）启运国家（地区）：填写装运本批货物的交通工具的启运国家或地区。

21）许可证/审批号：需办理进境许可证或审批的货物应填写有关许可证号或审批号。

22）卸毕日期：填写货物在口岸卸毕的实际日期。

23）启运口岸：填写装运本批货物的交通工具的启运口岸。

24）入境口岸：填写装运本批货物的交通工具进境时首次停靠的口岸。

25）索赔有效期至：按外贸合同规定的日期填写，特别要注明截止日期。

26）经停口岸：填写本批货物启运后，到达目的地前中途曾经停靠的口岸名称。

27）目的地：填写本批货物预定最后到达的交货地。

28）集装箱规格、数量及号码：货物若以集装箱运输应填写集装箱的规格，数量及号码。

29）合同订立的特殊条款以及其他要求：填写在合同中特别订立的有关质量、卫生等条款或报检单位对本批货物检验检疫的特别要求。

30）货物存放地点：填写本批货物存放的地点。

31）用途：填写本批货物的用途。根据实际情况选填种用或繁殖、食用、奶用、观赏或演艺、伴侣动物、实验、药用、饲用、其他。

32）随附单据：按实际向检验检疫机构提供的单据，在对应的“□”上打“√”或补填。

33）标记及号码：填写货物的标记号码，应与合同、发票等有关外贸单据保持一致；若没有标记号码，则填“N/M”。

34）外商投资财产：由检验检疫机构报检受理人员填写。

35）报检人郑重声明：由报检人员亲笔签名。

36）检验检疫费：由检验检疫机构计费人员填写。

37）领取证单：由报检人在领取证单时填写实际领证日期并签名。

（2）入境报检的要求

入境货物应在入境前或入境时向入境口岸、指定的或到达站的检验检疫机构办理报检手续；入境的运输工具及人员应在入境前或入境时申报。

入境报检时，应填写入境货物报检单，并提供合同、发票、提单等有关单证。下列情况还应按要求提供有关文件：

1）凡实施产品强制性认证、卫生注册、或其他需审批审核的货物，应提供有关证明。

2）实施品质检验的，还应提供国外品质证书或质量保证书、产品使用说明书及有关标准和技术资料；凭样成交的，须加附成交样品；以品级或公量计价结算的，应同时申请重量鉴定。

3）入境废物报检时，应提供国家环保部门签发的《进口废物批准证书》和经认可的检验机构签发的装运前检验合格证书，以及检验检疫各分支机构签发的《入/出境废旧物品检验检疫预申报证》等。

4）申请残损鉴定的，还应提供理货残损单、铁路商务记录、空运事故记录或海事报告等证明货损情况的有关单证。

5）申请重（数）量鉴定的，还应提供重（数）量明细单、理货清单等。

6）货物经收、用货部门验收或其他单位检测的，应随附验收报告或检测结果以及重量明细单等。

7）入境的动植物及其产品，需按规定办理检疫审批手续的，应提供有效《进境动植物检疫许可证》和输出国官方出具的检疫证书正本（半制动物皮张、远洋捕捞的海产品除外）。

8）过境动植物及其产品报检时，应提供货运单和输出国家或地区官方出具的检疫证书；运输动物过境时，还应提供动物过境许可证。

9）因科研等特殊需要，输入禁止入境动植物及其产品的，必须提供国家质检总局签发的特许审批证明《进境动植物检疫许可证》。

10）特殊物品入境的，应提供国家进口批文和有关证明、检验证书以及《入/出境特殊物品卫生检疫审批单》等。

（3）到货目的地为深圳地区的一般贸易入境货物的检验检疫手续

货主须在入境口岸检验检疫局办理报检手续，由入境口岸检验检疫局计收检验检疫费，实施动植物检疫和卫生检疫，并办理签证、通关手续。

属于大宗散装商品、进口食品、易腐烂变质商品、可用作原料的固体废物以及已发生残损、短缺的商品，由口岸检验检疫局在入境口岸实施检验。

除此以外，由陆路口岸入境的，货物调离到货物存放地，货主应持《入境货物调离通知单》到货物存放地检验检疫局（辖区局）办理检验手续。由海港口岸入境的，除进口成套设备调离目的地检验外，均在入境口岸检验检疫局检验检疫完毕。

（4）到货目的地为非深圳地区的一般贸易入境货物的检验检疫手续

货主须在入境口岸检验检疫局办理报检手续，由入境口岸检验检疫局计收费，并落实查验和办理签证、通关手续。

需在口岸实施动植物检疫和卫生检疫的货物，由入境口岸检验检疫局实施检疫。通关后，货主需持《入境货物调离通知单》到货物目的地检验检疫局办理检验手续。

（5）到货目的地为深圳地区的加工贸易集中报关入境货物的检验检疫手续

对需要进行检疫及检疫处理的货物，货主应到入境口岸检验检疫局办理报检手续，由入境口岸检验检疫局落实检疫及检疫处理。

集中报关货物的检验由所在地检验检疫局（辖区局）负责。企业应按所在地检验检疫局（辖区局）的要求办理报检手续，凭《管理手册》、《海关登记手册》、海关货物清单以及“入境货物检验检疫情况联系证明”等有关单据办理月报核销手续。

（6）到货目的地为深圳地区的加工贸易逐批报关入境货物的检验检疫手续

货主应到入境口岸检验检疫局办理报检手续。由入境口岸检验检疫局受理报检，计收检验检疫费，落实检疫工作，并签证通关。货物调离到企业所在地后，由货主持《入境货物调离通知单》到辖区检验检疫局落实检验工作。

企业凭《管理手册》、《海关登记手册》、海关货物清单以及“入境货物调离通知单”、“入境货物检验检疫情况联系证明”等有关单据资料到辖区检验检疫局办理月报核销手续。

（7）到货目的地为非深圳地区的入境转关货物的检验检疫手续

需实施卫生检疫及卫生处理的货物，货主须向入境口岸检验检疫局报检。货物的检验及动植物检疫由报关地检验检疫机构负责实施，并由报关地检验检疫机构签发“入境货物通关单”；有特别规定的货物除外。

（8）公路口岸进口货物的提前报检手续

货主须在进口货物入境前三日内，到入境口岸检验检疫局办理提前报检手续，交纳检验检疫费，领取三日内有效的《入境货物通关单》及“入境货物检验检疫情况联系证明”。货主可凭“入境货物通关单”办理有关报关手续。

货物到达入境口岸现场时，司机持“入境货物检验检疫情况联系证明”到入境口岸检验检疫局的现场查验部门办理现场查验手续。查验合格的，由现场查验部门的检验检疫工作人员在海关报关单上加盖“检验检疫专用章”。货主凭加盖“检验检疫专用章”的海关报关单通关。

（9）进口食品和疫区来货的报检

货主须在入境口岸办理进口食品和疫区来货的报检手续，由入境口岸检验检疫部门计收进口食品卫生检验和卫生处理费。加工贸易企业可凭“入境货物通关单”第二联或“入境货物检验检疫情况联系证明”在辖区检验检疫局办理月报核销手续。

8.3.2.2 出境货物检验检疫申报

（1）出境货物报检单的填制要求

报检单位须加盖报检单位印章，并准确填写本单位在检验检疫机构备案或注册登记的代码。所列各项内容必须完整、准确、清晰、不得涂改。

1）编号：电子报检受理后自动生成，在受理回执中自动反馈。

2）报检单位：填写报检单位的全称。

3）报检单位登记号：填写报检单位在检验检疫机构备案或注册登记的代码。

4）联系人：填写报检人员姓名；电话：填写报检人员的联系电话。

5）报检日期：检验检疫机构实际受理报检的日期，由检验检疫机构受理报检人员填写。

6）发货人：根据不同情况填写。预检报检的，可填写生产单位；出口报检的，应填写外贸合同中的卖方或信用证受益人。

7）收货人：按外贸合同、信用证中所列买方名称填写。

8）货物名称：按外贸合同、信用证上所列名称及规格填写。

9）H. S 编码：填写本批货物的商品编码，以当年海关公布的商品税则编码分类为准。

10）产地：指货物的生产（加工）地，填写省、市、县名。

11）数/重量：按实际申请检验检疫数/重量填写，重量还应填写毛/净重。

12）货物总值：填写本批货物的总值及币种，应与外贸合同、发票上所列的货物总值一致。

13）包装种类及数量：填写本批货物实际运输包装的种类及数量，应注明包装的材质。

14）运输工具名称号码：填写装运本批货物的运输工具的名称和号码。

15）合同号：填写对外贸易合同、订单的号码。

16）信用证号：填写本批货物对应的信用证编号。

17）贸易方式：填写本批货物的贸易方式，根据实际情况选填一般贸易、来料加工、进料加工、易货贸易、补偿贸易、边境贸易、无偿援助、外商投资、对外承包工程进出口货物、出口加工区进出境货物、出口加工区进出区货物、退运货物、过境货物、保税区进出境仓储、转口货物、保税区进出区货物、暂时进出口货物、暂时进出口留购货物、展览品、样品、其他非贸易性物品、其他贸易性货物等。

18）货物存放地点：填写本批货物存放的具体地点、厂库。

19）发货日期：填写出口装运日期，预检报检可不填。

20）输往国家和地区：指外贸合同中买方（进口方）所在国家和地区，或合同注明的最终输往国家和地区。

21）许可证/审批号：对已实施许可/审批制度管理的货物，报检时填写质量许可证编号或审批单编号。

22）生产单位注册号：生产、加工本批货物的单位在检验检疫机构注册登记编号。

23）启运地：填写装运本批货物离境的交通工具的启运口岸/城市地区名称。

24）到达口岸：本批货物最终抵达目的地停靠口岸名称。

25）集装箱规格、数量及号码：货物若以集装箱运输，应填写集装箱的规格、数量及号码。

26）合同订立的特殊条款以及其他要求：填写在外贸合同中特别订立的有关质量、卫生等条款或报检单位对本批货物检验检疫的特别要求。

27）标记及号码：货物的标记号码，应与合同、发票等有关外贸单据保持一致。若没有标记号码，则填“N/M”。

28）用途：填写本批货物的用途。根据实际情况选填种用或繁殖、食用、奶用、观赏或演艺、伴侣动物、试验、药用、饲用、其他。

29）随附单据：按实际向检验检疫机构提供的单据，在对应的“□”上打“√”或补填。

30）需要证单名称：根据所需由检验检疫机构出具的证单，在对应的“□”上打“√”或补填，并注明所需证单的正副本数量。

31）报检人郑重声明：报检人员必须亲笔签名。

32）检验检疫费：由检验检疫机构计费人员填写。

33）领取证单：报检人在领取证单时填写领证日期并签名。

（2）出境报检的要求

出境报检时，应填写出境货物报检单，并提供外贸合同（售货确认书或函电）、信用证、发票、装箱单等必要的单证。

下列情况还应按要求提供相关文件：

1）凡实施出口质量许可、卫生注册登记或需审批审核的货物，应提供有关证明。

2）凭样成交的货物，应提供经买卖双方确认的样品。

3）实施品质检验的，须由生产经营部门出具厂检结果单原件；如有运输包装，还应提供检验检疫机构签发的《出境货物运输包装性能检验结果单》（正本）。

4）报检出境危险货物的，必须提供危险货物包装容器性能鉴定结果单和使用鉴定结果单。

5）特殊物品出境的，应提供国家出口批文和有关证明、检验证书以及《入/出境特殊物品卫生检疫审批单》等。

6）废旧物品出境的，应提供检验检疫各分支机构签发的《入/出境废旧物品检验检疫预申报证》。

7）用于展览、工程、科研等临时出境货物报检时，须提供政府批文或其他有效证明文件。

8.3.2.3　抽样

抽样工作是一项既细致又繁重的任务，进出口商品种类繁多，情况复杂，有时一批商品数量多达几万吨，有的为了充分利用仓库密集堆垛，有的散装商品采取露天存放等，加剧了抽样工作的难度。为了切实保证抽样工作的质量，必须针对不同商品的不同情况，灵活地采用不同的抽样方式，以完成抽样任务。行之有效的抽样方式包括：

（1）登轮抽样

进口大宗商品，如散装粮谷、铁矿砂等，在卸货过程中采取登轮抽样的办法。可随卸货进度，按一定的比例，抽到各个部位的代表性样品，然后经过混合、粉碎，取得代表性的检验样品。

（2）甩包抽样

例如进口橡胶，数量很大，按规定以 10％抽样，采取在卸货过程中，每卸 10 包甩留 1 包，供抽样用。这既能够使抽样工作便利，又能保证样品的代表性。

（3）翻垛抽样

出口商品在仓库中密集堆垛，难于在不同部位抽样时，如有条件应进行适当翻垛，然后进行抽样。

（4）出厂、进仓时抽样

在仓容紧张、翻垛困难的情况下，对出口商品可事先联系安排在出厂时或进仓时进行抽样，同时加强批次管理工作。

（5）包装前抽样

为了避免出口商品抽样时的拆包损失，特别对用机器打包的商品，在批次分清的前提下，采取包装前进行抽样，但是成包后应补行包装检验。

（6）生产过程中抽样

有些出口商品，如罐头等，可在生产加工过程中，按生产批次，按照规定要求，随生产抽样，以保证代表性。检验合格后进行包装，并补行包装检验。

（7）装货时抽样

出口大宗散装商品，有条件的可在装船时进行抽样。如原油用管道装货时，定时在管道中抽取样品；出口食盐要在装船时每隔一小时抽样一次，样品代表性好。但采取这种方式时必须事先研究，出口商品的品质必须稳定地能符合出口合同的要求，或是按检验机构的实际检验结果出证进行结算的才适用，否则在装船后发生检验不合格，难以处理。

（8）开沟抽样

出口散装矿产品，如煤炭等，是露天大垛堆存，抽样困难且品质又不够均匀，一般视垛位大小，挖掘 2～3 条深 1 米的沟，以抽取代表性样品。

（9）流动间隔抽样

大宗矿产品抽样困难，可结合装卸环节，在输送带上定时抽取有足够代表性的样品。

不论采用哪种抽样形式，所抽取的样品必须遵循抽样的基本原则，即能代表整批商品的品质。

8.3.2.4　检验

根据中国商检法规的规定，内地省市的出口商品需要由内地检验机构进行检验。经内地检验机构检验合格后，签发“出口商品检验换证凭单”，当商品的装运条件确定后，外贸经营单位持内地检验机构签发的“出口商品检验换证凭单”向口岸检验机构申请查验放行。

口岸查验是指经产地检验机构检验合格，运往口岸待运出口的商品，运往口岸后申请出口换证的，口岸检验机构派人进行的查验工作。

口岸查验中发现有漏检项目或需要重新进行检验的，口岸检验机构要将漏检的项目进行补验，需要重新检验的要按照标准的规定重新检验；口岸查验中发现货物包装有问题或不合格，应及时通知有关单位加工整理，经重新整理或换包装后，再进行查验；口岸查验中如果发现“出口商品检验换证凭单”有误时，应与发货地的检验机构联系更正。

检验机构接收报验之后，认真研究申报的检验项目，确定检验内容，仔细审核合同（信用证）对品质、规格、包装的规定，弄清检验的依据，确定检验标准、方法，然后抽样检验。

8.3.2.5　签发证书

对于出口商品，经检验部门检验合格后，凭《出境货物通关单》进行通关。如合同、信用证规定由检疫部门检验出证，或国外要求签发检验证书的，应根据规定签发所需证书。

对于进口商品，经检验后签发《入境货物通关单》进行通关。凡由收、用货单位自行验收的进口商品，如发现问题，应及时向检验检疫局申请复验。如复验不合格，检验检疫机构即签发检验证书，以供对外索赔。

（1）签发商检证书

检验机构在对商品检验后，对检验合格的商品，按照对外合同、信用证、有关国家规定或者申请人的要求，出具各类商检证书。证书种类主要有品质证书、数量证书、包装证书、健康证书、兽医证书、卫生证书、熏蒸证书、熏蒸/消毒证书、动物卫生证书、植物检疫证书、植物转口检疫证书、交通工具卫生证书、运输工具检疫证书、兽医卫生证书等。

（2）签发商检证单

检验机构为了便于商品在国内有关部门办理手续，或方便检验机构之间的沟通情况，简化检验程序，可签发有关商检证单。其主要有以下几种。

1）预检结果单：此单是出口商品经检验机构预先检验合格后对内签发，用于商品出口时向当地检验机构换证。

2）出口商品检验换证凭单：此凭单是出口商品经发运地的检验机构检验合

格后对内签发的，商品出口时申请人凭此单向口岸检验机构申请出口检验换证。

3）商品放行单：法定检验商品经检验合格后对内签发此单，海关凭此单对法定检验商品验放。

4）不合格通知单：不合格通知单是商品经检验机构检验不合格时对内签发的，签发此单后商品不能放行。

5）海运出口危险货物包装容器性能检验结果单：此单是检验机构对出口危险货物的包装容器性能鉴定合格后对内签发的。使用危险货物包装容器的单位向检验机构申请包装容器使用鉴定时须提供它。

6）海运出口危险货物包装容器使用鉴定结果单：此单是海运危险货物的包装容器经检验机构进行使用鉴定合格后对内签发，供外贸经营单位装运出口危险货物和办理出口装运等手续用的凭证。

7）委托检验结果单：此单是检验机构接受有关单位的委托申请，对商品进行检验后对内签发，供申请人了解委托样品情况用。

（3）法定检验商品的放行

检验机构对法定检验商品采用下列某一种形式放行：

1）在“商品报关单”上加盖“商品放行章”，海关凭此核放货物。

2）出具“商品放行单”（供通关用），海关凭此核放货物。出口商品直接在口岸报关的，经检验机构检验合格，出具“出口商品放行单”；转向异地口岸报关的出口商品，也要有检验机构出具的“出口商品放行单”。

3）检验机构签发注有“仅供通关用”字样的品质检验证书（副本），海关凭此验放货物。

4）对东欧等国家和地区经铁路陆运出口的商品，经检验机构检验合格，凭随车商检品质证书（正本）放行。

8.3.3 报检注意事项

8.3.3.1 报检资格注意事项

报检单位首次报检时，须持本单位营业执照和政府批文办理登记备案手续，取得报检单位代码。其报检人员经检验检疫机构培训合格后领取《报检员证》，凭证报检。

代理报检单位须按规定办理注册登记手续，其报检人员经检验检疫机构培训合格后领取《代理报检员证》，凭证办理代理报检手续。

代理报检的，须向检验检疫机构提供委托书，委托书由委托人按检验检疫机构规定的格式填写。

非贸易性质的报检行为，报检人凭有效证件直接办理报检手续。

8.3.3.2　报检证单的更改注意事项

（1）报检人申请撤销报检时，应书面说明原因，经批准后方可办理撤销手续。

（2）报检后 30 天内未联系检验检疫事宜的，作自动撤销报检处理。

（3）有下列情况之一的应重新报检：

1）超过检验检疫有效期限的；

2）变更输入国家或地区，且有不同检验检疫要求的；

3）改换包装或重新拼装的；

4）已撤销报检的。

（4）报检人申请更改证单时，应填写更改申请单，交附有关函电等证明单据，并交还原单证，经审核同意后方可办理更改手续。

（5）品名、数（重）量、检验检疫结果、包装、发货人、收货人等重要项目更改后与合同、信用证不符的，或者更改后与输出、输入国家或地区法律法规及规定不符的，均不能更改。

（6）报检人遗失检验检疫证单的，必须由报检人书面说明理由，经法定代表人签字，加盖公章，并在指定的报纸或刊物上声明作废，经检验检疫局审批同意后，再重新签发。

8.3.3.3　报检单填制注意事项

（1）报检单应由持有《报检员证》的人员如实填制，并加盖单位公章；代理报检的应加盖代理报检机构在检验检疫机构备案的印章。

（2）原则上一批货物填制一份报检单。入境货物“一批”指同一合同、发票、提单；出境货物“一批”指同一品名、运输工具、运往同一地点、同一收货人。

（3）报检单填制应完整、真实、准确、不得涂改。栏目内容确实无法填制的，应以“＊＊＊”注明。采用打印或钢笔填制，字迹要清晰。

（4）任何人不得涂改已受理报检的单据。

（5）必须在报检人声明栏内签上报检员姓名。

8.3.3.4　更改申请单填制注意事项

（1）申请人：填报检单位，并加盖公章。

（2）联系人：填报检员名及报检员证号。

（3）原发证单：填明原发证单种类、编号及交还的证单正、副本数量。

（4）货物品名及数量：按原发证单上所列货物名称和数量填制。

（5）更改原因：详细注明需要改证原因。

（6）更改内容：详细列出更改前和更改后的证书内容。

（7）申请单其他栏目，也应如实填制。

【小　结】

本章从国际物流报检基本概述、国际货物报检制度、国际货物报检业务三方面介绍了国际物流报检，涉及报检的依据、分类、程序、注意事项、法律法规等内容。

【案例讨论】

科学管理解决代理报检监管难题

由于代理报检企业经验更丰富，对检验检疫政策敏感度更高，对报检单证处理更专业、更快捷，越来越多的出口企业选择代理报检模式。特别是对于出口量较少的企业、贸易公司而言，报检批次少或者分散，选择代理报检较聘请专职的报检人员更便利、成本更低。

国家质检总局于2010年6月实施的新版《出入境检验检疫代理报检管理规定》(以下简称《规定》)放宽代理报检企业的注册条件，其注册资金从至少150万元调整至100万元，资格报检员从原来的10名调整为5名，代理报检的门槛进一步降低。与之相应，代理报检企业逐步增多，竞争日趋激烈，其中一部分代理报检企业疏于管理，单纯追求速度，为争取业务盲目接单，对单证真实性、符合性审查不严。因此，如何科学有效地对代理报检企业和生产企业进行报检管理，成为检验检疫工作面临的一个新难题。

新版《规定》在降低代报企业注册门槛的同时，加强对报检企业的管理，进一步明确代理报检企业的法律责任，加大对违规行为的处罚力度，增加撤销和注销代理报检企业资格的条款。为更好地落实这些监管措施和要求，提高报检单证质量及程序差错的责任追溯能力，检验检疫部门如何在现有的框架下，采用科学的管理模式，加大监管力度，提高风险排查能力，成为急需解决的问题。

建立有效的监管模式，加强报检资料的实质化审查。《商检法》规定，报检单位应当持合同等必要的凭证和相关批准文件，向出入境检验检疫机构报检。随着贸易形式的多元化，尤其是网络逐渐成为现代贸易的主流沟通模式，越来越多的贸易性单证趋于电子化，传统的纸质合同签订模式越来越少。绝大部分企业报检所用的贸易性单证仅仅为报检而制作，不仅给企业增加了负担，也使得用于报检的部分材料失去其实效意义。在这种情况下，检务部门建立切实有效的数据监管模式，对代报企业的形式审查与实质审查结合起来，不仅对其日常提供的单证资料进行严格审查，而且对其日常业务的规范化程度进行全方位考量。

加强信用管理，推行二元报检分类管理。对代理报检单位和生产企业分别进行评估和监管，优化现有的报检差错计分制度，细分每一份单证的责任范围，通过二者的违规记录及风险点确定其分类及监管力度。避免代理报检企业将证单责任全盘推至委托企业，借现有政策对委托企业并无实质监管手段的盲区，逃避责任。同时，通过分类管理加大对高风险类别报检企业和委托企业的抽查力度，引导企业规范化报检。

给诚信代理报检企业提供便利措施，引导诚信经营。采取赏罚分明的措施对报检员和报检公司进行管理。将现行的仅用于自理报检企业的便捷报检模式推及代理企业，对信用记录良好，且达到相应类别的代理企业，给予相应的优惠管理措施，如开辟专门快捷窗口、允许后补部分报检资料等。借优惠的政策、便利的报检环境引导报检员诚信报检、报检公司守法经营。而对违规较多或较为严重的报检企业，下降其分类等级、采取加大监管力度等措施以保障报检通关工作质量。

利用信息化平台，加强对报检员的培训、考核，加强对代报企业的日常监管。代理报检员在取得资格证书后，缺乏培训和日常考核，没有鼓励其进一步学习业务与政策的措施，难以避免部分报检员因业务不熟悉而导致的违规及程序差错。通过信息化平台，不仅能够实现对报检员进行培训及考核，为报检单位提供最新的政策信息，而且通过对报检单位建立的电子档案集中管理，记录各单位的基本情况、报检员情况、企业管理制度、年审情况、监管动态、立案处罚、报检章备案及日常监管中的扣分信息。对报检企业的业务信息定期审核，建立远程化、规范化的日常监管模式。

采取合理有效的模式加强代理报检企业的管理，完善检验检疫机构对代理报检企业和生产企业的监管模式，引导企业规范化报检，帮助企业科学健康地发展，合理分配人力资源，使检验检疫能效最大化，提升检验检疫服务水平。

资料来源：科学管理解决代理报检监管难题，中国质量新闻网，2013.4.8。

讨论题

1. 代理报检监管面临哪些难题？
2. 解决这些难题可以采取哪些具体方法？

复习思考题

1. 如何处理出口报检不如实申报的问题？
2. 简述矿石报检的流程。
3. 作为一名报检员应具备哪些素质？

第9章　保税物流

【教学目标】

(1) 了解保税物流；

(2) 掌握保税物流业务；

(3) 熟悉中国保税区的运作方式。

【引导案例】

天津保税区

2004年8月16日，国务院批准天津保税区与天津港进行区港联动试点，设立天津港保税物流园区（Tianjin Bounded Logistics Park）。它将港口功能优势和保税区及出口加工区的政策优势叠加，具有一定的国际通行的自由贸易区特征，为各种物资流向复杂的国际贸易和国际运输需求提供了一个特殊的政策平台。

天津保税物流园位于保税区东侧，与天津港集装箱码头紧密相连，整个批准规划占地1.5平方千米。物流园区的外沿距离港口海岸线700米，紧邻东部集装箱码头和滚装船码头。天津保税物流园区除了传统保税区的保税功能外，政策上还具有三个特点：

第一，国内货物进入园区视同出口，办理报关手续，对出口到报税区的国内企业可以实行退税（不必等货物真正装船离港后才能返回关单退税联）。第二，园区内货物内销按货物进口办理报关手续，货物按实际状态征税；货物不可以更改初始入区的状态（税号不变），但可以更改包装和标志。第三，园区内货物自由流通，不征增值税和消费税；到保税区海关稽查办理海关备案手续后，可以自由转换货物所有权或在园区内的不同货物存放地。

天津保税物流园区的具体功能包括：

第一，国际中转。对进入园区的境外货物进行分拆、集拼、开展中转货物集运、多国别货物快速集并和国际联合快运等业务。

第二，国际配送。对进入园区的境外和国内货物进行分拣、分配、分销、分送等配送分拨业务向境内外配送。

第三，国际采购与国际贸易。采购进入园区的境外和国内货物、经进出口集运的综合处理或增值加工，向境内外分销。园区企业可以开展进出口贸易、转口贸易以及园区与境外之间的货物贸易与服务贸易。

天津保税物流园区注册企业主要的服务范围分为两个部分：第一部分，作为物流供应商提供保税物流园区的综合物流服务；第二部分，作为贸易中间商提供保税物流园区特殊政策平台基础上的贸易代理服务。其主要服务形式包括：进口保税仓储综合物流业务，出口分批或集中装运业务，国际中转业务，针对特殊业务需求的“一日游”业务，国际采购和国际贸易代理业务以及相关增值服务，进出口商品展览展销业务，等等。

天津港保税区、天津空港保税区已经聚集美国 3M、霍尼韦尔、普洛斯，瑞士地中海、名门，日本丰田通商、住友商事，新加坡丰树、叶水福，中国香港东方海外、嘉里物流，中远控股、中远散货等国内外知名的物流和国际贸易企业，与世界上 100 多个国家和地区进行经贸往来。同时，积极推进环渤海地区港口之间的联合与协作，形成完整物流供应链体系，形成功能互补、业务互联、信息互通的快速货运集散网络，建立海、陆、空一体的多式联运体系。积极培育物流市场主体，以中远散运、振华物流、天惠船务、东方海外，新加坡叶水福、日本岗谷等国际知名物流企业为基础，继续引进国内外大型船运公司和国际知名物流企业。制订扶持政策，鼓励交通运输企业，批发仓储、货运代理等企业通过联合、兼并等形式组建大型现代物流集团，鼓励本市物流企业进入物流市场网络，引导物流企业向集团化和国际化发展，培育一批物流企业进入全国百强行列，扶持经营管理好、具有成长潜力的物流企业上市。

资料来源：www. tjftz. gov. cn/。

9.1　保税物流概述

保税物流是指保税业务经营者经海关批准将货物在税收保全状态，从供应地到需求地的有效流动，包括采购、运输、存储、简单加工、增值服务、检测、分销、配送、流转、调拨等环节以及为实现这一流动而进行的计划、管理、控制过程。

保税物流是特指在海关监管区域内，包括保税区、保税仓、海关监管仓等，从事仓储、配送、运输、流通加工、装卸搬运、物流信息、方案设计等相关业务，企业享受海关实行的“境内关外”制度以及其他税收、外汇、通关方面的特殊政策。

保税物流是物流分类中的一种，既符合物流科学的普遍规律，又具有不同于其他物流类别的特点。

第一，系统边界交叉。国内物流的边界是从国内的任意地点到口岸（装运港），国际物流的边界是从一国的装运港（港口、机场、场站）到另一国的目的港。保税物流货物在地理上是在一国的境内（领土），从移动范围看属于国内物流，但保税物流具有明显的国际物流的特点，保税区、保税物流中心及区港联动都是“境内关外”的性质，所以保税物流是国际物流与国内物流的接力区。

第二，物流要素扩大化。物流的要素一般包括运输、仓储、装卸、搬运、包装、配送、信息服务等；保税物流除了具有这些基本物流要素之外，还包括海关监管、口岸、保税、报关、退税等要素，二者紧密结合构成完整的保税物流体系。

第三，线性管理流程。一般贸易货物的通关基本程序包括申报、查验、征税、放行，属于“点式”的管理；保税货物是从入境、储存或加工到复运出口的全过程，货物入关是起点，核销结案是终点，是“线性”的管理过程。

第四，具有瓶颈性。保税物流不同于其他物流的本质，是物流运作处于海关监管之下。海关为了达到监管的效力，严格的流程、复杂的手续、较高的抽查率必不可少，但这与现代物流要求便捷、高效率、低成本的运作相背，物流效率与海关监管效力之间存在“二律背反”。面对保税需求日益增长的局面，海关的监管效率成为保税物流系统效率的“瓶颈”。

第五，一体化服务平台。保税物流是加工贸易企业供应物流的末端，是销售物流的始端，甚至包括生产物流（如VMI)。保税物流的运作效率直接关系到企业正常生产与供应链正常运作。海关、政府相关部门、物流企业、口岸等共同协作，形成一体化的保税物流服务平台系统，满足商品流、资金流、信息流的顺畅流动。

保税物流中心是指封闭的海关监管区域，具备口岸功能，分A型和B型两种。A型保税物流中心，是指经海关批准，由中国境内企业法人经营、专门从事保税仓储物流业务的海关监管场所。B型保税物流中心，是指经海关批准，由中国境内一家企业法人经营，多家企业进入并从事保税仓储物流业务的海关集中监管场所。

保税物流中心具有政策优势，进入中心视同进出口；深加工结转货物只要报关进入中心即可享受退税，避免像原先将货物运到中国香港、澳门（不做任何加工）再运回大陆的“一日游”。

中心内注册的企业，自动获得进出口经营权、国际货运代理权、货物境内运输权。建设B型保税物流中心，有利于引进跨国公司、知名企业、国际新兴产业等大型项目到所在地投资，提高招商引资的档次和水平，同时有效整合物流资源，推进区域物流中心建设，促进供应链形成，加快产业结构转型升级。

9.2 中国保税物流发展状况

中国早在1980年开始陆续设立各种类型的保税仓库。改革开放后，对外贸易突破进口买断和出口卖断的简单模式，“三来一补”和“以进养出”业务率先得到发展，保税业务迅速发展。从20世纪80年代开始，中国海关陆续修订颁布对来料加工、进料加工、保税仓库、保税区等一系列管理办法和规定。目前已逐步建立以保税加工、保税仓储、区域保税为主要内容的具有中国特色的保税制度。

中国保税物流发展进程见表9-1所列。

表9-1 中国保税物流发展进程

年 份	名 称	服务对象
1980	保税仓	国际商品贸易
1981	接近国际规范的保税制度	国际商品贸易
1985	退税制度	国际商品贸易
1990	保税区	国际商品贸易
2000	出口加工区	加工贸易
2003	保税物流中心（A型、B型）	跨国企业
2004	区港联动（保税物流园区）	区域经济
2007	综合保税区	区域经济
2007	保税港区	区域经济
2010	跨境工业区	区域经济
2013	上海自由贸易区	区域经济

9.2.1 《中华人民共和国海关对保税货物和保税仓库监管暂行办法》的颁布

中国海关于1981年制定发布了《中华人民共和国海关对保税货物和保税仓库监管暂行办法》，该办法是具有中国特点又比较接近国际通行作业规范的保税制度，包括保税仓库制度、保税工厂制度、加工贸易货物保税监管办法、进料加工集团保税制度、保税生产资料市场管理办法等。

9.2.2 保税区的设立

中国自1990年开始设立保税区。保税区一般与外贸港口距离较近，按照国际惯例运作，具有进出口加工、国际贸易、保税仓储商品展示等功能，实行“免证、免税、保税”，实质为“境内关外”运作方式。随着中国制造业的兴起，保税区原有简单的保税仓储功能逐渐演变为以配送为主的物流服务功能，但相关政策与管理的滞后一定程度上束缚了保税区的发展。例如，港口物流运作水平普遍较低，与保税区的协作水平低，存在货流不畅、手续烦琐、成本增高等一系列问题，导致不少企业采取“境外一日游”。

小资料

保税区名单

1. 天津港保税区
2. 上海外高桥保税区
3. 厦门象屿保税区
4. 深圳福田保税区
5. 广州保税区（出口加工区）
6. 珠海保税区
7. 大连保税区
8. 宁波保税区（出口加工区）
9. 深圳盐田保税区
10. 深圳沙头角保税区
11. 汕头保税区

资料来源：www.cfea.org.cn/。

9.2.3 出口加工区的设立

中国自2000年设立出口加工区，是继保税区之后又一个国家级特殊对外开放区域。2000年4月27日，国务院正式批准设立出口加工区，首批批准进行试点的有15个，旨在对加工贸易实行“优化存量，控制增量，规范管理，提高水平”的管理。为避免形成新的重复建设热点，出口加工区只设在已由国务院批准的现有经济技术开发区内。这种改加工贸易“漫山放羊式”为“圈羊式”管理，主要是为了改革加工贸易的监管模式，解决长期以来对加工贸易企业难以进行有效监管和手续繁杂的矛盾，遏制屡禁不绝的加工贸易走私等现象；逐步把加工贸易增量引入封闭的加工区域内，实现对加工贸易的集中规范管理，促进其健康发展。同时，严格控制加工贸易产品的内销，保护国内相关产业；为守法企业提供简化、快捷的通关便利；带动国产原材料、零配件的出口，为扩大对外贸易出口做贡献。

小资料

出口加工区

1. 天津出口加工区
2. 河北廊坊出口加工区
3. 辽宁大连出口加工区
4. 上海松江出口加工区
5. 上海青浦出口加工区开发有限公司
6. 上海闵行出口加工区开发有限公司
7. 江苏无锡出口加工区
8. 江苏南京出口加工区
9. 江苏连云港出口加工区
10. 江苏常州出口加工区
11. 江苏吴江出口加工区
12. 江苏常熟出口加工区
13. 江苏武进出口加工区
14. 浙江杭州出口加工区
15. 浙江慈溪出口加工区
16. 福建泉州出口加工区
17. 福建福清出口加工区
18. 江西赣州出口加工区
19. 山东威海出口加工区
20. 山东青岛出口加工区
21. 河南郑州出口加工区
22. 湖南郴州出口加工区
23. 广西北海出口加工区
24. 云南昆明出口加工区
25. 陕西西安出口加工区（B）区
26. 河北秦皇岛出口加工区
27. 内蒙古呼和浩特出口加工区
28. 吉林珲春出口加工区
29. 上海金桥出口加工区（南区）
30. 上海漕河泾出口加工区发展有限公司
31. 上海嘉定出口加工区发展有限公司
32. 江苏南通出口加工区
33. 江苏南京出口加工区（南区）
34. 江苏镇江出口加工区
35. 江苏吴中出口加工区
36. 江苏扬州出口加工区
37. 江苏淮安出口加工区
38. 江苏泰州出口加工区
39. 江苏常熟出口加工区管委会
40. 安徽芜湖出口加工区
41. 福建福州出口加工区
42. 江西南昌出口加工区
43. 江西九江出口加工区
44. 山东济南出口加工区
45. 山东青岛西海岸出口加工区
46. 湖北武汉出口加工区
47. 广东深圳出口加工区
48. 四川绵阳出口加工区
49. 陕西西安出口加工区（A）区
50. 新疆乌鲁木齐出口加工区

资料来源：www.cfea.org.cn/。

《中华人民共和国海关对出口加工区监管的暂行办法》、《出口加工区税收管理暂行办法》（国税发【2000】155 号）、《保税监管区域外汇管理办法》（汇发【2007】52 号）等对出口加工区的性质、功能、主要优惠政策作了规定，为出口加工区的规范管理和正常运作提供了保障。

2002 年 10 月 1 日起，国家对部分进口税收优惠政策进行了适当调整。其中《外商投资企业指导目录》中，“产品全部直接出口的允许类外商投资项目”，一律先照章征收关税和进口环节税，经核查如产品全部直接出口情况属实的，每年返还已纳税额的 20%，5 年内予以全部返还，如情况不实，当年税款不再返还，同时还追缴该项目已返还的税款，并依法予以处罚。此项政策调整将有利于出口加工区吸引企业入区。企业入区可以享受进口设备免税，而区外是先征税，核实后再分年返还。

出口导向战略一般经历两个发展阶段。在初级阶段，主要以发展加工工业和一般消费品为主，例如：食品、服装、鞋帽、纺织品以及洗衣机、收录机、电视机等家用电器，木材加工制品和玩具等。这类产品在生产方法上相对简单，技术容易掌握，出口市场较大，外国消费者对这类产品的需求弹性也较大，生产容易起步，风险相对较小。当这类行业发展到一定阶段，尤其是当其中某些产品的市场容量趋于饱和时，转向第二个阶段，即转向以机器设备、机床、电子仪器、机械工具、高技术产品等为主的出口导向工业阶段。出口加工区发展历程一般包括劳动密集型、技术密集型和高新技术产业型等三个阶段。中国各出口加工区由于所处经济区域不同、批准设立时间不同、建设发展情况也不相同等因素，加工贸易在不同地区的发展程度也不一致。在地理分布上，形成了以长江三角洲地区为主，珠江三角洲和环渤海地区为辅，兼顾东北和中西部地区中心城市的格局。

9.2.4 保税物流中心的设立

海关设立保税物流中心相关政策的主要原因：(1) 传统的保税仓库和出口监管仓库功能单一（不针对一般贸易货物，不能超期保存，不能跨关提取）；(2) 内陆地区外向型经济发展的加快需要发展保税物流；(3) 跨国公司需要更高水平的物流与保税服务。保税物流中心实行两仓合一，集成口岸、商检、税务、外汇结算等功能，解决了对外贸易的四个问题：一般贸易出口商品入区退税问题；一般贸易进口商品保税问题；加工贸易中深加工接转货物“境外一日游”；物流与保税功能结合。保税物流中心的定位应为跨国企业的“采购中心、配送中心、分销中心”，有利于吸引跨国公司将其地区总部、研发中心、采购中心、分拨中心等迁移到中国境内。保税物流中心主要分为 A 型和 B 型两种模式：A 型以一个物流公司为主，以满足跨国公司的需要为目标；B 型满足多家保税物流企业的运作需要。

小资料

截至 2011 年 6 月保税物流中心名单

1. 苏州工业园区保税物流中心
2. 苏州高新保税物流中心
3. 南京龙潭保税物流中心
4. 北京空港保税物流中心
5. 天津经济技术开发区保税物流中心
6. 上海西北物流园区保税物流中心
7. 东莞保税物流中心
8. 中山保税物流中心
9. 广州空港保税物流中心
10. 江阴保税物流中心
11. 太仓保税物流中心
12. 杭州保税物流中心
13. 青岛保税物流中心
14. 日照保税物流中心
15. 厦门火炬（翔安）保税物流中心
16. 营口港保税物流中心
17. 西安保税物流中心
18. 成都保税物流中心
19. 长沙金霞保税物流中心
20. 南昌保税物流中心
21. 山西方略保税物流中心
22. 武汉东西湖保税物流中心
23. 南宁保税物流中心
24. 沈阳保税物流中心
25. 宁波栎社保税物流中心
26. 连云港保税物流中心
27. 深圳机场保税物流中心
28. 河南保税物流中心
29. 北京亦庄保税物流中心
30. 淄博保税物流中心

9.2.5　区港联动（保税物流园）

"区港联动"是发展自由贸易区的国际通行模式，也是中国保税区谋求通过区港一体化向自由贸易区转型的产物。其定位为国际中转、国际配送、国际采购、国际转口贸易等。目前中国内地港口没有实行自由港政策，一些地区的集装箱运输必须在其他国进行国际中转（如我国北方地区的港口多集中在韩国釜山进行中转），导致港口竞争力下降。"区港联动"在港区划出特定区域，保税区与港口之间实行网络化、电子化的通关模式，简化通关手续，实现货物在境内外的快速集拼和快速流动。通过实现境内关外的自由贸易区功能，深化与拓展保税区和港口的功能内涵。目前我国"区港联动"试点在功能政策、管理方式、开放程度等方面与自由贸易区有较多差异，具有明显的过渡性。

2005 年 3 月，海关总署制定并颁布《中华人民共和国海关出口加工区货物出区深加工结转管理办法》，允许将出口加工区加工贸易产品销往区外企业继续深加工。中国出口加工区加工贸易产品区外深加工业务的开展，适应现代企业工业化大生产条件下产业互补配套的生产经营需求，延长区内加工贸易产业链，提高区内加工贸易产品附加值，增强区内加工贸易企业生产经营能力。

2005年11月，为适应加工贸易企业要求加工制造和现代物流协调发展的需求，国务院明确中国出口加工区“加工制造为主，保税物流为辅”新的功能定位思路：

“在现有的保税加工功能基础上，增加保税物流功能，积极探索发展第三方物流和引入研发中心，允许进区的物流公司不仅服务于区内加工贸易企业，而且可将物流配送业务拓展到区外，促进出口加工区加工制造和现代物流协调发展”。

2006年12月，国务院批准在北京天竺、上海松江、江苏昆山、山东烟台、陕西西安、浙江宁波、重庆等七个出口加工区拓展保税物流功能试点，在原有出口加工区保税加工制造功能的基础上，增加保税物流和研发、检测、维修方面的功能。

9.2.6 跨境工业园

珠澳跨境工业区于2003年12月5日，国务院以《国务院关于设立珠澳跨境工业区的批复》正式批准设立。该工业区位于珠海拱北茂盛围与澳门西北区的青州之间，总面积0.4平方千米，其中珠海园区面积约0.29平方千米，澳门园区面积约0.11平方千米，两园区之间由专门口岸通道连接。珠海园区由海关监管，重点发展仓储物流、产品展销等产业，实行保税区政策和出口加工区出口退税政策，设有24小时通关专用口岸①。

珠澳跨境工业区以国务院批复的精神作为其建设和发展的政策基础和依据，即在统一规划的前提下，珠海园区、澳门园区由珠海市人民政府、澳门特别行政区政府分别管理。填海形成的澳门园区的土地所有权属于国家，使用权归属澳门特别行政区，由澳门特别行政区进行司法和行政管辖。珠海园区作为珠海保税区的延伸区，由海关监管，实行保税区政策。批复强调珠澳跨境工业区要充分发挥区位优势，以发展工业为主，兼顾物流、中转贸易、产品展销等功能。

珠澳跨境工业区积极发挥对珠海工业西进战略的助推器作用，带动其产业结构的优化升级和生产技术的更新换代，促进珠海优势产品的出口，通过出口贸易额的增加拉动整个珠海经济的发展；对于澳门，珠澳跨境工业区有助于拓广澳门企业的发展空间，使其方便联系国内市场，以带动澳门第二产

① http：//www.zhftz.gov.cn/.

业的发展，振兴澳门纺织服装业，优化澳门产业结构，对博彩业独大所带来的深层发展隐患形成必要的缓冲和预防。

珠澳跨境区设立以进口街为载体的进口商品展销平台，构建了集政府、海关、国检、专业报关报检、专业仓储物流配送于一体的进口商品展销专业服务团队，致力于打造一个辐射珠江三角洲和澳门地区，服务全国的进口商品展销中心。

珠澳跨境区进口街于 2012 年 8 月正式开幕。目前已建成的进口商品展销场及仓库愈5 000平方米，首个展场位于珠澳跨境区联发大厦一层，展销商品汇集了来自世界不同国家、不同种类的食品、化妆品、保健品等。进口街具有以下主要特点：(1) 常年展示展销；(2) 进行配套保税仓储业务；(3) 企业自主经营，政府财政扶持；(4) 人员可自由入区购物。进口街具有以下优势：(1) 海关、国检双把关，政府提供担保，增强消费者及投资者信心，提升珠澳跨境区进口街整体形象；(2) 国检对入境仓储货品实施预检验、进口分批核销；海关为进口商品开通专门的报关窗口，保证通关速度，在资料齐全和申报规范的情况下，一般当天即可通关；(3) 拥有专用 24 小时通行口岸，使入驻企业物流加快，资金占用减少，成本降低；(4) 行业集聚，政府策划整体形象，统一宣传策略，减少企业推介成本；(5) 政府免费提供长期互联网主页宣传推广；(6) 政府提供十分优惠的财政扶持政策；(7) 专业的仓储配送及通关服务，较低的服务成本。

进口街项目专项财政扶持：(1) 返还企业对珠海保税区（珠澳跨境区）财政贡献的 50%；(2) 补贴 50%的检验检疫费和 50%的标签审核费；(3) 免征零售环节增值税；(4) 补贴展示展销企业一定数额的展销场地费用。同时，对于由珠海保税区管委会组织参加的消博会、食博会及相关展会的，给予摊位费 100%补助，并给予一定的参展补助。

进口街提供各项配套服务：(1) 指定专人协助企业办理登记注册手续；(2) 指定专人协助企业做好报检、通关等沟通协调工作，提高报检、通关效率，推进优先报检、集中报关，实现 7×24 小时通关；(3) 鼓励银行或小额贷款公司创新融资方式，为展销企业开拓市场提供资金保障；(4) 免费提供互联网门户推广平台及不定期媒体宣传平台；(5) 不定期召开驻区机构及企业座谈会，宣传政策，交流工作，解决问题。

9.2.7　综合保税区和保税港区

2007 年初，经国务院批准，上海松江等七个出口加工区率先开展保税物流功能和开展研发、检测、维修业务试点并取得成效。海关开始推进具备条件的保税区、出口加工区、保税物流园区整合转型为保税港区或综合保税区，最终使内陆的海关特殊监管区域整合为“综合保税区”，沿海沿江的海关特殊监管区域整合为“保税港区”，实现功能、政策、管理制度、监管模式等的规范统一。

小资料

综合保税区

1. 北京天竺综合保税区
2. 沈阳综合保税区
3. 昆山综合保税区
4. 苏州高新技术产业开发区综合保税区
5. 潍坊综合保税区
6. 广西凭祥综合保税区
7. 重庆西永综合保税区微电子产业园区开发有限公司
8. 西安综合保税区
9. 上海浦东现代产业开发有限公司
10. 黑龙江绥芬河综合保税区
11. 苏州工业园综合保税区
12. 江苏盐城综合保税区（筹）
13. 海口综合保税区
14. 海南洋浦保税区
15. 成都高新综合保税区

保税港区

1. 天津东疆保税港区
2. 张家港保税港区
3. 厦门海沧保税港区
4. 青岛前湾保税港区
5. 烟台保税港区西区管理局
6. 广西钦州保税港区
7. 重庆两路寸滩保税港区开发管理有限公司
8. 洋山保税港区
9. 宁波梅山保税港区
10. 福州保税港区
11. 烟台保税港区
12. 广州南沙保税港区
13. 海南洋浦保税港区

资料来源：www.cfea.org.cn/。

2008年12月，国务院发布《关于保持对外贸易稳定增长的意见》（国办发【2008】135号）。该文件明确了“允许出口加工区拓展保税物流功能及开展研发、检测、维修业务”。2009年，海关总署下发《海关总署关于出口加工区拓展保税物流功能海关监管有关问题的通知》（署加函【2009】49号），明确全国出口加工区全面拓展功能后海监管操作办法，即按照《海关总署关于出口加工区拓展保税物流功能及开展研发、检测、维修业务试点有关问题的通知》（署加发【2007】168号）执行，编发了《出口加工区拓展物流等功能文件汇编》。

2010 年 5 月 1 日海关总署《中华人民共和国海关对保税物流园区的管理办法》实施。

9.2.8　自由贸易区

自由贸易区，按《京都公约》的定义，指“缔约方境内的一部分，进入这一部分的任何货物，就进口关税而言，通常视为在关境之外”。其特点是自由、便利、通达境内关外，实质是促进贸易投资自由化。2013 年 7 月，为顺应全球经贸发展新趋势，实行更加积极主动开放战略，中国正式批准设立中国（上海）自由贸易试验区。试验区范围涵盖上海市外高桥保税区、外高桥保税物流园区、洋山保税港区和上海浦东机场综合保税区等 4 个海关特殊监管区域，总面积为 28.78 平方千米。中国（上海）自由贸易试验区主要任务是要探索我国对外开放的新路径和新模式，推动加快转变政府职能和行政体制改革，促进转变经济增长方式和优化经济结构，实现以开放促发展、促改革、促创新，形成可复制、可推广的经验，服务全国的发展。

9.3　保税物流园区业务

简单地说，保税园区具有三大功能。

保税仓储：货物在进入保税仓库环节以及存储期间，不征收进口关税，免批文，不受配额限制。

简单加工：货物可以在保税仓库进行包装、分拣、贴唛、换唛、分拆、拼装等流通性加工。

转口贸易：进口货物在保税区存储，经简单加工后，即转手出口到其他目的国和地区。

不同性质企业利用保税仓功能进行保税仓储、国际物流配送、简单加工和增值服务、检验检测、进出口贸易和转口贸易、商品展示、物流信息处理、口岸、入物流中心出口退税等业务扩展，加快资金回流。

物流园区开展的业务有以下几种。

(1) 保税仓储：存储进出口货物及其他未办结海关手续货物。国内、国外货物运至保税仓以保税形式储存起来，免交关税，节约大量税金，增加资金流动性。

(2) 简单加工和增值服务：保税仓的货物允许进行流通加工、贴唛、贴标签、更换包装等。同时，手册核销，即加工贸易型企业可通过出口到保税区，核销手册，实现跨关区转厂、出口转内销等。

(3) 进出口贸易（包括转口贸易）：充分利用保税区内免领进出口许可证、免征关税和进口环节增值税等优惠政策，利用国内外市场间的地区差、时间差、价格差、汇率差等，在保税仓内实现货物国际转运流通加工、贴唛、贴标签、再包装、打膜等，最终再运输到目的国。

(4) 国际采购、分销和配送：出口拼箱，将大陆各地和国外供应商采购的原材料、半成品、成品等，汇集至保税仓存储，再按销售合同组合成不同的货柜后，从香港或盐田港海运至世界各地。进口分拨，从世界各地进口的货物（其中包括国内转至保税仓的货物）可以暂存在保税仓，进行分拣、简单加工、拆拼箱后，根据国内采购商的需求进行批量送货，以减轻收货人的进口税压力及仓储负担。

(5) 国际中转。

(6) 检测、维修：发往国外货物因品质或包装退运，须返回工厂检测或维修的，可利用保税区功能，直接将货物退至保税仓库，简化报关程序，不用交纳进口税，待维修完毕后，直接复出口。

(7) 商品展示：国外大宗商品如设备及原材料等，可存放在保税区仓库，保税存放，可常年展示。展示结束后可以直接运回原地，避免高昂的关税和烦琐的报关手续。

(8) 经海关批准的其他国际物流业务。

但是，园区内不得开展商业零售、加工制造、翻新、拆解及其他与园区无关的业务。同时，法律和行政法规禁止进出口的货物以及物品不得进出园区。

海关予以办理保税手续的货物包括以下几种。

(1) 园区企业为开展业务所需的货物及其包装物料；

(2) 加工贸易进口货物；

(3) 转口贸易货物；

(4) 外商暂存货物；

(5) 进口寄售货物；

(6) 供看样订货的展览品、样品；

(7) 供应国际航行船舶和航空器的物料、维修用零部件；

(8) 进境检测、维修货物及其零配件；

(9) 未办结海关手续的一般贸易进口货物；

(10) 经海关批准的其他未办结海关手续的货物。

9.4 中国保税区的运作方式

目前，中国主要的保税物流形式有保税仓库及出口监管仓库、保税物流中心（A 型和 B 型）、保税区、保税物流园区、出口加工区、跨境工业区、保税港区、自由贸易区。保税物流园区其实是区港联动，是在保税区与港区之间划出专门的区域，并赋予特殊的功能政策，专门发展仓储和物流产业，达到吸引外资、推动区域经济发展、增强国际竞争力和扩大外贸出口的目的。它是自由贸易区的初级形式。

国际口岸物流业的繁荣在于成熟的口岸物流运营企业。随着中国物流市场的全面开放，国际物流企业纷纷进驻各地口岸。UPS、FedEx、DHL、TNT 等国际物流巨头纷纷在口岸新建或扩建转运中心或物流中心，马士基、美国总统轮船等航运企业纷纷租用口岸物流仓库，作为开展国内物流业务的重要枢纽。中国口岸物流企业以仓储、运输和货代企业为主，大部分是国有或合资企业。国有物流企业通过重组改制和业务转型，向现代物流发展，像中远、中海、中外运、中国货运航空、大连港集团、天津港（集团）、蛇口集装箱码头、招商局物流等物流企业纷纷将口岸作为重要的发展基地。民营物流企业在立足国内物流市场的基础上，开始完善口岸物流环节，走向全球化的供应链体系，如锦程、海丰、大田、南方、宝供、宅急送等第三方物流企业纷纷制定和实施国际化战略。

9.4.1 出口加工区的政策

出口加工区的基本政策是按照“境内关外”的思路进行设计的，其主要优惠政策包括：

（1）出口加工区实行的税收政策。为吸引新增加工贸易企业在区内投资，引导现有加工贸易企业进入出口加工区，国家在区内实行特殊的税收优惠政策，具体体现在对区内货物实行的免税、保税和退税政策。

第一，免税政策。①区内企业生产所需进境的机器、设备、模具及其维修用零配件，区内生产性的基础设施建设项目所需进境的机器、设备和建设生产厂房、仓储设施所需的基建物资，区内企业、行政管理机构进境自用的办公用品，除法律、行政法规另有规定外，免征进口关税、增值税和消费税。②区内企业加工的制成品及其在加工生产过程中产生的边角料、余料、残次品、废品等销往境外时，除法律、行政法规另有规定外，免征出口关税。③区内加工出口的产品和应税劳务免征增值税、消费税。

第二，保税政策。区内企业为加工出口产品所需进境的原材料、零部件、元器件、包装物料及消耗性材料，予以全额保税。

第三，退税政策。从境内进入出口加工区，供区内企业使用的国产机器、设备、原材料、零部件、元器件、包装物料以及加工企业和行政管理部门所需合理数量的办公用品和建筑材料等，按有关规定和程序办理出口退税手续。

(2) 海关对出口加工区的管理。根据设立出口加工区的指导原则，海关在区内实行新的加工贸易监管模式，简化有关手续，方便企业通关，为企业创造良好的经营环境。1) 对出口加工区采取全封闭、卡口式管理，海关实行24小时工作制度。2) 对出口加工区采用计算机管理的模式，海关与区内企业实行计算机联网管理，企业采取EDI方式报关。3) 对区内企业开展的加工贸易业务，不实行加工贸易银行保证金台账制度，取消《登记手册》，采用电子账簿进行管理，海关对企业实行每半年一次的总量扣减核销制度。4) 对区内与境外之间进、出的货物，实行“备案制”管理；区内与区外之间进、出的货物，实行“报关制”管理。5) 出口加工区与口岸、出口加工区与出口加工区之间进、出的货物、物品，采取直通式或转关运输的监管模式，一律在出口加工区主管海关报关并在卡口查验、放行。实行“一次性报关，一次审单，一次查验”的新通关模式。

(3) 出口加工区的硬件建设规范、统一，设施先进，为高效、快捷运行和有效管理提供良好条件。出口加工区实行统一规划，分期开发。出口加工区的监管设施技术先进，为既要高效快捷运行又能实现有效监管提供充分的保障。比如在货物进、出通道卡口安装集装箱和车牌识别系统、电子地磅及电子闸门放行系统，提高了卡口的通关效率。在出口加工区海关建立计算机局域网系统，实行计算机联网管理和无纸化报关，既简化手续，又保证严密监管。

出口加工区与装运港之间建立高效、快捷的物流通道，具有手续简便、通关快捷的优势。通过区内企业、区间企业的转厂可实现“零库存”、VMI、JIT等生产模式。

9.4.2 保税物流中心的设立

中国设立保税物流中心应当具备下列条件：

(1) 物流中心仓储面积，东部地区不低于10万平方米，中西部地区不低于5万平方米；

(2) 符合海关对物流中心的监管规划建设要求；

(3) 选址在靠近海港、空港、陆路交通枢纽及内陆国际物流需求量较大，交通便利，设有海关机构且便于海关集中监管的地方；

（4）经省级人民政府确认，符合地方经济发展总体布局，满足加工贸易发展对保税物流的需求；

（5）建立符合海关监管要求的计算机管理系统，提供供海关查阅数据的终端设备，并按照海关规定的认证方式和数据标准，通过“电子口岸”平台与海关联网，以便海关在统一平台上与国税、外汇管理等部门实现数据交换及信息共享；

（6）设置符合海关监管要求的安全隔离设施、视频监控系统等监管、办公设施。

中国保税物流中心经营企业应当具备下列条件：

（1）经工商行政管理部门注册登记，具有独立企业法人资格；

（2）注册资本不低于5 000万人民币；

（3）具备对中心内企业进行日常管理的能力；

（4）具备协助海关对进出物流中心的货物和中心内企业的经营行为实施监管的能力。

中国申请设立保税物流中心的企业应当向直属海关提出书面申请，递交加盖企业印章的材料：

（1）申请书；

（2）省级人民政府意见书（附可行性研究报告）；

（3）企业章程复印件；

（4）企业法人营业执照复印件；

（5）法定代表人的身份证明复印件；

（6）税务登记证复印件；

（7）会计师事务所出具的验资报告等资信证明文件；

（8）物流中心所用土地使用权的合法证明及地理位置图、平面规划图。

中国设立物流中心（B 型）的申请由直属海关受理，报海关总署审批。

中国设立的物流中心（B 型）的验收。企业自海关总署出具批准其筹建物流中心文件之日起一年内向海关总署申请验收，由海关总署会同国家税务总局、国家外汇管理局等部门或者委托被授权的机构进行审核验收。物流中心验收合格后，由海关总署向物流中心经营企业核发《保税物流中心（B 型）验收合格证书》和《保税物流中心（B 型）注册登记证书》，颁发标牌。物流中心在验收合格后，方可以开展有关业务。获准设立物流中心的企业确有正当理由未按时申请验收的，经直属海关同意可以延期验收，但延期不得超过 6 个月。如果有特殊情况需要二次延期的，报海关总署批准。获准设立物流中心的企业无正当理由逾期未申请验收或者验收不合格的，视同其撤回设立物流中心的申请。

【小　结】

本章主要介绍保税物流的定义，保税物流的发展历程，保税物流的形式，综合保税区和保税港区，保税物流园区的业务，出口加工区的政策、保税物流中心的设立和验收等。

【案例讨论】

苏州保税物流中心

(1) 苏州保税物流中心的基本情况

苏州工业园区保税物流中心（B型）是2004年5月11日经海关总署批准设立的全国首家海关保税物流中心（B型）试点，8月18日通过海关总署、财政部、国家税务总局和国家外汇管理局的正式验收。园区保税物流中心位于苏州工业园区东侧，地处长江三角洲腹地，地理位置优越，周边有上海虹桥机场、浦东国际机场、杭州萧山国际机场等空港，并通过周边沪宁高速、苏嘉杭高速等高速公路以及铁路、水路与中国和世界的各主要城市相连。目前，苏州工业园区保税物流中心已经吸引包括伯灵顿、UPS、美国普洛斯、日本三井物产等国际著名物流巨头以及大田、锦海捷亚、怡亚通等国内外知名物流公司进驻，为苏州及周边地区的企业提供物流服务，参与进出口业务厂商近5 000家，辐射境内28个省、直辖市。

(2) 主要功能

苏州工业园区保税物流中心（B型）是由海关监管、多家企业集中进驻、具有综合服务功能的物流集合区域，是长三角乃至华东地区货物集散的中转站和连接国内、外市场的物流枢纽。园区保税物流中心具有六大功能，见表9-2所列。

表9-2　苏州保税物流中心的功能

保税仓储	保税存放各种贸易方式的进口商品和已申报出口商品
国际物流配送	货物自由配送给境内、境外企业，与国内其他海关监管特定区域间进行转移
简单加工和增值服务	从事不改变货物化学性质和不超过海关规定增值率的简单加工

（续表）

进出口贸易和转口贸易	中心内企业与境外自由开展进出口贸易和转口贸易
口岸功能	实现内陆地区保税物流中心与港口的联动，企业直接在保税物流中心海关报关；境内货物进入保税物流中心视同出口，可以享受出口退税政策，并在进入物流中心环节退税
信息功能	物流信息处理和咨询服务

通过六大功能，充分发挥保税区区港联动的区位优势、功能优势和政策优势，从港口延伸到苏州工业园区，以满足园区发展国际物流的需求。

（3）运作模式

苏州工业园区保税物流中心的业务运作模式主要有五种，分别为进口、出口、结转、转口贸易和与其他特殊区域间的流转，如图 9-1、图 9-2、图 9-3、图 9-4、图 9-5 所示。

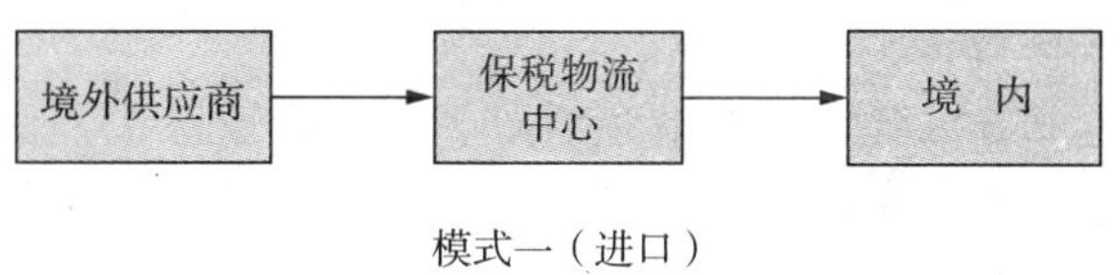

图 9-1 进口业务运作模式

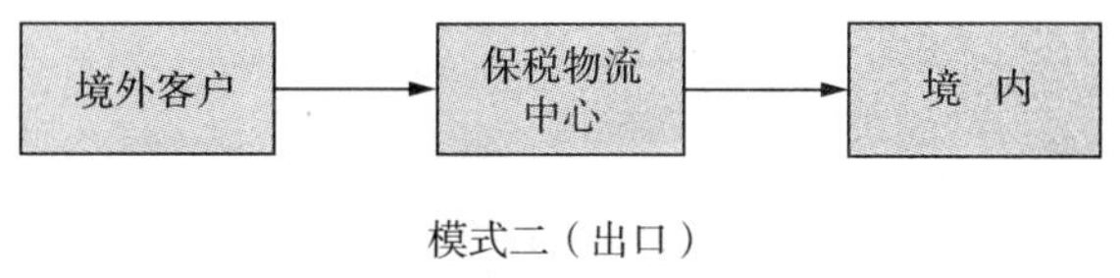

图 9-2 出口业务运作模式

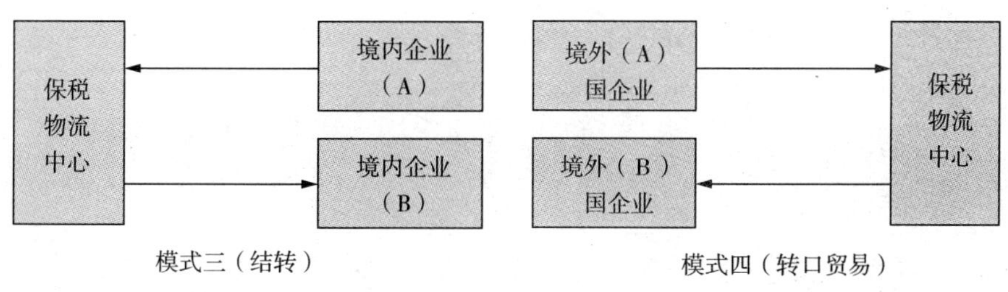

图 9-3 结转业务运作模式　　图 9-4 转口贸易业务运作模式

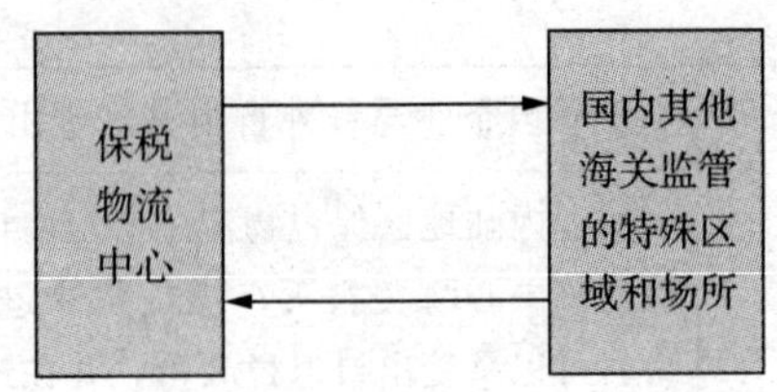

模式五（与其他特殊区域间的流转）

图 9-5　与其他特殊区域间的流转业务运作模式

讨论题

1. 苏州工业园保税物流中心的功能有哪些?
2. 苏州工业园保税物流中心的运作模式有哪些?
3. 面对新的形势，苏州工业园保税物流中心如何增加新功能和创新模式?

复习思考题

1. 什么是保税物流?
2. 什么是出口加工区、保税物流中心、保税物流园区、自由贸易区?
3. 出口加工区的业务范围包括哪些?
4. 设立保税物流中心必须符合哪些条件?

第 10 章　国际物流风险防范

【教学目标】

（1）了解基本风险、风险管理体系、风险防范和赔偿机制的基本概念；

（2）掌握国际物流风险的风险因素，特别是具体运输方式下的风险因素及其管理；

（3）掌握保险处理国际海运风险的作用和过程；

（4）掌握保险处理国际陆运风险的作用和过程；

（5）掌握保险处理国际空运风险的作用和过程；

（6）了解国际物流其他风险及管理办法。

【引导案例】

上海航运保险协会起航

2013 年 12 月 26 日，我国专业性航运保险社团组织——上海航运保险协会正式成立。上海市委常委、常务副市长屠光绍，中国保监会纪委书记、党委委员陈新权为上海航运保险协会揭牌。上海航运保险协会的成立，是中国保监会支持中国（上海）自由贸易试验区建设 8 项措施中的具体实践，也将成为上海自贸区及上海“两个中心”建设的又一助力。

生逢其时

“上海航运保险协会生逢其时，大有可为。”上海保监局局长裴光在成立仪式上如是说。

自 2009 年国务院关于上海“两个中心”战略实施以来，上海航运业务发展迅猛，上海港集装箱和货物吞吐量连续多年位居世界第一，上海国际航运中心地位初步形成。与之联动，上海航运保险业务蓬勃发展，专业航运保险机构集聚。2013 年 9 月 29 日，上海自贸区正式挂牌，成为上海航运保险发展的新助推器。

数据显示，2009 年，上海地区船舶险和货运险保费收入为 16.76 亿元。2013 年前 11 个月，上海地区船货险保费收入就达 36.12 亿元，其中，船舶险保费收入达 23.18 亿元，占全国市场的 45.28%；货运险保费收入达 12.94 亿元，占全国市场的 13.42%。目前，已有人保财险、太平洋产险、平安产险等

5家专业航保中心在沪设立，另有1家获批筹建，还有多家积极申请。

裴光表示，目前世界航运中心正在向亚洲与中国转移，资金、技术、信息等国际航运资源也呈现向亚洲地区进一步集聚的趋势，这将为我国航运保险的发展注入新的活力。

在此背景下，成立专业的航保协会成为上海航运保险乃至全国航运保险发展的必然需求。

在中国保监会的支持和指导下，上海保监局从2011年开始就积极推动上海航运保险协会的筹建，其间得到上海市金融办、上海市社团管理局、上海市建交委和上海市黄浦区政府的大力支持。2013年12月16日，上海航运保险协会正式获得上海市民政局、上海市社团管理局批准筹建。

形成行业合力

据了解，上海航运保险协会包括航运保险中心、财产保险公司、保险经纪公司及保险公估公司等31家会员单位，其中既有人保财险、太平洋产险、平安产险、中再产险、大地保险等国内主要的中资直保公司和再保险公司，也有东京海上、美亚、劳合社、三井住友、安联等国际知名航运保险业者，还包括中怡、韦莱、华泰、环亚等国内外知名的保险经纪公司。

上海航运保险协会首任会长由人保财险执行副总裁降彩石担任，太平洋产险副总经理宋建国、平安产险总经理助理徐霆及中再产险副总经理庞卫任副会长，太平洋产险航保中心副总经理徐峰任秘书长。

“上海航运保险协会的成立，有利于航运保险业形成合力，有组织地与航运上下游产业进一步加强合作，共同培育壮大航运保险市场；立足于中国航运保险，更积极地参与国际航运保险市场，为中国航运保险业争取更多话语权。”上海市金融办副主任马弘表示。

降彩石介绍，上海航运保险协会将致力于我国航运保险专业化建设，包括推动航运保险的条款制定、解释，形成具有影响力的航运保险定价机制与标准化的相关机制；建立技术风险的纯风险损失率制度，加强航运保险风险管理的技术研究、行业自律、航保人才培训等方面建设；大力推进航运保险业信息化建设，加强航运业与保险业之间的数据共享和平台建设等。

辐射全国　面向世界

据介绍，尽管上海航运保险协会落户于上海，但是其业务、功能和影响力将辐射全国，助推我国航运保险走向世界。上海航运保险协会的成立，不仅是上海航运保险业务发展的新起点，也是我国航运保险业务在国际舞台上的崭新开端。

当前，国际上最大的 3 家航运保险协会（国际海上保险联盟 IUMI、北欧海上保险中心联盟 CEFOR、美国海事保险协会 AIMU）在维护行业利益、加强自律与服务、培养航运险专业人才、制定航运险业务标准和规范、开发利用航运险数据信息等方面均发挥了关键性作用。

裴光表示，上海航运保险协会成立后，要从服务国家战略的全局高度出发，抓住政策机遇，致力于航运保险产品创新、数据共享开发、国际交流合作以及人才培养，不断推动航运保险技术水平提升以及服务领域拓展，力促上海成为我国乃至国际航运保险定价中心。

资料来源：上海航运保险协会起航，中国保险报，2013.12.27。

10.1　国际海运风险与保险

10.1.1　国际海运风险

综合国际海运风险来源和类型，国际海运风险有以下三个方面。

10.1.1.1　海上风险

海上风险在保险界又称为海难，包括海上发生的自然灾害和意外事故。自然灾害是指由于自然界的变异引起破坏力量所造成的灾害。海运保险中，自然灾害仅指恶劣气候、雷电、海啸、地震、洪水、火山爆发等人力不可抗拒的灾害。意外事故是指由于意料不到的原因所造成的事故。海运保险中，意外事故仅指搁浅、触礁、沉没、碰撞、火灾、爆炸和失踪等。

（1）搁浅：船舶与海底、浅滩、堤岸在事先无法预料到的意外情况下发生触礁，并搁置一段时间，使船舶无法继续行进以完成运输任务。但规律性的潮涨落所造成的搁浅不属于保险搁浅的范畴。

（2）触礁：载货船舶触及水中岩礁或其他阻碍物（包括沉船）。

（3）沉没：船体全部或大部分已经没入水面以下，并已失去继续航行能力。若船体部分入水，但仍具航行能力，不视作沉没。

（4）碰撞：船舶与船或其他固定的、流动的固定物猛力接触。如船舶与冰山、桥梁、码头、灯标等相撞等。

（5）火灾：船舶本身、船上设备以及载运的货物失火燃烧。

（6）爆炸：船上锅炉或其他机器设备发生爆炸和船上货物因气候条件（如温度）影响产生化学反应引起的爆炸。

（7）失踪：船舶在航行中失去联络，音讯全无，并且超过了一定期限后，仍无下落和消息，即被认为是失踪。

10.1.1.2 外来风险

外来风险是指由于外来原因引起的风险，分为一般外来风险和特殊外来风险。

（1）一般外来风险：货物在运输途中由于偷窃、下雨、短量、渗漏、破碎、受潮、受热、霉变、串味、沾污、钩损、生锈、碰损等原因所导致的风险。

（2）特殊外来风险：由于战争、罢工、拒绝交付货物等政治、军事、国家禁令及管制措施所造成的风险与损失。例如因政治或战争因素，运送货物的船只被敌对国家扣留而造成交货障碍；某些国家颁布的新政策或新的管制措施以及国际组织的某些禁令，造成货物无法出口或进口而造成的损失。

10.1.1.3 海运商务风险

海运商务风险中主要是提单风险，提单的风险主要有以下几个方面：

（1）承运人签署倒签和预借提单以便托运人能顺利地结汇

倒签提单在对外贸易中经常出现，承运人之所以这样做是为了使海运提单的签发日期与信用证规定的相一致，即符合信用证关于装运期的规定，以便卖方能顺利安全地结汇。但是这种做法，掩盖了提单的签发日期晚于货物实际装船日期的事实，这种情况对买方不利，如果后来被买方知道了小则可能产生一些不必要的麻烦，大则会产生贸易纠纷。因此实际外贸业务中要避免使用倒签提单。如果货物尚未全部装船或货物已由承运人接管尚未开始装船的情况下就签发海运提单，这样构成预借提单。托运人之所以要求承运人这样做，是为了与信用证中关于装运期的规定相一致，也是为了和销售合同或其他单证保持一致。同样承运人这样做，掩盖了海运提单的签发日期晚于实际装船日期的真实情况。不管倒签提单还是预借提单，托运人的目的是为了使提单签发的日期符合信用证中关于装运期的规定，也为了保持单单一致，单证一致，以便能安全顺利地结汇，但是这种做法对收货人来说构成合谋欺诈，是很不利的，有可能使收货人蒙受重大损失。

（2）承运人伪造货物已装船的清洁海运提单

这是指承运人没有正式签发海运提单，或者签发的提单是一张不清洁的提单，即提单上面有关于货物表面状况不良好记录的提单，但是托运人却伪造一份清洁提单，即提单表面没有任何关于货物表面状况不良好记录的提单，向银行议付货款。银行按照惯例只审查提单的表面与信用证或其他的单据有什么不符点，如果没有不符点的话，就支付货款，不会严格地去辨别海运提单的真伪或其他单据的真伪。因为存在这种情况，所以才使伪造清洁提单时有发生，因此，应该加强银行辨别真伪提单或单据的能力，以减少贸易损失。

（3）承运人凭借托运人的保函签发清洁提单

在国际对外贸易中，货物表面有损坏或有些其他的状况，承运人根据货物的实际状况想签发不清洁提单。但是由于议付行不接受不清洁提单，也与其他单据和信用证规定的不相符，托运人不能凭此不清洁提单安全顺利地结汇，通常情况下是采取向承运人出具保函（Letter of Indemnity），让承运人签发清洁提单的做法。托运人签发这张保函并保证赔偿承运人因签发清洁提单而遭受的损失，或遭到买方指控的损失，以此来换取清洁的海运提单，便于安全顺利地结汇。这种做法存在风险，收货人本可以根据货物表面状况不良好的记录来拒接货物，银行也可以拒付，但却因为承运人开具的清洁提单导致了货款已付，而货物是有问题的，或与信用证规定的不相符的，这对买方是很大的不利，买方可因此上诉至法院，要求承运人赔偿其损失。这时托运人的保函却是没有用的，它的存在并不能减轻承运人的过错与责任。因此，在对外贸易中，要杜绝这种做法。

（4）承运人没有把货物交给持有正本海运提单的收货人

无单放货，又叫无正本提单放货，是指国际贸易中货物海上运输的承运人把其承运的货物交给了没有持有正本海运提单的收货人。海运提单是物权凭证，是海上货物运输的证明，也是承运人与托运人之间双方权利与义务关系的证明文件。货物到达目的港后，承运人有将货物交给正本提单持有人的义务。但是在实务中，尤其是在近洋贸易中，货物往往先于提单到达目的港，这时收货人因还没有拿到正本提单因而不能立即去提取货物，而货物到达目的港后不提取的话则会产生一系列的港口费用，在这种情况下，习惯上是通过担保提货的方式予以解决，即由进口商向开证行申请开立提货担保证明书，开证行向承运人出具提货担保证明书。船公司凭开证行担保将有关货物先行交给进口商，然后由开证行负责将正本提单补交给船公司，否则一切责任均由开证行承担。这种做法存在风险，有可能出现把货物交给不是正本提单的持有人，或把货物搞混了，交付了其他的货物，构成对海运提单合法持有人的侵权，也有可能会出现买方资信不良，提取货物后逃跑的情况。

10.1.2　提单风险防范

（1）尽量避免出现倒签提单和预借提单

用倒签提单或预借提单来顺利办理结汇，不利于企业的形象并破坏了企业的信誉度和信用，虽然这次可以顺利结汇，但是买方有可能基于这种手段，以后不会有任何的贸易往来。使用这种做法不利于企业的长期发展，若万不得已需这样做的话，也要事先征求买方的意见，若买方同意可以使用，若不同意，只有延期。例如，目前中国港口贸易往来频繁，加之港口面积不大，船舶等设备设施不够齐全，造成拥挤、船期不准时有发生的情况。出口公司在签约、订舱、交货时需要充分考虑到这些因素，以防万一。同时加强对合同履行的各个环节的管理工作，加强与有关部门的积极配合，而且事先征得客户的同意和配合。这样能减少倒签提单和预借提单的使用，减少一些不必要的麻烦。

（2）杜绝托运人凭保函换取承运人开立的清洁提单

这种做法在贸易纠纷案例中所占的比重大，作为一个货物运输的承运人，有责任也有义务把货物管理好，对于货物表面状况有不良好的现象，应如实反映在海运提单中，这样做既是对自己负责也是对买方负责。对于托运人，货物有问题的话，应及时改进处理，不能放而任之，对货物不管，只想把货物发送出去，凭保函来换取承运人的清洁提单，以便顺利地结汇，这种想法是不正确的。遇到这种情况应该先和买方商量，争取买方的同意或延迟交期。对于例外情况，如在国际贸易实务中，销售合同或信用证规定的装运日期已临近，或货物在装船时出现货损货差的情况，虽然这些情况是承运人所不能控制的，但是时有发生，此时最为有效的办法是尽快通知买方或收货人，与之协调，对信用证规定的装运日期进行修改，减少纠纷。

（3）交易伙伴的信誉度保证

在国际贸易交往中，买卖双方在签订销售合同之前，应对对方进行一个资信调查，看有没有不良记录，如果有的话要尽量避免这种情况的发生，或直选择接不与其贸易往来，保障贸易顺利往来。若对交易伙伴的资信情况没有进行足够的调查和了解，仅凭熟人介绍或贪小便宜与之成交，往往容易出事，后悔莫及。资信情况好包括：1）资产情况好，有相当可观的资产，且经营状况好，有履约能力；2）能在诚实信誉的原则上履约，不会随意撕毁契约。交易伙伴最好是没有不良记录，信誉度高。

（4）海运提单的签署要严格按照信用证规定填写

在外贸业务广泛采用信用证支付的条件下，外贸业务是纯粹的单据交易，银行承担第一性的付款责任。只要是受益人上交符合信用证规定的相关结汇单据，而且只要单据表面满足“单据一致，单与证相一致”的条件，银行就承担第一性的付款责任，而单据的真假与否与其不相关，也不会去认真地辨别。但是如果单证中出现一点不符点，就会遭到银行的拒付，对出口商来说，不能安全顺利地结汇，对买方也造成很大的损失。

（5）选择资信好的船公司或信誉度高的承运人

如果船公司或承运人没选择好的话，可能产生一些不必要的麻烦。

(6) 学会用法律武装保护自己

一旦发生侵权或欺诈的行为，应积极采取法律手段。

(7) 其他措施

首先，交易前着力调查卖方的资信。其次，如果未能同一流资信的卖方做交易，买方要想方设法控制船舶。在 CIF 下，买方就船舶的国籍、船龄、船舶状况等无选择权，买方争取 FOB 对防止诈骗有利。因为，结汇单证最重要的是提单，FOB 下买方可随时与船东联系，了解船舶动态，可赶在骗子结汇前，申请禁止令（Injunction）禁止骗子去结汇或禁止银行付款；买方在租船时，容易了解船东的资信，防止船东的欺诈。第三，采用 CIF 价格订立合同，买方可以以保证货物的到达或规定船舶开航后的一段时间为结汇的条件，但该合同已不再属于真正意义上的 CIF 合同。作为一名业务人员，只懂外贸或仅通航运，有可能会挂一漏万，真正高水平的业务人员，总能利用各种贸易术语的长处，尽力避免种种漏洞。

10.1.3 国际海运保险

国际海运保险通常分为平安险、水渍险及一切险三种。被保险货物遭受损失时，该保险按照保险单上订明的承保险别的条款规定，负赔偿责任。

10.1.3.1 海损与费用

(1) 海上损失

海上货物运输的损失又称海损（Average），是指货物在海运过程中由于海上风险而造成的损失，海损也包括与海运相连的陆运和内河运输过程中的货物损失。

海上损失按损失的程度分成全部损失和部分损失。

全部损失又称全损，指被保险货物全部遭受损失，有实际全损和推定全损之分。实际全损是指货物全部灭失或全部变质而不再有任何商业价值。推定全损是指货物遭受风险后受损，尽管未达实际全损的程度，但实际全损已不可避免，或者为避免实际全损所支付的费用和继续将货物运抵目的地的费用之和超过了保险价值。推定全损需经保险人核查后认定。

不属于实际全损和推定全损的损失，为部分损失。按照造成损失的原因分为共同海损和单独海损。在海洋运输途中，船舶、货物或其他财产遭遇共同危险，为了解除共同危险，有意采取合理的救难措施所直接造成的特殊牺牲和支付的特殊费用，称为共同海损。在船舶发生共同海损后，凡属共同海损范围内的牺牲和费用，均可通过共同海损清算，由有关获救受益方（即船方、货方和运费收入方）根据获救价值按比例分摊，然后再向各自的保险人索赔。共同海损分摊涉及的因素比较复杂，一般均由专门的海损理算机构进行理算（Adjustment）。

不具有共同海损性质，未达到全损程度的损失，称为单独海损。该损失仅涉及船舶或货物所有人单方面的利益损失。

按照保险条例，不论担保何种险种，由于海上风险而造成的全部损失和共同海损均属保险人的承保范围。对于推定全损的情况，由于货物并未全部灭失，被保险人可以选择按全损或按部分损失索赔。倘若按全损处理，则被保险人应向保险人提交“委付通知”，把残余标的物的所有权交付保险人，经保险人接受后，可按全损得到赔偿。

（2）费用

海上风险会造成费用支出，主要有施救费用和救助费用。施救费用是指被保险货物在遭受承保责任范围内的灾害事故时，被保险人或其代理人或保险单受让人，为了避免或减少损失，采取各种措施而支出的合理费用。救助费用是指保险人或被保险人以外的第三者采取了有效的救助措施之后，由被救方付给的报酬。保险人对上述费用都负责赔偿，但以总和不超过保险金额为限。

10.1.3.2 平安险

本保险负责赔偿：

（1）被保险货物在运输途中由于恶劣气候、雷电、海啸、地震、洪水等自然灾害造成整批货物的全部损失或推定全损。当被保险人要求赔付推定全损时，须将受损货物及其权利委付给保险公司。被保险货物用驳船运往或运离海轮的，每一驳船所装的货物视作一个整批。

（2）由于运输工具遭受搁浅、触礁、沉没、互撞，与流冰或其他物体碰撞以及失火、爆炸等意外事故造成货物的全部或部分损失。

（3）在运输工具已经发生搁浅、触礁、沉没、焚毁等意外事故的情况下，货物在此前后又在海上遭受恶劣气候、雷电、海啸等自然灾害所造成的部分损失。

（4）在装卸或转运时由于一件或数件整件货物落海造成的全部或部分损失。

（5）被保险人对遭受承保责任内危险的货物采取抢救、防止或减少货损的措施而支付的合理费用，但以不超过该批被救货物的保险金额为限。

（6）运输工具遭遇海难后，在避难港由于卸货所引起的损失以及在中途港、避难港由于卸货、存仓以及运送货物所产生的特别费用。

（7）共同海损的牺牲、分摊和救助费用。

(8) 运输契约订有“船舶互撞责任”条款，根据该条款规定应由货方偿还船方的损失。

10.1.3.3　水渍险

除包括上列平安险的各项责任外，本保险还负责被保险物由于恶劣气候、雷电、海啸、地震、洪水等自然灾害所造成的部分损失。

10.1.3.4　一切险

除包括上列平安险和水渍险的各项责任外，本保险还负责被保险货物在运输途中由于外来原因所致的全部或部分损失。

10.1.3.5　除外责任

国际海运保险对下列损失，不负赔偿责任：

(1) 被保险人的故意行为或过失所造成的损失。

(2) 属于发货人责任所引起的损失。

(3) 在保险责任开始前，被保险货物已存在的品质不良或数量短差所造成的损失。

(4) 被保险货物的自然损耗、本质缺陷、特性以及市价跌落、运输延迟所引起的损失或费用。

(5) 保险公司海洋运输货物战争险条款和货物运输罢工险条款规定的责任范围和除外责任。

10.1.3.6　责任起讫

(1) 保险负“仓至仓”责任，自被保险货物运离保险单所载明的起运地仓库或储存处所开始运输时生效，包括正常运输过程中的海上、陆上、内河和驳船运输在内，直至该项货物到达保险单所载明的目的地收货人的最后仓库或储存处所或被保险人用作分配、分派或非正常运输的其他储存处所为止。如未抵达上述仓库或储存处所，则以被保险货物在最后卸载港全部卸离海轮后满 60 天为止。如在上述 60 天内被保险货物需转运到非保险单所载明的目的地时，则以该项货物开始转运时终止。

(2) 由于被保险人无法控制的运输延迟、绕道、被迫卸货、重行装载、转载或承运人运用运输契约赋予的权限所作的任何航海上的变更或终止运输契约，致使被保险人货物运到非保险单所载明的目的地时，在被保险人及时将获知的情况通知保险人，并在必要时加缴保险费的情况下，保险仍继续有效。保险责任按下列规定终止：

1) 被保险货物如在非保险单所载明的目的地出售，保险责任至交货时为止，但不论任何情况，均以被保险货物在卸载港全部卸离海轮后满 60 天为止。

2）被保险货物如在上述 60 天期限内继续运往保险单所载原目的地或其他目的地时，保险责任仍按上述第（1）款的规定终止。

10.1.3.7 被保险人的义务

被保险人按照以下规定的应尽义务办理有关事项，如因未履行规定的义务而影响保险人利益时，保险公司对有关损失，有权拒绝赔偿。

（1）当被保险货物运抵保险单所载明的目的港（地）以后，被保险人应及时提货，当发现被保险货物遭受任何损失，应立即向保险单上所载明的检验、理赔代理人申请检验，如发现被保险货物整件短少或有明显残损痕迹应立即向承运人、受托人或有关当局（海关、港务当局等）索取货损货差证明。如果货损货差是由于承运人、受托人或其他有关方面的责任所造成，应以书面方式向他们提出索赔，必要时还须取得延长时效的认证。

（2）对遭受承保责任内危险的货物，被保险人和保险公司迅速采取合理的抢救措施，防止或减少货物的损失。被保险人采取此项措施，不应视为放弃委付的表示，保险公司采取此项措施，也不得视为接受委付的表示。

（3）如遇航程变更或发现保险单所载明的货物、船名或航程有遗漏或错误时，被保险人应在获悉后立即通知保险人，并在必要时加缴保险费，该保险才继续有效。

（4）在向保险人索赔时，必须提供下列单证：

保险单正本、提单、发票、装箱单、磅码单、货损货差证明、检验报告及索赔清单。如涉及第三者责任，还须提供向责任方追偿的有关函电及其他必要单证或文件。

（5）在获悉有关运输契约中“船舶互撞责任”条款的实际责任后，应及时通知保险人。

10.1.3.8 索赔期限

保险索赔时效，从被保险货物在最后卸载港全部卸离海轮后起算，最多不超过两年。

10.1.3.9 保险利益

保险人所承保的标的，是保险所要保障的对象。但被保险人（投保人）投保的并不是保险标的本身，而是被保险人对保险标的所具有的利益，这个利益，叫作保险利益。投保人对保险标的不具有保险利益的，保险合同无效。

国际货运保险同其他保险一样，被保险人必须对保险标的具有保险利益。这个保险利益，在国际货运中，体现在对保险标的的所有权和所承担的风险责任上。以 FOB、FCA、CFR 和 CPT 方式达成的交易，货物在越过船舷后风险由买方承担。一旦货物发生损失，买方的利益就会受到损失，所以买方具有保险利益。

由买方作为被保险人向保险公司投保，保险合同只在货物越过船舷后才生效。货物越过船舷以前，买方不具有保险利益，因此不属于保险人对买方所投保险的承保范围。以CIF和CIP方式达成的交易，投保是卖方的合同义务，卖方拥有货物所有权，具有保险利益。卖方向保险公司投保，保险合同在货物启运地启运后即生效。

10.2 国际陆运风险与保险

10.2.1 国际陆运风险

目前铁路线与中国相互衔接的邻国有俄罗斯、哈萨克斯坦、蒙古、朝鲜和越南。随着中国对外开放程度的不断深入，加上周边国家的经济发展，中国与周边国家之间的商贸往来日趋频繁，各国的铁路线通过众多场站和码头等节点或枢纽与公路和海（水）运相衔接。在国际货物运输中，使用包含铁路在内的多种运输形式，以各种运输方式接力的形式将货物由出口国的启运地运至进口国的目的地。

国际陆运除了与海运一样面临着意外事故、自然灾害以及各种外来风险外，其运单本身也存在着一定的风险。

长期以来，铁路运输使用的凭证是铁路货票，而各国对货物凭证的格式和适用法律没有统一，该问题在国际铁路组织（简称铁组）、国际铁路联盟（简称铁盟）成立后，经过各自内部成员国的协调，出台了国际铁路联运货物执行细则，在组织内统一了跨境铁路货物运输使用的货票格式，这种在组织成员国内部统一使用的铁路货票被称为铁路运单。发货人只需在启运站托运货物时，填写和提交一套完整的铁路运单，就可以在沿途各国铁路获得承认，并将货物顺利发送到目的地完成交付。

问题关键是铁路运单的流转形式。根据铁组和铁盟的细则，国际联运所使用的铁路运单在货物启运时附货，铁路运单由火车司机随货带走，沿途口岸和官方机构在上面加签，铁路运单跟随在途货物一起经过多个环节的移交，最后随货物一同抵达到站。到站在拿到铁路运单后，依据运单上显示的收货人资料，发出到货通知，提醒收货人前往到站办理清关和提货手续。

这种做法的缺陷显而易见，铁路运单没有发挥物权凭证的功能，不能像提单一样，用来进行商业性质的流通，给铁路联运的当事人造成不便。

首先，发货人面临着巨大的应收款风险。如果联运货物在转运港或者启运站装上火车发送时，货物的买卖双方还没有完成货款的结算，发货人将没有任何凭证控制在途货物的货权，面临无法预测和控制的应收款风险。货物到达目的站以后，收货人可以自行办理提货手续，如果在拿到货物后不按时向发货人支付货款，发货人将面临被动的局面。例如，赖账的收货人采用种种办法拖延，为了避免被发货人追讨货款，有些企业甚至采取注销原有公司的办法，让发货人举手无措，欲哭无泪。

其次，铁路联运的货运代理人，无法实现费用到付，也面临应收款风险。国际货物运输的货运代理人一般都由收货人指定。也就是说，货运代理人与收货人签署货运代理合同，发货人或者出口商只需根据销售合同将货物按时在规定地点，将货物移交给收货人指定的某家货运代理公司，就等于完成了合同交付义务。如果联运货物的最后一程运输使用铁路，那么该货代将面临要么要求客户在货物上铁路以前支付运费，要么等货物发车后向收货人催款的处境。同样，由于货物到达目的站以后，货运代理人无法对收货人自行提货的过程进行任何控制和干预，一旦收货人拒付运费和服务费，货运代理人将被动。

10.2.2 国际铁路运输保险

国际铁路运输保险与国内铁路运输保险类似，故介绍国内铁路运输保险条款以备比较和借鉴。

10.2.2.1 保险标的范围

第一条 凡在国内经铁路运输的货物均可为本保险之标的。

第二条 下列货物非经投保人与保险人特别约定，并在保险单（凭证）上载明，不在保险标的范围以内：金银、珠宝、钻石、玉器、首饰、古币、古玩、古书、古画、邮票、艺术品、稀有金属等珍贵财物。

第三条 下列货物不在保险标的范围以内：蔬菜、水果、活牲畜、禽鱼类和其他动物。

第四条 本保险分为基本险和综合险，保险人按保险单注明的承保险别分别承担保险责任。

10.2.2.2 保险责任

第五条 基本险

由于下列保险事故造成保险货物的损失和费用，保险人依照本条款约定负责赔偿：

（一）火灾、爆炸、雷电、冰雹、暴风、暴雨、洪水、海啸、地陷、崖崩、突发性滑坡、泥石流；

（二）由于运输工具发生碰撞、出轨或桥梁、隧道、码头坍塌；

（三）在装货、卸货或转载时，因意外事故造成的损失。

（四）在发生上述灾害、事故时，因施救或保护货物而造成货物的损失及所支付的直接合理的费用。

第六条　综合险

本保险除包括基本险责任外，保险人还负责赔偿：

（一）因受震动、碰撞、挤压而造成货物破碎、弯曲、凹瘪、折断、开裂的损失；

（二）因包装破裂致使货物散失的损失；

（三）液体货物因受震动、碰撞或挤压致使所用容器（包括封口）损坏而渗漏的损失，或用液体保藏的货物因液体渗漏而造成保藏货物腐烂变质的损失；

（四）遭受盗窃的损失；

（五）因外来原因致使提货不着的损失；

（六）符合安全运输规定而遭受雨淋所致的损失。

10.2.2.3　责任免除

第七条　由于下列原因造成保险货物的损失，保险人不负责赔偿：

（一）战争、军事行动、扣押、罢工、哄抢和暴动；

（二）地震造成的损失；

（三）核反应、核辐射和放射性污染；

（四）保险货物的自然损耗，本质缺陷、特性所引起的污染、变质、损坏，以及货物包装不善；

（五）在保险责任开始前，被保险货物已存在的品质不良或数量短差所造成的损失；

（六）市价跌落、运输延迟所引起的损失；

（七）属于发货人责任引起的损失；

（八）被保险人或投保人的故意行为或违法犯罪行为。

第八条　由于行政行为或执法行为所致的损失。

第九条　其他不属于保险责任范围内的损失。

10.2.2.4　责任起讫

第十条　保险责任的起讫期，是自签发保险单（凭证）后，保险货物运离起运地发货人的最后一个仓库或储存处所时起，至该保险单（凭证）上目的地的收货人在当地的第一个仓库或储存处所时终止。但保险货物运抵目的地后，如果收货人未及时提货，则保险责任的终止期最多延长至以收货人接到《到货通知单》后的 15 天为限（以邮戳日期为准）。

10.2.2.5 保险价值和保险金额

第十一条 保险价值按货价或货价加运杂费确定，保险金额按保险价值确定，也可以由保险双方协商确定。

10.2.2.6 投保人、被保险人义务

第十二条 投保人、被保险人如果不履行下述任何一条规定的义务，保险人有权终止保险合同或拒绝赔偿部分或全部经济损失。

第十三条 投保人、被保险人应依法履行如实告知义务，如实回答保险人就保险标的或者投保人、被保险人的有关情况提出的询问。

第十四条 投保人在保险人或其代理人签发保险单（凭证）的同时，应一次缴清应付的保险费。

第十五条 投保人应当严格遵守国家及交通运输部门关于安全运输的各项规定，还应当接受并协助保险人对保险货物进行的查验防损工作，货物运输包装必须符合国家和主管部门规定的标准。

第十六条 保险货物如果发生保险责任范围内的损失，投保人或被保险人获悉后，应迅速采取施救和保护措施并立即通知保险人的当地机构（最迟不超过10天）。

10.2.2.7 赔偿处理

第十七条 被保险人向保险人申请索赔时，应当提供下列有关单证：

（一）保险单（凭证）、运单（货票）、提货单、发票（货价证明）；

（二）承运部门签发的货运记录、普通记录、交接验收记录、鉴定书；

（三）收货单位的入库记录、检验报告、损失清单及救护货物所支付的直接费用的单据；

（四）其他有利于保险理赔的单证。

保险人在接到上述索赔单证后，应当根据保险责任范围，迅速核定应否赔偿。赔偿金额一经保险人与被保险人达成协议后，应在十天内赔付。

第十八条 保险货物发生保险责任范围内的损失时，按保险价值确定保险金额的，保险人应根据实际损失计算赔偿，但最高赔偿金额以保险金额为限；保险金额低于保险价值的，保险人对其损失金额及支付的施救保护费用按保险金额与保险价值的比例计算赔偿。保险人对货物损失的赔偿金额，以及因施救或保护货物所支付的直接合理的费用，应分别计算，并各以不超过保险金额为限。

第十九条 保险货物发生保险责任范围内的损失，如果根据法律规定或有关约定，应当由承运人或其他第三者负责赔偿部分或全部的，被保险人应首先向承运人或其他第三者提出书面索赔，直至诉讼。被保险人若放弃对第三者的索赔，保险人不承担赔偿责任；如被保险人要求保险人先予赔偿，被保险人应签发权益转让书，且应将向承运人或第三者提出索赔的诉讼书及有关材料移交给保险人，并协助保险人向责任方追偿。

由于被保险人的过错致使保险人不能行使代位请求赔偿权利的，保险人可以相应扣减保险赔偿金。

第二十条　保险货物遭受损失后的残值，应充分利用，经双方协商，可作价折归被保险人，并在赔款中扣除。

第二十一条　被保险人从获悉遭受损失的次日起，如果经过两年不向保险人申请赔偿，不提供必要的单证，或者不领取应得的赔款，则视为自愿放弃权益。

第二十二条　被保险人与保险人发生争议时，应当实事求是，协商解决，双方不能达成协议时，可以提交仲裁机关或法院处理。

10.2.2.8　其他事项

第二十三条　凡经铁路与其他运输方式联合运输的保险货物，按相应的运输方式分别适用本条款及《公路货物运输保险条款》、《水路货物运输保险条款》、《国内航空货物运输保险条款》。

第二十四条　凡涉及本保险的约定均采用书面形式。

10.2.3　国际公路运输保险

国际公路运输较少，其保险与国内公路运输保险类似，故介绍国内公路路运输保险条款以备比较和借鉴。

10.2.3.1　责任范围

本保险分为陆运险和陆运一切险两种。被保险货物遭受损失时，本保险按保险单上订明承保险别的条款规定负赔偿责任。

（1）陆运险

本保险负责赔偿：

1）被保险货物在运输途中遭受暴风、雷电、洪水、地震等自然灾害或由于运输工具遭受碰撞、倾覆、出轨或在驳运过程中因驳运工具遭受搁浅、触礁、沉没、碰撞，或由于遭受隧道坍塌，崖崩或失火、爆炸等意外事故所造成的全部或部分损失。

2）被保险人对遭受承保责任内危险的货物采取抢救，防止或减少货损的措施而支付的合理费用，但以不超过该批被救货物的保险金额为限。

（2）陆运一切险

除包括上列陆运险的责任外，本保险还负责被保险货物在运输途中由于外来原因所致的全部或部分损失。

10.2.3.2 除外责任

本保险对下列损失不负赔偿责任：

(1) 被保险人的故意行为或过失所造成的损失。

(2) 属于发货人责任所引起的损失。

(3) 在保险责任开始前，被保险货物已存在的品质不良或数量短差所造成的损失。

(4) 被保险货物的自然损耗、本质缺陷、特性以及市场跌落、运输延迟所引起的损失或费用。

(5) 保险公司陆上运输货物战争险条款和货物运输罢工险条款规定的责任范围和除外责任。

10.2.3.3 责任起讫

本保险负“仓至仓”责任，自被保险货物运离保险单所载明的起运地仓库或储存处所开始运输时生效，包括正常运输过程中的陆上和与其有关的水上驳运在内，直至该项货物运达保险单所载目的地收货人的最后仓库或储存处所或被保险人用作分配、分派的其他储存处所为止，如未运抵上述仓库或储存处所，则以被保险货物运抵最后卸载的车站满60天为止。

10.2.3.4 被保险人的义务

被保险人应按照以下规定的应尽义务办理有关事项，如因未履行规定的义务而且影响本公司利益时，本公司对有关损失有权拒绝赔偿。

(1) 当被保险货物运抵保险单所载目的地以后，被保险人应及时提货，当发现被保险货物遭受任何损失，应即向保险单上所载明的检验、理赔代理申请检验。如发现被保险货物整件短少或有明显残损痕迹，应立即向承运人、受托人或有关当局索取货损货差证明，如果货损货差是由于承运人、受托人或其他有关方面的责任所造成，则应以书面方式向他们提出索赔，必要时还需取得延长时效的认证。

(2) 对遭受承保责任内危险的货物，应迅速采取合理的抢救措施，防止或减少货物损失。

(3) 在向保险人索赔时，必须提供下列单证：保险单正本、提单、发票、装箱单、磅码单、货损货差证明、检验报告及索赔清单。如涉及第三者责任还须提供向责任方追偿的有关函电及其他必要单证或文件。

10.2.3.5 索期赔限

本保险索赔时效，从被保险货物在最后目的地车站全部卸离车辆后计算，最多不超过两年。

10.3 国际航空运输风险与保险

10.3.1 国际航空运输风险

航空货运虽然起步较晚，但发展异常迅速，特别是受到现代企业管理者的青睐，国际航空运输风险较低，一般没有引起注意，但是最近因危险品的问题引发新的风险。

众所周知，危险品在航空运输过程中，因气压、温度变化，或受震动、空间限制等，可能发生爆炸、自燃、有毒气体泄露等，对飞机、生命、货物造成伤害。国家有关部门对危险品的生产、仓储、运输、装卸有严格的规定，无论是操作主体、操作方法还是操作费用都有不同的要求。但是部分客户出于种种不可告人的目的，将危险品瞒报，货运公司如果稍不当心，就会被卷入涉嫌隐瞒危险品的漩涡，使公司的信誉、经济及业务受到恶劣的影响。因此，货运公司若要健康长远发展，必须加强对危险品、一般化工产品运输的风险防范管理。客户将危险品以普通化工品出运主要有疏忽型、故意型、恶意型三种类型。

疏忽型：客户申报的品名是普通化工品，发货时错把危险品当作普通货物发送。有的是整批发错货、有的是少数发错货、还有的是个别危险品混杂其中。对于错发的危险品，货运公司如果能做到细致、认真核查单、货的统一性，是可以发现异常之处的。因为在这种情况下，客户属于无意中错发货物，货物包装上的危险品品名、标志、唛头与单证上的品名、标志、唛头对不上，只要货运公司的收货员仔细将货物包装上的标签、唛头与单证加以核对，就能及时发现单货不符，避免将危险品交运。为了防范个别危险品混杂其中，应做到逐件审查、逐箱审查、无一疏漏。

故意型：客户为了逃避危险品运输繁琐的审查手续和高昂的费用，有意以普通化工品品名申报。此时客户随附的检验报告必定是有关检测机构针对该申报的普通化工品所做的无危险性的结论意见，如果有关部门要求重新做技术鉴定时，客户将提前准备好的样品送去检验，于是危险品便以普通化工产品的身份堂而皇之地出运了。

恶意型：在国际恐怖主义活动不时发生的局势下，货运公司对恐怖势力利用航空货物运输实施犯罪的可能性也不得不防。1988年的洛克比空难、2001年的“9·11事件”，都是国际恐怖主义的典型案例，后果都极其惨重。运输企业要提高警惕，防止恐怖分子利用审查上的不严、交接上的疏漏实施恐怖犯罪。

货运公司应如何规范操作，有效地识别危险品、防范误收危险品的风险呢？货运公司只有全员加强对危险品运输的风险防范意识，从人员培训上、管理上、操作上和法律上共同努力、合力防范，才能收到良好效果。

首先，货运公司应从人事培训的角度加强岗位培训，以增强对危险品危害性的认识和对危险品的识别能力。聘请安全员对公司所有销售、操作人员进行危险品运输的危害性和安全常识的普及教育，使公司上下从思想上认识到危险品运输对国家的危害、对公司的危害以及个人应为此承担的责任。聘请专家对接单员、仓库保管员进行化工产品知识和药品等特殊产品标识、特性等基本知识的培训，提高员工对特殊货物的辨别和识别能力。对仓库的接货人员进行英文字母基本识别能力的培训，使其能正确分辨出单证和货物包装上品名、唛头的差异。

其次，货运公司要从管理角度，制定一系列的严禁接收危险品的规章制度，以明确各专业岗位的职责以及对违反职责的处理办法。对销售员的规定，内容应涵盖如果销售人员恶意串通客户瞒报危险品的，要处以开除、追究经济、刑事责任的处罚等；对操作员的规定，内容应涵盖如果操作人员违背操作规程，漏检危险品的，要处以警告、罚款、调岗等处罚；对操作规程的规定，内容应涵盖对化工品操作的每一环节、每一环节的责任人的确定等。

最后，货运公司要从操作角度对接单、接货、送检进行全面检查，以加强对操作流程是否规范执行的有力监控。检查接单人员是否对客户提交的报关委托书、装箱单、贸易合同、发票与唛头进行仔细核对；检查接货人员是否仔细核查货物包装上的唛头、标记，尤其是对产品的标志核查、产品品名的核查是否严密；对于无法判断的化工产品是否要求客户提供权威部门的技术鉴定，送检样品是否为从托运货物实物当中所提取。对于因化工产品的包装问题等无法从实物当中取样的，是否告知客户自行办理交运。

10.3.2 国际航空运输保险

10.3.2.1 国际航空运输风险规避措施

(1) 货物航空运输险

为了规避货物的航空运输风险，避免因承运人享受免责或责任限制而使货物毁灭、遗失、损坏造成的损失得不到足额赔偿，托运人可以为货物投保航空运输险。如果托运人已经为货物运输投保了保险金额不低于货物价值的航空运输险，保险公司将根据货物的实际损失情况，对保险货物由于保险合同规定的原因造成的损失，向受益人支付不超过保险金额的赔偿金。然后，由保险公司向承运人追偿。

（2）办理保价运输手续

为了在货物损失应由承运人赔偿的情况下，使货物损失的价值得到足额赔偿，托运人可以为托运的货物办理保价运输手续。即在交运货物时就货物在目的地点交付时的利益（包括货物在启运地点的实际价值和到达目的地点交付收货人时的期到利益），向承运人做出特别声明，并在航空运单“供运输使用的声明价值”栏中注明声明的金额，并支付规定的声明价值附加费，从而使声明价值成为托运人和承运人特别约定的赔偿责任金额。一旦货物发生应由承运人承担责任的毁灭、遗失、损坏或延误，承运人根据实际损失情况，按照高于规定赔偿责任限额的托运人声明价值予以全额赔偿。

10.3.2.2　保险条款

航空运输保险分为航空运输险和航空运输一切险两种。被保险货物遭受损失时，本保险按保险单上订明承保险别的条款负赔偿责任。本保险索赔时效，从被保险货物在最后卸载地卸离飞机后起计算，最多不超过两年，具体条款如下。

关于责任范围：

（1）航空运输险

本保险对下列损失负责赔偿。

1）被保险货物在运输途中遭受雷电、火灾、爆炸或由于飞机遭受恶劣气候或其他危难事故而被抛弃，或由于飞机遭碰撞、倾覆、坠落或失踪等意外事故所造成的全部或部分损失。

2）被保险人对遭受承保责任内危险的货物采取抢救，防止或减少货损的措施而支付合理费用，但以不超过该批被救货物的保险金额为限。

（2）航空运输一切险

除包括上列航空运输险责任外，本保险还负责被保险货物由于外来原因所致的全部或部分损失。

关于除外责任：

本保险对下列损失不负赔偿责任。

（1）被保险人的故意行为或过失所造成的损失。

（2）属于发货人责任所引起的损失。

（3）保险责任开始前，被保险货物已存在的品质不良或数量短差所造成的损失。

（4）被保险货物的自然损耗、本质缺陷、特性以及市价跌落、运输延迟所引起的损失或费用。

(5) 保险公司航空运输货物战争险条款和货物及罢工险条款规定的责任范围和除外责任。

关于责任起讫：

(1) 本保险负“仓至仓”责任，自被保险货物运离保险单所载明的起运地仓库或储存处所开始运输时生效，包括正常运输过程中的运输工具在内，直至该项货物运达保险单所载明目的地收货人的最后仓库或储存处所或被保险人用作分配、分派或非正常运输的其他储存处所为止。如未运抵上述仓库或储存处所，则以被保险货物在最后卸载地卸离飞机后满 30 天为止。如在上述 30 天内被保险的货物需转送到非保险单所载明的目的地时，则以该项货物开始转运时终止。

(2) 由于被保险人无法控制的运输延迟、绕道、被迫卸货、重行装载、转载或承运人运用运输契约赋予的权限所作的任何航行上的变更或终止运输契约。致使被保险货物运到非保险单所载目的地时，在被保险人及时将获知的情况通知保险人，并在必要时加缴保险费的情况下，本保险仍继续有效。

保险责任按下述规定终止。

1) 被保险货物如在非保险单所载目的地出售，保险责任至交货时为止。但不论任何情况，均以被保险的货物在卸载地卸离飞机后满 30 天为止。

2) 被保险货物在上述 30 天期限内继续运往保险单所载原目的地或其他目的地时，保险责任仍按上述第一款的规定终止。

关于被保险人的义务：

被保险人应按照以下规定的应尽义务办理有关事项，如因未履行规定的义务而影响保险公司利益时，保险公司对有关损失有权拒绝赔偿。

(1) 当被保险货物运抵保险单所载目的地以后，被保险人应及时提货，当发现被保险货物遭受任何损失，应立即向保险单上所载明的检验、理赔代理人申请检验，如发现被保险货物整件短少或有明显残损痕迹，应立即向承运人、受托人或有关当局索取货损货差证明。如果货损货差是由于承运人、受托人或其他有关方面的责任所造成，应以书面方式向他们提出索赔。必要时还须取得延长时效的认证。

(2) 对遭受承保责任内危险的货物，应迅速采取合理的抢救措施，防止或减少货物损失。

(3) 在向保险人索赔时，必须提供下列单证。

保险单正本、提单、发票、装箱单、磅码单、货损货差证明、检验报告及索赔清单，如涉及第三者责任还须提供向责任方赔偿的有关函电及其他必要单证或文件。

10.4　国际物流其他风险与管理

10.4.1　信用证

信用证作为国际贸易支付方式，随着我国对外的进一步开放，越来越受到国际买家的欢迎。那究竟信用证风险如何呢？

（1）风险一及规避

开证银行资信过低的风险。众所周知，信用证 L/C 是银行与银行之间的信用担保。由于国际经济发展不平衡，各国之间制度不同，民族特性等复杂原因，造成各国银行发展水平不同。虽然表面看来，信用证都是按照 UCP600 原则执行，但是很多小国家银行，往往在操作信用证时，操作不规范，违规操作，导致在做信用证时、议付时，往往跳出 UCP600 规定的范围，而从中乱收费用，乱确认不符点，造成客户损失。严重时，他们不按程序放单，在买方没有确认赎单时，就已经将提单放给开证人。如何规避这种由于开证银行资信过低的风险呢？国际银行与银行之间有授信记录，在收到信用证时，出口方可通过自己所在的银行查询该开证银行授信情况，了解该开证银行资信如何，以达到降低风险的目的。一般情况，出口企业要确定开证银行资信的简单原则是看该开证行是否属于世界 500 强银行。如果属于世界 500 强银行（如汇丰、渣打等国际跨国银行），那因开证行资信过低的信用证风险就会大大降低。

（2）风险二及规避

保兑信用证风险。为了规避开证银行资信过低风险，很多出口企业要求开证人（客户）开出保兑信用证，由于知识水平所限，他们并不懂得保兑信用证也是存在风险的。某公司曾经收到过一份突尼斯信用证，该公司某突尼斯客户开出信用证给到中国银行，为保兑信用证（Confirmed L/C）。但是，该公司收到信用证后发现，中国银行并不提供保兑。原因是虽然开具该突尼斯信用证的银行选择中国银行为保兑行，但是中国银行有权根据该开证行授信情况，自己选择是否保兑，很多出口方没有注意，容易吃亏。另外对于保兑信用证，一般保兑行手续的手续费较高，增加了出口企业的成本。这个信用证风险比较好规避，只要确认好保兑行，在开证行指定的保兑行不承诺保兑的情况下，可要求开证行重新选择新的保兑行，达到加保的目的。

（3）风险三及规避

FOB 风险。FOB 信用证主要风险是指定货代的风险。一般信用证文件都是要求受益人提供 Ocean Bill of Lading，即“船东单”为交单单据，但是一旦指定货代，指定货代一般都是出具 House Bill of Lading，又叫 House B/L，货代单。

这种单据容易被审单银行认为是不符点，造成损失。另外指定货代由于与开证人可能存在长期合作关系，最大风险可能是提前放货，放单给开证人，对出口企业造成更大风险。规避 FOB 信用证风险的方法有多种，可以要求客人改证，让客户接受货代单或者查询指定货代的资信。

（4）风险四及规避

汇率上升的风险。随着人民币升值压力的增长，人民币升值的趋势明显，这样做信用证就有汇率风险，因为信用证都是出货交单后一段时间才收回货款。规避信用证汇率风险，可以用信用证贴现、信用证贷款以及代垫信用证方式解决。

（5）风险五及规避

国家或部分地区信誉风险。这部分信用证风险难以控制，如孟加拉信用证。由于孟加拉国家政府要求，几乎所有贸易，90％以上通过信用证完成。但是孟加拉银行系统非常不规范，大大小小银行多，出现进口商倒闭、银行关门、政府敛财等行为。某客户出口孟加拉，客户以不符点为由拒付，但是银行又放单给受益人去提货。此外，孟加拉国海关规定，即使信用证收货人失踪或拒付，需要退回货柜时，海关是要求先进口，后再出口，所以这类无形中的信用证风险，出口企业无法规避。又如阿尔及利亚信用证，也是相对风险较大的国家。某企业由于客户拒绝赎单，导致其国家政府要求货到港口 30 天后，将对货物进行拍卖，出口企业的损失巨大。对于这类信用证的风险，只能通过长期积累经验以及强大的国外代理共同协调才能规避。

信用证风险还有很多，信用证支付方式的增多也是必然的结果，只要出口企业多加留意，就能够顺利完成国际贸易，完全规避信用证风险。

10.4.2 货代风险

货运代理在业务经营过程中会面临很多风险，其中有托运人、代理人、独立经营人的概念模糊，造成身份错位，超越代理权限产生的风险；有未尽职责操作失误造成的索赔风险和轻信承诺导致受骗产生的风险；有拖欠运费造成的坏账风险。货运代理人在作为代理身份时，要谨慎履行合理的职责，这是对货运代理人最基本的要求。然而在实践中，货运代理企业往往疏于管理，马虎大意未能尽到合理的义务，因自身的过错而给托运人造成损失，实际上也给自己造成损失。货代活动复杂，伴生着操作风险、商务风险和道德风险等。

操作风险包含选择承运人不当；选择集装箱不当；未能及时搜集、掌握相关信息并采取有效措施；对特别货物未尽特殊义务；工作不认真，操作失误；遗失单据；单据缮制等。

信用欺诈。很多货运代理人为了承揽生意，吸引货主，往往采取垫付运费及其他相关费用的方式，而这点恰恰被个别货主钻空子。个别货主往往在前几票业务中积极付费，表现出具有良好信誉的假象，在获取货运代理人的信任后，在随后的某一大票业务中由货运代理人垫付巨额费用后，人去楼空。货主为了逃避海关监管，可能会虚报、假报进出口货物的品名以及数量，当货运代理人（包括报关行）代其报关后，经海关查验申报品名、数量与实际不符时，货运代理人可能首当其冲遭受海关的调查和处罚。在集装箱运输方式下，由于货物不便查验，货主可能会实际出运低价值的货物，而去申报高价值的货物，并与收货人串通（或者收货人就是该货主或其关联企业）伪造出具假发票、假信用证、假合同，当货物到达目的地，通过各种手段骗取无单发货后，发货人凭正本提单向货运代理人索要高于出运货物实际价值的赔偿。

人员风险。企业的经营活动是通过员工完成的，但并不是所有的员工都忠实可靠，他们的个人行为往往以公司职务行为为掩护，让货运代理企业无法辨别，误认其个人行为为公司行为，当个人攫取利益逃之夭夭后，又无从向其原单位索赔，导致经济损失。个别职员长期负责某单位某项具体工作，比如领提单、拿支票等，货运代理企业往往会放松对其警惕性，有些人在其公司解除劳动关系后，仍然冒名领取提单，或骗取支票，事后由于该员工没有原单位的书面明确授权，货运代理企业往往自食其果。还有个别员工在某单位从事订舱工作，其在做公司正常业务的同时又承揽私人的业务，“公务”和“私务”交杂在一起，货运代理企业难以区分，往往造成不必要的麻烦。

在货代风险防范中，首先要树立风险意识，健全内部规章制度，制定标准业务流程，对可能出现因疏忽造成风险的业务环节进行科学、全面的分析，使业务环节程序化、制度化，不断完善。努力学习业务知识，工作认真负责，避免操作失误。其次，对客户实行信用管理，对货主实行资信等级考察制度，对不同等级的货主实行不同的对待策略，提高警惕性，时刻注意保护自身的利益，垫付运费应签订合同，随时掌握对方经营状况。再次，对外出具保函应当进行严格的审核，慎重出具，对于不应当或不必要以及可能损害货运代理人利益的保函坚决不出。第四，加强对相关国家法律的研究和了解。最后，要求往来文件尽量加盖公司印章，对于个人的业务行为，要求其公司提供委托授权书，明确其行为为公司授权的职务行为。

10.5 国际物流保险索赔与理赔

国际货物运输保险是以国际运输过程中的货物作为保险标的的保险，主要包括国际海上货物运输险、国际陆上货物运输险、国际航空货物运输险和国际邮包货物运输险等。

国际运输保险理赔索赔是指保险事故发生后，被保险人向保险人提出国际运输保险索赔请求，保险人予以受理并决定是否赔偿或如何赔偿的过程。

国际货运险理赔申报材料主要包括：

(1) 保单（批单）正本原件、保险协议、共保协议复印件、提单正本原件、运单正本原件、装箱单、磅码单、商业发票、贸易合同、承运人出具的正式的货损证明（正本）、国际运输保险索赔清单（正本）、向承运人及相关责任方的索赔函及其答复、照片（正本）、检验报告（正本）；

(2) 修复费用发票（涉及修复的）、海事报告（发生海事时）、要求运输保险索赔人提供正本发票和装箱单（发生共同海损时）、必要时应提供设备交接单（涉及集装箱运输的）、装船前的品质和重量证明（对于大宗散装货）。

除应注意国际运输保险提示中有关要求外，被保险人还应特别注意：货物到达后，被保险人应及时提货；发现货物缺损后，被保险人应及时要求有关部门验货并出具相关证明；对遭受承保责任内危险的货物，被保险人应迅速采取合理的抢救措施，防止或减少货物的损失；在获悉有关运输契约中"船舶互撞责任"条款的实际责任后，应及时通知保险人。

一般地，索赔程序有四步。首先，确定投保国际运输保险的金额，投保金额是诸保险费的依据，又是货物发生损失后计算赔偿的依据。按照国际惯例，投保金额应按发票上的 CIF 的预期利润计算。但是，各国市场情况不相同，对进出口贸易的管理办法也各有异。例如，向中国平安保险公司办理进出口货物运输保险，有两种办法，一种是逐笔投保，另一种是按签订预约保险总合同办理。其次，填写国际运输保险投保单，保险单是投保人向保险人提出投保的书面申请，内容包括被保险人的姓名、被保险货物的品名、标记、数量及包装、保险金额、运输工具名称、开航日期及起讫地点、投保险别、投保日期及签章等。再次，支付保险费，取得保险单。保险费按投保险别的保险费率计算。保险费率是根据不同的险别、不同的商品、不同的运输方式、不同的目的地，并参照国际上的费率水平制订的。它分为"一般货物费率"和"指明货物加费费率"两种。前者是一般的货运险费率，后者系指特别列明的货物（如某些易碎、易损商品）在一般费率的基础上另行加收的费率。

交付保险费后，投保人即可取得保险单。保险单实际上已构成保险人与被保险人之间的保险契约，是保险人向被保险人的承保证明。在发生保险范围内的损失或灭失时，投保人可凭保险人要求赔偿。最后，提出索赔手续，当被保险的货物发生属于保险责任范围内的损失时，投保人可以向保险人提出赔偿要求。

【小　结】

国际物流的风险防范从运输方式和物流的核心环节入手，介绍了海运风险类别、提单风险防范和保险；按照同样的方式，介绍了陆运、航空、货代等过程的风险，并按照相关条款和规定，分析索赔程序和理赔等。

【案例讨论】

保险代位求偿

A 财产保险股份有限公司北京分公司（以下简称 A 财产保险北京分公司）因与 B 航运有限公司（以下简称 B 航运公司）海上货物运输合同保险代位求偿纠纷案，于 2011 年 9 月 5 日向宁波海事法院起诉。

原告 A 财产保险北京分公司起诉称，被告 B 航运公司所属的“XX Eddie”轮承运 131 357.819 吨原油从安哥拉到中国宁波，该轮船长签发的提单记载净重是 131 357.819 吨；“XX Eddie”轮抵达宁波港卸货，经检验，原油净重为 130 621.236 吨，比提单记载重量短少 736.583 吨，短少比例为 0.561%，原告作为该批货物的保险人，扣除 0.5%的免赔额后，按投保总金额 72 365 811.83 美元 0.061%的比例，向收货人中国国际石油化工联合有限责任公司支付了 44 138.69 美元的保险赔款后，依法取得了代位求偿权，故诉请被告 B 航运公司作为承运人赔偿原告损失 44 138.69 美元及利息。

被告 B 航运公司答辩称：（1）原油应当按体积计量而不能按重量计；（2）提单数量与商检报告数量存在差异是因为游离水所致，以装卸两港包含游离水的原油体积计算短量差额只有 233 美桶，原告以扣除游离水的原油数量与提单数量作比较得出的结论不合理；（3）收货人对装港提单数量中包含了 3 191 美桶的游离水是明知的，其无权向保险人索赔，而且该游离水差额低于保险绝对免赔额，保险人也未就该差额部分进行赔付，并未取得代位求偿权；（4）在卸货港游离水增加系因货物的自然特性或固有缺陷引起，承运人依法可以免责；（5）提单记载的数量系由托运人申报，而商检报告、空距报告反映的是原油的实际数量与品质，故收货人订立的买卖合同中均要求有相应的装港事实记录及空距报告，现拒不提供或者认可相关数据，说明收货人明知原油实际并未发生短量。

法院认为，原告提起的海上货物运输合同保险代位求偿之诉所依据的油轮提单未约定法律适用，而原、被告双方在庭审诉辩中明确同意适用中国法律，故本案应以我国《海商法》作为准据法。被告作为“XX Eddie”轮的所有人，该轮船长为涉案运输签发了提单，故原告为涉案运输的承运人，中国国际石油化工联合有限责任公司的收货人为被保险人。原告依据保险合同的约定由其总公司 XX 财产保险股份有限公司向被保险人支付了保险赔款，依法取代收货人的地位，可以向承运人提起代位求偿。

在原油买卖及运输过程中，数量检测有多种方式，案中，装卸两港均作有空距报告，原告也依宁波出入境检验检疫局出具的重量证书作为索赔的依据，而该重量证书系宁波出入境检验检疫局根据其测得的空距报告所作，故本案原油数量是否发生短少应按装卸两港的空距报告来计算；根据 Intertek 的空距报告，装运港装船完毕原油体积为 938 537 美桶，游离水 3 191 美桶，毛重体积合计为 941 727.8 美桶，到港后，根据宁波出入境检验检疫局的检测，原油数量 936 765 美桶，游离水 5 043 美桶，毛重体积合计为 941 808 美桶；从上述两组数据，得出原油数量减少了 1 772 美桶，游离水增加了 1 852 桶，减少的原油数与增加的游离水数十分接近，因原油本身含有水分，在运输过程中游离水增加系货物本身属性使然，且涉案原油总量达 938 537 美桶，各舱游离水增加均匀，可以排除人为增加因素，故可以认定在运输过程中原油数量的变化系原油本身属性引起。

另外原告认为，根据提单记载的与卸货港检测的数据，原油短少按重量计为 736.583 吨，短少比例是 0.561%，扣除 0.5%的免赔额后，应按保险总金额 72 365 811.83 美元 0.061%的比例赔偿保险人 44 138.69 美元。但是，根据提单记载原油数与卸货港检测的数据，原油短少按体积计为 4 261 美桶，未超过涉案运输 0.5%的免赔额 4 705 美桶；涉案提单上载明的原油数量前有限定词“a quantity said to be”，可视为对数量所作的批注，该数量与装货完毕前一天原告签发的本案保险单上的数量完全一致，可以证明该数量并非装船后的数量，故认定该数量为托运人申报数量，实际装船数量应以装货港空距报告上的数量为准；涉案买卖合同对货款支付方式的约定为在提单日后 30 日内根据卖方文件付款，而约定的卖方文件除了提单、商业发票外，还有数量与质量证书原件、装港事实记录及空距报告等，因原告拒不向本院提供该空距报告，故本院采信被告提供的装港空距报告，该报告显示装货港原油为 938 537 美桶，其与卸货港测量的 936 765 美桶只差 1 772 美桶，远在原油等大宗商品运输中通常 0.5%的免赔率之下；涉案买卖合同约定的价格是按体积计算，原告未能提供证据证明买方实际付款是按照提单记载的重量，也未能证明收货人遭受了 736.583 吨原油的短少损失，故保险人即使支付了保险赔款，承运人也不承担赔偿责任。

基于此分析，法院认为被告辩称有理，予以采纳，驳回原告 A 财产保险股份有限公司北京分公司对被告 B 航运有限公司的诉讼请求。

资料来源：www.nbhsfy.cn/cpws.jsp? aid=23321，2013.5.30。

讨论题

1. A 公司为什么可以获得代偿权？
2. A 公司未能获得赔偿的原因是什么？

复习思考题

1. 简述国际海运风险的特点、防范策略和保险条款。
2. 简述国际陆运风险的特点、防范策略和保险条款。
3. 简述国际空运风险的特点、防范策略和保险条款。
4. 简述国际货代风险的特点、防范策略和保险条款。

第11章 国际物流业务管理

【教学目标】

(1) 熟悉国际物流战略管理;

(2) 掌握国际物流市场的分析与开发;

(3) 了解国际物流流程再造;

(4) 了解国际物流信息管理;

(5) 掌握国际物流标准化;

(6) 掌握国际物流服务质量管理;

(7) 掌握国际物流成本管理;

(8) 掌握国际物流绩效管理。

【引导案例】

中海集装箱运输股份有限公司

中海集装箱运输股份有限公司是中国海运集团所属主要从事集装箱运输及相关业务的多元化经营企业。经营范围涉及集装箱运输、船舶租赁、揽货订舱、运输报关、仓储、集装箱堆场、集装箱制造、修理、销售、买卖等领域。2004年6月和2007年12月,中海集运分别在香港联合交易所和上海证券交易所上市。截至2013年6月,中海集运拥有155艘船舶,整体运载能力超过62万标箱,位居世界前10大班轮公司之列。中海集运已拥有300多个全球代理网点,全面实现"营销网络化、服务一体化"。

中海集运旗下拥有中海码头、浦海航运、五洲航运、洋山储运、大连万捷等数十家公司,整合包括船队、码头、集卡、仓储、铁路、空运等多种资源,形成海铁联运、海空联运、水水联运、水陆联运等多种运输形式,打造完整的综合航运物流产业链,为全球客户提供全程的"门-门"服务。公司坚持科学发展观,精心组织、精细管理,全力打造一流的船队和团队,致力成为"世界一流的集装箱综合航运物流企业",以"诚信四海、服务全球"的理念为全球客户提供高品质服务。

2013年1月1日,中海集运通过"清洁航运指数"(Cleaning Shipping Index)对公司岸上及船舶实施检验工作,成为为数不多获得该"指数"认证的班轮公司,在所有认证的班轮公司中,中海集运的分数排名位居第四。

研究表明，船舶所排放的二氧化碳每年超过 12 亿吨，约占全球主要温室气体排放量的 5%；全球每年排放的氮氧化物气体中 30% 来自海上船舶。2007 年，由瑞典地方管理协会和哥德堡商业局等机构联合启动了一个环境项目——“清洁航运指数”。通过将船舶排放的二氧化碳、氮氧化物、硫氧化物、化学品、船上废弃物等数据，进行分类、统计、分析，制定公认的排放标准，以减少海上运输对环境的负面影响。同时，该“指数”为了快速、有效地建立市场口碑，起先挑选瑞典前 20 大货主企业作为该“指数”的推动者，而后世界名企们纷纷要求加入。

自 2012 年起，越来越多的大型直客将是否加入“清洁航运指数”作为与班轮公司合作的准入门槛。部分客户强制要求班轮公司将 90%以上的自有船舶信息上传到“清洁航运指数”网站并须由该“指数”指定的船级社对上传的部分船舶进行船检和认证，否则连投标邀请函都不予发送。为了获得与欧洲大客户们签约的通行证，中海集运各相关部门在极其有限的时间内，收集该“指数”所需船舶信息及船用燃料的排放信息，经上级领导批准，及时将相关数据进行发布，并完成德国劳氏船级社对公司岸上和船舶“CSCL Jupiter”及“CSCL Mars”的船检工作，获得“清洁航运指数”对公司的认可。

通过“清洁航运指数”，可见绿色航运已不仅仅停留在为了树立企业形象和承担企业的社会责任的阶段，它或将成为航运业的核心竞争力。

资料来源：www. cscl. com. cn/。

11.1　国际物流战略管理

随着国际物流的发展，中国政府和企业纷纷重视物流战略。国际物流战略管理是对涉及国际物流管理方面带有全局性、长远性、目标性的重大问题的谋划与筹划，是站在战略的高度，从物流的整体和长远目标出发，对带有根本性的问题进行管理。国际物流战略管理的内容包括国际物流战略规划、设计和方略、战略制定、实施、调整和评估。国际物流战略的准确与否关系到物流的成败，决定物流的前途，是决定成本之大小、效率之高低和成败的根本。

11.1.1　政府层面

政府层面的国际物流战略管理，必须综合考虑高度、深度和广度。国际物流战略管理必须把握国际物流的发展环境，国际贸易大发展、贸易量的巨大变化、运输距离的拉长、贸易风险的加大、贸易周期的缩短，对国际物流的质量、效率、安全性、成本提出更高的要求。因此，政府层面的国际物流战略，必须服从国际经济社会科技文化发展总体目标，适应国家经济布局和区域经济产业结构，符合节能减排和绿色环保、可持续发展的要求。同时，政府国际物流战略应考虑物流的宽泛性、系统性、实践性、从属性、公共性等特点，并与政府的职责和管理方式相吻合，做到不缺位、不越位、有作为，宏观和微观相融。政府国际物流管理的着力点，应是统一认识、构筑基础、调控市场、维护秩序、监管效果、制定规划、综合布局、协调行动。同时，发挥行业学会（研究会）、协会（促进会）、联合会（总会、联盟）等行业团体的作用，为政府和企业之间搭建桥梁和纽带。区域国际物流战略应考虑点、线、片、网，对综合交通运输体系进行定位，符合物流结构和系统标准化、信息化要求。

随着商务流通领域中国对外开放由出口和吸收外资为主，转向进口和出口、吸收外资和对外投资并重，实行更加积极主动的开放战略，扩大和深化同各方利益的汇合点。中国积极发展双边和多边贸易，双边方面建立稳定的合作关系，深化与主要大国的经济贸易合作、巩固并提高与周边国家经济贸易合作水平，提升与亚非拉等发展中国家经济贸易伙伴关系。同时，全面参与国际经济组织、国际协调机制、国际行业协会等，在物流相关的产业、投资、金融、货币、贸易等领域把握发展制高点、话语权和国际规则制定的主导权。与此相对应，加快国际物流和保税物流发展。第一，加强主要港口、国际海运陆运集装箱中转站、多功能国际货运站、国际机场等物流节点的多式联运物流设施建设，加快发展铁海联运，提高国际货物的中转能力，加快发展适应国际中转、国际采购、国际配送、国际转口贸易业务要求的国际物流，逐步建成一批适应国际贸易发展需要的大型国际物流港，不断增强其配套功能。第二，在有效监管的前提下，政府部门简化审批手续，优化口岸通关作业流程，实行申办手续电子化和“一站式”服务，提高通关效率。充分发挥口岸联络协调机制的作用，加快“电子口岸”建设，积极推进大通关信息资源整合。第三，统筹规划、合理布局，健全保税区物流产业政策法规，优化提升保税区国际物流设施，完善保税区国际物流信息系统，实现以建成集成化、开发型、多功能的计算网络和信息资源管理系统，为目标保税物流中心信息化积极推进海关特殊监管区域整合发展和保税监管场所（保税区、出口加工区、保税物流中心等）建设，力图构建既适应跨国公司全球化运作又适应加工制造业多元化发展需求的新型保税物流监管体系。第四，充分利用世界贸易组织、自由贸易区和区域经济合作机制等平台，与相关国家和地区相互进一步开放与物流相关的分销、运输、仓储、货代等领域，加强双边和区域物流合作，开展物流方面的政策协调和技术合作，推动物流业“引进来”和“走出去”。加强国内物流企业同国际先进物流企业的合资、合作与交流，引进和吸收国外促进物流发展的先进经验和管理方法，提高物流业的全球化与区域化程度。第五，加强国际物流“软环境”建设，包括鼓励运用国际惯例、推动与国际贸易规则及货代物流规则接轨、统一单证、加强风险控制和风险转移体系建设等。

近年来，上海谋划国际航空中心、国际航运中心，重庆谋划渝新欧物流大通道，云南加快构建面向东南亚、南亚重要国家物流枢纽平台，胶州湾崛起国际物流港，黑龙江打造满哈绥欧国际物流大通道、吉林谋划中国图们江区域（珲春）国际合作示范区国际物流大通道，浙江宁波-舟山港转型奔向国际物流枢纽港，天津建设中国北方国际航运中心和国际物流中心的核心载体。特别是 2013 年 7 月，中国（上海）自由贸易试验区批准实施。试验区范围涵盖上海市外高桥保税区、外高桥保税物流园区、洋山保税港区和上海浦东机场综合保税区等 4 个海关特殊监管区域，总面积为 28.78 平方千米。建设中国（上海）自由贸易试验区，积极探索培育我国面向全球的竞争新优势，构建与各国合作发展的新平台，拓展经济增长的新空间，打造中国经济“升级版”。

2013 年深圳出台《深圳保税区域转型升级总体方案》①，力促深圳保税区域转型升级，加快建立深圳“高、新、软、优”产业体系，内容涵盖提升保税区域产业结构层次，完善区域功能，优化基础设施和监管体制，开拓发展空间等方面，将保税区建立成为推动经济发展方式转变、深化产业转型升级的重要支撑。到 2015 年，深圳保税区域力争实现“百家千亿”的发展目标：引进和培育 100 家对转型发展具有重要意义的企业或平台，进出口总额达到 1 450 亿美元。

第一，提升产业结构层次。保税区域将推动传统加工业向产业链两端升级，加大技术创新和品牌建设力度。巩固提升园区新兴信息技术、新材料、生物医药等战略性新兴产业的加工制造优势，支持跨国公司设立研发、制造、营运中心，提高企业科技研发、工业设计和创意设计能力，将保税区域建设成为高端制造中心、研发设计中心和售后服务中心。引导物流企业拓展供应链管理、分销采购等现代物流业务，为制造及商贸企业提供更具效率的物流解决方案，将保税区域打造成为国际商品的交易中心、物流中心、结算中心

---

① http：//district. ce. cn/zg/201308/02/t20130802 _ 24630581. shtml.

及重点商品的议价中心。其中，盐田综合保税区将引导区内劳动密集型加工业有序迁移，促进低附加值物流服务向供应链管理业务延伸，大力发展科技研发、国际贸易、远洋航运、船舶租赁等产业。福田保税区将开展汽车整车及零部件保税展示业务，重点发展总部经济、研发设计、电子商务、全球检测维修、高端商品贸易、跨境物流综合服务、文化保税服务等业务。空港保税片区将重点引进航运服务、航空物流、保税展示、商贸结算、研发检测、高端加工为代表的临空产业群，形成航空物流和高精尖产业的积聚。此外，深圳还将推进保税区域建设国家进口贸易促进创新示范区和国家对外文化贸易基地，推动外经贸政策的先行先试。

第二，拓展区域功能。保税区域将拓展保税延展功能，推动研发外包、软件外包、数据服务、第三方维修检测为重点的服务贸易发展，开展保税交割、融资租赁、物流金融、离岸业务创新，实现园区整体功能的升级。其中，前海湾保税港区将深入推进深港现代服务业合作，积极落实前海实行比经济特区更特殊的先行先试政策，争取启运港退税政策，提高海铁联运和海空联运业务的便捷高效性，扩大进出口集拼中转箱货源，率先在前海基本实现粤港澳服务贸易自由化，并将保税区域建设成为具有全球资源配置功能的供应链管理中心、服务贸易发展试验区和亚太航运服务中心。此外，保税区域还将在完善货物监管模式、优化外汇管理模式、健全出口退税机制、争取启运港退税等政策，完善产品内销安排、开放人员出入境、推动立法保障等领域，开展自由贸易园区政策和体制创新，使深圳保税区域的功能得到全面拓展，成为内地与香港建立更紧密经贸关系的示范区域。

第三，优化基础设施和监管体制。园区管理部门、相关职能部门与辖区政府将统筹推动园区发展的长效机制，着力解决保税区域配套设施不足、交通拥堵等问题。创新投融资模式，规划建设福田保税区国际展示交易中心和盐田现代保税物流中心。其中，按照“大物流、大通关、大口岸、大平台”思路，深圳将整合保税区域、保税场所、口岸现有的系统信息资源，构筑保税物流信息管理平台，尽可能实现园区主管部门、海关、检验检疫、港区、机场、口岸、税务以及企业等的信息互通共享；探索深港两地海关及检验检疫等口岸监管单位逐步实现“信息互通、结果互认”，提升通关便利化程度。适应现代物流发展的需要，开展货物“分批出区、集中报关”的通关模式，优化园区监管服务环境。依托电子信息技术，研究“电子围网”的创新监管方式，充分发挥保税政策的辐射作用，对符合国家和地方产业发展方向的重点企业试行部分综合保税区政策。

第四，开拓发展空间。保税区域将加强用地规划，整合存量土地，推动保税区域旧厂房（仓库）的升级改造，盘活闲置物业，开展仓转工的功能转换，优化园区空间承载，拓展产业发展空间。

11.1.2　企业方面

企业国际物流战略管理，立足国内、放眼全球，既大胆开拓、勇于创新，又稳扎稳打、循序渐进，利用国内国外两种资源和两个市场，衔接和贯通国内物流和国外物流。企业国际物流管理战略，必须考虑国际政治、国际经济、国际贸易和国际物流之间的相互关系，熟悉国际运输及其港口、口岸、海关、“三检”、保险、货代、理货以及保税区、出口加工区、保税中心、保税港、自由贸易区的运作流程。

国际物流企业面向全球化，积极向集约化与协同化发展，因地制宜选择实施以港口为核心的国际物流战略、以现代运输方式为核心的国际物流战略、以系统集成为核心的国际物流战略、以跨国扩张为核心的国际物流战略，不断提升物流服务的优质化水平，为客户提供物流增值服务。例如，昆明长坡泛亚国际物流园积极探索走一条大交通形成大通道、大通道带动大物流、大物流带动大市场、大市场带动大发展的产业发展之路。江苏亚东朗升国际物流有限公司，推动绿色物流服务，推出行邮专列服务，将华南（深圳）—香港等地的运输节点同行邮专列，勾画一个物流服务网络，其火车的运输成本低于公路、水运和空运，既环保又实惠。公司与铁路部门协调合作，主要为高附加值产品提供直达快运服务，特快行邮专列采用 XL25T 型新时速列车，全车 18 节配载车厢（其中 2 节冷冻车厢），时速 160 千米以上，运行途中不停车、不避让。上海至深圳实现 16 小时快速到达。

跨国物流企业积极实施扩张战略，主要途径有二：并购重组和建立战略联盟。通过并购或战略联盟，企业扩大市场占有率，降低营运风险，分析新技术，获得规模经济效益。

第一，整合并购。企业间兼并浪潮的兴起，带动物流业向全球化方向发展，推动和促进物流企业的整合和并购活动。通过并购，企业规模增大，运营成本降低，经营范围拓宽，满足客户的整合性需求。例如，法国乔达集团（GEODIS）作为巴黎证券交易所上市的国际性物流服务公司，是法国物流龙头企业，由 SNCF（法国国有铁路集团，世界 500 强企业）集团控股。2006 年 11 月 GEODIS 收购礼信国际货运（TNT 货运分部），2008 年又分别收购 Rohde & Liesenfeld 和 Oughtred & Harrison Shipping。通过并购，乔达国际由欧洲区域性货运公司一跃成为服务网络涵盖全球 120 个国家，超过 46 000 名员工的全球性综合物流供应商，利用分布在全球高度整合的业务网络为客户提供一站式服务和整合物流服务。

第二，战略联盟。为了在竞争中获得优势和开拓新市场，物流企业通过合作或者战略联盟等形式联合一批在业务领域或地域方面互补的物流服务供应商，形成能提供一体化及全程物流的全球服务网络。建立物流战略联盟，节省联盟企业的时间成本和资金成本，构筑起全球一体化的物流网络，达到资源共享的目的。2006 年 3 月欧洲五家大型物流企业在巴黎发起成立全球物流联盟——物流世界联盟（LWA)，共同整合和共享业务、资源及信息技术。联盟总部设在德国，以欧洲市场为主，通过国际合作伙伴，将服务延伸至亚洲，向客户提供一系列完整高水平物流服务，客户通过信息网络平台掌握物流进度和实时货况。

中国国际物流企业针对经济全球化曲折发展，大国博弈起伏跌宕的局面，积极实施国际物流战略扩张。

目前，国际物流企业进入海外市场的方式主要有四种：一是直接投资，即在国外设立物流网点，降低管理难度，但规模扩张速度较慢；二是收购，即通过出资加入一个已在正常经营的企业体系，在较短的时间内占领市场，提高市场集中度；三是合资经营，即寻找一个当地的合作伙伴共同投资建立一个合资企业，较好的利用本土化优势；四是战略联盟，与海外的物流企业建立联盟实现资源共享、开拓新市场等特定战略目标，优势互补，但存在信任危机。因此，国际物流企业深入分析控制力度、资源投入、承担风险等方面，选择一种能使企业长期利益最大化的扩张方式。中国国际物流企业由于资本和技术处于相对有限状态，初期考虑同实力相当的跨国公司搞交叉持股、战略联盟，在增强对东道国市场的适应性后，再通过并购已有合作的海外代理公司等方式扩张业务、走全球化经营的道路。企业应特别关注三个方面：

（1）提升自身的核心竞争力。对于国际物流企业而言，最重要资源是构成核心力，拥有可以提供综合物流服务的全球网络。在提供基本物流服务的基础上，根据市场需求，以客户供应链需求为导向，完善服务网络，拓展业务范围，将分散的海运、陆运、空运、仓储配送等有机结合，向全球客户提供更全面、更系统的加工、包装、装卸、仓储、运输、报关、报检等一体化服务，全面提升核心服务能力。

（2）培养复合型国际物流人才。企业开展全球化物流，力图在国际竞争中长期处于不败之地，离不开素质高、适应强的复合型国际物流管理人才。人才既要有开放、创新意识，又要有物流专业知识，以及外语、计算机、业务谈判能力等。首先，基于全球化经济贸易对物流的需求培养复合型国际物流管理人才。其次，构建科学的培训机制，加强对物流企业各层次员工的专业素养培训。最后，千方百计引进国外高级物流人才。

(3) 着力提高物流信息化和标准化水平。企业积极应用信息技术和标准技术，参与物流信息基础设施和标准建设，以信息化武装国际物流系统，善于应用物流公共平台，因地制宜采用全球货况追踪系统、订单管理系统、供应链管理系统等，深入调研选择一家 IT 系统较好的公司作为收购对象，通过收购兼并整合，在较短时间内得到较先进的信息管理系统，迅速提升企业的信息化水平。

11.2 国际物流市场的分析与开发

开拓国际物流市场，必须按照市场策略来进行，包括分析国际物流市场的环境、国际物流市场调研与预测，国际物流市场细分、目标市场选择及市场定位、国际物流市场营销组合策略等。

国际物流市场环境分析，包括外部一般环境和外部特殊环境分析。其中外部一般环境是指企业所处外部宏观环境，具体为政治（Policy）环境、经济（Economy）环境、社会（Society）文化环境、科技（Technology）环境和自然（Nature）环境，具体见表 11 - 1 所列。国际物流企业外部特殊环境，是指影响行业竞争的因素，具体为现有企业间的竞争对手、潜在竞争对手、营销渠道企业、下游客户或消费者、公众，见表 11 - 2 所列。

表 11 - 1 国际物流市场外部一般环境

外部一般环境	内 容
政治环境	政治体制、政局稳定性和政策稳定性、国际关系、法制体系、国际惯例和国际规则、政治团体等
经济环境	国内生产总值及增长速度，人口规模和购买力水平决定的市场规模，生产要素市场（商品市场、资金市场、劳动力市场、技术市场、房地产市场、信息市场等）的开发程度，经济和物流政策、物流基础设施
社会文化环境	居民受教育和文化水平、宗教信仰、风俗习惯、审美观点、价值观念、道德准则等
科技环境	物流技术装备、IT 系统等
自然环境	自然资源、气候、地质和地形、地理位置等

表 11－2　国际物流企业外部特殊环境

外部具体环境	内　容
现有企业间的竞争对手	竞争对手、主要竞争对手、销售增长率、市场占有率、业务范围、核心资源和能力、发展动向等
潜在竞争对手	规模、关键资源（资金、专利或专用技术、原材料供应、网络、经验或资源的使用方法或工艺、专业人员等）、发展动向等
营销渠道企业	物流企业的供应商、商人中间商、代理中间商和各类辅助商等
下游客户或消费者	消费者市场、生产者市场、中间商市场、政府和非营利组织市场等
公众	金融公众、媒体公众、政府机构公众、企业内公众、社会一般公众、压力集团等

同时，分析国际物流企业内部环境，进而采用 SWOT 分析物流企业的优势和劣势、机会和威胁，为国际物流市场细分、目标市场选择及市场定位、国际物流市场营销组合策略奠定基础。

国际物流市场调研与预测，先明确国际物流市场调研的目的，如了解市场需求，识别发展机会，寻找与主要竞争对手的差距，衡量客户的满意度等。国际物流市场调查的内容有企业可控因素调查、企业外部不可控因素调查、概念测试、品牌认知、行业分析、竞争对手分析等。具体的调查过程分确立调查对象，拟定小组座谈会或焦点小组、市场走访法、现场观察法、深度访谈法等定性方法以及入户访问、拦截访问、电话访问、实验调查法、固定样本连续调查法等定量方法，结合文献研究法和网络调查法收集资料、数据和信息。在此基础上，运用所收集的统计资料，借助科学的方法和手段，对国际物流市场的未来因素、条件和发展趋势等进行估计和判断，为企业开发市场提供依据。国际物流市场预测的步骤如下：（1）提出预测项目；（2）收集情报资料；（3）选择预测方法；（4）建立模型并计算；（5）输出结果；（6）反馈。

国际物流市场细分，是指国际物流公司根据客户对物流产品和服务的不同购买欲望和需求、不同的购买行为与购买习惯，将客户整体市场划分为具有各个类似性的若干不同的购买群体即子市场的过程。市场细分的依据是市场具有同质市场与异质市场的区别，实质是将异质市场划分为若干个同质市场的过程。市场细分必须满足可衡量性、可占领性、可接近性、能稳定性等条件，具体可以按照物流产品及服务的属性、物流产品及服务的使用对象、参与物流交易的不同主体的不同经营特征细分。国际物流市场细分的常用方法有单一标准法、主导因素排列法、综合标准法、系统因素法等，具体可以采用 5W1H 进行。

国际物流目标市场选择，是国际物流企业在细分市场的基础上，经过评估和筛选所确定的作为国际物流企业经营目标而拓展的若干特定市场中，按照一定的要求和标准，选择其中一个或几个目标作为可行的经营目标的决策过程和决策。国际物流目标市场选择必须满足一定的条件，即足够的市场需求、一定的购买力、企业具有满足目标市场需求的能力和资源，企业具有一定的竞争优势。国际物流目标市场的营销策略包括无差异性市场策略、差异性市场策略、集中性市场策略、一对一市场策略；国际物流目标市场的范围策略包括市场集中化型、产品及服务专业化型、市场专业化型、选择专业化型。

国际物流市场定位，是国际物流企业决定将自己放在目标市场的何种位置。考虑市场定位的策略包括根据物流服务的属性、特色和价值定位；根据价格和质量定位；根据服务目的和范围定位；根据服务类别定位；根据接受服务者的类别定位；与竞争对手区别的定位等。目标市场定位实质是一种竞争策略，定位不同，竞争态势也不同，常见的定位策略有市场领先者定位策略、市场挑战者定位策略、跟随竞争者市场定位策略、市场补缺者定位策略等。

国际物流市场营销组合策略，是国际物流企业在市场细分、目标市场选择和定位的基础上，将可控的产品及服务、定价、渠道和促销策略进行组合，使它们之间互相协调、综合地发挥作用，以期实现国际物流企业的经营目标。市场营销组合策略的内容有战术 4Ps 理论（产品 Product、价格 Price、通路 Place 和促销 Promotion）、6Ps 理论（加人 People、包装 Packaging）、8Ps 理论（加公共关系 Public Relations 和政治 Political Power）、战略 4Ps 理论（研究 Probing、划分 Partitioning、优先 Prioritizing 和定位 Positioning）以及 4Cs 理论和 4Rs 理论。4Cs 理论包括 Consumption——瞄准物流客户需求；Cost——消费者愿意支付的成本；Convenience——消费者的便利性；Communication——与消费者沟通。4Rs 理论包括 Relevance——与顾客建立关联，以充分了解客户的需求和需求变化；Reflect——提高企业关于客户需求的市场反应速度；Relation——与顾客维系紧密的关系包括为他们建立数据库等，一切以顾客为中心；Recognition——营销的最终目的是为了回报。

小资料

某国际物流公司的市场分析与开发

(1) 中国的国际物流市场分布，国家和地区人口、GDP、国际贸易、外商直接投资情况，集装箱吞吐量，航空货运市场的国内航线、国际航线，空运出口货值、进口货值。

(2) 中国航空货运。

中国航空货运方式：客机腹舱、货机，航空枢纽国际货邮量，竞争对手（香港、仁川、东京机场）分流中国大陆的国际货邮量，中国市场的主要国外物流服务商。

(3) 国际物流基本业务模式。

国际一体化物流服务：端到端解决方案。

订单获取：呼叫中心、电话/传真/电子邮件/互联网/网络目录、网上信用状态、网上库存查询、电话自动应答系统、系统可视化。

仓储与订单履行：仓储，组配、装配、测试、包装与贴标签，射频扫描，无纸拣货、按声音拣货，库存控制，保险，保税仓库，集装箱掏箱。

运输与配送：国内与国际特快与快件运输，包裹、托盘与集装箱运输，配送跟踪与嘉宾服务，定时配送，签收/ID认证，保险。

订单查询：呼叫中心，在线订单状态，电话自动应答系统，系统可视化。

支付与信用管理：信用管理，根据发票或对账单支付，支票与电子转账支付处理，应收和/或应付款。

退货：质量检验、处理、重新包装、退回供应商、取货与换货能力、退货网络、到退货点或上门取货。

(4) 国际物流战略布局（国内网点）和市场定位。

	市场大小及增长	战略吸引力	财务吸引力	企业定位	结论
国际空运	大、增长率高	主要业务	利润丰厚	核心业务	优先发展
国际海运		不适合	正常利润	次要业务	
国内空运		有限制	零利润		
国内水运		适合			
国内道路（整车和零担）		不适合	微小利润		
国内铁路		有限制			
合同物流					有机成长 建立并扩大

（5）国际物流条件。

国际货运经营资质：国际货运代理企业备案、无船承运业务经营资格登记、对外贸易经营者备案、自理报关单位备案登记、自理报检单位备案登记、航空运输销售代理资格登记、代理报关单位备案登记、代理报检单位备案登记、道路货物运输经营资质。

国际物流运营：组织结构设计，设施布局，业务信息系统，国际海运代理服务，国际空运代理服务，海外代理网络等。

11.3 国际物流流程再造

11.3.1 业务流程再造

业务流程再造（BPR）是 20 世纪 90 年代由美国 MIT 教授迈克尔·哈默（Michael Hammer）和 CSC 管理顾问公司董事长钱皮（James Champy）提出的。1993 年出版的《公司重组——企业革命宣言》定义，业务流程再造是为了飞跃性地改善成本、质量、服务、速度等现代企业的主要运营基础，必须对工作流程进行根本性的重新思考并彻底改革。它的基本思想是彻底改变传统的工作方式，彻底改变传统的自工业革命以来、按照分工原则把一项完整的工作分成不同部分、由各自相对独立的部门依次进行工作的工作方式。流程再造的核心是面向客户满意度的业务流程，核心思想是打破企业按职能设置部门的管理方式，代之以业务流程为中心，重新设计企业管理过程，从整体上让企业的作业流程，追求全局最优，而不是个别最优。

11.3.2 流程再造的模式

（1）迈克尔·哈默的四阶段模式

第一阶段，确定再造队伍：确定再造领导人，任命流程主持人，任命再造总管，必要时组建指导委员会，组织再造小组。

第二阶段，寻求再造机会：选择要再造的业务流程，确定再造流程的顺序，了解客户需求和分析流程。

第三阶段，重新设计流程：召开重新设计会议，运用各种思路和方法重构流程。

第四阶段，着手再造：向员工说明再造理由，前景宣传，实施再造。

（2）乔·佩帕德和菲利普·罗兰的五阶段模式

第一阶段，营造环境。其分为六个子步骤：树立愿景；获得有关管理阶层的支持；制订计划，开展培训；辨别核心流程；建立项目团队，指定负责人；就愿景、目标、再造的必要性和再造计划达成共识。

第二阶段，流程的分析、诊断和重新设计。其分为九个子步骤：组建和培训再造团队；设定流程再造结果；诊断现有流程；诊断环境条件；寻找再造标杆；重新设计流程；根据新流程考量现有人员队伍；根据新流程考量现有技术水平；对新流程设计方案进行检验。

第三阶段，组织架构的重新设计。其分为六个子流程：检查组织的人力资源情况；检查技术结构和能力情况；设计新的组织形式；重新定义岗位，培训员工；组织转岗；建立健全新的技术基础结构和技术应用。

第四阶段，试点与转换阶段。其分为六个子流程：选定试点流程；组建试点流程团队；确定参加试点流程的客户和供应商；启动试点、监控并支持试点；检验试点情况，听取意见反馈；确定转换顺序，按序组织实施。

第五阶段，实现愿景。其分为四个子流程：评价流程再造成效；让客户感知流程再造产生的效益；挖掘新流程的效能；持续改进。

(3) 威廉姆·J·凯丁格的六阶段模式

第一阶段，构思设想。其包括四项任务：得到管理者的承诺和管理愿景；发现流程再造的机会；认识信息技术/信息系统的潜力；选择流程。

第二阶段，项目启动。其包括五项任务：通知股东；建立再造小组；制定项目实施计划和预算；分析流程外部客户需求；设置流程创新的绩效目标。

第三阶段，分析诊断。其包括两项任务：描述现有流程；分析现有流程。

第四阶段，流程设计。其包括四项任务：定义并分析新流程的初步方案；建立新流程的原型和设计方案；设计人力资源结构；信息系统的分析和设计。

第五阶段，流程重建。其包括四项任务：重组组织结构及其运行机制；实施信息系统；培训员工；新旧流程切换。

第六阶段，监测评估。其包括两项任务：评估新流程的绩效；转向连续改善活动。

(4) 芮明杰和袁安照的七阶段模式

第一阶段，设定基本方向。其分为五个子步骤：明确企业战略目标，将目标分解；成立再造流程的组织机构；设定改造流程的出发点；确定流程再造的基本方针；给出流程再造的可行性分析。

第二阶段，现状分析。分为五个子步骤：企业外部环境分析；客户满意度调查；现行流程状态分析；改造的基本设想与目标；改造成功的判别标准。

第三阶段，确定再造方案。其分为六个子步骤：流程设计创立；流程设计方案；改造的基本路径确定；设定先后工作顺序和重点；宣传流程再造；

人员配备。

第四阶段，解决问题计划。其分为三个子步骤：挑选出当前应该解决的问题；制定解决此问题的计划；成立一个新小组负责实施。

第五阶段，制订详细再造工作计划。其分为五个子步骤：工作计划目标、时间等确认；预算计划；责任、任务分解；监督与考核办法；具体的行动策略与计划。

第六阶段，实施再造流程方案。其分为五个子步骤：成立实施小组；对参加人员进行培训；发动全员配合；新流程试验性启动、检验；全面开展新流程。

第七阶段，继续改善的行为。其分为三个子步骤：观察流程运作状态；与预定改造目标比较分析；对不足之处进行修正改善。

11.3.3　业务流程再造的基本原则

（1）迈克尔·哈默的八原则

第一，围绕结果进行组织，而不是围绕任务进行组织。

第二，让利用流程结果的人执行流程。

第三，将信息处理工作归入产生该信息的实际工作流程。

第四，将分散各处的资源视为集中的资源。

第五，将平行的活动连接起来，而不是合并它们的结果。

第六，将开展工作的地方设定为决策点，并在流程中形成控制。

第七，从源头上一次获取信息。

第八，领导层支持。

（2）阿什利·布拉干扎的十原则

第一，全面的流程再造需要对组织的变革动因充分认同的基础上进行，而这种变革动因既可以是危机，也可以是机遇。

第二，只有当跨职能变革而不是其他方式成为实现变革动因的需要时，成功实施全面流程再造才成为可能。

第三，认识到组织要素，即战略、结构、人员责任和评估标准、协作行为以及信息系统要有所改变，并且这些要素与职能流程导向看齐时，更有可能实现全面的流程再造。

第四，明确并接受组织所需的所有变革时，全面流程再造就更可能实现。

第五，当包括董事会成员、高层管理者、中层管理者和员工在内的所有人都愿意让变革影响他们时，更容易建立全面的流程意识。

第六，发现需要处理的某些问题，并把那些问题和所需的真正变革联系起来时，全面的流程再造更有可能实现。

第七，进行全面流程再造时，如果能够根据各个问题的实际问题同时运用革命性和改良性的实施方法，变革更有可能获得成功。

第八，公司通过全面行动方案激发人们实施变革的主人翁意识和意愿，全面的流程再造更可能取得成功。

第九，如果变革的实施者和接受者都能认同这两种角色并且意识到它们是相互关联的，而且愿意扮演这两种角色，更可能实现全面流程再造。

第十，衡量全面流程再造所取得的成果，要看变革动因是否被根除以及行为方式改变的程度。

(3) 乔·佩帕德和菲利普·罗兰的十五原则

第一，高层管理者的口头和行动支持至关重要。

第二，必须沟通、沟通、再沟通。

第三，善待人，尊重人。

第四，选对主持者。

第五，明确重新设计的目标。

第六，项目的规模和范围要与目的相适应。

第七，设定进取的再造绩效目标。

第八，理解被重新设计流程的环境。

第九，整体对待 BPR 哲理。

第十，短线出击。

第十一，保证流程与所服务的市场需求相“匹配”。

第十二，认识到顾客和供应商参与流程重新设计的必要性。

第十三，舍得投入资源。

第十四，认清 IT 对新设计提供的机会。

第十五，认清流程再造可能只是一个开头。必须以持续改进作为目标，使得随着时间发展交替的跃进和渐进改进成为正常模式。

11.3.4 国际物流业务流程再造

国际物流业务涉及铁路、公路、水运、航空、管道五种运输形式的有机统一、衔接、畅通。国际物流业务流程再造，应使货物从卡车转火车、火车转轮船、轮船转飞机，无论如何转换，从头到尾设施规格、标准统一，作业程序规范，不能前后脱节、彼此隔绝。同时，协调物流相关配套环节，完善货代、口岸通关、“三检”、理货、纳税、海事、保险等环节，防止到港船只无人领航、船靠岸不能马上卸货、海关手续迟迟不办、“三检”程序久久不能结束等。一单货物从头到尾是一个完整的物流服务系统，货物出厂或起运时放在托盘上堆码，以单元化包装和装载形式进行运输、仓储、装卸搬运，中途无论变化几种运输方式，货物始终不脱离托盘，中转储存、报关送检、纳税理货等所有过程畅通无阻。

港口的业务流程要从物流角度出发，按照物流系统要求，重新编排，如成立航运服务中心，集报关、通验、纳税、结算、信息、货代、理赔、咨询于一体，推行“一站式”综合服务，实现海上国际运输的一体化运作。同时，港口结合口岸和对外贸易需求，搭建口岸物流信息平台，建立标准校验、转换、传输体系，生成适合于口岸业务单证点报文的模板库，制定港口名称、船舶名称、包装箱类别、航线、泊位代码标准，确定口岸业务系统 EDI 标准编制框架及原则，整合第三方物流信息、一站式服务、EDI、WebEDI、数据集成和分拨、个性化服务应用和安全体系，为各类客户提供物流动态跟踪、船舶申报、集装箱中转、货物订舱、网上竞标等多种信息数据。智能运输，利用 EDI（电子数据交换）、GPS（全球卫星定位）、ECS（电子海图系统）、ECDIS（电子海图显示与信息系统）、GMDSS（全球海上遇险与安全系统）等智能技术，加快船舶运行速度，提高安全系数，增强货物跟踪能力。

通过国际物流流程再造，物流企业为客户提供运输、仓储、包装、装卸搬运、流通加工、配送、信息处理等整个物流过程的服务；进而为客户提供采购物流、生产物流、销售物流、回收物流服务；再为客户提供物流整体设计、系统集成、结构重组服务；最后为客户提供订货处理、信息收集、顾问咨询、增值作业（如拴标签、改包装、设备调试、组配）等流通加工服务，以及通关、商检、保险、金融、证券等辅助性服务；最终实现国际物流时间衔接、地点衔接、功能衔接、资金衔接、信息衔接等。

11.4　国际物流信息管理

国际物流信息的主要内容包括进出口单证的作业过程、支付方式信息、客户资料信息、市场行情信息和供求信息等。国际物流信息系统的特点是信息量大，交换频繁，时间性强，环节多，点多，线长。因此，必须建立技术先进的国际物流信息系统来支撑。

11.4.1　国际物流信息

11.4.1.1　国际物流信息的特征

国际物流信息是国际物流活动的反映，也是组织、调控国际物流活动的依据。就流通运行的内部构成而言，商流、物流、信息流是流通过程中密不可分的“三流”，它们互为依存，又各自具有不同的性质、结构、作用和约束条件，各自有其独有的特征和运行规律。其中国际物流中的信息流是指信息在供给方与需求方之间的流动与交换过程，在国际物流组织和管理过程中具有独特的重要作用。与国内物流中的信息流相比，国际物流的信息流具有以下特点：

(1) 国际物流中的信息多而复杂

物流本身的功能要素、系统与外界的沟通已经很复杂，而国际物流又在这复杂系统上增加了国家差异的要素。国际物流不仅表现为地域和空间的广阔，而且涉及的内外因素更多，物流过程延续的时间更长，直接后果是信息的复杂性和信息处理的难度增加。

(2) 国际物流中的信息时效性更强

国际物流流程相对较长，这种连续的过程必须在对多种因素的预测基础上进行。而整个流程涉及不同的国家和地区，不仅受各国政治因素和经济因素的影响，而且受各种不同的自然因素的影响。

短时期的政治和经济状况相对确定，容易预测，但具体的物流设施状态、物流环节运作状态和自然因素，尤其对运输有重大影响的天气因素则难以提前预料，它们具有较强的及时性特征。过晚或者过早到来的不合时机的信息容易增加国际物流成本。根据国际物流流程，准确了解运输、存储、配送、搬运及生产、销售各个环节的及时性信息，才能有效地组织国际物流。

(3) 国际物流信息动态回馈性明显

国际物流跨地域作业，运作环节多而复杂，只有取得各有关国家和地区的各个物流环节之间的协助与配合，才能使整个物流过程顺畅进行，这需要相关的信息跟踪和反馈，形成动态的信息流。以国际海运为例，在国际货船离港的次日，信息流便分别向发运国和到货国通知货物海运保险申请书和制作运费报告，当货物运送完毕时，信息流按港口类别的集装箱海运日程及时报告行踪，预报到港地点、时间和各种服务。如果发生其他障碍问题，信息流立刻发出警告信息。通过动态跟踪和反馈的信息流，经营者可以随时掌握国际物流的流动状态，及时调整和处理相关的业务。这样，既可以根据事态的变化，及时采取应对和防护措施，将环境和条件变化所造成的损失降低到最低程度，又可以合理配置人力、物力和设备等物流资源，以达到最大限度地降低国际物流总成本，提高经济效益的目的。

(4) 国际物流要求信息高度标准化

不同国家在物流设施、人员的运作能力、技术水平和宏观物流环境等方面存在着较大的差异，不同国家生产力和科技发展水平的不同，会造成国际物流处于不同科技条件的支撑下，甚至有些地区根本无法应用某些技术；同时，不同国家有不同物流标准，如技术标准、运作标准、新型系统的运作环境等，不同语言会造成对信息的曲解。这些都会导致各环节间协调的困难，信息标准化可以保证不同国家和地区人们对同一信息的统一认知和理解，保证国际物流流程中信息的准确传递，保证国际物流的正常运行。

11.4.1.2　国际物流信息的作用

一般地，国际物流信息处理包括三个基本环节：

（1）相关信息的初级处理。首先将收集到的庞大信息进行分类识别，然后将无法分类的信息按其类别的相关度进行排序。

（2）信息的综合处理，即对信息进行筛选、剔除、去伪存真的分析、合并等综合研究和综合分析。虽然这一阶段所呈现的信息仍然是分散的、局部的，但它能够反映国际物流的整体状态。

（3）评估信息。在信息综合分析的基础上，加强对信息的评估，确定和提出管理决策信息。这个过程将执行对国际物流运行的指导、控制功能。

国际物流信息的具体作用主要包括：

（1）信息系统的反馈与控制作用

信息反馈是控制系统把信息输送出去又将其作用的结果返送回来，并把调整后的决策指令信息再输出，从而起到控制作用，以达到预期目的。采用信息流反馈方法进行控制时，一般产生正、负两种不同的效果，正反馈是信息的反馈使国际物流系统运作得以发展，增加效益；反之，当信息的反馈造成国际物流的供给对需求的运动收敛、减少，形成负反馈。信息反馈的目的在于调节和控制物流过程，防止物流过程的中断和失控。正反馈表明所采取的措施得力，应继续；而负反馈需要人们找出原因，及时采取相应的调整措施，以求国际物流高效益地运转。如果信息反馈作用失灵，国际物流系统可能会混乱、瘫痪；反之，有了高效、灵敏的信息反馈，能指挥、协调国际物流系统，使其活跃和发展。

（2）信息及其系统的支持保障作用

信息流对国际物流系统的支持和保障作用具体表现在两个方面。其一，信息是国际物流活动顺利进行的基础保障。国际物流是一个多环节、多层次、多因素的各子系统相互制约的复杂系统，没有信息系统对信息进行及时的处理和传递，物流活动就无法进行。每一个子系统信息的输入与输出，都是下一个子系统运行的前提和基础，也是整个大系统相互沟通、调节、运转的支持与保障。其二，信息是国际物流系统经营决策及其传导执行的依据与保障。

决策是企业最基本的管理职能，国际物流企业根据各种信息，经过分析、研究、论证之后才能确定其经营范围和目标，并进行决策。决策执行过程中还要根据各种信息不断地调整和平衡。因此，真实可靠的信息对于国际物流企业至关重要，它决定着国际物流企业的生死存亡。

（3）信息具有资源性作用

信息在国际物流系统中可以视为一种重要资源，它甚至可以替代库存和经营资金。国际物流活动中存在很多不确定因素，它们的缺失或失真往往会导致预测和决策的不准确，给企业带来高风险。为减少风险，企业往往通过增加库存等方式，保证物流业务的需要，增加经营资金的占用。一旦没有足够的物流业务，物流设施闲置，资源不能充分利用，必然造成大量的资金浪费，影响企业经营效益。准确及时的信息能够保证企业根据实际需要调节和控制物流设施设备以及相关的人力，保证按任务要求合理安排和使用资源，减少因业务量波动而必须设置的安全库存和设施设备等。信息传递效率高，使国际物流过程的可见性增加，加强供应商、批发商、零售商等在组织物流过程中的协调与配合以及对物流过程的控制，使得库存、储备大量减少，物流设施设备的利用率明显提高，为企业节约大量的营运资金。

11.4.2 国际物流信息系统

11.4.2.1 国际物流信息系统的概念

国际物流信息管理是紧密围绕着均匀、流畅、及时、准确的信息流进行的。这种信息流跟踪描述着超越国家地理边界的国际物流的全过程。依靠国际物流信息系统，企业管理者可以对相关信息进行及时的处理和分析，从而有效地管理国际物流流程。

国际物流信息系统是面向国际物流信息的计算机化管理而开发的系统，该系统的硬件由计算机网络和中、小型机组成。它能够实现手工操作所无法胜任的、对繁乱复杂的国际物流信息的处理工作，及时、准确地提供管理和决策需要的有关国际物流的动态信息资源，因此，国际物流信息系统的质量直接影响到国际物流运行的效益。为此，国际物流信息系统必须具备以下基本条件：（1）系统开发的周期短，其软件应具有通用性、可移植性，便于用户使用；（2）管理信息的覆盖面广泛，能适应国际物流系统内、外部环节的要求；（3）加强信息的处理功能。

11.4.2.2 建设国际物流信息系统应注意的问题

（1）要以企业发展战略和物流竞争战略为基本指针

建立国际物流信息系统是企业的长期战略投资行为，必须以企业发展战略和物流竞争战略为基本指针。没有战略的依据，企业对国际物流信息系统的投资就是盲目的投资。

（2）要以客户服务需求为基本依据

要以客户服务需求为基本依据，确定国际物流运作流程。企业建立国际物流信息系统的前提是要确定其国际物流运作流程。

国际物流运作流程设计或再造的依据有两个，一是客户的物流服务需求；二是企业的物流管理模式。前者是系统目标，可能导致企业国际物流系统如物流中心的选址、布局和结构的变化，进而导致流程的变化。后者是服务手段，是企业为满足客户需求而配置物流服务资源的方法，如存货水平的控制、存货的布局和结构配置、存货可得性的优先度排序、不同运输方式的选择等。

事实上，在客户需求确定以后，企业的物流管理模式将对流程设计起决定性的作用。这时，国际物流运作流程的设计问题已经转化为客户服务需求和企业服务能力的匹配问题。

（3）要与客户一起商定国际物流服务目标

企业进行国际物流信息系统设计时，要与客户一起商定物流服务目标，确定企业物流管理模式以及信息分享的机制。这对第三方物流服务供应商特别重要。没有互动的机制，就没有信息的分享；没有信息的分享，就没有高水平的物流服务，也就没有高效的第三方物流。

（4）系统的结构要具有开放性和扩张性

如果要在未来把现在的仓库改造为增值服务中心，在信息系统的配置方面，要有仓库管理系统（WMS）和商务管理系统（BMS），另外配置条码印制系统（BCP）和无线终端识别系统（RF）等。但这种开放性和扩张性要以企业的国际物流发展战略为依据，同时考虑有关信息技术的经济寿命，防止为预留功能接口而购进冗余设备或造成资金沉淀。

11.5　国际物流标准化

11.5.1　标准化和国际物流标准化

中国有句俗语，“没有规矩不成方圆”，比喻办事要遵循一定的法则和标准，不然会乱了章法，章法一乱，全盘皆输，因此干任何事情必须立规矩、定标准。“标准”是对重复性事物和概念所做的统一规定，它以科学技术和实践经验的综合成果为基础，经过有关方面协商一致，由主管机构批准，以特定的形式发布，作为共同遵守的准则和依据。

标准化是在经济、科学、技术及管理等社会实践中，对产品、工作、工程、服务等普遍活动指定、发布和实施统一标准的过程。

物流标准化，是以物流系统为对象，围绕运输、储存、装卸搬运、包装以及物流信息处理等物流活动，制定、发布和实施有关技术和工作方面的标准，并按照技术标准和工作标准的配合性要求，统一整个物流系统的标准化的过程。

国际物流标准化是以国际物流为一个大系统，制定系统内部设施、机械设备、专用工具等各个分系统的技术标准；制定系统内各分领域如装卸、搬运、运输、仓储、流通加工、包装等方面的工作标准；以系统为出发点，研究各分系统与分领域中技术标准与工作标准的配合性，按配合性要求，统一整个目标物流系统的标准；研究整个国际物流系统与相关其他系统的配合性，推进国际物流大系统的标准统一进程，实现最佳物流秩序和经济效益。物流标准化可以为多式联运以及物流在生产、仓储、销售、消费等环节间的流动提供有效的衔接方式和手段，可以使企业获得直接或间接的物流效益，如运输、装卸搬运的时间节约，中间环节的压缩以及所带来的货差货损的减少，仓储货物周转加快、库存降低、仓储时间缩短所带来的资金占用减少等。

随着贸易的国际化，标准日趋国际化。以国际标准为基础制定本国标准，已经成为 WTO 对各成员国的要求。物流标准化的重点在于通过制定标准规格尺寸来实现全物流系统的贯通，提高物流效率。与物流密切相关的有两大标准化体系，分别是 ISO 和 EAN. UCC。

ISO/IEC 下设多个物流标准化的技术委员会，负责全球物流相关标准的制作修订工作，制定的标准涉及物流设施、运作模式与管理、基础模数、物流标识、数据信息交换等。

EAN 是管理除北美以外的对货物、运输、服务和位置进行唯一有效编码并推动其应用的国际组织，美国统一代码委员会（UCC）是北美地区与 EAN 对应的组织。两个组织加强合作，达成 EAN. UCC 联盟，以共同管理和推广 EAN. UCC 系统，意在全球范围内推广物流信息标准化。

美国作为北大西洋公约组织成员之一，参加北大西洋公约组织的物流标准制定工作，制定出了物流结构、基本词汇、定义、物流技术规范、海上多国部队物流、物流信息识别系统等标准。美国国家标准协会（ANSI）的标准化工作与物流相关的涉及运输、包装、装卸、流通、仓储、配送、信息等领域。美国积极加入 ISO/TC104、ISO/TC122、ISO/TC154 管理、商业及工业中的文件和数据元素等委员会，参与国际标准化活动。

日本重视物流标准化工作，标准体系研究注重与美国和欧洲进行合作，重点是标准的国际通用性。日本工业标准（JIS）涉及物流方面的有物流模数体系、集装的基本尺寸、物流用语、物流设施的设备基准、输送用包装的系列尺寸（包装模数）、包装用语、大型集装箱、塑料制通用箱、平托盘、卡车车厢内壁尺寸等。日本现有与物流相关的标准涉及运输、包装、流通、仓储、配送、信息等领域。

2003 年中国物流标准化技术委员会在北京正式成立。该委员会由国家标准化管理委员会直接管理，负责涉及交通、贸易、邮政、粮食、医药、信息产业以及军事后勤等多个行业的物流基础、物流技术、物流管理和物流服务方面的标准化工作，以促进我国物流业统一标准的形成。

11.5.2　物流标准分类

物流标准分为基础标准、物流分系统技术标准、物流工作标准及作业规范等三大类。物流基础标准是制定其他物流标准应遵循的统一标准，也是制定物流标准必须遵循的技术基础和方法指南，主要包括专业计量单位标准、物流基础模数尺寸标准、物流专业名词标准等，具体如物流基础模数尺寸标准、集装基础模数尺寸、物流建筑基础模数尺寸、标志、图示和识别标准等。

物流模数是为了物流的合理化和标准化，以数值表示的物流系统各种因素的尺寸的标准尺度。物流模数是由物流系统中的各种因素构成的，具体包括货物的成组、成组货物的装卸机械、搬运机械和设备，货车、卡车、集装箱以及运输设施，用于货物保管的机械和设备等。

物流基础模数尺寸标准，是物流标准化的共同单位尺寸标准，或物流系统标准尺寸的最小公约尺寸标准。制定各种具体物流相关尺寸标准，必须以该基础模式尺寸为依据，选取其整数倍为规定的尺寸标准。国际标准化组织（ISO）认定的物流基础模数尺寸为 600 毫米×400 毫米，物流模数尺寸（集装基础模数尺寸）以 1 200 毫米×1 000 毫米为主，也允许 1 200 毫米×800 毫米及 1 100 毫米×1 100 毫米。

集装基础模式尺寸，是最小的集装尺寸，是在物流基础模数尺寸的基础上，按倍数推导出来的各种集装设备的基础尺寸。以托盘和集装箱为主体的集装器具，是集装模式尺寸的主要参考依据。

物流托盘化是指把成为物流对象的货物的尺寸，通过托盘统一起来。物流中的各种货物的尺寸不同，为了方便货物运输、搬运等环节的顺利进行，需要先把不同尺寸的货物放在托盘上。不同国家的习惯不同，各自使用的托盘标准也不同，世界上流行的托盘有美国托盘、欧洲的标准托盘和日本的标准托盘，ISO 规定的托盘标准是欧洲的标准托盘。

物流建筑基础模数尺寸，主要是指物流系统中各种建筑物，如物流中心、配送中心、仓库、堆场的基础模数，以此为依据设计物流设施的长宽高尺寸、柱间跨度、货架、货格尺寸等。

标志、图示和识别标准，主要包括各种物流设施、设备、机具、器具的标志、图示标准以及在物流活动中用来识别物品信息的条形码、电子标签（RFID）的标准。

传统的标记与识别标准化，是将包装标记分为三类，即识别标记、储运指示标记和危险货物标记，是物流系统中最早实现标准化的系统之一，长期的物流实践将识别标记主要用于货物的物流运输包装。

（1）识别标记，包括主要标记、批数与件数号码标记、目的地标记、体积重量标记、输出地标记、附加标记和运输号码标记。

（2）储运指示标记，包括向上标记、防湿防水标记、小心轻放标记、由此起吊标记、由此开启标记、重心点标记、防热标记、防冻标记及其他诸如"切勿用钩"、"勿近锅炉"、"请勿斜放、倒置"等标记。

（3）危险货物标记，包括爆炸品标记、氧化剂标记、无毒不燃压缩气体标记、易燃压缩气体标记、有毒压缩气体标记、易燃物品标记、自燃物品标记、遇水燃烧物品标记、有毒品标记、剧毒品标记、腐蚀性物品标记、放射性物品标记等。

中国相应的国家标准分别是《危险货物包装标志》、《包装储运指示标志》，而针对进出口贸易中的国际海运，国际标准化组织发布《国际海运危险品标记》。传统的标记与识别标准的优点是，方法简单、直观，能在第一时间里引起人们的注意，标记醒目、明了、简要、方便阅视，但限制标记的内容，许多应标记的项目难以详细标记，标记简单也使人难以准确、透彻地掌握，且人识别标记容易造成识别误差或理解歧义，还有人的识别速度存在局限。

现代的标记与识别标准是指自动识别与条码标志，能提高识别速度几十倍甚至上百倍，提高识别的准确度，提高处理货物的速度和质量，提高物流的效益。条码的标准化使自动识别的电子数据成为共享数据，条码的数据存储量大，包含的物流信息内容详尽，但条码缺乏直观性，只能由自动识别系统进行识别，无法进行人工辨认，不具有传统标识标准的明了、醒目、简要的提示作用。

物流分系统技术标准，包括运输车辆标准、作业车辆标准、传输机具标准、仓库技术标准、站台技术标准，包装、托盘、集装箱标准，货架、储罐标准等，具体见表 11-3 所列。

表 11-3　物流分系统技术标准

运输车辆标准	对象是火车、船舶、拖车、卡车等从事物品空间位移的各种运输设备，标准应从各种运输设备之间的有效衔接等角度制定车厢、船舱尺寸标准、载重能力标准、运输环境标准等，以及从物流和社会关系角度制定的噪音等级标准、废气排放标准等
作业车辆标准	对象是物流设施内部使用的各种作业车辆，如叉车、台车、手推车、笼车等，标准内容包括尺寸、运行方式、作业范围、作业载荷、作业速度等技术数据
传输机具标准	对象是水平、垂直、旋转输送的各种机械式、气动式起重机、传送机、提升机的尺寸、传输能力等技术标准
仓库技术标准	包括仓库尺寸、建筑面积及有效使用面积、通道比例、单位储存能力、总吞吐能力、温湿度等技术标准
站台技术标准	包括站台高度、作业能力等技术标准
包装、托盘、集装箱标准	包括包装、托盘、集装箱系统尺寸标准、包装强度标准、荷重标准以及各种集装、包装材料、材质标准等
货架、储罐标准	包括货架净空间、载重能力、储罐容积尺寸标准等

EDI 是指电子交换数据系统，能够做到结构合理化、标准化地使用计算机处理的商务文件，企业与企业之间通过计算机网络直观地进行信息交流，降低包括物流在内的成本，简单迅速地相互交易。要实现这个目的，需要电子信息交换用的标准规则，即 EDI 标准。国际通行的 EDI 标准有联合国管理的 UN/EDIFACT。

在国际集装箱和 EDI 技术发展的基础上，各国进一步在物流的交易条件、技术装备规格，特别是单证、法律环境、管理手段等方面推行国际的统一标准，使国内物流与国际物流融为一体。

11.5.3　国际物流标准化的对策

世界各国物流标准化步伐不一或者物流标准不统一，严重影响全球物流业的发展。在经济全球化时代，全球生产、全球采购、全球营销等成为企业战略发展的必要目标，建立高效率的国际物流体系，实现各国物流与国际物流的顺利接轨，增强国际物流的竞争力，必须从战略高度重视、认识、研究、制定、实施、推广国际物流标准化工作，在国际范围内解决物流标准化的问题，推动国际物流又好又快、健康、可持续发展。

第一，从战略高度重视物流标准化研究、制定和推广工作

切实在物流基础设施、物流技术、信息化水平等方面做好基础工作。加强协调和组织标准化工作，及时研究和制定物流相关标准，完善一套能够引导和规范国内物流发展并与国际接轨的物流标准化体系，积极推广与应用国家颁布的各种与物流活动相关的国家和行业标准，加强物流标准的宣传贯彻工作，提升企业执行、贯彻物流标准的主动性和自觉性。

第二，深化综合交通运输体系和商务流通体制改革

在建立大交通运输部级综合管理机构后，应深化铁路、公路、水路、民航、邮政的改革，放宽市场准入，形成多种经济形式并存的竞争格局，彻底打破运输部门的横向割据和部门利益，提高市场竞争意识，按照统一标准统筹、调整、优化基础设施，整合运输资源，加快国际物流标准化建设。商务流通体制改革，要打破条块分割，使企业成为自主经营、自负盈亏的经济实体，在市场中积极参与制定和应用物流标准，降低物流成本，获得经济效益。

第三，完善国际物流标准规范

整个物流体系的标准化，必须在物流系统的各主要环节包括包装、运输、装卸搬运、储存中寻找一个基点，集装形式是未来物流的主导形式，所以集装系统是使物流过程连贯而构建标准化体系的基点。基于物流基础模数的物流设施的标准化是提高物流效率的基础，物流设施标准化的基础是物流基础模数尺寸，应在物流设备的制造、物流设施的建设、物流系统各个环节的衔接、物流系统与其他系统的配合中推广国际物流标准。

第四，搭建物流标准化信息服务平台

国际物流标准化的核心任务是为政府、行业协会和企业信息系统搭建统一的信息平台，为政府和企业提供服务。引导企业借助计算机网络和通信等先进技术，将原本分离的采购、运输、仓储、代理、配送等物流环节，以及资金流、信息流、实物流等进行统一的协调控制，实现完整的供应链管理，将原属于不同行业部门、不同产业领域的，运作体系相对独立的节点物流信息系统进行有效的整合，提高整个物流供应链的运作效率。加强国际互联网的有效利用，加快信息基础设施建设，推进物流标准服务质量和数量的提升，全面提高企业的标准化水平，减少资源浪费，提高物流速度。

11.6　国际物流服务质量管理

11.6.1　质量和质量管理

ISO9000：2000 关于质量的定义，质量是一组固有特性满足要求的程度。其中，特性是指事物所特有的性质，固有特性是事物本来就有的，它是通过产品、过程或体系设计和开发及其后之实现过程形成的属性。例如，物质特性（如机械、电气、化学或生物特性）、官感特性（如用嗅觉、触觉、味觉、视觉等感觉控测的特性）、行为特性（如礼貌、诚实、正直）、时间特性（如准时性、可靠性、可用性）、人体工效特性（如语言或生理特性、人身安全特性）、功能特性（如飞机最高速度）等，这些固有特性的要求大多是可测量的。赋予的特性（如某一产品的价格），并非是产品、体系或过程的固有特性。满足要求是应满足明示的（如明确规定的）、通常隐含的（如组织的惯例、一般习惯）或必须履行的（如法律法规、行业规则）需要和期望。只有全面满足这些要求，才能评定为好的质量或优秀的质量。

ISO9001：2005 标准定义质量管理体系（Quality Management System，QMS），是在质量方面指挥和控制组织的管理体系，通常包括制定质量方针、目标以及质量策划、质量控制、质量保证和质量改进等活动。质量管理体系图标如图 11－1 所示。

质量管理科学自产生至今经历三个阶段：质量检验阶段、统计质量管理阶段、全面质量管理阶段。全面质量管理的核心是“三全”的管理：全面的质量管理、全过程的质量管理、全员的质量管理。实质是对质量的系统管理。

质量管理的八项原则是最高领导者用于领导组织进行业绩改进的指导原则，是构成 ISO9000 族系列标准的基础，包括：

（1）以顾客为关注焦点；

（2）领导作用；

（3）全员参与；

（4）过程方法；

（5）管理的系统方法；

（6）持续改进；

（7）基于事实的决策方法；

（8）与供方互利的关系。

图 11－1　质量管理体系图标

11.6.2 物流服务质量保证体系

以国际物流中的货运代理服务为例，物流服务质量保证体系有以下几个方面。

（1）服务质量方针

货运代理服务应以“安全、迅速、准确、节省、方便、守信”为服务质量方针。

（2）企业资质

货运代理服务企业依法在工商管理部门注册登记并经行业主管部门备案（企业备案和业务备案），企业至少有3名从业人员获得行业主管部门或授权机构颁发的职业资格证书，至少有1名从业经验丰富的高级管理人员，从业人员具备企业管理、现代物流管理、货运代理等方面的专业知识、技能、经验与能力。

（3）风险防范、控制、规避

企业建立风险管理制度，依法防范、控制、规避经营风险。企业投保国际货运代理人责任险，具有法人资格的企业投保国际货运代理人责任险，最低保险限额为100万元人民币。企业每增设一个分支机构，增加保险金额不低于20万元人民币。以独立经营人或契约承运人身份签发国际货运代理提单的，投保国际货运代理提单责任险。具有法人资格的企业投保国际货运代理提单责任险最低保险限额为100万元人民币。企业每增设一个分支机构，增加保险金额不低于20万元人民币。企业在投国际货运代理人和国际货运代理提单责任险时，保险期限应不少于1年，并应逐年连续投保。

（4）信用管理

企业加强信用管理，积极参与行业中介组织开展的信用评价活动，并以信用风险管理为核心，以提供信用产品与服务为宗旨。

（5）社会责任

企业积极参与社会公益事业，承担对员工、对社会和环境的社会责任，包括遵守商业道德、生产安全、职业健康、保护劳动者的合法权益、节约资源等。企业树立环保理念，在服务设施、设备、工具、场所和工作环境等方面达到环保要求，预防污染，节能减排，保护环境。企业以人为本，构建和谐，为员工创造人性化工作条件；制定员工发展计划，提供相应的专业培训和职业技能培训，促进员工成长，拓展就业渠道。

（6）服务费用

1）企业在提供服务前告知客户服务费用包含的范围、内容、计收方式和标准，包括：

① 企业可选择以价值或重量或体积计算收费；

② 服务费用包含的范围、内容和计收方式的详细情况；

③ 报价经客户接受后，如遇外汇、运费、保险、额外费用等国家政策变化，与客户协商修改报价或收费；

④ 行业中介组织公布的收费标准。

2）企业作为代理人，向客户收取代理服务费用，可从承运人处取到得佣金。企业作为当事人开展经营活动时，按照合理的运价标准向客户收取包括运费在内的服务费用。企业提供其他的增值服务依法收取合理报酬和客户另行约定的服务费用。

（7）服务标识

企业的名称含有表明行业特点的“货运代理”、“运输服务”、“仓储”、“配送”、“集运”、“物流”、“贸易”、“国际快递”等相关字样。服务营业场所、运输工具等宜有企业标示。单证上标注经行业主管部门备案的企业名称、经营代码、地址、电话、传真、电子邮箱等。

（8）信息管理

企业信息化管理要覆盖、贯穿业务管理的全过程，包括作业流程、业务管理、电子单证管理、财务管理、客户管理、合同管理、信用管理、质量管理、货物跟踪、客户信息自动查询、客户信息人工查询。应实现信息化建设和业务管理的一体化。

（9）重要服务合同

1）国际货运委托代理合同（海运、陆运、空运、管道运输、国际快递）；

2）订舱协议；

3）互为代理合同；

4）多式联运合同；

5）仓储服务合同；

6）第三方物流服务合同；

7）租船、包机、包舱等运输工具租赁合同；

8）其他。

（10）重要单证

1）提单；

2）运单；

3）国际快递运单；

4）航空货运分运单；

5）货运代理收货凭证；

6）货运代理仓库收据；

7）托运人危险品货物运输声明；

8）托运人多式联运重量证书；

9）运送指示；

10）FIATA单证；

11）国际铁路联运运单；

12）其他。

（11）档案管理

采用信息技术，对企业在提供各种服务过程中形成的各种记录、合同、单证、资料、统计，组织按照统一的原则进行分类、汇总、储存，建立档案数据库，按照档案的保存期限进行管理，提供查询服务。

（12）外部沟通渠道

企业提供网络、电话、传真、电子邮件、短信、信函、面对面等形式与客户进行沟通。

（13）外部沟通内容

1）业务咨询；

2）业务受理；

3）业务查询；

4）客户满意；

5）客户投诉；

6）投诉处理；

7）定期访问客户；

8）主动征询顾客；

9）服务承诺；

10）发放调查问卷。

（14）内部沟通渠道

企业通过定期召开会议、布告栏和内部刊物、声像资料、互联网、信函等形式与内部员工进行沟通。

（15）内部沟通内容

1）企业的愿景、使命、价值观、发展方向和绩效目标；

2）客户对服务技能、服务程序、服务质量等方面的要求；

3）从业人员对企业的要求和反馈；

4）企业最高管理者对从业人员的要求；

5）内部各部门之间的沟通；

6）阶段性总结。

11.7　国际物流成本控制

国际物流实施中最核心、最根本的问题是国际物流成本的控制问题。国际物流活动的成本对于国际物流活动的决策起着至关重要的作用，它是国际物流各项活动的基础，为国际物流活动提供精确的绩效衡量手段。

国际物流管理的本质是以最少的消耗，实现最优的服务，达到最佳的经济效益。积极且有效的国际物流管理是降低物流成本、提高物流经济效益的关键。国际物流成本的降低，体现国际物流管理的成效，直接影响到企业在竞争中的地位。通过降低物流成本，吸引更多对价格敏感的客户。因此，在国际物流管理过程中，将降低国际物流成本作为重点，通过对国际物流活动进行计划、组织、指挥、协调、控制和监督，使各项物流活动实现最佳的协调与配合，达到降低物流成本、提高物流效率和经济效益的目标。

11.7.1　国际物流成本的构成

国际物流成本是指国际物流活动中的各环节，如采购、包装、装卸搬运、储存、流通加工、商检报关、国际运输、信息处理等所支出的人力、物力、财力的总和，主要包括以下各项：

(1) 国际物流工作人员的工资、奖金及各种补贴；

(2) 国际物流过程中的物质消耗，包括材料、电力、燃料的消耗，固定资产的磨损等；

(3) 物资在运输、仓储保管等国际物流过程中的合理消耗；

(4) 再分配项目支出，如支付银行贷款的利息等；

(5) 国际物流过程中发生的其他支出，如办公费、差旅费等。

国际物流成本核算，根据物流管理方法以及成本分析方法的不同，可以将以上各项费用进行不同形式的分类。

11.7.1.1　按费用支付形式分类

按费用支付形式分类的方法与财务会计统计方法一致，一般是将国际物流成本分为本企业支付的物流成本和支付给他人的物流成本两大项。这种分类使得可以按支付形态计算物流成本，把国际物流成本分别按运费、保管费、包装材料费、商检报关费、人工费、物流管理费、物流利息等支付形态记账，了解物流成本总额，了解什么经费项目花费最多，便于检查国际物流成本在各项日常支出中的数额和所占的比例，便于分析各项费用水平的变化情况。

11.7.1.2　按物流活动构成分类

按物流活动构成分类是以国际物流活动的几个基本环节为依据，将国际物流成本划分为物流环节成本、信息流通成本和物流管理成本三个方面。这种分类便于检查国际物流各个构成环节的成本支出情况，对于安排国际物流资金、衔接各个环节的关系等工作方便。这种方法计算的国际物流成本可以看出哪种功能更耗费成本，比按支付形态计算成本的方法能更进一步找出实现国际物流合理化的途径，可以计算出标准的物流成本（单位个数、重量、容器的成本），便于进行物流作业管理，制定优化目标。

11.7.1.3 按国际物流范围分类

按国际物流范围分类强调国际物流的先后次序，分析国际物流各个阶段中的物流成本情况。无论是在专项物流部门还是综合性物流部门或是各类形式的企业物流中，该分类都具有较大的实用性。

11.7.2 国际物流成本控制的方法

11.7.2.1 影响国际物流成本的因素

（1）物流合理化

物流合理化是使物流设备配置和一切物流活动趋于合理，具体表现为以尽可能低的物流成本获得尽可能高的服务水平。物流合理化是影响物流成本的关键因素，它直接关系到企业的效益，是物流管理追求的总目标。

物流合理化包含的内容，不是简单地局限于运输、保管、装卸、搬运、包装、流通加工和信息处理等物流要素的合理化，应该把物流设备和物流活动看作一个系统，各物流要素同处于该系统之中，发挥着各自的功能和作用。比如，有时提高了运输频率，此时运输成本增加了，而仓储保管的成本却下降了，并且总的物流成本也减少了，就达到了目的。可见，物流的合理化要根据实际的国际物流流程来设计、规划，不能单纯地强调某环节的合理、有效和节省成本，应把物流合理化当作是整个国际物流系统的优化。

如何设计国际物流服务方案，是实现物流合理化的关键，也是降低物流成本、获取更大“第三利润”的有效途径。设计一个合理的物流服务方案，需要广博的知识和广泛的调查，既包括运输方式、运输路线的选择，也包括仓库的选择、货物的堆码技术等。

（2）物流质量

加强物流质量管理，是降低物流成本的有效途径。只有不断提高物流质量，才能不断减少和消灭各种差错事故，降低各种不必要的费用支出；只有不断提高物流质量，才能降低物流过程的消耗，增加物流企业的赢利；只有不断提高物流质量，保持良好的信誉，才能吸引更多的客户，形成规模化的集约经营，提高物流效率，从根本上降低国际物流成本。

在物流质量管理的过程中，物流服务质量更是物流企业所追求的目标。物流服务质量的好坏，直接影响物流企业在市场上的竞争力。一般情况下，提高物流服务质量，物流成本会增加；降低物流服务质量，物流成本也会相应降低。可见，在降低物流成本与提高物流服务质量之间存在着一种矛盾对立的关系。所以，在确定物流服务质量时，要以用户满意度为前提，合理兼顾物流成本，使二者的利益达到协调统一。

（3）物流效率

提高物流效率，可以减少资金占用，缩短物流周期，降低储存费用，从而节省物流成本。物流企业应注重对现有的资源和流程不断进行改造，提高作业效率。同时，积极将电子商务应用于促进物流业的发展，节约大量的人力、时间，提高物流的整体效率，并使物流成本降到最低。

（4）物流人才

物流合理化、提高物流服务质量和物流效率，这些都需要专业的人员去实现，他们工作的方法和态度，间接影响企业物流成本的高低。重视物流人才，可以节省许多机会成本。一个好的建议会给企业带来巨大的效益。因此，物流人才是物流企业的宝贵资源，是一种潜在的效益。发展国际物流，实现物流现代化，必须重视物流人才的培养与培训。同时，创造一个良好的工作环境，制定培养人才、留住人才、使用人才的管理办法，通过优秀物流人才的努力工作，降低物流成本，提高物流企业效益。

实际上，要想降低物流成本，必须对整个流程进行分析，发现问题，解决问题，对物流流程不断完善。只有这样，才能使物流更加合理化、物流成本最小化。所以，降低物流成本、提高国际物流服务质量是企业永久的课题。

11.7.2.2　国际物流成本控制原则

（1）全面介入原则

全面介入原则是指成本控制应该对全方面、全员、全过程控制。对产品生产的全部费用加以控制，不仅对变动费用控制，而且对固定费用进行控制。全员控制是要发动领导干部、管理人员、工程技术人员和广大员工建立成本意识，参与成本的控制，认识成本控制的重要性，才能付诸行动。全过程控制是对产品的设计、制造、销售过程进行控制，并将控制的成果在有关报表上加以反映，借以发现缺点和问题。

（2）例外管理原则

国际物流成本控制要将注意力集中于超乎常情的事项，由于实际发生的费用往往与预算有差别，如发生的差异不大，没有必要一一查明原因，只要把注意力集中在非正常的例外事项上，并及时进行信息反馈。

(3) 经济效益原则

提高经济效益，不单依靠降低成本的绝对数，而且实现相对的节约，取得最佳的经济效益，以较少的消耗取得更多的成果。

11.7.2.3 国际物流成本控制的策略

对于国际物流成本的控制应从综合层面进行。国际物流成本的综合控制包括事前对物流成本进行预算制定，事中执行监督，事后进行信息反馈、偏差纠正等全过程的系统控制，以达到预期管理控制目标。综合控制有别于局部控制，具有系统性、综合性、战略性的特点，控制效率较高，其目标是局部控制的集成，实现企业物流成本最小化。物流成本的综合控制有下面两种方法。

(1) 物流成本横向控制

物流成本横向控制是对物流成本进行预测和编制计划。物流成本预测须在编制物流计划之前进行。它是对本年度物流成本进行分析和充分挖掘降低物流成本潜力的基础上，寻求降低物流成本的有关技术经济措施，以保证物流成本计划的先进性和可靠性。

(2) 物流成本纵向控制

运用线性规划、非线性规划制定最优运输计划。物流过程中碰到最多的是运输问题，如某产品现由某几个企业生产，又需供给某几个客户，怎样才能使企业生产的产品运到客户所在地时总运费最小？假定这种产品在企业中的生产成本为已知，从某企业到消费地的单位运费和运输距离以及各企业的生产能力和消费量都已确定，可用线性规划解决；假如企业的生产数量发生变化，生产费用函数是非线性的，应使用非线性规划来解决。

运用系统分析技术，选择货物最佳的配比和配送线路，实现货物配送优化。配送线路是指各送货车辆向各个客户送货时所要经过的路线，它的合理与否对配送速度、车辆的利用效率和配送费用都有直接影响。

运用存储论确定经济合理的库存量，实现存储优化。存储是物流系统的中心环节。物资从生产到客户之间需要经过几个阶段，几乎每一个阶段都需要存储，究竟在每个阶段库存量保持多少为合理？为了保证供给，需隔多长时间补充库存？一次进货多少才能达到费用最省的目的？这些是确定库存量的问题，可以在存储论中找到解决的方法，如经济订购批量模型。

11.7.2.4 降低国际物流成本的主要途径

由于国际物流实际情况的复杂性和多变性，降低国际物流成本的方法也多种多样，常用的降低国际物流成本的途径有以下几种：

(1) 加快物流速度，扩大物流量

全部物流成本大体划分为可变成本和固定成本两部分。运输费、包装费、保管费等属于可变成本，它们随物流量的变化而变化，即物流量增加时，物流成本的绝对值随之增加，反之减少。但它们的物流成本水平，即占物流成本数量的百分比相对比较固定。工资、固定资产折旧费、管理费等属于固定成本，它们在物流量变动时，其绝对值保持不变或变化较小，即相对比较固定。因此，其费用水平与物流量的变化呈现反比例关系，即物流量增加时，费用水平下降。根据这两种成本的特点，可以采取加快物流速度、扩大物流量的方法，以降低物流成本。当物流速度加快时，虽然可变成本也在增加，但其增加幅度小于物流量的增加幅度，而单位物流量的固定成本部分随着物流速度越快，物流量越大，越来越小。从物流速度与流动资金需要量的关系看，在其他条件不变的情况下，物流速度越快，所需要的流动资金越少，即减少资金占用，也就减少利息支出，从而使物流成本得以降低。

（2）减少货物的周转环节

货物从生产领域进入国际消费领域、到达消费者手中之前，需要经过许多相互区别而又相互衔接的中间环节。这些环节越多，货物的流通时间也越长，国际物流成本必然相应增加。因此，尽可能地减少货物流通环节和物流时间，尽可能地直达供货，尽可能地减少货物的集中和分散，加快物流速度。

（3）采用先进、合理的物流技术

采用先进、合理的物流技术是减少物流成本的根本性措施，不仅可以提高物流速度，增加物流量，而且可以减少物流损失。

（4）改善物流管理，加强经济核算

物流管理水平的高低是影响物流成本的最直接因素。虽然管理本身不直接产生效益，但它却能通过其他具体的物流执行部门对物流成本产生影响。因此，加强国际物流管理，实现国际物流管理的现代化，是降低国际物流成本的最直接、最有效的方法。在具体实施过程中，建立岗位责任制，加强经济核算，对原材料消耗、资金、人员、物流各个环节的支出等进行层层分解，实行目标管理，是行之有效的好办法。

（5）追求国际物流系统合理化

追求国际物流系统的合理，可以采取以下八项措施：

第一，合理选择和布局国内外的物流网点，扩大国际贸易的范围、规模，以达到费用省、服务好、信誉高、效益佳、创汇多的物流总体目标；

第二，采用先进的运输方式、运输工具和运输设施，加速进出口货物的流转，充分利用海运、多式联运方式，不断扩大集装箱运输和陆桥运输的规模，增加物流量，扩大进出口贸易额；

第三，缩短进出口商品的在途积压，包括进货在途（如进货、到货的待验和待进等)、销售在途(如销售待运、进出口口岸待运)、结算在途(如托收承付中的拖延等),以便节省时间,加速商品和资金的周转;

第四,改进运输路线,减少相向、迂回运输;

第五,改进包装,增大技术装载量,多装载货物,减少损耗;

第六,改进港口装卸作业,合理利用泊位与船舶的停靠时间,尽量减少港口杂费,吸引更多的买卖双方入港;

第七,改进海运配载,避免空舱或船货不适应的状况;

第八,综合考虑国内物流运输,在出口时,尽量采用就地就近收购、就地加工、就地包装、就地检验、直接出口的物流策略。

11.8 国际物流绩效评价

为了了解国际物流运营的效益与业绩,应该及时进行绩效评价。国际物流的绩效评价是一个物流管理周期的最后环节,也是下一个管理阶段的开始。

11.8.1 国际物流绩效评价的原则及评价体系的设计要求

一个设计好的物流企业绩效评价体系可以使高层管理者判断经营活动的获利性,及时发现尚未控制的领域,有效地配置企业资源,客观地评价管理者的业绩。

11.8.1.1 国际物流绩效评价的原则

国际物流绩效评价的原则主要包括:

(1) 客观公正的原则

坚持定量与定性相结合,建立科学、适用、规范的评价指标体系及标准,避免主观臆断,以客观的立场评价优劣,公平的态度评价得失,合理的方法评价业绩,严密的计算评价效益。

(2) 多层次、多渠道、全方位评价的原则

多方收集信息,实行多层次、多渠道、全方位评价。在实际工作中,综合运用上级考核、同级评价、下级评价、职员评价等多种形式。

(3) 责、权、利相结合的原则

评价的目的主要是改进绩效,不能为评价而评价,为奖惩而评价,为晋升而评价。但是,物流企业绩效评价在产生出结果后,应分析责任的归属。在确定责任时,要明确是否在当事人责权范围内,并且是否为当事人可控事项。只有这样,奖惩才能公平合理。

(4) 经常化、制度化的评价原则

国际物流企业必须制定科学合理的绩效评价制度，明确评价的原则、程序、方法、内容及标准，将正式评价与非正式评价相结合，形成评价经常化、制度化。

(5) 目标与激励原则

国际物流企业存在的目的是实现自己的目标，有效经营的物流企业是最有希望实现预定目标及战略目标的。目标的实现是重要的激励机制，以报酬作为激励也是现代化物流企业不可缺少的有效管理机制。国际物流企业绩效评价体系的设计中，目标和激励是必不可少的。

(6) 时效与比较的原则

为了了解国际物流运营的效益与业绩，应该及时进行评价。数据是评价绩效最佳的衡量工具，如果没有比较的基准数据，再及时的评价也是徒劳的。因此，国际物流企业的盈余或亏损，须同过去的记录、预算目标、同行业水准、国际水平等进行比较，才能鉴别其优劣。一定的基准数据与评价企业的经营结果进行比较分析，物流企业绩效评价才具有实际意义。

11.8.1.2　绩效评价体系的设计要求

(1) 设计要求

国际物流绩效评价体系的设计要满足以下要求：

1) 准确。要使评价结果具有准确性，与绩效相关的信息必须准确，计量什么、如何计量，都必须清楚，才能做到量化值的准确。

2) 及时。只有及时获取有价值的信息，才能及时评价、及时分析，迟到的信息会使评价失真或无效。何时计量及以什么样的速度将计量结果予以报告，是国际物流企业绩效评价体系的关键。

3) 可接受。国际物流绩效评价体系，只有使用才能发挥其作用；而不被人们所接受或者不甚情愿地接受下来，称不上有价值的体系；勉强被接受，信息可能是不准确、不及时、不客观的。在体系设计时，必须以满足使用者的需求为出发点。

4) 可理解。能够被用户理解的信息才是有价值的信息，难以理解的信息会导致各种各样的错误。确保信息的清晰度是设计国际物流绩效评价体系的一个重要方面。

5) 反映企业的特性。一个有效的国际物流绩效评价系统，必须能够反映企业独有的特性。从控制的观点出发，绩效评价的焦点一般集中在评价公司及管理者，以确定被评价物流企业的业绩及效益。

6) 目标一致性。有效的国际物流绩效评价体系，其评价指标与企业的发展战略目标应该是一致的。

7）可控性与激励性。对管理者的评价必须限制在其可控范围之内，只有这样，才能被接受，对管理者也公平。即使某项指标与战略目标非常相关，只要被评价对象无法实施控制，他就没有能力对该项指标的完成情况进行负责，因此，非可控指标应尽量避免。另外，指标水平应具有一定的先进性、挑战性，才能激发评价对象的工作潜能。

8）应变性。良好的绩效评价体系，应对物流企业战略调整及内外部的变化敏感，并且体系自身能够较快地做出相应调整，以适应变化要求。

（2）应注意的问题

国际物流企业在设计绩效评价体系时，必须满足上述八项要求的大部分。除此之外，还应注意下列问题：

1）经济效益指标不可过高或过低。物流企业是服务性企业，特别是公司的物流中心，其经营方略是整体利益最大，若经济效益指标过高则企业无法接受，但是也不能过低，这样会失去评价的意义。国际上物流企业绩效评价的主要指标是销售的增长、市场份额及利润。

2）如果物流企业的价格有较强的竞争力，而客户却不多，在利用评价结果与同行业进行比较性分析以及在体系设计时，应注意可比性。

3）财务绩效评价结果较好，而股票价格毫无起色，这时，需要审查体系设计的指标和标准是否合适。

4）评价体系应兼顾眼前财富最大化和长远财富最大化，实现物流企业的可持续发展，获取长期利益。

5）不可过分注重财务性评价，非财务性的绩效评价也不容忽视，因为它能更好地反映物流企业所创造的非财务报酬，如客户满意程度，交货效率，订、发货周期等。

11.8.2 国际物流绩效评价体系的实施

评价是指根据确定的目的测定评价对象系统的属性，并将这种属性变为客观定量的计值或者主观效用的行为。评价过程包括确定评价的目的、评价参照系统、获得评价信息、形成价值判断等主要环节。在评价过程中，只有先确定评价目的才可以确定评价的参照系统，然后才能收集与评价相关信息。

国际物流绩效评价的实施步骤包括以下几方面。

（1）确定评价工作实施机构

评价机构直接组织实施评价，评价机构负责成立评价工作组，并选聘有关专家组成专家咨询组。如果委托社会中介机构实施评价，则先同选定的中介机构签订委托书，然后由中介机构组建评价工作组及专家咨询组。无论由谁来组织实施评价工作，都应对工作组及专家咨询组的任务和要求予以明确。参加评价工作的成员应具有较丰富的物流管理、财务会计、资产管理及法律等方面的专业知识，熟悉物流企业的绩效评价业务，有较强的综合分析判断能力。专家咨询组的专家应在物流领域中具有高级技术职称，有一定的知名度和相关专业的技术资格。

（2）制订评价工作方案

由评价工作组根据有关规定制订物流企业评价工作方案，经评价机构批准后开始实施，并送专家咨询组的每位专家。

（3）收集并整理基础资料和数据

根据评价工作方案的要求及评分的需要收集、核实及整理基础资料和数据。

1）选择物流行业同等规模的评价方法及评价标准值。

2）收集连续三年的会计决算报表、有关统计数据及定性评价的基础材料，确保资料的真实性、准确性和全面性。

（4）评价计分

运用计算机软件计算评价指标的实际分数，这是物流企业绩效评价的关键步骤。

1）按照核实准确的会计决算报表及统计数据计算定量评价指标的实际值。

2）根据选定的评价标准，计算出各项基本指标的得分，形成“物流企业绩效初步评价计分表”。

3）利用修正指标对初步评价结果进行修正，形成“物流企业绩效基本评价计分表”。

4）根据已核实的定性评价基础材料，参照绩效评价指标参考标准进行评价指标打分，形成“物流企业绩效评价计分汇总表”。

5）对“物流企业绩效基本评价计分表”和“物流企业绩效评价计分汇总表”进行校正、汇总，得出综合评价的实际分数，形成“物流企业绩效得分总表”。

6）根据基本评价的四部分（财务效益、资产营运、偿债能力、发展能力）得分情况，计算各部分的分析系数。

7）对评价的分数和计分过程进行复核，为了确保计分准确无误，必要时可用手工计算校验。

（5）评价结论

将绩效基本评价得分与物流产业中相同行业及同规模的最高分数进行比

较，将四部分内容的分析系数与相同行业的比较系数进行对比，对物流企业绩效进行分析判断，形成综合评价结论，并听取物流企业有关方面负责人的意见，进行适当的修正和调整。

（6）撰写评价报告

评价报告的主要内容包括：评价结果、评价分析、评价结论及相关附件等，送专家咨询组征求意见。评价项目主持人签字，报送评价机构审核认定，如果是委托中介机构进行评价，则须加盖单位公章。

（7）评价工作总结

将评价工作的背景、时间地点、基本情况、评价结果、工作中的问题及措施、工作建议等形成书面材料，建立评价工作档案，同时报送物流企业备案。

【小　结】

本章主要介绍国际物流战略管理、国际物流市场的分析与开发、国际物流流程再造、国际物流信息管理、国际物流标准化、国际物流服务质量管理、国际物流成本管理、国际物流绩效管理等。

【案例讨论】

中外运空运发展股份有限公司内控体系建设

2008年财政部、证监会、审计署、银监会、保监会五部委印发《企业内部控制基本规范》，2010年印发其配套指引，要求上市公司建立、实施和评价内部控制，并聘请会计师事务所对财务报告内部控制的有效性进行独立审计；2012年国资委、财政部发布《关于加快构建中央企业内部控制体系有关事项的通知》，要求中央企业抓紧推进内部控制建设与实施工作，采取有力措施保证内部控制有效执行。

为满足监管要求，不断提升内控水平，公司于2011年底启动内控体系建设工作，经过2012年在试点单位的不断努力，内控体系初建完成，形成了内控手册，注重落实执行，顺利通过德勤事务所的独立审计。之后按计划逐步在非试点单位进行推广，不断优化提升，力争将有效的内部控制融入日常经营管理，形成有机协同的竞争优势。

（1）试点先行，稳步推进

公司按照“全面规划、统一部署、突出重点、试点先行、逐步推广、持续优化”工作方针的指导，从实际情况出发，采取分步骤、分阶段推进内控体系建设的方式开展工作。

2011 年，公司完成内控建设咨询机构的比选和聘任，组建内控项目团队，由总部审计部牵头组织，总部各部门、各区域、各分子公司全员参与。总部和各分子公司都成立内控领导小组和工作小组，年底召开正式的启动大会，并对内控进行介绍和培训。

2012 年，在咨询机构的协助下，考虑业务的同质性、代表性以及管理层级关系，公司选定试点范围，在此范围内进行内控建设，以财务报告内控为主，兼顾非财务报告内控。1～2 月，在公司总部进行制度和流程的梳理；3～5 月，陆续完成 3 家区域分公司、2 家三级分公司和 2 家子公司的流程梳理；6～7 月，回到总部进行汇总分析，形成试点单位的流程试行稿，与相关单位沟通确认，并向公司领导汇报；8 月份，试点单位的流程文档试行稿下发试运行，并基于在试点单位的工作，编写用于内控推广的标准流程文档；9～10 月，分别对各试点单位进行穿行测试，以检验流程设计的可操作性，做出必要的修正，并对执行中发现的差异提出整改；10 月底，完成标准流程文档的沟通确认；11～12 月，再次复核、校验内控手册包含的制度、流程，编辑成册。总部层面共新增、修订和梳理了 27 项管理制度、编制了 10 个流程文档和 1 份内控组织体系建议书；5 家分公司共编制了 52 个流程文档；2 家子公司依其业务特点共编制了 3 个流程文档；此外，还编制了 18 个标准流程文档，用于内控建设的推广。12 月份还完成了 1 家区域分公司的推广工作，内控建设和推广过程中发现的控制差异，在与公司各级领导沟通确认后，已积极进行整改。

2013 年公司将完成 8 家三级分公司的内控推广工作，巩固已有的建设成果，尤其注重内控制度和流程的具体落实。2013 年公司已将内控有效性指标纳入绩效考核。

(2) 注重培训，宣贯文化

内控意识和相关知识、技能的培训是构建有效内控体系的基础。除了日常工作中的经验交流和业务研讨以及各种形式的培训外，2012 年 11 月总部审计部还组织举办了内控体系建设专题培训。总部各部门经理和内控骨干、33 家分公司的内控工作组组长及骨干共 60 余人参加培训。信永方略咨询公司的合伙人、项目经理讲解内控基础知识、内控制度和流程等内容，普华永道会计师事务所的项目经理分享内控建设的相关经验，总部审计部介绍内控建设、评价、审计工作的相关安排，同时明确参会人员在内控工作中承担的职责、任务。通过培训，各学员进一步认识内控工作，纷纷表示将内控理论体系应用到今后的工作，公司在搭建内控人才队伍方面迈出了关键一步。同时，培训为各单位提供交流学习的机会和平台，为公司全面铺开内控建设奠定基础。

内控文化的建设周期长，见效慢，但往往是内控管理发生跨越式提升的标志，相对具体的控制措施，内控文化更长久且意义深远。公司在门户网站开通“企业内部控制建设与评价”专栏，搭建一个学习内部控制监管规定、了解建设进展、展示建设成果、进行相关培训和探讨的平台；在内刊上开设“管理论坛——内部控制视野”版块，以交流心得、分享知识和案例。公司在年度/半年度经营分析会上会对内控进行专题汇报、宣贯、探讨，在使内控建设更贴合公司实际的同时也进一步营造良好的内控文化。

(3) 成效初显，分享体会

经过一年多的内控建设推广、差异整改落实以及培训宣贯工作，公司的内控体系初建完成，在防范风险、提升管理方面取得一定的成效。2012 年是公司开展自我评价和接受外部独立审计的第一年，自评工作采取由审计部主导，外聘咨询公司协助相结合的工作方式，汇总分析测试结果后，由审计部撰写自我评价报告并提交董事会审议；审计工作聘请德勤华永会计师事务所完成。内部自评和外部审计工作均未发现公司的内控体系存在重大或重要缺陷。针对发现的内控一般缺陷，与相关单位充分沟通，并采取相应的整改措施。工作获得如下几点工作体会：

第一，内控建设跨单位、跨部门的综合项目，需要自上而下地推行、有组织保障、全员参与、职责明确。

第二，内控建设和推行，应立足现状、持续推进，避免好高骛远，避免推倒重来。

第三，各单位、各部门需尽早介入、充分参与，重视前期设计阶段制度和流程的确认，保证内控体系真正合理有效，契合公司具体情况，并能确实得到执行。设计完成后，注重落实，纳入绩效考核，确保内控的执行力，避免“两张皮”。

第四，内控建设周期长、时间紧、任务繁杂，拟定明确的、可操作的项目计划至关重要，及时关注项目进展、定期小结、及时发现和解决问题。

第五，对投入资源加强控制与保留缺陷承担风险之间需有理性平衡，突出关键管控，集中资源处理核心事项，渗透管理环节，确保内控建设有的放矢，重大风险有效防范。

第六，注重培训宣贯，培育内控文化，营造实施内控的良好氛围，融于管理。

(4) 持续优化，有机协同

内控应当与公司经营规模、业务范围、竞争状况和风险水平等相适应，并随着情况的变化及时加以调整。

在合规阶段，内控从审计视角出发，立足在现有制度和流程基础上进行梳理，查漏补缺，找到设计缺陷和执行缺陷，推进整改，做到内控合规，堵塞管理漏洞，防范舞弊风险。

在整合提升阶段，在现有内控管理的基础上，从经营业绩视角出发，针对评估出的重大风险，进行业务风险专项治理，实现业务合理。从业务技术管理的角度来细化风险点的识别和梳理，在方向性解决方案之后提出具体的解决方法，同时建立监控预警机制和应急机制，提升企业管控能力，促进经营的效率和效益增长。

公司总部各部门、各区域、各分子公司将持续优化内控相关工作，以提升管控能力，形成有机协同的竞争优势，保障公司健康可持续发展。

资料来源：www. sinoair. com/。

讨论题

1. 中外运空运发展股份有限公司的主要业务包括哪些？
2. 中外运空运发展股份有限公司如何承担社会责任？
3. 中外运空运发展股份有限公司如何增强内部管控？

复习思考题

1. 什么是国际物流战略管理？
2. 如何进行国际物流市场的分析与开发？
3. 目前国际物流标准化进展如何？
4. 如何进行国际物流服务质量管理？
5. 如何进行国际物流成本管理？
6. 如何进行国际物流绩效管理？

第12章 国际物流法规

【教学目标】

（1）了解国际海运相关规则的基本内容；
（2）了解国际铁路联运相关规则的基本内容；
（3）了解国际空运相关规则的基本内容；
（4）了解国际多式联运相关规则的基本内容；
（5）了解《海商法》的基本内容。

【引导案例】

修订海商法业界呼声渐高

《中华人民共和国海商法》在1952年立项，1992年通过，于1993年7月1日正式实施。其是中国第一部海商领域的法律，对保护我国航运企业的利益以及对我国航运经济的发展起到了不可替代的重要作用。

海商法立法之初，中国的航船只有几十艘，如今中国已经发展成了全球运力第四、造船总吨位全球第一、案例数量全球第一、法官和海事海商专业毕业生人数全球第一的海事海商大国。在行业发展的推动下，我国的航运及其司法与仲裁领域面临着来自于实践的挑战。目前，国际海事立法环境发生了很大的变化。与此同时，相较国内相继颁布的合同法、物权法、侵权法、担保法等法律，《海商法》显现出诸多不足与缺陷，《海商法》已难以适应我国海运和经贸事业发展的要求。为了理顺诸多法律关系、加快完善我国海商法规，与会专家学者建议尽快修订《海商法》，为航运和保险业的发展提供更有利的法律环境。

中国海商法协会副主席、中国远洋运输（集团）总公司副总经理兼法律顾问孙家康称，海商法是几代海商法专家的共同心血铸就的，是理论和实践相结合的产物，其对我国航运事业的发展起到了重要的作用，海商法的修订和完善一定要立足中国法。

中国海商法协会主席、中国外运长航集团有限公司董事长赵沪湘指出，海商法的修订应体现航运业的发展方向，使得海商法更具引领性和前瞻性，在修订过程中应特别注意有所取和有所舍，并呼吁航运企业在关注海商法的同时提升自身的防控能力。

中国海商法协会副主席、最高人民法院民四庭副庭长王彦君强调，海商法的修订必须针对中国的现状力求解决实际问题，应积极加强我国海事领域的软实力。协会常务理事、国务院法制办工交商事司副司长马森述建议，海商法的修订应当广泛征求意见使其成为一部高质量、高利用率的法律。

有学者提出制定“中华人民共和国海法”，将陆地之外关于海洋管理和调整的所有问题的规范形成一个完整的法规体系。目前在沿海货物运输领域存在的法律真空，不利于我国海洋的开发利用，南海问题和钓鱼岛问题上的民商法律规范的严重缺失已危及我国的领海主权，制定“中华人民共和国海法”将对在民商法律基础上巩固中国的海防产生十分深远的影响。

资料来源：修订海商法业界呼声渐高，国际商报，2013.8.8。

12.1　国际海上货运公约

12.1.1　《海牙规则》

12.1.1.1　《海牙规则》概述

《海牙规则》全称为《统一提单的若干法律规定的国际公约》，是关于提单法律规定的第一部国际公约。《海牙规则》于 1924 年 8 月 25 日在比利时首都布鲁塞尔签订，是为统一世界各国关于提单的不同法律规定，并确定承运人与托运人在海上货物运输中的权利和义务而制定的国际协议。《海牙规则》规定了承运人最低限度义务、免责事项、索赔和诉讼、责任限制和适用范围以及程序性等几个方面。

《海牙规则》无论是对承运人义务的规定，还是免责事项、索赔诉讼、责任限制均体现承运方的利益，而对货主的保护相对较少，这也是船货双方力量不均衡的体现。力量不均衡势力相互妥协的产物不可避免地有各种缺点和不足，比如期限过短、限额过低等。

《海牙规则》于 1931 年 6 月 2 日正式生效，欧美许多国家都加入该公约。有的国家仿效英国的作法，通过国内立法使之国内法化；有的国家根据该公约的基本精神，另行制定相应的国内法；还有些国家虽然没有加入该公约，但他们的一些船公司的提单条款也遵循了这一公约的精神。中国虽然没有加入该公约，但却把它作为制定中国《海商法》的重要参考依据；中国不少船公司的提单条款也遵循了这一公约的精神。所以，《海牙规则》堪称海上货物运输方面最重要的国际公约。

12.1.1.2　《海牙规则》的主要内容

《海牙规则》共十六条，其中第一至第十条是实质性条款，第十一至第十六条是程序性条款，主要是有关公约的批准、加入和修改等条款。实质性条款主要包括以下内容。

（1）承运人最低限度的义务

承运人最低限度义务，是承运人必须履行的基本义务。对此《海牙规则》第三条第一款规定，“承运人必须在开航前和开航当时，谨慎处理，使航船处于适航状态，妥善配备合格船员，装备船舶和配备供应品；使货舱、冷藏舱和该船其他载货处所能适当而安全地接受、载运和保管货物”。该条第二款规定，“承运人应妥善地和谨慎地装载、操作、积载、运送、保管、照料与卸载”，即承运人应当提供适航船舶，妥善管理货物，否则将承担赔偿责任。

（2）承运人运输货物的责任期间

承运人的责任期间，是指承运人对货物运送负责的期限。按照《海牙规则》第一条“货物运输”的定义，货物运输的期间为从货物装上船至卸完船为止的期间。所谓“装上船起至卸完船止”分为两种情况。一是在使用船上吊杆装卸货物时，装货时货物挂上船舶吊杆的吊钩时起至卸货时货物脱离吊钩时为止，即“钩至钩”期间。二是使用岸上起重机装卸，则以货物越过船舷为界，即“舷至舷”期间。至于货物装船以前，即承运人在码头仓库接管货物至装上船这一段期间，以及货物卸船后到向收货人交付货物这一段时间，按《海牙规则》第七条规定，由承运人与托运人就承运人在上述两段发生的货物灭失或损坏所应承担的责任和义务订立协议、规定、条件、保留或免责条款。

（3）承运人的赔偿责任限额

承运人的赔偿责任限额是指对承运人不能免责的原因造成的货物灭失或损坏，通过规定单位最高赔偿额的方式，将其赔偿责任限制在一定的范围内。这一制度实际上是对承运人造成货物灭失或损害的赔偿责任的部分免除，体现对承运人利益的维护。《海牙规则》第四条第五款规定，“不论承运人或船舶，在任何情况下，对货物或与货物有关的灭失或损坏，每件或每单位超过100英镑或与其等值的其他货币时，任意情况下都不负责；但托运人于装货前已就该项货物的性质和价值提出声明，并已在提单中注明的，不在此限”。规则中承运人单位最高赔偿额的100英镑，按照该规则第九条的规定应为100金英镑。

（4）承运人的免责

《海牙规则》第四条第二款对承运人的免责作了十七项具体规定，分为两类。一类是过失免责，另一类是无过失免责。国际海上货物运输中争论最大的问题是《海牙规则》的过失免责条款，《海牙规则》第四条第二款第一项规定，“由于船长、船员、引航员或承运人的雇用人在航行或管理船舶中的行为、疏忽或过失所引起的货物灭失或损坏，承运人可以免除赔偿责任”。这种过失免责条款是其他运输方式责任制度中所没有的。

另一类是承运人无过失免责，主要有以下几种。

1）不可抗力或承运人无法控制的免责有八项，分别为海上或其他通航水域的灾难、危险或意外事故；天灾；战争行为；公敌行为；君主、当权者或人民的扣留或拘禁，或依法扣押；检疫限制；不论由于任何原因所引起的局部或全面罢工、关厂、停工或劳动力受到限制；暴力和骚乱。

2）货方的行为或过失免责有四项，分别为货物托运人或货主、其代理人或代表的行为；由于货物的固有缺点、质量或缺陷所造成的容积或重量的损失，或任何其他灭失或损害；包装不固；标志不清或不当。

3）特殊免责条款有三项。一是火灾，即使是承运人和雇用人的过失，承运人也不负责，只有因为承运人本人的实际过失或私谋所造成的才不能免责；二是在海上救助人命或财产，这一点是对船舶的特殊要求；三是谨慎处理，克尽职责所不能发现的潜在缺陷。

承运人免责条款的第十六项规定“不是由于承运人的实际过失或私谋，或是承运人的代理人或雇用人员的过失或疏忽所引起的其他任何原因”。这是一项概括性条款，既不是像前述十六项那样具体，又不是对它们的衬托，而是对它们之外的其他原因规定一般条件。

所谓“没有过失和私谋”不仅指承运人本人，而且也包括承运人的代理人或雇用人没有过失和私谋。援引这一条款要求享有此项免责利益的人应当负举证义务，即要求证明货物的灭失或损坏既非由于自己的实际过失或私谋，也非其代理人或受雇人的过失或私谋所导致。

（5）索赔与诉讼时效

索赔通知是收货人在接收货物时，就货物的短少或残损状况向承运人提出的通知，它是索赔的程序之一。收货人向承运人提交索赔通知，意味着收货人有可能就货物短损向承运人索赔。《海牙规则》第三条第六款规定，承运人将货物交付给收货人时，如果收货人未将索赔通知用书面形式提交承运人或其代理人，则这种交付应视为承运人已按提单规定交付货物的初步证据。如果货物的灭失和损坏不明显，则收货人应在收到货物之日起 3 日内将索赔通知提交承运人。

《海牙规则》有关诉讼时效的规定是“除非从货物交付之日或应交付之日起一年内提起诉讼，承运人和船舶，在任何情况下，都应免除对灭失或损坏所负的一切责任”。

关于托运人义务和责任的相关规定包括：

1）保证货物说明正确的义务。

2）不得擅自装运危险品的义务。

3）损害赔偿责任。

此外根据《海牙规则》第三条第八款规定，运输合同中的任何条款或协议，凡是解除承运人按该规则规定的责任或义务，或以不同于该规则的规定减轻这种责任或义务的，一律无效。有利于承运人的保险利益或类似的条款，应视为属于免除承运人责任的条款。

（6）适用范围

《海牙规则》第五条第二款规定，“本公约的规定，不适用于租船合同，但如果提单是根据租船合同签发的，则它们应符合公约的规定”。同时该规则第十条规定，“本公约的各项规定，应适用于在任何缔约国内所签发的一切提单”。

12.1.2 《维斯比规则》

12.1.2.1 《维斯比规则》概述

随着国际经贸的发展，《海牙规则》的部分内容已经落后，从 20 世纪 60 年代开始，国际海事委员会着手修改《海牙规则》，于 1968 年 2 月通过了《关于修订统一提单若干法律规定的国际公约的协定书》，简称《海牙-维斯比规则》，并于 1977 年 6 月生效，这就是《维斯比规则》。

12.1.2.2 《维斯比规则》的主要内容

《维斯比规则》共十七条，但只有前六条才是实质性的规定，对《海牙规则》的第三、四、九、十条进行了修改。其主要修改内容有以下几个方面。

（1）扩大了规则的适用范围

《海牙规则》的各条规定仅适用于缔约国所签发的提单，《维斯比规则》扩大了其适用范围，其中的第五条第三款规定其适用范围包括：

1）在缔约国签发的提单。

2）货物在一个缔约国的港口起运。

3）提单载明或为提单所证明的合同规定，该合同受公约的各项规则或者使其生效的任何一个国家的立法所约束，不论承运人、托运人、收货人或任何其他有关人员的国籍如何。该规定的意思是只要提单或为提单所证明的运输合同上有适用《维斯比规则》的规定，该提单或运输合同就要受《维斯比规则》的约束。

（2）明确了提单的证据效力

《海牙规则》第三条第四款规定，提单上载明的货物主要标志、件数或重量以及表面状况应作为承运人按其上所载内容收到货物的初步证据。至于提单转让至第三人的证据效力，未作进一步的规定。《维斯比规则》为了弥补上述的缺陷，在第一条第一款则补充规定，“但是，当提单转让至善意的第三人时，与此相反的证据将不能接受”。这表明对于善意行事的提单受让人来说，提单载明的内容具有最终证据效力。所谓“善意行事”是指提单受让人在接受提单时并不知道装运的货物与提单的内容有何不符之处，而是出于善意完全相信提单记载的内容。这就是说，《维斯比规则》确立了一项在法律上禁止翻供的原则，即当提单背书转让给第三者后，该提单就是货物已按上面记载的状况装船的最终证据。承运人不得借口在签发清洁提单前货物就已存在缺陷或包装不当来对抗提单持有人。

这一补充规定，有利于进一步保护提单的流通与转让，也有利于维持提单受让人或收货人的合法权益。一旦收货人发现货物与提单记载不符，承运人只能负责赔偿，不得提出任何抗辩的理由。

(3) 强调了承运人及其受雇人员的责任限制

海上货物运输合同当事人涉讼多因一方当事人的违约而引起。但在有些国家承认双重诉讼的权利，即货主在其货物遭受损害时，可以以承运人违反运输合同或以其侵权为由向承运人起诉。在货主以侵权为由提出诉讼时，承运人便不能引用《海牙规则》中的免责和责任限制的规定。如果不能对此加以限制，运输法规中的责任限制规定就形同虚设。为进一步强调承运人及其受雇人员享有该权利，《维斯比规则》第三条规定，“本公约规定的抗辩和责任限制，应适用于就运输合同涉及的有关货物的灭失或损坏对承运人提出的任何诉讼，不论该诉讼是以合同为根据还是以侵权行为为根据”，“如果诉讼是对承运人的受雇人员或代理人（该受雇人员或代理人不是独立订约人）提起的，该受雇人员或代理人也有权援引《海牙规则》规定的承运人的各项抗辩和责任限制”，“向承运人及其受雇人员或代理人索赔的数额，在任何情况下都不得超过本公约规定的赔偿限额”。根据以上规定，使得合同之诉和侵权之诉处于相同的地位，承运人的受雇人员或代理人也享有责任限制的权利。英国法院在审理“喜马拉雅”轮一案时，曾对承运人的受雇人员或代理人能否享受承运人所享受的权利作出否定的判决，认为承运人的受雇人员或代理人无权援引承运人与他人签订的合同中的条款。所以在此案后，承运人纷纷在提单上规定承运人的受雇人员或代理人可以援引承运人的免责或责任限制，人们称这一条款为“喜马拉雅条款”。显然《维斯比规则》的这一规定有利于保护船东的利益。

(4) 提高了承运人对货物损害赔偿的限额

《海牙规则》规定承运人对每件或每单位货物损失的赔偿限额为 100 英

镑，而《维斯比规则》第二条规定，每件或每单位的赔偿限额提高到 10 000 金法郎，同时还增加一项以受损货物毛重为标准的计算方法，即每千克为 30 金法郎，以二者中较高者为准。采用的金法郎仍以金本位为基础，目的在于防止日后法郎纸币的贬值，一个金法郎是 65.5 mg 含金纯度为 900‰的黄金。一旦法郎贬值，仍以上述的黄金含量为计算基础。在《维斯比规则》通过时，10 000 金法郎大约等于 431 英镑，与《海牙规则》规定的 100 英镑相比，这一赔偿限额显然大大提高。

这一规定不但提高了赔偿限额，而且创造了一项新的双重限额制度，不但维护货主的利益，而且这种制度也为以后《汉堡规则》和中国《海商法》所接受。

另外，该规则还规定了丧失赔偿责任限制权利的条件，即如经证实损失是由于承运人蓄意造成，或者知道很可能会造成这一损害而毫不在意的行为或不行为所引起，则承运人无权享受责任限制的权利。

（5）增加了“集装箱条款”

《海牙规则》没有关于集装箱运输的规定，《维斯比规则》增加了“集装箱条款”，以适应国际集装箱运输发展的需要。该规则第二条第三款规定，“如果货物是用集装箱、托盘或类似的装运器具集装时，则提单中所载明的装在这种装运器具中的包数或件数，应视为本款中所述的包或件数；如果不在提单上注明件数，则以整个集装箱或托盘为一件计算”。该条款的意思是，如果提单上具体载明在集装箱内的货物包数或件数，计算责任限制的单位就按提单上所列的件数为准；否则就将一个集装箱或一个托盘视为一件货物。

（6）诉讼时效的延长

《海牙规则》规定，货物灭失或损害的诉讼时效为一年，从交付货物或应当交付货物之日起计算。《维斯比规则》第一条第二款以及第三款则补充规定，诉讼事由发生后，只要双方当事人同意，这一期限可以延长，明确诉讼时效可经双方当事人协议延长的规定。对于追偿时效则规定，即使在规定的一年期满之后，只要是在法院法律准许期间之内，可向第三方提起索赔诉讼。但是准许的时间自提起诉讼的人已经解决索赔案件，或向其本人送达起诉状之日起算，不得少于 3 个月。

12.1.3 《汉堡规则》

12.1.3.1 《汉堡规则》概述

《海牙规则》是 19 世纪 20 年代的产物，随着国际贸易和海运的发展，要求修改《海牙规则》的呼声不断，对其进行修改已在所难免。如何进行修改，两种思路导致了两种不同的结果。

一种是以英国、北欧等海运发达国家的船方利益为代表，由国际海事委员负责起草修改，最终导致《海牙-维斯比规则》产生。该规则对《海牙规则》作出一些有益修改，对维护在《海牙规则》基础上的船货双方利益起了一定的积极作用。

另一种思路来自广大的发展中国家，代表了货主的利益。由于提出彻底修改《海牙规则》的要求日益高涨，联合国贸易和发展会议的航运委员会在 1969 年 4 月的第三届会议上设立了国际航运立法工作组，研究提单的法律问题。

1978 年 3 月 6 日至 31 日在德国汉堡召开的有 78 个国家代表参加的联合国海上货物运输公约外交会议，最后通过了 1978 年《联合国海上货物运输公约》。由于这次会议是在汉堡召开的，所以这个公约又称为《汉堡规则》。《汉堡规则》自 1978 年 3 月 31 日获得通过，直至埃及递交了批准书后满足生效条件，于 1992 年 11 月 1 日起正式生效。

12.1.3.2　《汉堡规则》主要内容

《汉堡规则》全文共分七章三十四条条文，在《汉堡规则》的制定中，除保留了《海牙-维斯比规则》对《海牙规则》修改的内容外，对《海牙规则》进行了根本性的修改，是一个较完备的国际海上货物运输公约，明显地扩大了承运人的责任。其主要内容包括：

（1）承运人的责任原则

《海牙规则》规定承运人的责任基础是不完全过失责任制，它一方面规定承运人必须对自己的过失负责，另一方面又规定了承运人对航行过失及管船过失的免责条款。而《汉堡规则》确定了推定过失与举证责任相结合的完全过失责任制。规定凡是在承运人掌管货物期间发生货损，除非承运人能证明承运人已为避免事故的发生及其后果采取了一切可能的措施，否则便推定损失系由承运人的过失所造成，承运人应承担赔偿责任。《汉堡规则》明显较《海牙规则》扩大了承运人的责任。

（2）承运人的责任期间

《汉堡规则》第四条第一款规定，“承运人对货物的责任期间包括在装货港、在运输途中以及在卸货港，货物在承运人掌管的全部期间”，即承运人的责任期间从承运人接管货物时起到交付货物时止。与《海牙规则》的“钩至钩”或“舷至舷”相比，其责任期间扩展到“港到港”，解决了货物从交货到装船和从卸船到收货人提货这两段没有人负责的空间，明显地延长了承运人的责任期间。

(3) 承运人赔偿责任限额

《汉堡规则》第六条第一款规定，“承运人对货物灭失或损坏的赔偿，以每件或其他装运单位的灭失或损坏相当于835个特别提款权或毛重每千克2.5特别提款权的金额为限，二者之中以其较高者为准”。

(4) 对迟延交付货物的责任

迟延交付货物的责任在《海牙规则》和《维斯比规则》中都没有规定，《汉堡规则》第五条第二款则规定，“如果货物未能在明确议定的时间内，或虽无此项议定，但未能在考虑到实际情况对一个承运人所能合理要求时间内，在海上运输合同所规定的卸货港交货，即为迟延交付”。对此，承运人应对因迟延交付货物所造成的损失承担赔偿责任。而且在第三款还进一步规定，如果货物在第二款规定的交货时间满后连续60天内仍未能交付，有权对货物灭失提出索赔的人可以认为货物已经灭失。《汉堡规则》第六条第一款还规定，“承运人对迟延交付的赔偿责任，以相当于迟延交付货物应支付运费的2.5倍的数额为限，但不得超过海上货物运输合同规定的应付运费总额”。

(5) 承运人和实际承运人的赔偿责任

《汉堡规则》中增加了实际承运人的概念。当承运人将全部或部分货物委托给实际承运人办理时，承运人仍需按公约规定对全部运输负责。如果实际承运人及其雇用人或代理人的疏忽或过失造成的货物损害，承运人和实际承运人均需负责的话，则在其应负责的范围内，承担连带责任。这种连带责任托运人既可向实际承运人索赔，也可向承运人索赔，并且不因此妨碍承运人和实际承运人之间的追偿权利。

(6) 托运人的责任

《汉堡规则》第十二条规定，“托运人对于承运人或实际承运人所遭受的损失或船舶遭受的损坏不负赔偿责任。除非这种损失或损坏是由于托运人、托运人的雇用人或代理人的过失或疏忽所造成的”。这意味着托运人的责任也是过失责任。但需指出的是托运人的责任与承运人的责任不同之处在于承运人的责任中举证由承运人负责；而托运人的责任中，托运人不负举证责任，这是因为货物在承运人掌管之下，所以也同样需要承运人负举证责任。《汉堡规则》这一规定，被中国海商法所接受。

(7) 保函的法律地位

《海牙规则》和《维斯比规则》没有关于保函的规定，而《汉堡规则》第十七条对保函的法律效力作出了明确的规定。托运人为了换取清洁提单，可以向承运人出具承担赔偿责任的保函，该保函在承、托人之间有效，对包括受让人、收货人在内的第三方一概无效。但是，如果承运人有意欺诈，对托运人也属无效，而且承运人也不再享受责任限制的权利。

（8）索赔通知及诉讼时效

《海牙规则》要求索赔通知必须由收货人在收到货物之前或收到货物当时提交。如果货物损失不明显，则这种通知限于收货后 3 日内提交。《汉堡规则》延长了上述通知时间，规定收货人可在收到货物后的第一个工作日将货物索赔通知送交承运人或其代理人，当货物灭失或损害不明显时，收货人可在收到货物后的 15 天内送交通知。同时还规定，对货物迟延交付造成损失的情况，收货人应在收货后的 60 天内提交书面通知。

（9）管辖权和仲裁的规定

《海牙规则》、《维斯比规则》均无管辖权的规定，只是在提单背面条款上订有由船公司所在地法院管辖的规定，这一规定显然对托运人、收货人极为不利。《汉堡规则》第二十一条规定，原告可在下列法院选择其一提起诉讼。

1）被告的主要营业所所在地，无主要营业所时，则为其通常住所所在地；

2）合同订立地，而合同是通过被告在该地的营业所、分支或代理机构订立；

3）装货港或卸货港；

4）海上运输合同规定的其他地点。

除此之外，海上货物运输合同当事人一方向另一方提出索赔之后，双方就诉讼地点达成的协议仍有效，协议中规定的法院对争议具有管辖权。

《汉堡规则》第二十二条规定，争议双方可达成书面仲裁协议，由索赔人决定在下列地点之一提起。

1）被告的主要营业所所在地，如无主要营业所，则为通常住所所在地；

2）合同订立地，而合同是通过被告在该地的营业所、分支或代理机构订立；

3）装货港或卸货港。

此外，双方也可在仲裁协议中规定仲裁地点。仲裁员或仲裁庭应按该规则的规定来处理争议。

（10）规则的适用范围

该规则适用于两个不同国家之间的所有海上货物运输合同，并且海上货物运输合同中规定的装货港或卸货港其一位于缔约国之内，或备选的卸货港之一为实际卸港并位于某一缔约国内；或者提单或作为海上货物运输合同证明的其他单证在某缔约国签发；或者提单或作为海上货物运输合同证明的其他单证规定，合同受该规则各项规定或者使其生效的任何国家立法的管辖。

同《海牙规则》一样，《汉堡规则》不适用于租船合同，但若提单根据租船合同签发，并调整出租人与承租人以外的提单持有人之间的关系，则适用该规则的规定。

12.2 国际铁路货运公约

12.2.1 国际铁路货运规则概述

目前，国际铁路货物运输公约主要有两个，一个是由奥地利、法国、德国、比利时等西欧国家签订的《关于铁路货物运输的国际公约》，简称《国际货约》；另一个是由苏联、波兰、捷克斯洛伐克、匈牙利、罗马尼亚等国家签订的《国际铁路货物联运协定》，简称《国际货协》。

《国际铁路货物联运协定》是在1951年由苏联、罗马尼亚、匈牙利、波兰等8个东欧国家签订。中国、朝鲜、蒙古于1953年7月加入该协定。后来，越南和古巴也加入该协定。《国际货协》自签订以后至1971年先后经过多次修改和补充。现行的是1971年4月经铁路合作组织核准、并从1974年7月1日起生效的文本。

12.2.2 《国际铁路货物联运协定》主要内容

12.2.2.1 合同的订立

《国际货协》第6条、第7条规定，发货人在托运货物的同时，应对每批货物按规定的格式填写运单和运单副本，由发货人签字后向始发站提出。从始发站在运单和运单副本上加盖印戳时起，运输合同即告成立。

运单是铁路收取货物、承运货物的凭证，也是在终点站向收货人核收运杂费用和点交货物的依据。与海运提单及航运单不同，运单作为货物权利凭证不能转让。运单副本在加盖印戳后退还发货人，并成为买卖双方结清货款的主要单据。

12.2.2.2 托运人的权利义务

根据《国际货协》的规定，托运人承担的义务有如实申报、文件完整、货物的交付和拒收。

托运人在填写运单的同时，要提交全部货物并付清运费和有关费用。提交的货物可以是整车，也可以是零担，但不得属于下列货物：

(1) 邮政专运物品；

(2) 炸弹、炸药和军火；

(3) 不属于《国际货协》附件（四）中所列的危险物品；

（4）重量不足 10 kg 的零担货物。

凡属于金、银、白金制品、宝石、贵重毛皮、电影片、画、雕像、古董、艺术制品和特种光学仪器等贵重物品的，均应声明其价值。

货物到达终点时，发货人有权凭单领取货物。当运单项下货物的毁损导致全部或部分货物不能按原用途使用时，有权拒收货物，并按规定向承运人提出索赔。即使运单中所载货物短少、毁损，也应按运单向承运人支付全部运费。

运送费用包括货物的运费、押运人的乘车费、杂费及与运送有关的其他费用。《国际货协》第 13 条和第 15 条的规定：

（1）发送国铁路的运送费用，按发送国的国内运价计算，在始发站由发货人支付；

（2）到达国铁路的运送费用，按到达国铁路的国内运价计算，在终点站由收货人支付；

（3）如货物始发站和到达的终点站属于两个相邻国家且无需经由第三国过境运输，且两国间订有直通运价规程时，则按运输合同订立日有效的直通运价规程计算；

（4）如货物需经第三国过境运输时，过境铁路的运输费，应按运输合同订立日有效的《国际货协统一运价规程》的规定计算，可由始发站向发货人核收，也可由到达站向收货人核收。但如按《国际货协统一运价规程》的规定，各过境铁路运送费必须由发货人支付时，则不得将该项费用转由收货人支付。

对于各国铁路之间的清算办法，《国际货协》第 31 条规定，原则上每一铁路在承运或交付货物时向发货人或收货人按合同规定核收运费和其他费用之后，必须向参加这次运输业务的各铁路支付该铁路应得部分的运送费用。

关于变更合同，《国际货协》规定，发货人和收货人在填写变更申请书后，有权在协定允许的范围内对运输合同作必要的变更。

发货人的变更包括：

（1）可以在始发站将货物领回；

（2）变更到站；

（3）变更收货人；

（4）将货物运还始发站。

收货人的变更包括：

（1）可以在到达国范围内变更货物的到达站；

（2）变更收货人。

但无论是发货人还是收货人，都只能各自对合同变更一次，并且在变更合同时，不得将一批货物分开办理。同时，变更合同的当事人要对因变更合同发生的费用和损失负责。

12.2.2.3 承运人的权利义务

(1) 承运人的责任期间

根据《国际货协》的规定，从签发运单时起至终点交付货物时止为承运人的责任期间。在此期间，承运人对货物因逾期以及全部或部分灭失、毁损造成的损失负赔偿责任。

(2) 核查运单和货物

铁路有权检查发货人在运单中所记载事项是否正确，并在海关和其他规章有规定的情况下，或为保证途中行车安全和货物完整，在途中检查货物的内容。

(3) 执行或拒绝变更合同

根据《国际货协》的规定，在下列情况下，铁路承运人有权拒绝托运人(发货人或收货人)变更运输合同或延缓执行这种变更：

1) 执行变更的铁路车站在收到变更申请发站或到站的通知后无法执行；

2) 与参加运送的铁路所属国家现行的法令和规章相抵触；

3) 违反铁路营运管理；

4) 在变更到站的情况下，货物价值不能抵偿运到新指定到达站的一切费用。

当铁路承运人按托运人指示变更运输合同时，有权按有关规定核收变更运输合同后发生的各项运杂费用。

(4) 连带责任

《国际货协》第 21 条规定，按运单承运货物的铁路，应负责完成货物的全程运输，直到在到达站交付货物时止。每一继续运送货物的铁路，自接收附有运单的货物时起，即视为参加这项运输合同并因此而承担义务。

(5) 免责

根据《国际货协》第 22 条的规定，在下列情况发生时，免除承运人责任：

1) 铁路不能预防和不能消除的情况；

2) 因货物的特殊自然性质引起的自燃、损坏、生锈、内部腐坏及类似结果；

3) 由于发货或收货人过失或要求而不能归咎于铁路者；

4) 因发货人或收货人装、卸车原因造成；

5）由发送铁路规章许可，使用敞车类货箱运送货物；

6）由于发货人或收货人的货物押运人未采取保证货物完整的必要措施；

7）由于承运时无法发现的容器或包装的缺点；

8）发货人用不正确、不确切或不完全的名称托运违禁品；

9）发货人在托运时需按特定条件承运货物时，未按本协定规定办理；

10）货物在规定标准内的途耗。

（6）留置权

为了保证核收运输合同项下的一切费用，铁路当局对货物可行使留置权。留置权的效力，依货物交付地国家的法令和规章的规定。

（7）赔偿限额

根据《国际货协》第 22 条的规定，铁路对货物损失的赔偿金额在任何情况下，不得超过货物全部灭失时的金额。当货物遭受损坏时，铁路赔付额应与货价减损金额相当。当货物全部或部分灭失时，赔偿额按外国售货者在账单上所开列的价格计算；如发货人对货物价格另有声明时，按声明的价格给予赔偿。

当逾期交货时，铁路应以所收运费为基础，按逾期长短，向收货人支付规定的逾罚金。逾期不超过总运到期限的 1/10 时，支付相当于运费 6%的罚款；逾期超过总运到期限的 4/10 时，应支付相当于运费 30%的罚款等。

12.2.2.4 赔偿请求与诉讼时效

《国际货协》第 28 条规定，发货人和收货人有权根据运输合同提出赔偿请求，赔偿请求可以通过书面方式由发货人向发送站提出，或由收货人向收货站提出，并附上相应根据，注明款额。铁路自有关当事人向其提出索赔请求之日起，必须在 180 天内审查该项请求，并予以答复。发货人或收货人在请求得不到答复或满足时，有权向受理赔偿请求的铁路所属国家的法院提起诉讼。

根据《国际货协》第 30 条规定，有关当事人依据运输合同向铁路提出的赔偿请求和诉讼，以及铁路对发货人和收货人关于支付运送费用、罚款和赔偿损失的要求和诉讼，应在 9 个月期间内提出；关于货物运到逾期的赔偿请求和诉讼，应在 2 个月期间内提出。其具体诉讼时效起算日如下：

（1）关于货物毁损或部分灭失以及运到逾期的赔偿，自货物交付之日起算。

（2）关于货物全部灭失的赔偿，自货物运到期限届满后 30 天起算。

（3）关于补充运费、杂费、罚款的要求，或关于退还此项款额的赔偿请求，或纠正错算运费的要求，应自付款之日起算；如未付款时，应自交货之日起算。

(4) 关于支付变卖货物的余款的要求，自变卖货物之日起算。

(5) 在其他所有情况下，自确定赔偿请求成立之日起算。

时效期间已过的赔偿请求和要求，不得以诉讼形式提出。

12.3 国际航空货运公约

12.3.1 国际航空货运公约概述

空运方面的条约主要是关于统一国际空运规则的条约，总称“华沙体制”，以下列文件为基础：

(1) 1929 年在华沙签订的《统一国际航空运输某些规则的公约》，简称《华沙公约》，中国于 1958 年批准该公约。

(2) 1955 年在海牙签订的《修订 1929 年 10 月 12 日在华沙签订的〈统一国际航空运输某些规则的公约〉的议定书》，简称《海牙议定书》，中国于 1975 年批准该议定书。

(3) 1961 年在瓜达拉哈拉签订的《统一非立约承运人所作国际航空运输的某些规则以补充〈华沙公约〉的公约》，简称《瓜达拉哈拉公约》。

(4) 1971 年在危地马拉城签订的《修订经海牙议定书修订的〈统一国际航空运输某些规则的公约〉的议定书》，简称《危地马拉城协议书》。

(5) 1975 年在蒙特利尔签订的第 1、2、3、4 号《关于修改〈统一国际航空运输某些规则的公约〉的附加议定书》，简称《蒙特利尔第几号议定书》。

上述 (2) ～ (5) 都是对《华沙公约》的修订，因此上述五项文件被统称为《华沙公约》文件。

随着历史的发展，《华沙公约》相关修订文件数量较多。为了使《华沙公约》及其相关文件现代化和一体化，ICAO 起草定稿了《蒙特利尔公约》，并于 1999 年 5 月在蒙特利尔召开的国际航空法大会上由参加国签署。中国和其他 51 个国家在该大会上签署了该项公约，2005 年 7 月该条约对中国生效。

12.3.2 《华沙公约》的主要内容

12.3.2.1 航空货运单

根据《华沙公约》的规定，承运人有权要求托运人填写航空货运单。货运单一式三份，一份经托运人签字后交承运人；第二份附在货物上，由托运人和承运人签字后交收货人；第三份由承运人在收货后签字交托运人，《海牙议定书》改为承运人在货物装机以前签字。

货运单是双方订立合同、接受货物和承运条件以及记载货物重量、尺寸、包装、件数等的书面凭证。作为货物的权利凭证，不可转让。但《海牙议定书》允许填发可以流通的航空货运单。

根据《华沙公约》的规定，如果承运人接受了货物但未填写货运单，则承运人无权援引《华沙公约》关于免除或限制承运人责任的规定。

12.3.2.2　托运人责任

根据《华沙公约》的规定，托运人承担以下责任：

（1）托运人对货运单上关于货物的各项说明和声明的正确性负担责任，对于因为这些说明和声明不合规定、不完备，给承运人及其代理人造成的损失承担责任。

（2）托运人在履行运输合同所规定的一切义务的情况下，有权在启运地、目的地将货物提回或在途中经停时终止运输，或将货物运交非货运单上指定的收货人，但不得使承运人或其他托运人遭受损害。

（3）托运人需提供各种必要资料以便完成货交收货人前的海关、税务或公安手续，并将有关证件附货运单交给承运人并承担因资料或证件缺乏、不足或不合规定给承运人造成的损失。

12.3.2.3　承运人的责任与免责

根据《华沙公约》的规定，承运人的责任如下：

（1）承运人对航空期间发生的货损、货物灭失、延误承担责任。

（2）承运人对货物损失的最高赔偿限额为每千克 250 法郎。如托运人在交货时特别声明货物价值，并交纳了必要的附加费，则承运人的赔偿额以所声明的价值为限。

在发生下列情况时，免除承运人应承担的责任：

（1）承运人证明自己和其代理人已为避免损失采取了一切必要措施或不可能采取这种措施；

（2）损失的发生是由于驾驶上、航空器的操作上或领航上的过失；

（3）货物的灭失或损失是由于货物的属性或本身质量缺陷造成的；

（4）损失是由受害人的过失引起或助成的。

《华沙公约》中规定承运人免责和损害赔偿限额是一个最低标准，任何超出公约免责范围并规定更低赔偿金额的合同条款，一律无效。当货物的损坏和灭失是由于承运人及其代理人和受雇人员故意的不良行为引起时，承运人则无权援引公约关于免责和限制责任的规定。

12.3.2.4　索赔与诉讼时效

收货人在发现货损时，最迟应在收货后 7 日内提出异议：如发生延误，最迟应在收货后 14 日内提出异议。《海牙议定书》将这两个时限分别改为 14 日和 21 日。异议要写在运输凭证上或以书面方式提出。除非承运人有诈欺行为，否则超过规定期限，收货人不能对承运人起诉。有关赔偿的诉讼，应在航空器到达目的地之日起两年内提出，否则丧失追诉权。诉讼地点由原告选择，可以是承运人营业所在地、目的地或合同订立地的法院。

根据《华沙公约》的规定，由几个连续承运人办理的航空运输，第一承运人和每一段运输的承运人要对托运人和收货人负连带责任。

12.3.3 《蒙特利尔公约》

12.3.3.1 《蒙特利尔公约》的主要内容和特点

《蒙特利尔公约》共有 7 章 57 条，根据其规定，国际航空承运人应当对旅客的人身伤亡、行李和货物损失以及由于延误造成旅客、行李或货物的损失承担责任并予以赔偿。

（1）货物损失的赔偿

只要造成货物损失的事件是在航空运输期间发生的，承运人就应当承担责任。但由下述原因造成的，承运人可不承担责任：

1）货物的固有缺陷、质量或者瑕疵；

2）承运人或者其受雇人、代理人以外的人包装货物导致货物包装不良；

3）战争行为或者武装冲突；

4）公共当局实施的与货物入境、出境或者过境有关的行为。

承运人对货物损失承担每千克 17 个特别提款权的责任限额，除非托运人在交运包件时特别声明其交付价值，并支付附加费。

（2）旅客、行李或者货物延误的损失赔偿

只要承运人证明其为避免损失的发生，已经采取一切合理的措施或者不可能采取此种措施的，承运人不承担责任。否则，承运人应当承担责任，旅客的延误赔偿以每名旅客 4150 个特别提款权为限。

（3）管辖权范围的扩大

如果承运人在旅客的主要且永久居住地有业务经营，则旅客或其家属可以在该居住地的当事国领土内提起诉讼。

（4）对旅客、行李和货物运输的有关凭证予以简化，更加符合现代社会的要求。

12.3.3.2 《蒙特利尔公约》的严格责任制度

（1）严格责任制度

《华沙公约》对承运人的责任认定采用的是过错推定责任和相对过错责任

制度。《蒙特利尔公约》规定，承运人对旅客伤亡承担不高于 10 万特别提款权的严格责任。严格责任制度的引进大大增加了承运人对旅客进行赔偿的可能性。在 10 万特别提款权以上部分，承运人的责任认定依然采用过错推定责任，但取消了《华沙公约》中关于相对过错责任的规定，而且过错推定责任项下的两个免责规定非常苛刻，在绝大多数空难事故中，承运人很难利用这两个免责条款为自己辩护。

（2）责任限额

《华沙公约》和《海牙议定书》规定，如果损失不是由于承运人故意或者明知可能造成损失而轻率作为或不作为造成的，则承运人对旅客的责任以固定金额为限（《华沙公约》规定 12.5 万金法郎，《海牙议定书》规定为 25 万金法郎）。《蒙特利尔公约》取消了责任限额对承运人的保护，这意味着承运人将根据旅客的实际受损程度来做出赔偿，而且《蒙特利尔公约》10 万特别提款权的严格责任是《海牙议定书》责任限额的 8 倍。

《蒙特利尔公约》规定的各项责任限额每隔 5 年进行一次复审，当通货膨胀超过 10%时可以对责任限额进行修订。当通货膨胀超过 30%时，则自动进行复审程序。

（3）其他

《蒙特利尔公约》增加旅客主要且永久居所作为可选的诉讼地之一。对倾向给予人身伤亡较高赔偿金额的发达国家来说，这一规定对其公民或居住者是相当有利的。

《蒙特利尔公约》对"国际运输"的定义以及要求承运人按照国内法先行赔付索赔人的规定，对航空事故的保险理赔都有重要的影响。

12.4　国际货物多式联运公约

12.4.1　《多式联运单证统一规则》

国际商会（ICC）于 1973 年制定了《多式联运单证统一规则》（以下简称《统一规则》），1975 年修改后颁布。《统一规则》共设 11 部分 19 条，简称国际商会 298 号出版物。作为商务惯例的民间规则，其适用不具有强制性。但是，由于《联合国国际货物多式联运公约》尚未生效，《统一规则》则被国际货物多式联运合同的双方当事人选用，或作为制订多式联运单证的蓝本。该规则包括以下主要内容。

12.4.1.1　多式联运单证

《统一规则》中的多式联运单证（Combined Transport Document，CTD）

是指证明履行货物多式联运和实现履行货物多式联运合同的一种单证，并在单证正面注明“按国际商会第298号出版物《统一规则》签发的可转让的（或不可转让的）多式联运单证”字样。多式联运单证必须由可能实际提供运输或至少提供部分运输的人签发，或者有可能只是安排他人提供全部运输或部分运输的人签发。在以可转让的方式签发多式联运单证时，应载明“凭指示”或“交于持有人”，如载明“凭指示”时，则可通过背书转让；如载明“交于持有人”，则无须通过背书交付即可转让。签发时，如签发一套超过一份以上正本，应注明一套正本的份数；如签发副本，则每一副本应注明“不予转让副本”字样。凭提交经过背书的多式联运单证，可以向多式联运经营人或其代理人要求交货。在以不可转让的方式签发多式联运单证时，应指明“记名收货人”。如果多式联运经营人将货物交给此种不可转让的单证上指明的收货人，或者按收货人给多式联运经营人的通知交给经收货人授权接管货物的人，多式联运经营人即被解除其交货的义务。

12.4.1.2 发货人的义务

（1）在多式联运经营人接管货物时，发货人应被视为已向其保证所提供的货物品名、标志、号码、数量、重量和体积的准确性，否则，由此引起或造成的一切灭失、损害和费用应对多式联运经营人负赔偿责任。

（2）发货人应遵守国际公约或国内法律中关于危险货物运输的强制性规定，并应在多式联运经营人接受危险货物之前，将货物的确切危险性质书面通知多式联运经营人，并向其说明必要的、应采取的预防措施。否则，由于缺乏资料，不知道货物的危险性质及应采取的必要预防措施，此类货物被认为构成对人命或财产的危害，无论在任何时候多式联运经营人可在任何地点，根据情况需要卸下、销毁或变为无害，而无需赔偿由于这种货物的接管、运输或任何附带的服务所引起的一切灭失、损害、迟延交付或费用损失。

12.4.1.3 多式联运经营人的义务和责任

（1）从接管货物时起到交付货物时止，负责履行和以其自己名义设法履行货物多式联运，包括这种运输所必需的各种服务，并在本规则所规定的范围内，承担这种运输及服务义务。

（2）对其代理人或雇用人员在受雇范围行事的作为或不作为，如同对其自己的作为或不作为一样，承担义务。

（3）对其用来为履行多式联运单证证明的合同提供服务的其他任何人的作为或不作为，承担义务。

（4）负责履行或设法履行确保交货所必需的一切事项。

（5）在本规则规定的范围内，对在其接管货物至交付货物期间所发生的货物的灭失或损害承担责任，并负责按本规则的规定对这种灭失或损害进行赔偿。

（6）在本规则所规定的迟延交付的范围内，承担迟延交货的责任，并负责按规则的规定进行赔偿。

12.4.1.4　索赔与诉讼

（1）凡未能在议定的并在联运单证中载明的时限届满后 90 天内交付货物，或在未曾议定并载明这种时限的条件下，未能在对于勤勉完成多式联运工作所允许的合理时间后 90 天内交付货物者，除能提出与此相反的证据，有权提取货物的人即有权将该项货物视为灭失。

（2）如经证明，灭失或损害是由多式联运经营人因蓄意造成损害而做出的行为或不行为，或由多式联运经营人明知可能产生这种损害仍不顾其后果而做出的行为或不行为所产生，则该多式联运经营人无权享受本规则所规定的责任限额的利益。

（3）如果诉讼未在下列期限的 9 个月内提出，多式联运经营人应被解除其根据本规则承担的一切责任：

1）货物交付之日；

2）货物当交付之日；

3）按照本规则的规定，在未提出与此相反证据的情况下，不能交付货物，便赋予有权提取货物的人将货物视为灭失的权利之日。

12.4.2　《联合国国际货物多式联运公约》

1973 年联合国贸易和发展会议设立政府间筹备组，负责起草该公约，并强调在起草中要照顾到发展中国家的利益。该筹备组经过 1973 年 10 月至 1979 年 3 月的 6 次会议，以及 1979 年联合国贸易和发展会议全权代表会议，完成公约起草工作，并在 1980 年 5 月由 84 个成员国参加的联合国贸易和发展会议全权代表大会上通过了《联合国国际货物多式联运公约》（以下简称《多式联运公约》）。中国代表团参加了该公约的起草工作，并与其他 66 个国家和地区一起在会议文件上签了字。该公约规定须有 30 个国家加入才能生效。由于《多式联运公约》侧重维护货主利益，因而遭到发达国家的反对，迄今只有少数国家加入，目前尚未生效。

《多式联运公约》由序言及 8 个部分组成，共 40 条，主要包括以下内容。

12.4.2.1　适用范围

公约的各项规定适用于两国境内各地之间的所有多式联运合同，如果：

（1）多式联运合同规定的多式联运经营人接管货物的地点是在一个缔约成员方境内。

(2) 多式联运合同规定的多式联运经营人交付货物的地点是在一个缔约成员方境内。

根据此规定，只要多式联运合同规定的多式联运经营人接管货物所在地点或交付货物所在地点在一个缔约成员方境内，本公约即适用。

12.4.2.2 多式联运单据

根据《多式联运公约》的规定，多式联运经营人在接管货物时，应向发货人签发一份多式联运单据。这种单据是证明多式联运合同及多式联运经营人接管货物并按合同条款提交货物的证据。这种单据依发货人的选择做成可转让单据或不可转让单据。实践中，只有单据的签发人承担全程责任时，才有可能成为可转让单据。多式联运单据具有物权的性质和作用，在做成可转让单据时应列明按指示或向持票人交付。凭指示交付，经背书方可转让；向持票人交付，无须背书即可转让。当签发一份以上可转让多式联运单据正本时，应注明正本份数。收货人只有提交可转让多式联运单据才能提取货物。多式联运经营人按其中一份正本交货后，即履行了交货义务。如签发副本，则应注明“不可转让副本”字样。如签发不可转让多式联运单据，则应指明记名的收货人。多式联运承运人将货物交给不可转让单据所指明的记名收货人才算履行了交货义务。

12.4.2.3 发货人的责任

在发货人将货物交给多式联运经营人或其代理时，发货人应保证：

(1) 所报货物的内容应准确、完整，货物的铅封应牢固，箱子及附属设备能适合多种运输方式；

(2) 货物的包装应牢固，标志、标签应准确完整；

(3) 如系危险货物，应说明其特征以及应采取的预防措施、运输要求等。

12.4.2.4 多式联运经营人的赔偿责任

《多式联运公约》根据集装箱运输下，货物在发货人仓库、工厂以及集装箱货运站、码头堆场进行交接的特点，仿照《汉堡规则》，对多式联运经营人规定的责任期限是“多式联运经营人对于货物的责任期限自接管货物之时起至交付货物时止”。根据《多式联运公约》条款的规定，多式联运经营人接管货物有以下两种形式：

(1) 从发货人或其代表手中接管货物，这是最常用、最普遍的规定方法；

(2) 根据接管货物地点适用的法律或规章，货物必须从管理运输的当局，或其他第三方手中接受，这是一种特殊的规定。

在第二种接受货物形式中，有一点应予注意，即使《多式联运公约》规定多式联运经营人的责任从接管货物时开始，但在从港口当局手中接收货物的情况下，如货物的灭失、损害是在当局保管期间发生，多式联运经营人可以不负责任。

《多式联运公约》对交付货物规定的形式有以下三种：

（1）将货物交给收货人；

（2）如收货人不向多式联运经营人提取货物，则按照多式联运合同或按照交货地点适用的法律或特定行业惯例，将货物置于收货人的支配之下；

（3）将货物交给根据交货地点适用的法律或规章必须向其交付的当局或其他第三方。

在收货人不向多式联运经营人提取货物的情况下，多式联运经营人按上述（2）（3）两种交货形式交货，责任即告终止。在实践中经常会发生类似情况，如收货人并不急需该批货物，为了节省仓储费用，又如市场价格下跌，在运费到付的情况下，都有可能造成收货人延迟提货，所以，多式联运公约的这种规定不仅是必要的，而且是合理的。

《多式联运公约》中不仅规定了双重标准的赔偿方法，同时又规定了单一标准的赔偿方法，公约规定的两种责任限额分别适用于下列两种情况：

（1）多式联运中包括了海运或内河运输，多式联运经营人对每一件或每一货损单位的赔偿按 920 个特别提款权计，或毛重每千克 2.75 个特别提款权计，二者以高者为准；

（2）多式联运中未包括海运或内河运输，即构成陆空铁等运输时，多式联运经营人的赔偿责任限制按毛重每千克 8.33 个特别提款权计算。

12.4.2.5　索赔与诉讼

（1）通知义务

如果货物存在着明显的灭失或损坏，收货人应在收货的次工作日将货损灭失情况的书面通知送交多式联运经营人。《多式联运公约》第 24 条第 2 款规定，如果货物的灭失或损坏不明显，则收货人应在收货后连续 6 日内提出书面通知。但是，在收货人收货时，当事人各方已对货物的状况进行了联合调查和检验，则无须就已经证实的货物灭失或损坏再提交书面通知。对于延迟交付货物造成损害的索赔，收货人应在收货后 6 天内向多式联运经营人提交书面通知，否则多式联运经营人对延迟交货造成的损失不承担责任。

（2）诉讼时效

《多式联运公约》第 25 条规定，有关国际多式联运的任何诉讼，其诉讼时效为两年，自货物交付之日起算。如果货物未交付，则自货物应当交付的最后一日的次一日起算。如果在两年期间内没有提起诉讼或提交仲裁，即丧失时效。但值得注意的是公约规定，把提出索赔通知与时效问题联系在一起。

如果在货物交付之日起 6 个月内或在货物未交付时，在应交付之日后 6 个月没有提出书面索赔通知，则诉讼在此期限届满后失去时效。诉讼时效可由受索赔人在索赔期间内向索赔人提出书面声明加以延长，而且可以多次声明，多次延长。合同双方可达成书面协议，将争议提交仲裁。

12.4.3 《联合国贸易和发展会议/国际商会多式联运单证规则》

由于《多式联运公约》尚未生效，UNCTAD 航运委员会根据 1986 年 11 月第 60 号决议，指示秘书处与权威的官方机构和国际组织紧密合作，以《海牙规则》、《海牙-维斯比规则》和现有的单证为基础，研究起草了《多式联运单证规则》，并于 1992 年 1 月 1 日生效。《规则》的主要内容如下：

12.4.3.1 多式联运单证

《规则》规定，多式联运单证的资料应是多式联运经营人按照此种资料接管货物的初步证据，除非已有相反的注明。在多式联运单证已经转让或者等同的电子数据交换信息已经传输给收货人并经其接受，收货人又是善意信赖并据以行动的情况下，多式联运经营人提出的反证不予接受。

12.4.3.2 多式联运经营人的责任

《规则》规定，多式联运经营人对于货物的责任期间自其接管货物之时起到交付货物之时为止。多式联运经营人应对其受雇人或代理人在其受雇范围内行事时的作为或不作为负赔偿责任，或对其为履行多式联运合同而使用其服务的任何其他人的作为或不作为负赔偿责任。

《规则》总体上采用推定过失责任制。但是，多式联运经营人不对货物延迟交付所造成的损失负赔偿责任，除非托运人对如期交付的利益作出声明，并被多式联运经营人接受。但对于水上运输区段，虽未明确指出，但实际上仍采用了《海牙-维斯比规则》的不完全过失责任制。《规则》规定多式联运经营人对海上或内河运输中由于船长、船员、引航员或雇用人在驾驶或管理船舶中的行为、疏忽或过失等原因造成的货物灭失或损坏以及延迟交付，不负赔偿责任，除非由于承运人的实际过失或私谋而造成。但是，只要货物的灭失或损坏是由船舶不适航造成的，多式联运经营人需证明他已经谨慎处理使船舶在航次开始时适航；否则即丧失免责的权利。

至于责任限额，如果货物的灭失或损坏发生在多式联运中的某一特定区段，则适用于该区段的国际公约或强制的国家法律所规定的责任限额。如同对这一特定区段订有单独的运输合同一样，多式联运经营人对此种灭失或损坏的赔偿责任限制应当按照该公约或强制性国家法律的规定计算。

如果不能确定货物损失发生的运输区段，《规则》参照《多式联运公约》的模式，设立了包括水运和不包括水运的赔偿限额。《规则》规定，在多式联运经营人接管货物之前，已由托运人对货物的性质和价值作出声明并在单证上注明，多式联运经营人在任何情况下对货物灭失或损坏的赔偿额不得超过每件或每单位 666.67 个特别提款权，或者按毛重每千克 2 个特别提款权，并以高者为准。如果按照多式联运合同，多式联运不涉及海上或内河运输的，多式联运经营人的赔偿责任以不超过灭失或损坏货物毛重每千克 8.33 个特别提款权为限。

12.4.3.3　诉讼时效

除另有明确协议外，除非在 9 个月内提起诉讼，否则，多式联运经营人应当被解除按《规则》规定的赔偿责任，时限从货物交付之日或货物应当交付之日起算。

12.5　海商法

12.5.1　《海商法》概述

《中华人民共和国海商法》于 1992 年 11 月 7 日由第七届全国人民代表大会第二十八次常委会会议通过，1993 年 7 月 1 日起施行。《海商法》是调整海上运输中船、货各方有关当事人间权利、义务关系的法律规范的总称。“海”指海洋及与海相通的江、河、湖等水域，“商”指国内海上贸易及国际远洋贸易。《海商法》主要调整商船海事（海上事故）纠纷，但如果发生海上船舶碰撞，则军舰、渔船、游艇等船舶以及水上飞机都在海商法调整范围之内。它的制定和实施，对于加强海上法律制度建设，规范当事人的权利、义务，维护有关各方的合法权益，促进中国海上运输事业和经济贸易事业的发展，具有重要意义。

《海商法》共 15 章 278 条，是中国第一部在海上运输和船舶方面的专门立法。《海商法》的制定遵循了独立自主、自力更生、参照国际公约和国际惯例以及维护当事人合法权益的原则。它从中国国情出发，以海上运输和经贸实践为基础，充分考虑国际海运立法中追求统一的趋势，广泛吸收国际通行的国际公约和惯例的规定，是一部比较成熟的立法，是中国调整海商法律关系最重要的法律规范。

12.5.2　《海商法》的主要内容

《海商法》包括总则、船舶、船员、海上货物运输合同、海上旅客运输合同、船舶租用合同、海上拖航合同、船舶碰撞、海难救助、共同海损、海事赔偿责任限制、海上保险合同、时效、涉外关系的法律适用和附则共15章内容。海上货物运输合同吸收《海牙-维斯比规则》，在一定程度上也体现《汉堡规则》的精神。航次租船合同、定期租船合同、光船租赁合同分别参照国际租船市场上的“金康”合同格式、“巴尔的摩”、“纽约土产”合同格式和“贝尔康”合同格式。

12.5.2.1 承运人的责任和权利

（1）承运人的基本责任

承运人的基本责任是提供适航船舶和管理货物，这与《海牙-维斯比规则》相似，即承运人在船舶开航前和开航时，应当谨慎处理，使船舶处于适航状态，妥善地配备船员、装备船舶和配备供应品，并使货舱、冷藏舱、冷气舱和其他载货处所适于并能安全收受、载运和保管货物。承运人应当妥善、谨慎地装载、搬移、积载、运输、保管、照料和卸载所运货物。

（2）船舶绕航的规定

船舶绕航是指船舶驶离合同约定的或者习惯的或者地理上的航线。《海商法》原则上禁止船舶绕航，规定承运人应当按照约定的或者习惯上的或者地理上的航线将货物运往卸货港。但是，船舶在海上为救助或者企图救助人命或者财产而发生的绕航，或者其他合理绕航，不属于违反前项规定的行为。

（3）承运人的责任期间

《海商法》就承运人对集装箱装运的货物的责任期间和非集装箱装运的货物的责任期间分别作了规定。前者是从装货港接收货物时起至卸货港交付货物时止，货物处于承运人掌管下的全部期间；后者是从货物装上船时起至卸下船时止，货物处于承运人掌管下的全部期间。在承运人的责任期间，货物发生灭失或损坏，承运人应当负赔偿责任，另有规定除外。但上述规定不影响承运人就非集装箱装运的货物在装船前和卸船后所承担的责任达成任何协议。

（4）承运人对货物延迟交付的责任

货物延迟交付是指货物未能在明确约定的时间内，在约定的卸货港交付。如果货物延迟交付是由于承运人不能免责的过失所引起的，并且货物因这种延迟交付而遭受灭失、损坏或经济损失时，承运人应当负赔偿责任。这项规定引用了《汉堡规则》中的部分规定。

（5）承运人的责任豁免

《海商法》所规定的承运人的免责事项与《海牙-维斯比规则》中的17项免责事项，仅在数量和表述方式上有所不同，其实质是一致的。

承运人欲援引免责事项，必须提供确凿、充分的证据证明货物的灭失或损坏是由于该免责事项规定的原因所致。但对于火灾，承运人只需证明货物灭失或损坏是由于火灾所致就可免责，除非索赔人能证明火灾是由于承运人本人的过失所造成。

（6）承运人对舱面货、活动物的责任

承运人在舱面上装载货物，应当同托运人达成协议，或符合航运惯例，或符合有关法律。承运人在符合上述3项规定的情况下，将货物装载在舱面上，则对由于此种装载的特殊风险所造成的货物灭失或者损坏，不负赔偿责任。如果承运人违反规定，擅自将货物装载在舱面上，致使货物承受舱面装载的特殊风险而遭受灭失或者损坏的，承运人应当负赔偿责任。

对于活动物，由其在运输过程自身存在的特殊风险造成灭失或损害的，承运人不负赔偿责任，但是承运人应当证明灭失或损害是由于这种固有风险所造成的，并且还应当证明船长、船员、其他受雇人或代理人已经履行了托运人关于运输这种活动物的特别要求。

（7）承运人的赔偿责任限制

《海商法》规定，承运人对货物的灭失或者损坏的赔偿限额，按照货物件数或者其他货运单位数计算，每件或者每个其他货运单位为666.67个计算单位，或者按照货物毛重计算，每千克为2个计算单位，以二者中赔偿限额较高的为准。但是，托运人在货物装运前已经申报其性质和价值，并在提单中载明的，或者承运人与托运人已经另行约定高于本条规定的赔偿限额的除外。

承运人对货物因延迟交付造成经济损失的赔偿限额，为所延迟交付货物的运费数额。货物的灭失或者损坏和延迟交付同时发生的，承运人的赔偿责任限额以货物灭失或损坏时的赔偿限额为限。但是，经证明货物的灭失、损坏或者延迟交付是由承运人或其受雇人、代理人的故意或者明知可能造成损失而轻率地作为或者不作为造成的，承运人或其受雇人、代理人不得援用上述各项赔偿责任限制。

（8）承运人委托实际承运人时的权利与义务

实际承运人是指接受承运人委托，从事货物运输或者部分货物运输的，包括接受转委托从事此项运输的其他人。对托运人、收货人而言，承运人仍然应当负责海上货物运输合同的履行。

《海商法》规定，承运人将货物运输或者部分运输委托给实际承运人履行的，承运人仍然应当按规定对全部运输负责。对实际承运人承担的运输，承运人应当对实际承运人的行为或者实际承运人的受雇人、代理人在受雇或者受委托的范围内的行为负责。

《海商法》规定，如果在海上运输合同中明确约定，合同所包括的特定的部分运输是由承运人以外的指定的实际承运人履行的，合同可以同时约定，货物在指定的实际承运人掌管期间发生的灭失、损坏或者延迟交付，承运人不负赔偿责任。此时，货物索赔人只能向实际承运人索赔损失。

至于承运人与实际承运人之间的权利与义务，可以双方之间的独立合同为依据。当其中一方的权利义务，由于履行承运人与托运人之间的海上货物运输合同而超越或者少于该独立合同的规定时，双方之间可以相互追偿。

12.5.2.2 索赔通知及其效力

当承运人交付的货物灭失或损坏时，收货人有义务将这种灭失或损坏的情况通知承运人。承运人向收货人交付货物时，收货人未将货物灭失或损坏的情况书面通知承运人的，此项交付视为承运人已经按照运输单证的记载交付以及货物状况良好的初步证据。如果货物灭失或损坏的情况非显而易见，在货物交付的次日起连续 7 天内，集装箱货物交付的次日起连续 15 天内，收货人未提交书面通知的，适用上述规定。但是，货物交付时，收货人已经会同承运人对货物进行联合检查或者检验的，无须就所查明的灭失或者损坏提交书面通知。

这种书面通知的效力表现为，如果收货人不按上述规定提交通知，事后就货物的灭失或损坏向承运人提出索赔时，其举证责任就会加重，而且如果收货人不能证明货物的灭失或损坏是在承运人交付货物时就已经存在，那么承运人对此种灭失或损坏就可免责。

当承运人延迟交付货物而对收货人造成经济损失时，收货人应向承运人提交书面通知，承运人自向收货人交付货物的次日起连续 60 天内未收到收货人就货物因延迟交付造成经济损失而提交通知的，不负赔偿责任。

12.5.2.3 航次租船合同的特别规定

(1)《海商法》对航次租船合同适用性的规定

《海商法》规定，承运人谨慎处理使船舶适航的规定和关于船舶绕航的规定，强制适用于航次租船合同，即出租人必须履行这两项义务，不得通过与承租人另行达成协议予以变更。其他有关合同当事人之间的权利、义务的规定，包括航次租船合同的出租人和承租人的权利、义务的规定，仅在航次租船合同没有约定或者没有不同约定时，适用于航次租船合同的出租人和承租人。出租人和承租人可以在合同中对除了关于承运人提供适航船舶和船舶绕航规定以外的其他有关合同当事人之间的权利、义务的规定，明文予以变更。

(2) 航次租船合同项下的提单

航次租船合同一般都规定了出租人具有签发提单的义务。对于这种提单的效力，《海商法》规定，对按照航次租船合同运输的货物签发的提单，提单持有人不是承租人的，承运人与该提单持有人之间的权利、义务关系适用提单的约定。但是，提单中载明适用航次租船合同条款的，适用该航次租船合同中的条款。当提单持有人就是承租人时，则该提单不具有海上货物运输合同证明的性质，但它仍具有出租人接受其上载明的货物或将其装船的证明，以及据以交付货物的性质，而出租人与承租人之间的权利、义务仍依租船合同确定。

(3) 出租人提供约定船舶的义务

出租人应当提供约定的船舶，经承租人同意，可以更换船舶。但是，提供的船舶或者更换的船舶不符合合同约定的，承租人有权拒绝或解除合同。因出租人过失未提供约定的船舶，并致使承租人遭受货物灭失或损坏或额外支付各种费用以及其他经济损失时，不论承租人是否行使了前项规定中赋予其拒绝接受船舶或者解除合同的权利，承租人均可向出租人索赔损失。

(4) 出租人在受载期内提供船舶的义务

《海商法》规定，出租人在约定的受载期内未提供船舶的，承租人有权解除合同。但是，出租人将船舶延误情况和船舶预期抵达装货港的日期通知承租人的，承租人应当自收到通知时起 48 小时内，将是否解除合同的决定通知出租人。因出租人过失延误提供船舶致使承租人遭受损失的，出租人应当负赔偿责任。

(5) 装卸时间、滞期费和速遣费的规定

《海商法》对航次租船合同中的许可装卸时间及其表示办法、滞期费和速遣费未作具体规定，而任由双方在租船合同中另行约定。

(6) 航次租船合同下的转租

在航次租船合同下，承租人无须事先征得出租人的同意，就可将其租用的船舶转租。转租后，原合同约定的权利和义务不受影响。

(7) 承租人供货装船的义务

《海商法》规定，承租人应当按合同中规定的货物品名提供装船货物。承租人提供合同规定外的货物，必须事先征得出租人的同意。如果货物的更换将致使出租人的运输成本或费用开支增加，或者可能给船舶货舱及装卸设备造成损失等，出租人有权拒绝或者解除合同。承租人未提供约定的货物，致使出租人遭受损失的，承租人应当负赔偿责任，而不论出租人是否解除合同。

12.5.2.4　《海商法》对船舶租用合同适用性的规定

船舶租用合同是船舶出租人和承租人之间关于出租人向承租人提供约定的船舶，由承租人在约定的期间内按约定使用，并由承租人支付租金的协议，它包括定期租船合同和光船租赁合同。《海商法》关于出租人和承租人之间权利、义务的规定，仅在船舶租用合同没有约定或者没有不同约定时适用。这表明定期租船合同和光船租赁合同中所有关于出租人和承租人的权利、义务的规定，均为非强制性条款。但其中不涉及出租人和承租人权利、义务的规定，则是强制性适用的，双方当事人不得通过协议予以变更。

（1）定期租船合同

1）出租人交船与承租人还船。《海商法》规定，出租人应当按合同约定的时间交付船舶，违反上述规定时，承租人有权解除合同。但是，如果出租人将船舶延误情况和船舶预期抵达交船港的日期通知承租人的，承租人应当自接到通知起 48 小时内，将解除合同或者继续租用船舶的决定通知出租人，否则视为承租人放弃解除合同的权利。如果出租人延误提供船舶是由于其过失所致，则不论承租人是否解除合同，出租人均应对承租人因此而遭受的损失负赔偿责任。出租人除了应按时交付船舶外，交付船舶时还应当做到谨慎处理，使船舶适航，交付的船舶应当适于约定的用途。出租人违反此项规定的，承租人有权解除合同，并有权要求赔偿因此而遭受的损失。承租人将船舶交还出租人的时间，理应在合同规定的租期届满之时。但在实务中，承租人安排的船舶最后航次结束之日难以与租期届满之日吻合。为此，《海商法》规定，经合理计算，完成最后航次的日期约为合同约定的还船日期，但可能超过合同约定的还船日期的，承租人有权超期用船以完成该航次。超期期间，承租人应当按照合同约定的租金率支付租金，市场的租金率高于合同约定的租金率的，承租人应当按照市场租金率支付租金。承租人向出租人交还船舶时，该船舶应当具有与出租人交船时相同的良好状态，但是船舶本身的自然磨损除外。船舶未能保持与交船时相同的良好状态的，承租人应当负责修复或给予赔偿。

2）船舶的航行区域。《海商法》规定，承租人应当保证船舶在约定航区内的安全港口或者地点之间从事约定的海上运输。承租人违反此项规定时，出租人有权解除合同，并有权要求赔偿因此遭受的损失。上述规定表明，如果承租人指示船舶前往的港口或地点超出约定的航行区域，或者承租人指定的约定航区内的港口或地点不安全，则船长有权拒绝接受承租人的指示。如果承租人不另行作出符合约定的指示，出租人可以解除合同，并有权就此遭受的损失向承租人索赔。

3）船舶运输的货物。《海商法》规定，承租人应当保证船舶用于运输约定的合法货物。因此，在租期内，承租人指示船长装运的货物，不能超出约定的范围，并且不能违反装货港、卸货港和船舶中途挂靠港所在地的法律以及其他适用的法律。承租人如需运输活动物或者危险货物，应当事先征得出租人同意。承租人装运的货物不符合上述要求时，船长有权拒装，并可要求承租人另行提供符合约定的货物。如果承租人不另行提供约定的货物，出租人可以解除合同，并可就因此而造成的船舶损坏、出租人可能对第三方承担的赔偿责任以及出租人的其他经济损失，向承租人索赔。

4）定期租船合同下的转租。在定期租船情况下，承租人有权将租用的船舶转租，而无须事先通知出租人。但是，承租人应当将包括转租日期、转租承租人的名称与地址，以及转租的其他情况及时通知出租人。船舶转租后，原租船合同约定的权利和义务不受影响。

5）承租人支付租金的义务与停付租金的权利。《海商法》规定，承租人应当按照合同约定支付租金。承租人未按合同约定支付租金的，出租人有权解除合同，并要求赔偿因此遭受的损失。但是，对于非承租人造成的船舶不符合约定的适航状态或者其他状态而不能正常营运连续满 24 小时的，承租人可以对因此而损失的营运时间不付租金。

（2）光船租赁合同

1）出租人交船与承租人还船。《海商法》规定，出租人应当在约定的港口或者地点，按照合同约定的时间，向承租人交付船舶以及从事船舶营运必须具备的船舶证书。交船时，出租人应当做到谨慎处理，使船舶适航，交付的船舶应当适于约定的用途。出租人违反上述规定的，承租人有权解除合同，并有权要求赔偿因此而遭受的损失。关于承租人还船的时间和还船时船舶的状态，《海商法》定期租船合同的有关规定适用于光船租赁合同。

2）船舶的保养、维修与保险。《海商法》规定，在光船租赁期间，船舶的保养、维修工作由承租人负责，其费用亦由承租人承担。承租人还应当按照合同约定的船舶价值，以出租人同意的保险方式为船舶进行保险，并负担保险费用。

3）转让合同或转租船舶。在光船租赁期间，未经出租人书面同意，承租人不得转让合同的权利和义务或者以光船租赁的方式将船舶进行转租。承租人违反上述规定时，出租人有权解除合同而收回船舶，并向承租人索赔因此造成的损失。

4）船舶抵押权的设定。为了维护承租人按光租合同对船舶进行占有、使用和营运的权利，《海商法》规定，未经承租人事先书面同意，出租人不得在光船租赁期间对船舶设定抵押权。出租人违反上述规定致使承租人遭受损失的，应当负赔偿责任。

5）承租人支付租金的义务。承租人应当按照合同约定支付租金。承租人未按照合同约定的时间支付租金连续超过 7 天的，出租人有权解除合同，并有权要求赔偿因此遭受的损失。船舶发生灭失或者失踪的，租金应当自船舶灭失或者得知其最后消息之日起停止支付，预付租金应当按比例退还。

6）船舶运输的货物及航行区域。关于船舶运输的货物及航行区域和安全港口，《海商法》定期租船合同的有关规定适用于光船租赁合同。

7）光船租购。光船租购是以船舶买卖为目的、以光船租赁为途径的一种特殊形式。对此，《海商法》规定，订有租购条款的光船租赁合同，承租人按照合同约定向出租人付清租购费时，船舶所有权即归于承租人。

【小　结】

《海牙规则》全称为《统一提单的若干法律规定的国际公约》，是关于提单法律规定的第一部国际公约。《海牙规则》规定了承运人最低限度义务、免责事项、索赔和诉讼、责任限制和适用范围以及程序性等几个方面。《维斯比规则》是《修改统一提单若干法律规定的国际公约议定书》的简称，《维斯比规则》是《海牙规则》的修改和补充，常与《海牙规则》一起，称为《海牙-维斯比规则》。《汉堡规则》是《联合国海上货物运输公约》的简称，1992 年 11 月 1 日生效。

国际铁路货物运输公约主要有两个，一个是由奥地利、法国、德国、比利时等西欧国家签订的《关于铁路货物运输的国际公约》，简称《国际货约》；另一个是由苏联、波兰、捷克斯洛伐克、匈牙利、罗马尼亚等国家签订的《国际铁路货物联运协定》，简称《国际货协》。目前中国实施国际铁路联运主要遵循的是《国际货协》。

空运方面的条约主要是关于统一国际空运规则的条约，总称“华沙体制”。为了使《华沙公约》及其相关文件现代化和一体化，ICAO 起草定稿了《蒙特利尔公约》，并于 1999 年 5 月在蒙特利尔召开的国际航空法大会上由参加国签署。2005 年 7 月该公约在中国生效。

国际商会（ICC）于 1973 年制定了《多式联运单证统一规则》，1975 年修改后颁布。《统一规则》共设 11 部分 19 条，简称国际商会 298 号出版物。作为商务惯例的民间规则，其适用不具有强制性。1980 年 5 月由 84 个成员国参加的联合国贸易和发展会议全权代表大会上通过了《联合国国际货物多式联运公约》，目前尚未生效。UNCTAD 航运委员会根据 1986 年 11 月第 60 号决议，以《海牙规则》、《海牙-维斯比规则》和现有的单证为基础，研究起草了《多式联运单证规则》，并于 1992 年 1 月 1 日生效。

《海商法》是调整海上运输中船、货各方有关当事人间权利、义务关系的法律规范的总称，是中国第一部在海上运输和船舶方面的专门立法。《海商法》的制定遵循了独立自主、自力更生、参照国际公约和国际惯例以及维护当事人合法权益的原则。它从以海上运输和经贸实践为基础，充分考虑国际海运立法中追求统一的趋势，广泛吸收了目前国际通行的国际公约和惯例的规定，是中国调整海商法律关系最重要的法律规范。

【案例讨论】

中国与《鹿特丹规则》

2012 年 10 月，国际海事委员会（CMI）大会首次在中国召开。会议的重要议题之一，是推动《鹿特丹规则》早日生效，并为国际社会所广泛采纳。会议期间，多国专家呼吁，作为全球举足轻重的航运大国和贸易大国，中国应尽快签署并批准《鹿特丹规则》。

然而，就中国的实际情况而言，目前批准这一公约是否符合中国的国家利益，是一个值得讨论的问题。

《鹿特丹规则》的全称是《联合国全程或部分海上国际货物运输合同公约》，出台的原因有二：

其一，更新略显过时的国际海上货物运输制度。当前，生效的国际海上货物运输公约有三个，即 1924 年的《统一提单若干法律规定的国际公约》（简称《海牙规则》）、1968 年《修改统一提单若干法律规定的国际公约议定书》（简称《维斯比规则》）和 1978 年《联合国海上货物运输公约》（简称《汉堡规则》）。在这三个公约中，《海牙规则》和《维斯比规则》一起，构成了航运规则的“海牙体系”，得到了国际航运界、贸易界的广泛采纳。随着集装箱运输的蓬勃发展、多式联运的广泛采用和科学技术的日新月异，“海牙体系”已经略显过时，需要对其进行更新。

其二，重新统一国际海上货物运输制度。当今的国际贸易 80%以上的货物周转量由海运完成。作为一个全球性行业，海运需要一个统一的规则。然而，《汉堡规则》的出台，打破了“海牙体系”一统天下的格局。此外还有一些国家，例如中国和北欧四国，本身并未加入上述任何一个公约，但在制订相应的国内法时参照和借鉴了三个公约的部分内容，这种“混合体制”使国际海运规则进一步“碎片化”。

基于上述考虑，国际海事委员会和联合国国际贸易法委员会决定推动制定一个新的公约来取代原有的三个海运公约，从而达到重新统一国际海上货物运输规则的目的。2008 年 12 月 11 日，在经历了长达十数年的起草、磋商和谈判后，联合国大会通过了《联合国全程或部分海上国际货物运输合同公约》，决定于 2009 年 9 月 23 日在荷兰鹿特丹港举行签字仪式，并建议将公约命名为《鹿特丹规则》。

《鹿特丹规则》共18章96条，是迄今为止条文最多、调整运输范围最广和吸收、创设新规则最多的国际货物运输合同公约。考虑到《鹿特丹规则》对中国航运、贸易和港口的潜在影响，公约通过之后，交通运输部和商务部进一步加大了对公约的研究力度，先后成立多个课题组，对《鹿特丹规则》进行专题研究和行业评估。

根据现有研究情况，法律评估组和港口评估组比较乐观，认为加入《鹿特丹规则》利大于弊；航运评估组和战略政策评估组相对悲观，坚持目前中国不应加入《鹿特丹规则》；贸易评估组认为，《鹿特丹规则》对货方来说有利有弊，多数货主从整体上持积极态度，中国政府应以客观全面、积极、审慎的态度对待《鹿特丹规则》。

资料来源：中国可以对《鹿特丹规则》说“不”，珠江水运，2013年第Z2期。

讨论题

1.《鹿特丹规则》为什么会出台?

2. 为什么对中国签署并批准《鹿特丹规则》的评估会出现不一致?

复习思考题

1. 海上货物运输的国际法规有哪几种，各有什么特点?
2. 铁路货物联运的国际法规有哪几种，各有什么特点?
3. 航空货物运输的国际法规有哪几种，各有什么特点?
4. 多式联运的国际法规有哪几种，各有什么特点?
5. 中国海商法的最大特点是什么?

第 13 章　国际物流发展的新趋势

【教学目标】

(1) 了解国际逆向物流的概念、分类和特点；

(2) 掌握国际逆向物流系统功能和业务流程；

(3) 熟悉企业国际逆向物流运作模式；

(4) 了解国际绿色物流的产生、概念和特征；

(5) 掌握国际绿色物流体系的运作；

(6) 了解国际精益物流的概念以及我国国际物流企业精益化之路。

【引导案例】

FedEx 为 MBS 提供的图书退货国际逆向物流服务

MBS 是一家规模庞大的教材交易公司，其下开办一家经营网上虚拟书店的分公司，该书店向培训机构、高校及中学提供教材及课辅资料的供应。为支持其日益增长的业务，该公司利用 FedEx 的专业服务以增强客户服务管理和退货管理。

(1) 来自客户的挑战

MBS 直销在线书店允许学生购买所需的某门功课的新书、旧书或学习资料；一旦该课程学习结束，学生们还可以将这些书再卖给 MBS 直销书店。因此，其退货业务与销售业务同样的频繁。公司创立于 1992 年，现已发展成为一家经营范围涉及 250 000 门课程、服务对象超过 130 万学生、遍布美国、加拿大、波多黎各的大型企业。面对继续发展的业务，MBS 面临着更大的挑战，即如何进行图书跟踪、退货管理和资产管理，如何处理跨国际的图书资料的双向物流。为此，MBS 将其整个物流服务活动外包给 FedEx，利用 FedEx 的专业化服务，提高客户服务水平，降低退货处理成本，更有效地进行资产管理。

(2) FedEx 的解决方案

为提高图书退货处理的效率，FedEx 开发了一套基于 Web 网的 FedEx 回收管理系统，为准备退书的学生提供一个网络入口。在课程即将结束的前几周，MBS 直销店给那些购买书的学生发封 E－mail，将 FedEx 服务入口的链接提供给学生。学生可以点击链接，浏览 MBS 的退书报价。如果决定接受报价，只需再点击就可创建一个 FedEx 退货标签，学生可将该标签贴在退书包裹上。另外，学生还可根据网络说明，安排 FedEx 的收货计划。贴有标签的包裹可以送交 FedEx 的任何一个司机或 FedEx 的任一服务网点，方便学生的退货。打印的标签含有 MBS 编制的条形码，其中包含报价信息、一套客户服务信息、国内账号、目录清单等信息。MBS 一旦收到 FedEx 送来的退货，通过扫描标签，系统将自动通知 MBS 的会计部门处理支票兑付问题，学生也会很快收到通知，告之：退书已经收到，书款已经付出等。

(3) 成效

FedEx 的专业服务帮助 MBS 直销书店大大提高了客户服务满意度和退货管理水平。项目实施 4 个月，新的系统处理了 110 000 个退货标签，比上一年同期水平增加了 300%。另外，MBS 直销书店预测，新的系统将帮助企业取得年 15%的业务增长率。

13.1 国际逆向物流

13.1.1 国际逆向物流的内涵与构成

20 世纪 70 年代，Guiltinan 和 Ginter 提出“逆向流”、“逆向渠道”等概念，但仅存在于废弃物回收的研究问题中。20 世纪 80 年代，随着社会科技的进步，产品更新换代速度加快，被消费者淘汰、丢弃的物资日益增加。同时，人们对环保问题的不断关注，土地掩埋空间的减少和掩埋成本的提高，可利用的资源日趋匮乏，引发了人们对物料循环利用、不断再生、物料增值的诉求。人们对逆向物流的认识经历了一个不断变化、不断发展的过程。

1981 年，美国学者 Douglas Lambent 和 James Stock 首先提出逆向物流的概念：与大多数物品正常流动方向相反的流动为逆向物流。美国供应链管理协会在 2010 年 2 月公布的《供应链词条术语（Supply Chain Management Terms and Glossary Updated February 2010)》中对逆向物流进行了解释：逆向物流是指对售出及送达客户手中的产品和资源的回流所涉及的专业物流，它包含基于修理和信誉的产品回收。2006 年，中国的国家标准《物流术语》(GB/T18354－2006) 对逆向物流的内涵以及相似概念进行了界定：

逆向物流又称反向物流（Reverse Logistics)，是指物品从供应链下游向上游的运动所引发的物流活动。

回收物流（Returned Logistics）是指不合格物品的返修、退货以及周转使用的包装容器从需方返回到供方所形成的物品实体流动。

废弃物物流（Waste Material Logistics）是指将经济活动中失去原有使用价值的物品，根据实际需要进行收集、分类、加工、包装、搬运、储存等，并分送到专门处理场所时形成的物品实体流动。

所以，根据逆向物流的概念，国际逆向物流的表现也多样化，从使用过的包装到经处理过的计算机设备，从未售出商品的退货到机械零件等。国际逆向物流的目的是在全球范围内重新获得废弃产品或有缺陷产品的使用价值，或是对最终的废弃物进行正确的处理。尽管国际逆向物流是指物品的实体流动，但同国际正向物流一样，国际逆向物流中也伴随资金流、信息流以及商流的流动。

国际逆向物流的活动包括对流动对象的回收、检测、分类、再制作和报废处理等。整体的流动过程一般由国际回收物流和国际废弃物流构成，如图 13－1所示。国际回收物流是由国际正向物流中一部分可再生资源的回收和利用而形成；国际废弃物流则是指那些可再生资源在循环利用后，基本或完全丧失了使用价值变成废弃物，经过处理，返回自然界的过程。

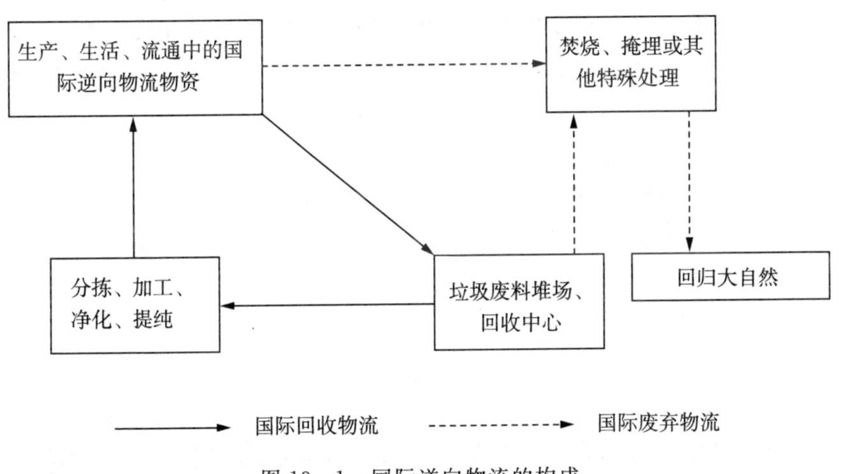

图 13－1　国际逆向物流的构成

国际逆向物流的出现，完善了国际物流中传统物料的单向运作模式，有利于减少不适当物流所带来的环境污染，减少因焚烧或填埋带来的资源浪费，同时也能降低企业处理废旧物品的成本，改善企业和整个供应链的绩效。

13.1.2　国际逆向物流的分类

13.1.2.1　按国际逆向物流形成原因不同分类

（1）投诉退货

该类国际逆向物流形成可能是由于运输差错、质量问题等原因，它一般在产品售出之后的短期内发生。通常情况下，客户服务部门会首先进行受理，确认退回原因，做出检查，最终处理的方法包括退换货、补货等。电子消费品如手机、家用电器等会由于这种原因进入回流渠道。

(2) 终端使用退回

这主要是经过完全使用后需处理的产品，通常发生在产品出售之后较长一段时间。终端退回可能是出自经济的考虑，最大限度地进行资产恢复，如地毯循环、轮胎修复等可以再生产、再循环的产品，也可能是受法规条例的限制，如超过产品生命周期的一些白色和黑色家电等产品仍负有法律责任。

(3) 商业退回

商业退回是指未使用商品退回还款，如零售商的积压库存，包括时装、化妆品等，这些商品通过再使用、再生产、再循环或者处理，尽可能进行价值的回收。

(4) 维修退回

维修退回是指有缺陷或损坏产品在销售出去后，根据售后服务承诺条款的要求，退回制造商，它发生在产品生命周期的中期，如有缺陷的家用电器、零部件和手机等。一般由制造商进行维修处理，再通过原来的销售渠道返还用户。

(5) 生产报废和副品

生产过程的废品和副品，是出于经济和法规条例的原因，发生的周期较短，而且并不涉及其他组织。通过再循环、再生产，生产过程中的废品和副品可以重新进入制造环节，得到再利用。生产报废和副品在药品行业和钢铁行业普遍存在。

(6) 包装

包装在保护产品、提高物流效率、促进销售等方面起着重要的作用，是商品流通不可缺少的部分。不管是商业包装还是物流包装，都要消耗自然资源，且包装物废弃后污染环境。为缓解包装对资源的消耗和对环境的污染，包装物的回收再利用就成为一种重要选择。与包装物回收再利用相关的物流活动就形成了包装物回收国际逆向物流。

13.1.2.2 按回流物品特征和回流流程不同分类

(1) 低价值产品的物料

例如，金属边角料及副品、原材料回收等。这种国际逆向物流的特征是它的回收市场和再使用市场是分离的，也就是说，这种物料回收并不一定进入原来的生产环节，而是作为另外一种产品的原材料投入到另一个供应链环节中。

(2) 高价值产品的零部件

例如，电子电路板、手机等。出于降低成本和获取利润等经济因素的考虑，这些价值增加空间较大的物品回收由制造商发起。此类国际逆向物流与国际正向物流结合紧密，它可以利用原有的物流网络进行物品回收，并通过再加工过程，再进入原来的产品制造环节，在严格意义上，这是真正的国际逆向物流。

(3) 可以直接再利用的产品

例如，包装材料的回收，包括玻璃瓶、塑料包装、托盘等，它们通过检测和清洗处理环节可以被重新利用。

13.1.2.3　按国际逆向物流的回收处理方式不同分类

(1) 再制造

与再生相比，再制造保持产品的原有特性，通过拆卸、检修、替换等工序使回收物品恢复到“新产品”的状态。如飞机发动机的再制造、复印机的再制造等，其流程为回收→检验→分拆→再加工，设备功能再生的生产制造成本低于制造新品的制造成本。企业运用整修过程，可以降低整修成本，并且将整修后的成品返回仓库。诸如航空、铁路等资产密集型的行业中，或自动售货机、复印机等拥有大量机械设备而且频繁使用的行业中，这种方法正在被广泛地使用。

(2) 维修

通过维修将已坏产品恢复到可工作状态，但可能质量有所下降，如家用电器、工厂机器等，其流程为回收→检验→再加工。如果产品无法按照设计要求工作，企业需要对其回收。返回维修的物品有保修和非保修的两种类型。客户需要自行付费解决非保修产品的维修问题，企业真正的问题在于保修期物品的回收，维修目标是减少维修成本，节约产品维修时间和延长产品使用寿命，企业需要认真考虑和平衡维修成本和新建成本。例如，布莱克和戴克公司（Black and Decker）——家电动工具制造商，他们的保修期产品决策就是在此基础上做出的。如果某产品制造成本低于 12.5 美元，公司直接收回和分解保修期内损坏的产品，其他保修期产品则被送回仓库维修。

(3) 再利用、维修后的再利用

产品的再利用主要针对零部件。到达使用寿命的设备可以分解为部件和最终的零件，其中的部分零部件状态良好，无须重新制造和维修就可以再次使用，它们会被放置在零件仓库中供维修使用。

(4) 回收

无法进行维修、修理或者再销售的返还商品将被分解成零件，然后再进行回收。例如，布莱克和戴克公司通过回收活动，减少50万美元的垃圾掩埋处理费用，并且从回收物资销售中获得46.3万美元的收益。公司的最终目标是实现零垃圾掩埋，对所有产品进行回收。

（5）直接再利用

回收的物品不经过任何修理可直接再利用，如集装箱、瓶子等包装容器，其流程为回收→检验→应用。

（6）再生

为了物料资源的循环再利用而不再保留回收物品的任何结构，如从边角料中再生金属、纸品再生等，其流程为回收→检验→分拆→处理。

以上6种回收方式有广泛应用。2000年惠普从世界范围内的废旧电脑中回收了价值500万美元的黄金、铜、银、钢和铝等金属。又如，美国的机器零部件的再制造，检修后的废旧产品当成备件或卖给二手市场，而检修费用只是原有产品制造成本的小部分。

13.1.3 国际逆向物流的特点

国际逆向物流作为企业价值链中特殊的一环，与国际正向物流相比，既有共同点，也有不同点。二者的共同点在于都具有包装、装卸、运输、储存和加工等物流功能。但是，国际逆向物流与国际正向物流相比又具有特殊性。

（1）分散性

国际逆向物流产生的地点、时间、质量和数量是难以预见的。废旧物资流可能产生于生产领域、流通领域或生活消费领域，涉及任何领域、任何单位和个人多元性使其具有分散性。国际正向物流则不然，按量、准时和指定发货点是基本要求。国际逆向物流发生的原因通常与产品的质量或数量的异常有关。

（2）缓慢性

开始时国际逆向物流数量少，种类多，只有不断汇集才能形成较大的流动规模。废旧物资难以满足人们的需要，需要经过加工、理化处理等环节，甚至只能作为原料回收使用，这一系列过程时间较长。同时，废旧物资的收集和整理也是一个较复杂的过程，决定了废旧物资的缓慢性特点。

（3）混杂性

回收的产品在进入国际逆向物流系统时往往难以划分为产品，因为不同种类、不同状况的废旧物资常常是混杂在一起的。当回收产品经过检查、分类后，国际逆向物流的混杂性才随着废旧物资的产生而逐渐缓解。

（4）多变性

国际逆向物流的分散性及消费者对退货、产品召回等回收政策的滥用，有的企业难以控制产品的回收时间与空间，国际逆向物流可以发自供应链上的任何环节，流动的时间、种类和数量不易确定，掌控难度大，导致多变性。多变性主要表现在 4 个方面：国际逆向物流具有极大的不确定性，国际逆向物流的处理系统与方式复杂多样，国际逆向物流的国际逆向流动性，相对高昂的成本和国际逆向物流的物品随着国际逆向物流的移动出现价值的回升。

13.1.4　国际逆向物流系统功能和业务流程分析

13.1.4.1　国际逆向物流系统的功能

国际逆向物流系统由运输、储存、装卸搬运、包装、流通加工和物流信息管理等物流功能要素构成。不过与正向物流不同，相关物流功能要素反映的侧重点有所不同。

（1）信道功能

一般而言，国际逆向物流系统的目标要通过包括如图 13－2 所示的共同物流功能来实现。

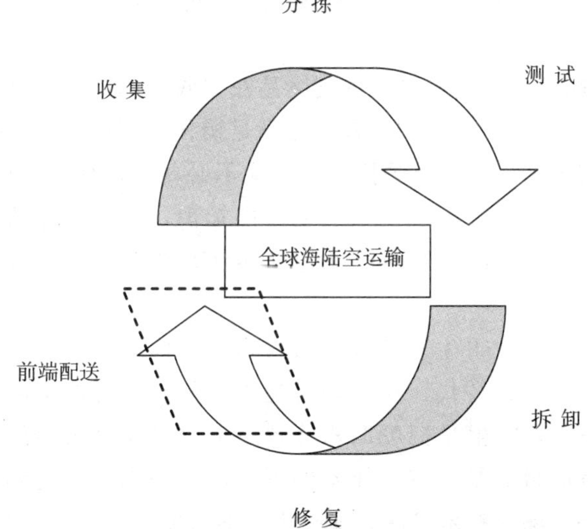

图 13－2　回收信道功能

国际逆向物流系统的信道功能包括收集功能、分拣功能、测试功能、运输功能、拆卸功能、修复（再加工/再生）功能。

1）收集功能：在收集阶段，从客户手中回收用过的、过时的或者损坏的产品和包装等，将其从废物中分离出来，进入回收信道。回收品的收集如果能做到分类进行，将大大提高国际逆向物流系统的效率，缩短时间，降低成本。

2）分拣功能：流通加工中的分拣过程是一个复杂、繁琐的程序，需要较多的人力、物力等；若实现自动分拣系统操作，又要考虑到企业规模、基础设施、技术支持、维护等因素。如果分拣及时，改进是可能的，如在收集期间用标准容器（如瓶子）。

3）测试功能：在拆卸前或拆卸期间，要测试所回收部件的质量，按测试结果决定是否可以修理和再用，所以对回收部件早期的检测可节省不必要的运输和加工处理费用。同时关注国际逆向物流流程中回收物料的危险性和可用性。例如，某公司对要回收的电子设备进行测试，以确定其可维护性或升级性等。

4）运输功能：在国际逆向物流环节中，运输同样是回收物流的重要成本因素。其中从最终用户到制造商的回收信道中第一阶段的运输成本特别昂贵，因为涉及的回收物品点广而量少，程序相对复杂。

回收物品（有些可能只有部分能用）的运输成本不会降低，若不考虑整体而强行将产品分解或者预处理，运输成本可能下降，但会带来难以预料的不良后果。

5）拆卸功能：拆卸主要是考虑到物品在回收前的测试和在回收后进行修复（再加工/再生）之前的拆卸过程，要满足操作管理中的即时性原则（如果没有对部件的需求，就没必要去拆卸，消除不必要的操作）。拆卸和测试设备的有效性、价格，以及装配和测试所要求的知识，决定拆卸的地点和如何完成拆卸等都需要考虑，而且要对国际逆向物流系统中的各类人员进行必要的培训。

6）修复（再加工/再生）功能：回收物品的修复（再加工）过程需要涉及分散、清洗、修理、替代、加工和装配等步骤。在再加工的情况下，产品的特性被保留下来；再生是把废旧物分解成可以在完全不同的产品中再使用的原材料。修复的目的是，在法律条件下以最小的成本回复和创造产品最大的经济价值，同时满足技术发展、保护生态的需要。

（2）信息管理功能

国际逆向物流系统中的信息管理功能同样重要。信息涉及回收过程中的每一个环节（包括分拣、装卸、包装、储存、流通加工、修复等），需要考虑的因素包括产品价值、所需设备与知识、修复方式和技术限制等。

然而，从信息获得的角度讲，许多企业不容易获得可以正确分析产品回收处理问题的信息。因为信息通常相当分散，有的信息在公司内部，有的信息在整个全球供应链中，有的信息甚至是无法取得的。其中，必需的信息主要包括 4 种：关于产品组成和构造等相关信息；关于产品回收数量以及不确定性的信息；关于修复、再制造产品、零件以及物料的国际市场要求和需求信息；关于产品回收处理以及废弃物处置等作业信息。

信息的难得性和分散性，使得国际逆向物流在管理上比正向物流复杂得多，国际逆向物流比正向物流增加了许多复杂性和不确定性，使整个国际逆向物流的绩效变差。因此，有效的国际逆向物流系统要以完善的物流信息系统作为基础。

(3) 企业国际物流管理改造功能

在国际逆向物流活动中，企业国际物流活动流程管理的影响通常涉及几个方面：原材料管理、生产过程管理、产品营销管理、回收物品配送管理、物流信息管理。

1) 原材料管理：产品回收引起的原材料二次供应会使制造企业节省原材料成本，即原材料二次供应在经济上是有效的。但多少仍有一些缺点，无法保证数量和质量的稳定性，要求公司加强对原材料的管理，特别是预处理能力的提升。

2) 生产过程管理：循环处理和再加工不是原始的生产，需要考虑到回收产品中有用和无用的部分，而且需要考虑产品回收修复设计和生产阶段。企业需要利用原有的生产工序及增添相配套的设施设备以保证生产的合理进行。

3) 产品营销管理：企业的最终目的是获取利润，需要为回收产品修复/再加工后能否适应市场的需要寻求出路。例如，酒瓶的回收再利用，应该在保证质量和卫生的前提下，引导公众消费观念的改变，实现环保取向，即“绿色、可靠”产品战略，走可持续化发展道路。

4) 回收物品配送管理：需要确定物品回流的国际运输线路，选择外部采购还是内部储存，开拓回收国际物流网络，利用第三方物流进行回收和配送等。

5) 物流信息管理：国际逆向物流企业的信息管理，特别需要利用现代的信息技术，获得所使用产品过去的历史，如跟踪、追溯或探测使用频率、维修频率、有无年检记录等，并根据所得信息进行操作。

13.1.4.2　国际逆向物流的业务流程

业务流程（Business Process）是指为达到特定的价值目标而由不同的人分别共同完成的一系列活动。活动之间不仅有严格的先后顺序限定，而且活动的内容、方式、责任等也必须有明确的安排和界定，以使不同活动在不同岗位角色之间进行转手交接成为可能。活动与活动之间在时间和空间上的转移可以有较大的跨度。业务流程是有层次性的，并且这种层次体现出由上至下、由整体到部分、由宏观到微观、由抽象到具体的逻辑关系。

一般地，先建立主要业务流程的总体运行过程，然后对其中的每项活动进行细化，落实到各个部门的业务过程，建立相对独立的子业务流程以及为其服务的辅助业务流程。

产品循环链和国际供应链活动之间的示意关系如图 13－3 所示，再循环的回收物流活动包括收集、分类、再使用、再制造、再循环、再分配等。如图 13－3 所示，新产品是通过国际供应链被送到市场的。其中，供应、制造、分配以及它们的流动关系形成了国际供应链。然而，从回收物流的角度看，废品、残次品和过期产品的流动更为重要，这些流动形成回收物流再循环的输入流。废品主要是可以再利用的原材料，如室内装修的边角料，可以被回收，并通过再加工，被重新利用。残次品和过期产品主要是产品质量有问题和产品的保质期已过的产品。这些产品和在使用者中没有使用价值的产品一起形成了回收物流的输入。

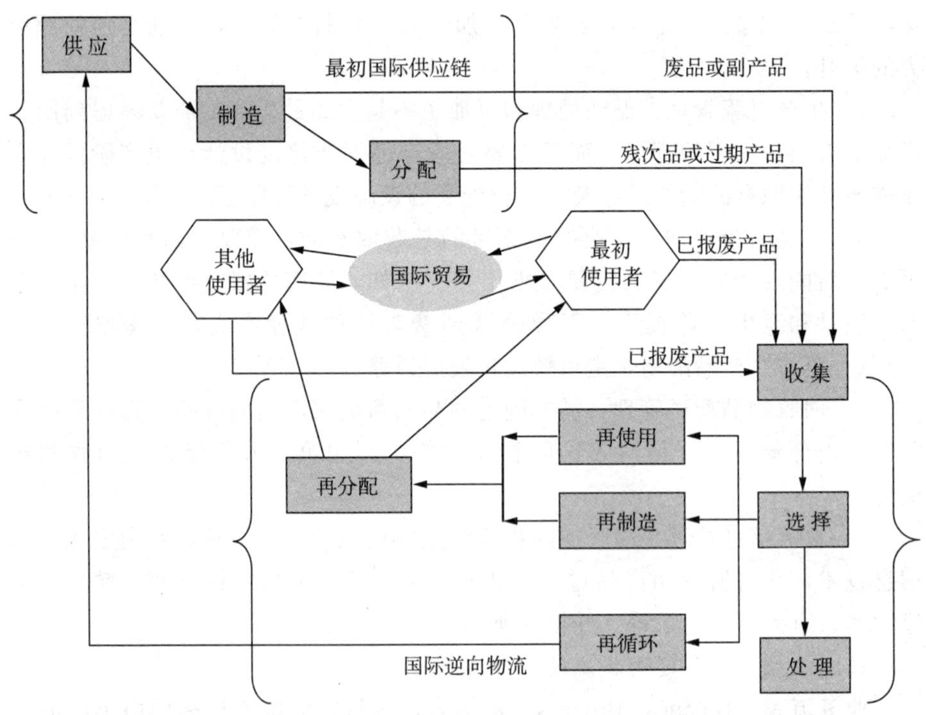

图 13－3　产品循环链和国际供应链活动的关系

例如，某公司购买了计算机，由于产品耗损及技术更新，过了一段时间该计算机不能满足公司的要求，公司便把计算机低价卖给其他用户，图 13－3

中表示为最初使用者、国际贸易和其他使用者之间的关系。通过改变使用者，产品一直按照它的最初功能再继续使用。

从这个例子可见，该计算机在真正报废之前，可以被要求低的公司和个人再使用。回收物流的主要目的是支持和提高产品的再使用率，如计算机硬盘、显示器等的再使用，计算机主板通过再制造生成电动玩具，产品可以以新的或旧的功能再次进入市场流通。当然，从长远角度看，当产品再次报废时，可能又一次进入回收物流的循环网络。

在回收物流业务流程中，首先是产品的收集，包括废品、副产品、过期产品、不再使用产品等的收集；然后把它们运输到固定的地方，做进一步的检查和处理。

收集或回收：所需收集的废旧产品的准确地理位置、废旧产品的数量、产品使用状况等，这些问题给计划和控制收集过程造成困难。回收是将顾客所持有的产品通过有偿或无偿的方式返回销售方。销售方可能是供应链上任何一个节点，如来自顾客的产品可能返回到上游的供应商、制造商，也可能是下游的配送商、零售商。

预处理：分类、检验与处理决策。收集的产品信息将根据产品的质量，对产品进行分类，以确定产品的再使用、再重新加工处理或需要把它消灭掉等。对于质量较好或不需要做什么处理的产品，可再次投放到市场再次使用。对于需要再处理的产品，作进一步的加工处理，以便投放市场再次使用。该环节是对回收品的功能进行测试分析，根据产品结构特点以及产品和各零部件的性能确定可行的处理方案，包括直接再销售、再加工后销售、分拆后零部件再利用和产品或零部件报废处理等；然后，对各方案进行成本效益分析，确定最优处理方案。

再处理：对产品的清洁、分拆、再加工和再装配。分拆是按产品结构的特点将产品分拆成零部件。再加工是对回收产品或分拆后的零部件进行加工，恢复其价值。再处理的过程，也是一个提高技术含量的过程。

产品再循环：可直接用于其他企业加工的原材料，如废钢、废铁可直接作为炼钢厂的原材料直接使用。

产品再分配：把可再使用和再处理过的产品投放到市场中，并运输到使用者手中，包括储存、销售和运输。

废弃物的报废处理：对没有经济价值或严重危害环境的回收品或零部件，通过机械处理、地下掩埋或焚烧等方式进行销毁。西方国家对环保要求越来越高，而后两种方式会对环境带来不利影响，如占用土地、污染空气等。目前西方国家主要采取卫生机械处理方式。

13.1.5 企业国际逆向物流运作模式分析

13.1.5.1 企业国际逆向物流的自营模式

国际逆向物流的自营模式，如图 13-4 所示，是指企业在已有物流系统的基础上构建国际逆向物流网络系统，自行管理产品退货、废旧物品的回收、再造、处理等业务流程，并承担相应的成本与责任。为便于回流物品的回收与集中处理，企业在自己产品销售地建立国际逆向物流网络，使企业对国际逆向供应链有灵敏的反应能力和较强的控制能力，有利于降低成本，提高产品的回收利用率。

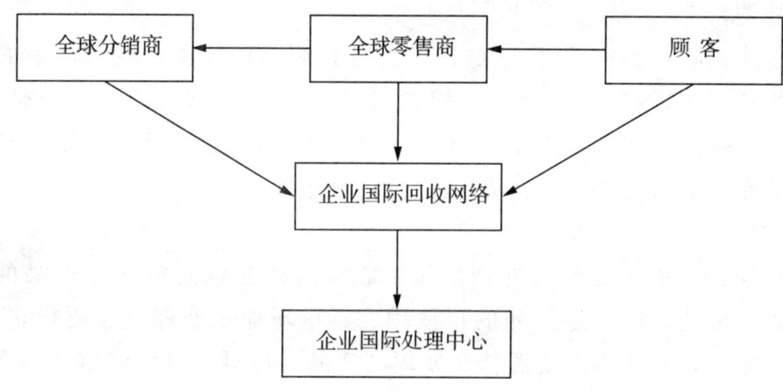

图 13-4 国际逆向物流自营模式

(1) 优点

1) 提高产品回收后效率，降低企业成本。企业建立自己的国际逆向物流系统，只对自己产品进行回收处理，产品回收的种类和数量相对有限，且在分类、拆卸、修理及再利用方面更加准确，较好地改善了产品零部件的再利用情况，实现了资源的循环再利用。同时，与产品正向物流渠道相结合，有效控制运输成本、库存成本等，提高了回收效率。同时，企业实施自营物流，在产品召回时能快速有效，及时反馈客户的投诉，提高客户满意度，提升企业形象。

2) 完善企业的物流系统，避免企业机密信息泄漏。企业自己构建国际逆向物流系统，可以利用原有的物流网络，使原有设施发挥最大作用，使国际正向物流与国际逆向物流协调进行，完善了企业的物流网络。同时企业自行管理物流网络，有效保守商业机密，避免了机密泄漏的现象。

3) 信息反馈及时。企业在回收产品过程中直接与客户交流，获得产品质量、特性等方面的反馈，直接促进企业产品设计及性能方面的改进，有助于了解客户需求，改进产品设计，提高企业竞争力。

国际逆向物流的自营模式有效控制回收产品的供应链过程，降低交易成本，提高产品利用率，减少环境污染，及时获得消费者反馈信息对产品进行改进，提高企业的竞争能力与社会形象。

（2）缺点

自营国际逆向物流是一种高度专业化的模式。该模式需要企业进行大量投资，专业化的基本设施、专业人员管理，加大企业的成本。但是自营模式处理回收产品的数量和种类有限，难以实现规模经济，降低设备的利用率。同时，国际逆向物流的资金投资数额大、回收周期长，这无疑增加了企业的投资风险。另外，该模式中企业可能会利用国际正向物流的逆方向回收产品，在运输、仓储、配送、加工过程中可能发生国际正、逆向业务冲突，紧急情况下企业可能会为了维护国际正向物流的正常运作而放弃一部分国际逆向物流。

（3）适用范围

国际逆向物流的自营模式适合于产品回收再利用价值高、专业性强或者受法律约束必须回收处理或召回的物品，主要涉及产品退货、产品维修、产品召回、包装材料再利用及对环境威胁较大的废旧产品的处理等。一般情况下，自营国际逆向物流适合资金雄厚、业务规模较大或回收产品量大的企业。这些企业业务覆盖范围广，网络资源丰富，国际逆向物流管理的能力比较强。如宝马、奔驰、福特等汽车企业及苹果、松下、IBM、DELL 等电子企业在自营国际逆向物流方面实施较多。

13.1.5.2　企业国际逆向物流的联合经营模式

企业国际逆向物流的联合经营模式，又称联盟模式，如图 13－5 所示，是几个生产同类产品或相关产品的企业，共同出资形成联合责任组织，以契约形式互相约束、共担风险、共享收益，建立国际逆向物流系统为合作企业或者非合作企业提供国际逆向物流服务。由于物品回收需要大量的资金、先进的技术和专业的管理，一个企业是很难完成的，尤其是中小企业。同行业形成联合经营的国际逆向物流系统，可以减轻企业的资金压力，保证廉价原材料的来源，容易形成规模经济。

（1）优点

1）节约成本，风险分担。该模式由合作企业共同出资，减少了企业的投资风险，尤其是对中小企业来说，既可以降低投资风险，又能实施产品回收。该模式由联合组织统一负责产品的回收处理，回收网络更加有效，减少回收产品的中间环节，回收产品的数量大，易形成规模效益，充分减少成本，提高产品回收效率。

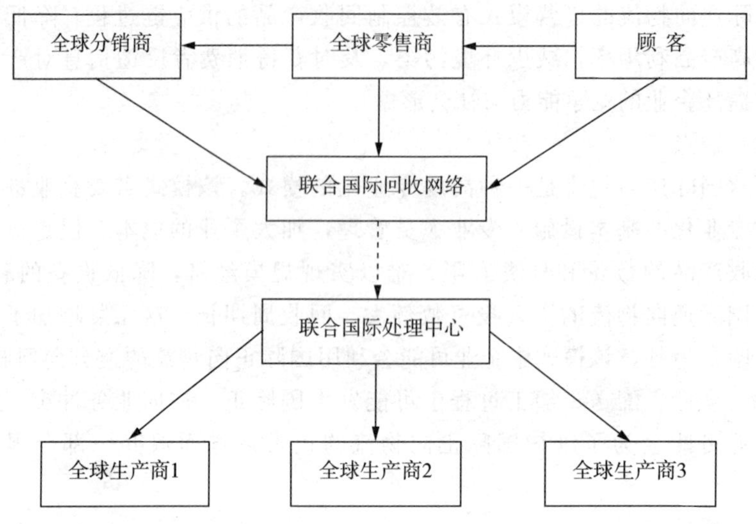

图 13－5 企业国际逆向物流的联合经营模式

2）回收技术专业。在联营的国际逆向物流中，回收处理的产品种类与数量比自营物流多，具有专业化的物流人员及基础设施，对回收产品的处理效率更高更专业。

3）形成规模经济。国际逆向物流的联营模式处理合作或非合作企业的产品回收，覆盖范围广，回收产品数量及种类多，形成批量处理，克服单个企业尤其是中小企业产品资源不足的情况，降低单位回收处理成本，利于形成规模经济。

（2）缺点

1）信息反馈不及时。与自营模式相比，联合经营模式对产品的信息反馈不及时，正确率比较低，给企业产品的技术改进带来困难。同时在回收过程中企业不能准确、及时地获知产品的状态，一定程度上影响了产品的回收利用率。

2）企业间协调困难。各企业有效的合作与协调能提高联合组织的运营效率。但各企业对产品的回收重视情况不同，利润分配不满意、合作目的不匹配，都可能会导致联营模式运作绩效的下降。

3）难以形成闭环再循环。联营模式的产品回收由联合组织统一处理，很难像自营模式再次进入相同产品的制造流程。由于不同企业间产品的制造流程与技术存在差异，使回收产品的再利用率大大降低，很难形成闭环再循环。

（3）适用范围

联合经营模式适用于回收利用价值高的产品，如废旧家用电器、家具、电子产品、纸张、玻璃等，部分回收产品可经过简单的处理与维修进入二手市场，部分产品可拆卸零部件进行二次利用，部分可作为廉价原材料进入生产过程。这些产品可能对环境产生巨大的危害，因此法律规定企业对产品的整个生命周期负责，并承担相应的回收处理责任。但处理回收需要巨大的投资，这对单个企业，尤其是中小企业很难承担，因此联合经营模式不仅适合规模大的企业，也更合适中小企业回收产品的国际逆向物流。

13.1.5.3　企业国际逆向物流的外包模式

企业国际逆向物流的外包模式，如图 13－6 所示，是企业不直接参与销售出去商品的回收过程，通过协议的形式以付费方式交由专门的国际逆向物流公司进行产品的回收、处理工作。第三方国际逆向物流企业可以对回收物品进行自行处理、交给原生产企业或转交给专门的第三方生产商。企业将国际逆向物流外包可减少企业的投资风险，加强企业的核心业务，提高自身竞争力。

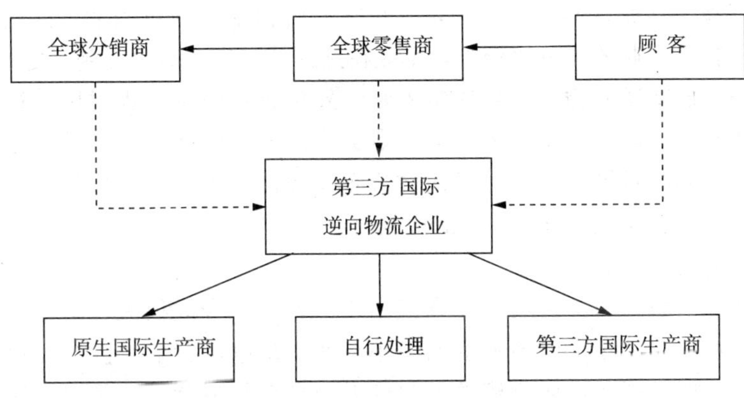

图 13－6　企业国际逆向物流的外包模式

(1) 优点

1) 减少成本，集中精力运行主要经营的业务。企业将产品回收外包给第三方国际物流企业，避免产品的回收时间和数量不确定及回收地点的分散性引发的高投入和高风险。企业将充分的资金集中在核心竞争力的提升方面，不断扩大市场，巩固自己的市场地位。

2) 专业化的国际逆向物流操作，回收效率增加。第三方国际逆向物流企业拥有完善的物流网络、专业化的基础设施、专业化的管理人员和先进的物流运营经验，使回收产品的操作过程更加专业化、规范化，产品回收成本更低，回收效率更高，服务质量更好。

3) 及时的信息反馈，有利于产品优化提升。第三方物流可以为合作企业提供更专业的物流数据及反馈信息，并根据产品回收需要提供一定产品制作流程的建议，有利于企业提升产品优化。同时第三方企业也会根据产品回收的需要不断改进国际逆向物流流程，有利于国际逆向物流技术的发展。

(2) 缺点

1) 容易造成机密泄漏。企业将产品国际逆向物流外包，第三方国际逆向物流企业要想产品回收、分类、处理的效率提高，需要了解产品信息及相关的产品设计流程，这些信息需要生产企业提供，造成企业机密泄漏的可能。

2) 控制能力差。企业将物品回收外包给第三方物流企业，意味着企业将产品国际逆向物流管理权放弃，对产品的回收情况失去控制，而只能通过第三方国际逆向物流企业被动地了解回收信息，容易受到第三方的牵制，对企业的正常生产造成影响。

3) 专业的第三方国际逆向物流企业数量较少。中国国际逆向物流发展较晚，对国际逆向物流的认识不足。专业的国际逆向物流企业需要巨大的成本、专业的管理，且资金回报周期长，甚至在运营初期出现负利润，因此运作专业第三方物流企业的数量比较少，企业在选择外包模式时也受到一定的限制。

另外，国际逆向物流外包决策困难、外包企业的选择也对国际逆向物流外包模式有很大影响。企业外包何种业务、部分外包还是全部外包是企业决策的难点，同时对第三方国际逆向物流企业控制力差、合作中的信用风险及管理风险也使企业在选择外包模式时慎之又慎。

(3) 适用范围

国际逆向物流的外包模式适合范围广泛，既适合规模大、实力雄厚的大企业，又适合规模小、财力薄弱的中小企业。从电子行业、汽车行业到零售行业都可以选择国际逆向物流的外包。无论是产品退货、产品召回还是废旧物品回收，外包模式都涵盖。外包国际逆向物流越来越流行，尤其是在退货方面，如英国邮政为英国 Safeway 公司提供的退货物流服务，降低 Safeway 公司在退回方面的投入，集中精力运作核心业务，加强自身竞争力。废旧品回收方面，芬兰的库萨科斯基公司是典型的代表。该公司以回收废旧金属与电子产品为主，根据客户需求提供完善的国际逆向物流服务。

自营、联营和外包三种模式并非独立的，可能会存在交叉。企业在实施国际逆向物流过程中会根据自身情况结合外部条件，从经济、管理、技术等多个角度综合考虑，选择合适的国际逆向物流模式。

13.2　国际绿色物流

13.2.1　国际绿色物流的产生

随着环境资源恶化程度的加深，人们对环境的利用和环境的保护越来越重视。任何行业的发展都必须优先考虑环境问题，现代物流的发展对环境的影响主要表现在以下几个方面。

（1）交通运输对环境的影响。国际物流活动离不开交通工具的使用，交通网的新建和交通工具的大量使用无疑增强企业的物流能力，提高全社会的物流速度。但作为物流的载体之一，交通工具本身也产生较严重的环境污染：①噪声污染。比如公路运输网络产生的噪声污染几乎影响到了社会的每个角落；铁路及水运线作为一种移动点污染源，随着运输工具频率的增加，已经逐步转化为线状噪声源；飞机起降时的噪声对机场附近的居民更是有害至深。②大气污染。汽车、飞机废气对大气环境的毒害众所皆知，尤其是在汽车数量不断增加的城市区域，汽车尾气经太阳照射后形成的光和烟雾，使城市空气长期处于污染状态。③交通事故造成的污染。

（2）包装对环境的影响。包装可以保护商品，便于运输，但包装如塑料袋、易拉罐、玻璃瓶等，不能有效回收的话会给自然界带来永久的危害。还有一次性纸箱，企业很少能够做到二次利用，虽然有废品收购站，但浪费大量的人力、物力、财力，同时消耗木材，造成社会资源不必要的浪费。

（3）仓储对环境的影响。仓储本身可能对周围的环境产生影响，如果由于管理不当或操作失误导致物品的损坏、变质、泄漏，尤其是化学物品，会对周围的环境产生致命的危害。如果仓储的地理位置选择不好的话，会造成运输次数和运输距离的增加，导致国际物流成本的提高。

（4）流通加工对环境的影响。流通加工是流通过程中为适应用户需要而进行的必要加工，以完善商品的使用价值，分散进行的加工利用率低，产生的边角余料、废弃物等污染周边环境，甚至二次污染。

现代国际物流向着国际绿色物流的方向发展成为一个必然趋势，国际绿色物流倡导的是节能高效、绿色环保。国际绿色物流是建立在可持续发展的基础上的，为了实现经济利益、社会利益和环境利益的统一。国际绿色物流在创造商品的空间效益和时间效益，满足消费者需求的同时，最大限度地节约能源，保护自然环境和生态平衡，给子孙后代生存的权利。国际绿色物流管理依据可持续发展理论，形成了物流与环境之间相辅相成的推动和制约关系，进而促进了物流的发展，达到环境与物流的共生。物流涉及经济与生态环境两大系统，架起经济效益与生态效益之间联系的桥梁。而传统的物流管理没有处理好二者的关系，过多地强调经济效益，忽视环境效益，导致社会整体效益的下降。经济效益主要涉及目前和局部利益，而环境效益则关系到宏观与长远利益。国际绿色物流以经济学的一般原理为指导，以生态学为基础，对物流的经济行为、经济关系及规律与生态系统之间的相互关系进行研究，以谋求在生态平衡、经济合理、技术先进的条件下生态与环境的最佳结合以及协调发展。

13.2.2 国际绿色物流的概念

绿色物流（Environmental Logistics）是20世纪90年代中期提出的一个新概念，目前没有统一的定义，不同的学者与机构对绿色物流的概念有不同的描述。

H. J. Wu和S. Dunn认为，绿色物流是对环境负责的物流系统，既包括从原材料的获取、产品生产、包装、运输、仓储，直到送达最终用户的前向物流过程的绿色化，还包括废弃物回收与处置的逆向物流。

美国国际逆向物流执行委员会（Reverse Logistics Executive Council，RLEC）认为，绿色物流是一种对物流过程产生生态环境影响进行认识并使其最小化的过程。RLEC对绿色物流与逆向物流（Reverse Logistics）的概念进行了比较，认为逆向物流是指物品及包装材料从消费地向上一级来源地的流动过程，流动的目的在于恢复物品价值或使其得到正确处置。可见，逆向物流是绿色物流的一个方面。

中国学者王长琼认为，绿色物流是指以降低污染物排放，减少资源消耗为目标，通过先进的物流技术和面向环境的理念，进行物流系统的规划、控制、管理和实施的过程。

虽然上述是对绿色物流概念的认识，但国际绿色物流与绿色物流的内涵是基本一致的，可以从以下几个方面进行理解。

（1）国际绿色物流是共生型物流。传统国际物流往往是以对环境与生态的破坏为代价，实现物流的效率。国际绿色物流注重从环境保护与可持续发展的角度，求得环境与经济发展共存。通过物流革新与进步减少和消除物流对环境的负面影响。

（2）国际绿色物流是资源节约型物流。国际绿色物流不仅注重物流过程对环境的影响，而且强调对资源的节约。在实际工作中，资源浪费现象是普遍存在的，它不仅存在于生产领域、消费领域，也存在于流通领域。例如，过量储存产品会造成产品陈旧、老化、变质；运输过程的商品破损；流通加工过程余料的浪费等。

（3）国际绿色物流是循环型物流。传统国际物流只重视从资源开采到生产、消费的正向物流，而忽视废旧物品、可再生资源的回收利用所形成的国际逆向物流。循环型物流包括原材料副产品再循环、包装废弃物再循环、废旧物品再循环、资源垃圾的收集和再资源化等。

13.2.3　国际绿色物流的特征

国际绿色物流除了具有一般国际物流所具有的特征外，还具有学科交叉性、多目标性、多层次性、时域性和地域性等特征。

（1）学科交叉性

国际绿色物流是物流管理与环境科学、生态经济学的交叉。由于国际物流与环境之间的密切关系，在研究国际物流与企业物流时必须考虑环境问题和资源问题；又由于生态系统与经济系统之间的相互作用和相互影响，生态系统必然会对经济系统的子系统——物流系统产生作用。因此，必须结合环境科学和生态经济学的理论、方法进行国际物流系统的管理、控制和决策，这是国际绿色物流的研究方法。学科的交叉性，使得国际绿色物流的研究方法复杂，研究内容广泛。

（2）多目标性

国际绿色物流的多目标性体现在企业的物流活动要顺应可持续发展的战略目标要求，注重对生态环境的保护和对资源的节约，注重经济与生态的协调发展，追求企业经济效益、消费者利益、社会效益与生态环境效益四个目标的统一。国际绿色物流的多目标性之间通常是相互矛盾、相互制约的，一个目标的增长常常以另一个或几个目标的下降为代价，如何取得多目标之间的平衡？这正是国际绿色物流要解决的问题。从可持续发展理论的观念看，生态环境效益的保证将是经济效益、消费者利益和社会利益得以持久保证的关键所在。

（3）多层次性

国际绿色物流的多层次性体现在三个方面：首先，从对国际绿色物流的管理和控制主体看，可分为社会决策层、企业管理层和作业管理层等三个层次，或者说是宏观层、中观层和微观层三个层次。其中，社会层的主要职能是通过政策、法规的手段在全球范围内传播绿色理念；企业层的任务则是从战略高度与全球供应链上的其他企业协同，共同规划和控制企业的国际绿色物流系统，建立有利于资源再利用的循环物流系统；作业层主要是指物流作业环节的绿色化，如国际运输的绿色化、国际包装的绿色化、国际流通加工的绿色化等。其次，从系统的观点看，国际绿色物流系统是由多个单元（或子系统）构成的，如国际绿色运输子系统、国际绿色仓储子系统、国际绿色包装物流子系统等。这些子系统又可按空间或时间特性划分成更低层次的子系统，每个子系统都具有层次结构，不同层次的国际物流子系统通过相互作用，构成一个有机整体，实现国际绿色物流系统的整体目标。最后，国际绿色物流系统还是另一个更大系统的子系统，这个大系统是国际绿色物流系统赖以生存发展的外部环境，包括法律法规、政治、文化、资源条件、环境资源政策等，它们对国际绿色物流的实施将起到约束或推动作用。

（4）时域性和地域性

时域特征是指国际绿色物流管理活动贯穿于产品的生命周期全过程，包括从原材料供应生产内部物流，产成品的分销、包装、运输，直至报废、回收的整个过程。国际绿色物流的地域特性体现在两个方面。一是由于经济的全球化和信息化，物流活动早已突破地域限制，呈现跨地区、跨国界的发展趋势。相应地，对物流活动绿色化的管理也具有跨地区、跨国界的特性。二是国际绿色物流管理策略的实施需要供应链上所有企业的参与和响应。例如，欧洲一些国家为了更好地实施国际绿色物流战略，对于托盘的标准、汽车尾气排放标准、汽车燃料类型等都进行了规定，其他国家的不符合标准要求的货运车辆将不允许进入本国。

13.2.4 国际绿色物流体系的运作

国际绿色物流体系的运作过程如图 13－7 所示。制造商进行国际绿色设计，对国际供应商进行评估，选择国际绿色供应商，建立伙伴关系，进行国际绿色采购；然后，通过国际绿色制造得到绿色产品，生产过程中产生的边角废料、残次品与副产品等将进入内部循环系统再利用；对于合格产品，通过国际绿色营销渠道或交由第三方国际物流企业进行专业化运输配送；消费者在产品的消费过程中采用绿色方式，积极配合回收再造活动的进行，环环相扣，实现国际绿色物流管理的有效实施。

（1）国际绿色设计

国际绿色设计是在产品和流程设计中，充分考虑其生命周期全过程对资源和环境的影响，在注重产品功能、质量、开发周期和成本的同时，优化各种有关设计因素，使得产品及其制造过程对环境的副作用及资源消耗降到最低。包括：国际绿色产品设计、国际绿色材料选择、国际绿色车间设计、国际绿色工艺设计、国际绿色包装设计、国际绿色回收处理。从可持续发展的

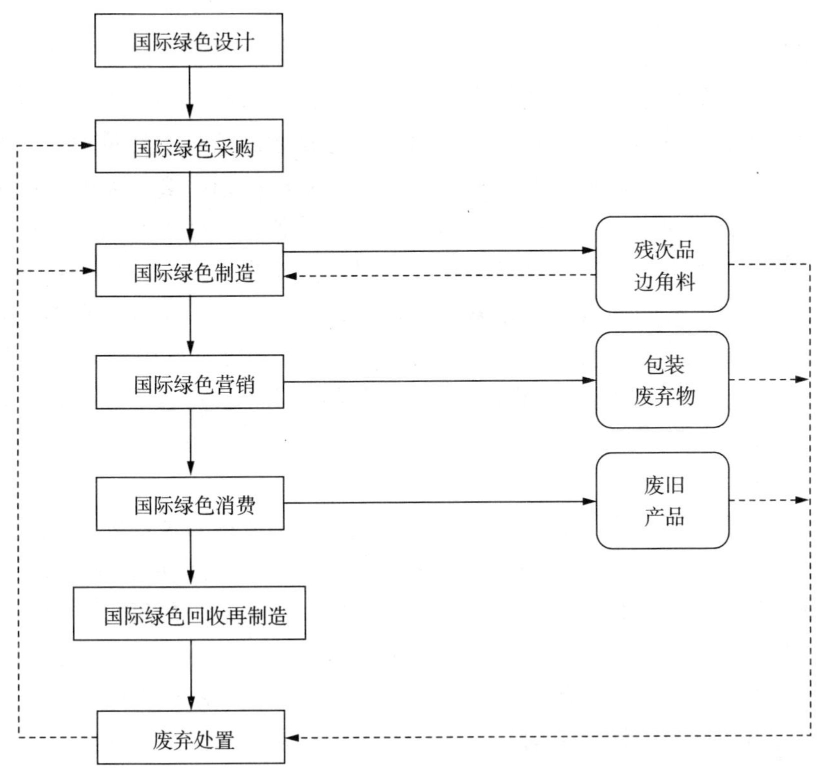

图 13－7　国际绿色物流的运作

高度审视产品的整个生命周期，强调在产品开发阶段按照生命周期的观点进行绿色性的分析和评价，将减量化、再用、再生的 3R 思想直接引入产品开发阶段，坚持环境友好、资源节省、可维修性、可回收性、可拆卸性、易处理性等原则，优先考虑选择绿色材料，使得产品及其制造与再制造过程中对环境影响、资源消耗减少到最小。

（2）国际绿色采购

国际绿色采购是在原材料获取过程中综合考虑环境因素，尽量采购对环境和生态无危害或危害小的产品或国际物流服务，包括国际采购材料、产品绿色度以及相关国际物流的绿色化。国际采购的绿色化程度会直接影响到整个国际供应链的环境绩效。实施步骤：首先，企业必须对构成产品的零件材料的绿色性进行评估，选择环境友好的原材料，以避免环境风险；然后，根据材料的绿色性对国际供应商进行绿色性评估，包括对组织过程和产品的评价，对前者着眼于生产工艺、环境业绩、环境审核，对后者包括生命周期评价、商标和产品标准的评价。

(3) 国际绿色制造

国际绿色制造包括国际绿色工艺、国际绿色生产设备、国际绿色生产环境等，主要目的是通过消减物耗和能耗，利用内部回收循环来提高资源利用率，减少对于环境的负面影响。国际绿色工艺是指既能提高经济效益，又能减少环境影响的工艺技术。它要求在提高生产效率的同时必须兼顾消减或消除危险废物及其他有毒化学品的用量，改善劳动条件，减少对操作者的健康威胁，并能生产出安全的与环境兼容的产品。为实现国际绿色生产，需要综合考虑环境负面影响和资源利用效率，以清洁生产技术为基础，根据实际的制造系统，通过不断地改善管理和改进工艺，尽量使所有生产活动均遵循ISO14000标准，提高资源利用率，减少污染物的产生和排放，以降低对环境和人类的危害。

(4) 国际绿色营销

国际绿色营销是指企业在经营活动中，按照可持续发展的要求，在注重地球生态环境保护，促进生态、经济和社会的协调发展的前提下，有目的、有计划地为实现经济利益、消费者需求和环境利益相统一的管理过程。为实现国际绿色营销，企业在产品国际营销过程中应尽可能采用环境友好策略。首先企业的产品应该是绿色产品，产品分销的过程中，尽量少给环境带来污染。企业可以合理规划营销国际网络，使国际运输路线最优；充分利用国际铁路、水陆等较为环保的运输；国际公路运输采用无铅燃料，使用装有控制污染装置的交通工具和节省燃料的交通工具；降低分销过程的浪费，即对产品处理及储存方面的技术进行革新，尽量采用简单标准、可重复使用的商品包装等。

(5) 国际废弃回收

国际绿色回收是产品生命周期的废弃回收处理环节，是将具有剩余价值的产品从最终使用者回流到制造商或再制造商，经过适当的加工处理获取价值。这是一种在废弃产品回收处理过程中综合考虑废弃产品和再制造过程对环境的影响以及再用零部件、再生材料等资源的利用效率和效益的现代制造方式。它以产品全生命周期设计和管理为指导，以优质、高效、节能、节材、环保为目标，以先进技术和产业化生产为手段，来修复或改造报废产品。

13.2.5 国际绿色物流的发展战略

国际绿色物流是一项涉及全球各个国家、各个地区、所有企业的系统工程，需要世界人民长期不懈的共同努力，尤其需要企业物流和物流企业制定和实施国际绿色物流战略规划。

(1) 全民树立绿色意识，强化绿色战略观念

发动全社会树立绿色意识，包括绿色制造意识、绿色包装意识、绿色消费意识等。企业要运用绿色理念来指导规划和改造产品结构，并切实制定“绿色计划”，实施“绿色工程”，对生产第一线的员工，要培育“绿色消费”、“绿色产品”和珍爱人类生存环境的意识，使“环保、生态、绿色”的理念深入人心。绿色经济或循环经济要求物流企业和企业物流在选择国际物流战略和策略时，综合考虑人们的近期需求和长远利益、企业利益和社会利益、有形利益和无形利益，坚持以国际绿色物流观念来制定和实施国际绿色物流规划。克服“环保不经济，绿色要花费”的错误思想，确认把国际绿色物流作为世界全方位绿色革命的重要组成部分。

(2) 实施国际绿色物流经营

物流业要在物流活动的各个环节推行国际绿色物流经营，以形成国际绿色物流功能的有机统一。

1) 国际绿色运输。国际绿色运输是指通过选择合理国际运输路线，有效利用车辆，科学配装，提高国际运输效率，降低国际物流成本和资源消耗，并降低尾气排放。

2) 国际绿色仓储。国际绿色仓储是指从系统观出发，合理设置国际仓储网络及各种设施，对仓储物资进行科学保管和养护，提高仓容利用率，加速货物周转；杜绝危险品、易燃、易爆、易腐物品的事故危害。

3) 国际绿色包装。国际绿色包装是指设计制造包装时，既要考虑保护商品、方便储运、促进销售的功能，又要符合 4Rs 要求，即少耗材（Reduction）、可再用（Reuse）、可回收（Reclaim）和可再循环（Recycle）。

4) 国际绿色生产和流通加工。由分散生产、分散流通加工向专业化集中转变。以实现规模经济，提高资源利用率；同时，集中处理生产制造和流通加工中的三废（废气、废水、废料），通过技术创新和技术改造，发展循环经济，实施三废的闭环利用，形成节能降耗和减污增效的有机统一。

5) 绿色国际逆向物流。绿色国际逆向物流是指已失去原有物品的价值，经过正确处理，既利用了其有用价值，又消除了其可能造成的环境污染时形成的物流。最典型的就是生产和消费的废弃物回收处理。要通过政府环境立法、政策和宣传手段，通过企业市场化、规模化运作，变废为宝，经济循环，造福人类。

6) 管理国际绿色信息。国际绿色物流发展的不平衡性要求比较落后的国家或地区经常注意收集、整理和储存各种国际绿色信息，及时在物流活动中应用，以促进国际物流的全面绿色化。

(3) 采用国际绿色物流技术，物流企业物流流程的绿色再造

国际物流技术是实现物流的过程中采用的技术装备和现代化管理方式的总称。先进的国际绿色物流技术是国际绿色物流的重要支柱。物流领域曾出现三次“物流技术革命”：第一次输送革命以铁路和动力船舶为代表，第二次输送革命以汽车和飞机为代表，第三次是以系统化物流为代表，产生了“第三利润源”。国际绿色物流可称为第四次物流技术革命，主要表现在物流领域全面开发国际绿色物流技术，在物流节能降耗提效的同时，减少直至避免环境污染，变废为宝，形成国际物流经济的良性循环。国际绿色物流技术主要有标准化技术、信息和通信技术、新材料技术、生物技术、环保技术、安全防卫技术、监控技术、保险技术、各种垃圾处理和废物利用技术、各项物流功能的专用技术、质量管理和流程再造等。物流业应充分认识物流技术革命的紧迫性、重要性，抓住机遇，结合企业实际，大力开发采用国际绿色物流技术，迎接国际绿色物流潮流的挑战。

企业国际物流流程的绿色再造包括：国际运输装卸方面的及时安全性；保管加工方面的保质保鲜性；包装信息处理方面的健康环保性以及以上任何一环的无损毁。

首先，企业要选择国际绿色运输策略，实施联合一贯制运输。联合一贯制运输是指以单元装载系统为媒介，有效地巧妙组合各种运输工具，从发货方到收货方始终保持单元货物状态而进行的系统化运输方式。这种运输方式可削减总行车量，包括转向铁路、海上和航空运输，通过有效利用车辆，降低车辆运行、提高配送效率；使用“绿色”运输工具，降低废气排放量。

其次，开展共同配送，减少污染。共同配送是以国际城市一定区域内的配送需求为对象，人为地进行有目的、集约化地配送。它是由同一行业或同一区域的中小企业协同进行配送。共同配送统一集货、统一送货可以明显地减少货流；有效地消除交错运输；可以提高货物运输效率，减少空载率；有利于提高配送服务水平，使企业库存水平大大降低，甚至实现“零”库存，降低物流成本。

(4) 完善国际绿色物流法规，制定国际绿色物流发展政策

国际绿色物流的发展离不开强有力的政策保障，因此，必须建立一套完善的法律法规和政策体系来有效地规范、监督和激励物流企业的行为。通过环境立法、排污收费制度、许可证制度和建立国际绿色物流标准来约束、干预物流活动的外部不经济性；通过制定绿色补贴政策、税收扶持政策、贷款优惠政策等激励政策激励和引导物流主体行为，促进国际绿色物流健康发展。国际绿色物流的推行不仅是企业的事情，更要求各国各地政府强力助推。许

多发达国家政府对国际绿色物流法规的制定和执行很重视，不仅从宏观上管理和控制国际绿色物流，而且积极开展国际绿色物流的专项技术研究。尤其重视管理物流活动的污染发生源，如运输工具的废气排放、生产和流通加工的三废（废水、废气、废料）排放、进口产品的污染、废旧物和生活垃圾的污染等。欧盟、美国、日本等国出台了一系列诸如严管污染发生源、限制交通量、严禁污染产品进口、输出三高（高投资、高能耗、高污染）产业等相关法规和政策。发展中国家积极努力制定和完善国际绿色物流的政策和法规，但总体上看，与发达国家在国际绿色物流的观念上、政策法规上以及技术上都存在较大差距，特别是在执法力度上应付出更大的努力，否则国际绿色物流就无从谈起。

（5）加强对国际绿色物流人才的培养

国际绿色物流作为新生事物，对营运筹划人员和各专业人员的素质要求较高，因此，实现国际绿色物流的目标，培养和造就一批熟悉绿色理论和实务的物流人才是当务之急。各相关大专院校和科研机构针对性地开展国际绿色物流人才的培养和训练计划，努力为国际绿色物流业输送更多合格人才；还可以通过调动企业、大学以及科研机构相互合作的积极性，促进产学研的结合，使大学与科研机构的研究成果能转化为指导实践的基础，提升企业国际物流从业人员的理论业务水平。

13.3　国际精益物流

13.3.1　国际精益物流的内涵

作为一种生产组织方式，精益制造的概念给国际物流及供应链管理提供了一种新的思维方式。它包括以下几个方面：

（1）以客户需求为中心。从客户的立场，而不是仅从企业的立场、或一个功能系统的立场，确定什么创造价值、什么不创造价值。

（2）对价值链中的产品设计、制造和订货等的每一个环节进行分析，找出不能提供增值的浪费所在。

（3）根据不间断、不迂回、不倒流、不等待和不出废品的原则制定创造价值流的行动方案。

（4）及时创造仅由顾客驱动的价值。

（5）一旦发现有造成浪费的环节就及时消除，努力追求完美。

所以，作为 Just - In - Time（即时制管理）的发展，国际精益物流的内涵已经远远超出了 Just－In－Time 的概念。因此，国际精益物流是指通过消除生产和供应过程中非增值的浪费，以减少备货时间，提高国际客户满意度。

13.3.2 国际精益物流历史背景

国际精益物流的背景要从精益物流说起。精益物流是起源于日本丰田汽车公司的一种物流管理思想，其核心是追求消灭包括库存在内的一切浪费，并围绕此目标发展的一系列具体方法。它是从精益生产的理念中蜕变而来的，是精益思想在物流管理中的应用。

（1）精益生产背景

二战结束不久，汽车工业中统治世界的生产模式是以美国福特制为代表的大量生产方式，这种生产方式以流水线形式少品种、大批量生产产品。在当时，大批量生产方式即代表了先进的管理思想与方法，大量的专用设备、专业化的大批量生产是降低成本、提高生产率的主要方式。与处于绝对优势的美国汽车工业相比，日本的汽车工业则处于相对幼稚的阶段，丰田汽车公司从成立到 1950 年的十几年间，总产量甚至不及福特公司 1950 年一天的产量。汽车工业作为日本经济倍增计划的重点发展产业，日本派出了人员前往美国考察。丰田汽车公司在参观美国的几大汽车厂之后发现，采用大批量生产方式降低成本仍有进一步改进的余地，而且日本企业还面临需求不足与技术落后等严重困难；加上战后日本国内的资金严重不足，难有大量的资金投入以保证日本国内的汽车生产达到有竞争力的规模，因此他们认为在日本进行大批量少品种的生产方式是不可取的，而应考虑一种更能适应日本市场需求的生产组织策略。

以丰田的大野耐一等人为代表的精益生产的创始者们，在不断探索后，找到一套适合日本国情的汽车生产方式：及时制生产、全面质量管理、并行工程、充分协作的团队工作方式和集成的供应链关系管理，逐步创立了独特的多品种、小批量、高质量和低消耗的精益生产方法。

（2）精益思想背景

在市场竞争中遭受失败的美国汽车工业，经历曲折的认识过程，意识到致使其竞争失败的关键是美国汽车制造业的大批量生产方式输给丰田的精益生产方式。1985 年，美国麻省理工学院的 Daniel T. Jones 教授等筹资 500 万美元，用了近 5 年的时间对 90 多家汽车厂进行对比分析，于 1992 年出版了《改造世界的机器》一书，把丰田生产方式定名为精益生产，并对其管理思想的特点与内涵进行了详细的描述。4 年之后，出版它的续篇《精益思想》，进一步从理论的高度归纳了精益生产中所包含的新的管理思维，并将精益方式扩大到制造业以外的所有领域，尤其是第三产业，把精益生产方法外延到企业活动的各个方面，不再局限于生产领域，从而促使管理人员重新思考企业流程，消灭浪费，创造价值。

精益思想的核心就是以较少的人力、较少的设备、较短的时间和较小的场地创造出尽可能多的价值；同时越来越接近用户，提供他们确实要的东西。精确地定义价值是精益思想关键性的第一步；确定每个产品（或在某些情况下确定每一产品系列）的全部价值流是精益思想的第二步；紧接着是使保留下来的、创造价值的各个步骤流动起来，使需要若干天才能办完的订货手续，在几小时内办完，使传统的物资生产完成时间由几个月或几周减少到几天或几分钟；随后及时跟上不断变化着的顾客需求，因为一旦具备了在用户真正需要的时候就能设计、安排生产和制造出用户真正需要的产品的能力，就意味着可以抛开销售，直接按用户告知的实际要求进行生产。这就是说，可以按用户需要拉动产品，而不是把用户不想要的产品硬推给用户。

精益思想的理论诞生后，物流学家从物流角度对此进行了借鉴工作，并与供应链管理的思想密切融合起来，提出了国际精益物流的新概念。

13.3.3 国际精益物流的目标

根据顾客需求，提供顾客满意的物流服务，追求把提供物流服务过程中的浪费和延迟降至最低程度，不断提高国际物流服务过程的增值效益。企业物流活动中的浪费现象很多，常见的有：不满意的顾客服务、无需求造成的积压和多余的库存、实际不需要的国际流通加工程序、不必要的物料移动、因供应链上游不能按时交货或提供服务而等候、提供顾客不需要的服务等，努力消除这些浪费现象是国际精益物流最重要的内容。实现国际精益物流必须正确认识以下几个问题：

（1）国际精益物流前提：正确认识价值流。价值流是企业产生价值的所有活动过程，这些活动主要体现在三项关键的流向上：从概念设想、产品设计、工艺设计到投产的产品流；从顾客订单到制定详细进度到送货的全过程信息流；从原材料制成最终产品、送到用户手中的物流。因此，认识价值流必须超出企业划分单位的标准，去查看创造和生产一个特定产品所必须的全部活动，搞清每一步骤和环节，并对它们进行描述和分析。

（2）国际精益物流的保证：价值流的顺畅流动。消除浪费的关键是让完成某一项工作所需步骤以最优的方式联接起来，形成无中断、无绕流和排除等候的连续流动，让价值流顺畅流动起来。具体实施时，首先要明确流动过程的目标，使价值流动朝向明确。其次，把沿价值流的所有参与企业集成起来，摒弃传统的各自追求利润极大化而相互对立的观点，以最终顾客的需求为共同目标，共同探讨最优物流路径，消除一切不产生价值的行为。

（3）国际精益物流的关键：顾客需求作为价值流动力。在国际精益物流模式中，价值流的流动要靠下游顾客的拉动，而不是靠上游来推动，当顾客没有发出需求指令时，上游的任何部分都不要去生产产品，当顾客的需求指令发出后，快速生产产品，提供服务。当然，这不是绝对的现象，在实际操作中，区分是哪一种类型的产品，如是需求稳定、可预测性较强的功能型产品，可以根据准确预测进行生产；而需求波动较大、可预测性不强的创新型产品，要采用精确反应、延迟技术，缩短反应时间，提高顾客服务水平。

（4）国际精益物流的生命：不断改进，追求完善。国际精益物流是动态管理，对物流活动的改进和完善是不断循环的，每一次改进，消除一批浪费，形成新的价值流的流动，同时又存在新的浪费而需要不断改进，这种改进使物流总成本不断降低，提前期不断缩短而使浪费不断减少，实现这种不断改进需要全体人员的参与，上下一心，各司其职、各尽其责，达到全面物流管理的境界。

13.3.4 国际精益物流的方法

国际精益物流的根本目的是要消除物流活动中的浪费现象，如何有效地识别浪费就成了国际精益物流的出发点，物流专家做了大量的工作，创建若干“工具箱”。Daniel T. Jones 等总结成果，认为行之有效的方法有 7 种：过程活动图、供应链反应矩阵、产品漏斗图、质量过滤图，需求放大（扭曲）图、决策点分析图、实体结构图，其中最常用的方法是过程活动图和实体结构图。

（1）过程活动图。它是一种传统的工业工程方法，由五阶段构成：1）过程流研究；2）浪费识别；3）过程再思考；4）流向设计或运输路线的再优化；5）价值流中每项活动存在必要性的进一步确认。在运用过程活动图进行分析时，主要把握三个关键点：过程的总体考察；每次过程的详细记录，包括所花时间、所需人员、产品所移动距离、所用设备及场地面积；用 5W1H 法进行分析（活动为什么存在、谁来执行、用什么设备、在哪里、何时和怎样实施）。

（2）实体结构图。它是从整个供应链的角度识别价值流，了解供应链的结构及供应链运行状况，一般由容量结构图和成本结构图两部分构成。与过程活动图一样，通过实体结构图可以消除不必要的活动，或简化、合并活动或调整活动顺序以达到减少浪费的目的。

综上所述，运用供应链管理的整体思维，站在顾客的立场，无限追求国际物流总成本的最低是国际精益物流真正的核心所在。

13.3.5　国际精益物流系统的基本框架

国际物流系统实现“精益”效益的决策规则，需要使领导者和全体员工共同理解并接受精益思想，即消除浪费和连续改善。用这种思想方法思考问题，分析问题，制定和执行能够使系统实现“精益”效益的决策，其基本框架内容如下：

（1）以客户需求为中心

在国际精益物流系统中，顾客需求是驱动生产的原动力，是价值流的出发点。价值流的流动要靠下游顾客来拉动，而不是依靠上游的推动，当顾客没有发出需求指令时，上游的任何部分不提供服务，当顾客需求指令发出后，则快速提供服务。系统的生产是通过顾客需求拉动的。

（2）准时

在国际精益物流系统中，电子化的信息流保证了信息流动的迅速、准确无误，还可有效减少冗余信息传递，减少国际作业环节，消除操作延迟，这使得国际物流服务准时、准确、快速，具备高质量的特性。

货品在国际流通中能够顺畅、有节奏地流动是物流系统的目标，而保证货品顺畅流动的关键是准时。准时的概念包括物品在流动中的各个环节按计划按时完成，包括交货、国际运输、中转、分拣、配送等各个环节。物流服务的准时概念是与快速同样重要的方面，是保证货品在国际流动中的各个环节以最低成本完成的必要条件，同时也是满足客户要求的重要方面之一。准时是保证国际物流系统整体优化方案得以实现的必要条件。

（3）准确

准确包括准确的信息传递，准确的库存，准确的客户需求预测，准确的送货数量，等等。准确是保证物流精益化的重要条件之一。

（4）快速

国际精益物流系统的快速包括两方面含义：第一是国际物流系统对客户需求的反应速度，第二是货品在国际流通过程中的速度。国际物流系统对客户个性需求的反应速度取决于系统的功能和流程。当客户提出需求时，系统应能对客户的需求进行快速识别、分类，并制订出与客户要求相适应的物流方案。对客户历史信息的统计、积累有助于制订快速的国际物流服务方案。

货品在国际物流链中的快速性包括国际货物停留的节点最少、国际流通所经路经最短、国际仓储时间最合理，并达到整体国际物流的快速。速度体现在产品和服务上，是影响成本和价值的重要因素，特别是市场竞争日趋激烈的今天，速度也是竞争的强有力手段。快速的国际物流系统是实现货品在流通中增加价值的重要保证。

（5）降低成本

国际精益物流系统通过合理配置基本资源，以需定产，充分合理地运用优势和实力；通过电子化的信息流，进行快速反应、准时化生产，从而消除诸如设施设备空耗、人员冗余、操作延迟和资源的浪费，保证其国际物流服务的低成本。

（6）系统集成

精益系统是由资源、信息流和能够使企业实现“精益”效益的决策规则组成的系统。国际精益物流系统是由提供物流服务的基本资源、电子化信息和使物流系统实现“精益”效益的决策规则所组成的系统。具有能够提供国际物流服务的基本资源是建立国际精益物流系统的基本前提。在此基础上，需要对这些资源进行最佳配置，资源配置的范围包括设施设备共享、信息共享、利益共享等。只有这样才可以最充分地调动优势和实力，合理运用这些资源，消除浪费，经济合理地提供满足客户要求的优质服务。

（7）信息化

高质量的国际物流服务有赖于信息的电子化。国际物流服务是一个复杂的系统项目，涉及大量繁杂的信息。电子化的信息便于传递，这使得信息流动迅速、准确无误，保证国际物流服务的准时和高效；电子化信息便于存贮和统计，可以有效减少冗余信息传递，减少作业环节，降低人力浪费。知识化的国际物流业市场竞争，必须实现信息的电子化，不断改进传统业务项目，寻找传统物流产业与新经济的结合点，提供增值国际物流服务。

13.3.6 我国国际物流企业精益物流之路

精益物流理论的产生，为我国的传统国际物流企业提供了一种新的发展思路，为这些企业在新经济中生存和发展提供了机会。精益物流理论符合现代物流的发展趋势，该理论所强调的消除浪费、连续改善是传统国际物流企业继续生存和发展必须具备的根本思想，它使得传统国际物流企业的经营观念转变为：以顾客需求为中心，通过准时化、自动化生产不断谋求成本节约，谋求物流服务价值增值的现代经营管理理念。可以说，基于成本和时间的国际精益物流服务将成为中国国际物流业发展的驱动力。作为中国国际物流企业发展国际精益物流，应当分步骤实施，一般应分为两步：

（1）企业系统的精益化：1）组织结构的精益化；2）系统资源的精益化；

3）信息网络的精益化；4）业务系统的精益化；5）服务内容及对象的精益化；6）不断地完善与鼓励创新。

（2）提供国际精益物流服务：1）以客户需求为中心；2）提供准时化服务；3）提供快速服务；4）提供低成本高效率服务；5）提供使顾客增值的服务。

总之，精益物流作为一种全新的管理思想，势必对国际物流企业产生深远的影响。它的出现将改变企业粗放式的管理观念，保持企业的核心竞争力。

【小　结】

国际逆向物流、国际绿色物流和国际精益物流业已成为国际物流发展的主题，国际逆向物流的经济价值和社会价值使企业和社会都更加重视国际逆向物流活动；国际绿色物流强调全局和长远的发展，体现了对生态环境和可持续发展的关注；国际精益物流体现了物流发展的新方向，是现代国际物流管理的一种新思路和新理念。

【案例讨论】

UPS 的国际绿色供应链

作为营业额 360 亿美元的跨国企业，美国联合包裹服务公司（United Parcel Service Inc，UPS）自 1990 年起，开始考虑在环保的前提下，建立国际绿色物流与供应链，打造绿色工作环境。

（1）能源替代

UPS 首席执行官吉姆·凯利说，“UPS 在全球拥有 91 000 台车辆、2 850 个国际服务中心、268 架飞机，如何打造一个国际绿色供应链及绿色工作环境，对我们而言非常重要。”自 1995 年，为节省水资源，公司更改其清洗运输工具的政策，在可维持其干净车体外观下，决定不再每天清洗运输工具，此举每年约省下 3.65 亿加仑的水，并在 24 个营运中心加装废水利用系统，将水资源回收利用。2003 年开始运用无害环境的酵素来清洗运输工具，此举每年约节省 100 万美元的洗车剂和水的费用。

1998 年开始，UPS 与戴姆勒克莱斯勒、美国环境保护局合作，研究开发替代性能源的运输工具；2001 年，公司开始使用油电混合车，创美国运输业界的先例。随后又陆续开发电汽车、丙烷发电车等；2005 年，在与美国环境保护局的合作下，公司开始测试第一台通过水力发电的油电混合车，力图降低运输工具对环境的污染。

此外，UPS 积极地与政府部门、协会合作，共同研究如何减少环境污染及打造绿色环境的计划。UPS 在加州 Palm Springs 的服务设施是通过 145 片的太阳能镜板来提供该服务中心的相关电力，公司在加州14个中心，使用植物如玉米等产生的绿色能源。

(2) 科技“绿色”

UPS通过无线传输、卫星定位等科技，追踪车辆、飞机等，以规划出最经济的行经路线；并依照天气、风速、飓风或其他因素，选择最有效率的飞航路径，既能节省油料、降低成本，又能减少废气的排放，达到环境保护的目的。

此外，UPS每一位快递员随身配备的手提式讯息传递收集器（DIAD），不仅便于交易，也可以及时与公司保持联系。UPS车队在取件过程中，可以灵活地调整路线以满足客户的取件要求，进行更具效率的取件路线规划。

凯利表示：“因为DIAD的研发与使用，让公司每年节省了约5 900万张纸张的用量，平均每年少砍伐5 187棵树木。”对于必须要用到纸张的部分，但凡文件信封、计算机纸张、再次送件的客户通知单等，公司皆使用再生纸，并做好垃圾分类，将可再生的物资再次利用。就连运输过程中所使用的分类袋也是由耐用的尼龙线制作，而不使用任何的塑料袋。

(3) 由内而外

UPS推动国际绿色供应链的方式，先由内部做起，建立良好的制度及环保章程，然后再往外推广至国际合作伙伴端，提供国际合作伙伴相关的服务。

2000年，UPS开始推动E-waste项目，将其内部所有不再使用的主机、屏幕等计算机设备取出零件以循环使用。6年将原先可能变成垃圾并污染环境的1 209万磅电子零件废弃物回收再利用，成为有价值的物品。

对外，公司开始提供客户或制造商做资源回收的服务，包括：墨盒、计算机器材、书本、录像带、汽车零件、医疗器材等，将这些报废或使用完的资源重新利用或制造，与国际合作伙伴一起尽企业公民的责任。例如，惠普公司与UPS合作HP星球伙伴（HP Planet Partners）计划——当大部分全球地域的消费者购买HP墨粉盒时，每个墨粉盒的包装盒里都贴有一枚预付运费的UPS回程快递标签，消费者用完墨粉盒后，直接寄还给制造商，公司会在后端协助处理计算机废弃物品。

讨论题

1. 本案例中存在国际逆向物流的成分吗？
2. UPS大力打造国际绿色供应链对我国第三方物流企业有什么启示？

复习思考题

1. 国际逆向物流如何分类？
2. 国际逆向物流包含哪些系统功能？
3. 国际逆向物流业务流程如何？
4. 国际绿色物流产生的背景、内涵和特点各是什么？
5. 精益物流对于我国国际物流企业意味着什么？

参考文献

[1] 张良卫．国际物流［M］．北京：高等教育出版社，2011.
[2] 甘卫华．逆向物流［M］．北京：北京大学出版社，2012.
[3] 陈长彬．供应链与物流管理［M］．北京：清华大学出版社，2013.
[4] 王倩．循环经济与发展绿色物流研究［M］．北京：中国物资出版社，2011.
[5] 李严锋，解琨．精益物流［M］．北京：中国财富出版社，2012.
[6] 宋光辉，杜庭刚，刘玉飞．精益物流管理实践［M］．中国财富出版社，2013.
[7] 傅龙海．国际贸易理论与实务［M］．北京：对外经济贸易大学出版社，2011.
[8] 王任祥．国际物流［M］．杭州：浙江大学出版社，2009.
[9] 苏振东，苏杭．国际物流管理［M］．大连：大连理工大学出版社，2010.
[10] 鲁丹萍．国际贸易理论与实务［M］．北京：北京邮电大学出版社，2008.
[11] 逯宇铎．国际物流［M］．北京：科学出版社，2011.
[12] 张清，栾琨．国际物流实务［M］．北京：清华大学出版社，2012.
[13] 毕功兵，王慧玲．国际物流［M］．北京：中国物资出版社，2007.
[14] 刘文歌，刘丽艳．国际物流与货运代理［M］．北京：清华大学出版社，2012.
[15] 白世贞，沈欣．国际物流［M］．北京：高等教育出版社，2011.
[16] 张海燕，吕明哲．国际物流［M］．大连：东北财经大学出版社，2010.
[17] 逯宇铎，侯铁珊，邢金有．国际物流管理［M］．北京：机械工业出版社，2006.
[18] 中国国际货运代理协会．国际海上货运代理理论与实务［M］．北京：中国商务出版社，2010.
[19] 邓汝春．物流运输管理实务［M］．广州：广东高等教育出版社，2008.
[20] 钱琳伊，张法坤．国际货运代理实务［M］．北京：中国财政经济出版社，2011.
[21] 林自葵．物流运输与包装［M］．北京：机械工业出版社，2010.

[22] 李作聚．国际物流与货运代理［M］．北京：清华大学出版社，2007.
[23] 中国国际货运代理协会．国际航空货运代理理论与实务［M］．北京：中国商务出版社，2010.
[24] 粟丽．国际货物运输与保险［M］．北京：中国人民大学出版社，2011.
[25] 张良卫．国际物流［M］．北京：高等教育出版社，2011.
[26] 李华敏．国际物流学［M］．广州：中山大学出版社，2010.
[27] 逯宇铎，李正峰，苏振东．国际物流学［M］．北京：北京大学出版社，2012.
[28] 中国国际货运代理协会．国际陆路货运代理与多式联运理论与实务［M］．北京：中国商务出版社，2010.
[29] 杨霞芳．国际物流管理［M］．上海：同济大学出版社，2004.
[30] 陈心德，姚红光，李程．集装箱运输与国际多式联运管理［M］．北京：清华大学出版社，2008.
[31] 杜文．物流运输与配送管理［M］．北京：机械工业出版社，2011.
[32] 吴文一，刘丽，孙红．国际货运代理实务［M］．上海：立信会计出版社，2011.
[33] 林正章．国际物流［M］．北京：机械工业出版社，2006.
[34] 周哲，申雅君．国际物流［M］．北京：清华大学出版社，2007.
[35] David P，Stewart R.，国际物流——国际贸易中的运作管理（第 2 版）［M］．王爱虎，乐泓，译．北京：清华大学出版社，2011.
[36] 海关总署报关员资格考试教材编写委员会．报关员资格全国统一考试教材［M］．北 京：中国海关出版社，2012.
[37] 杨鹏强．报关实务（第三版）［M］．北京：中国海关出版社，2011.
[38] 王海兰．报检实务解惑 500 题［M］．北京：对外经济贸易大学出版社，2009.
[39] 王斌义．报检员业务操作指引［M］．北京：对外经济贸易大学出版社，2005.
[40] 王斌义．报检员资格考试练习与模拟题［M］．北京：对外经济贸易大学出版社，2005.
[41] 散襄军．国际物流系统架构与运作［M］．北京：中国财政经济出版社，2005.
[42] 王学锋，频丙贵，刘颖．国际物流风险与保险［M］．上海：上海交通大学出版社，2008.
[43] 杨志刚，孙志强，陈扬．国际航运实务、法规与案例［M］．北京：人

民交通出版社，2009.
[44] 顾寒梅．国际货物运输保险理论与实务［M］．北京：人民交通出版社，2005.
[45] 顾寒梅．外贸运输与保险［M］．上海：上海财经大学出版社，2008.
[46] 柴庆春．国际物流管理［M］．北京：北京大学出版社，2011.
[47] 骆念蓓．国际物流管理［M］．北京：北京大学出版社，2008.
[48] 王昭凤．国际物流组织与管理［M］．北京：电子工业出版社，2006.
[49] 逯宇铎．国际物流管理［M］．北京：机械工业出版社，2008.
[50] 蒋长兵，王珊珊．国际物流学教程［M］．北京：中国物资出版社，2008.
[51] 白世贞．国际物流学［M］．北京：科学出版社，2010.
[52] 靳伟．物流的内涵和物流战略管理实践［M］．北京：中国物资出版社，2010.
[53] 荣朝和．西方运输经济学［M］．北京：经济科学出版社，2002
[54] 商务部研究院．中国商贸流通发展新取向［M］．北京：中国商务出版社，2011
[55] 斯蒂芬·P. 罗宾斯．管理学（第四版）［M］．黄卫伟，译．北京：中国人民大学出版社，1998.
[56] 纳雷希·K. 马尔霍特拉．市场营销研究：应用导向（第3版）［M］．涂平，译．北京：电子工业出版社，2005.
[57] 许家贵，蒋宗明，汪传雷，等．安徽物流2011—2012［M］．合肥：中国科学技术大学出版社，2013.
[58] 刘宏伟，汪传雷．现代物流管理概论［M］．北京：中国物资出版社，2012.
[59] 秦浩，汪传雷．供应链管理［M］．北京：中国物资出版社，2012.
[60] 汪传雷．安徽物流报告2011［M］．北京：北京师范大学出版集团安徽大学出版社，2011.
[61] 梁雯．物流信息管理［M］，北京：中国物资出版社，2011.
[62] 张文广．中国可以对《鹿特丹规则》说“不”［J］．珠江水运，2013（Z2）：109～111.
[63] 张嘉生．货运代理人的识别、法律地位及责任——兼评一起国际货运代理赔偿纠纷案［J］．中国律师和法学家，2005（7），51～55.
[64] 王恺．合肥海关12项举措助外贸增长［N］．安徽日报，2012-10-12，（2）.

[65] 中外运．货运代理［DB/OL］．http：//www. sinotrans. com/col/col16/index. html.

[66] 陈戈．全球海运市场：当低迷成为惯性……［DB/OL］．http：//ibd. shangbao. net. cn/a/162927. html，2013. 1. 8.

[67] 同考网. 从货主视角看航空货运［DB/OL］. http：//waimao. kswchina. com/hydl/al/916529. html，2012. 2. 5.

[68] 财经网. 圆通将锂电池谎报普通货物 被取消航空货运资质［DB/OL］. http：//industry. caijing. com. cn/2012 - 11 - 24/112309343. html，2012. 11. 24.

[69] 第一财经日报. 暂停认可 中航协"整风"货代市场［DB/OL］. http：//finance. eastmoney. com/news/1355，20121130261407286. html，2012. 11. 30.

[70] 经济日报. 重庆打造笔记本电脑最大生产基地［DB/OL］. http：//paper. ce. cn/jjrb/html/2012 - 03/14/content _ 197890. htm，2012. 3. 14.

[71] 新华网. 中国加快构建国际道路运输通道网络［DB/OL］. http：//news. xinhuanet. com/newscenter/2008 — 03/31/content _ 7889548. htm，2008. 3. 31.

[72] 铁道部．国际货协/货约统一运单助"渝新欧"一票到德国［DB/OL］．http：//news. ifeng. com/gundong/detail _ 2012 _ 11/29/19640058 _ 0. shtml，2012. 11. 29.

[73] 中国行业研究网．2012年我国海铁联运发展局势研究分析［DB/OL］．http：//www. chinairn. com/news/20120509/957546. html，2012. 5. 9.

[74] 百度文库．日本邮船公司的多式联运服务［DB/OL］．http：//wenku. baidu. com/view/988d2b1652d380eb62946dee. html，2011. 12. 4.

[75] 李慧鹏，周何琦，李枫．科学管理解决代理报检监管难题［DB/OL］．http：//www. cqn. com. cn/news/zggmsb/disan/694850. html，2013. 4. 8.

[76] 百度文库．国际物流案例［DB/OL］．http：//wenku. baidu. com/view/87fae504eff9aef8941e06ca. html，2011. 3. 29.

[77] 110法律咨询网．万宝集团广州菲达电器厂诉美国总统轮船公司无正本提单交货纠纷案［DB/OL］．http：//www. 110. com/ziliao/article — 37500. html，2008. 6. 26.

[78] 陈蕴新．国际海上货物运输合同中承运人的主要义务与法律责任［DB/OL］．http：//blog. sina. com. cn/s/blog _ 599ddabd0100a6tw. html，2008. 7. 15.

[79] 百度百科．国际铁路货物联运协定［DB/OL］．http：//baike. baidu. com/view/1042240. htm.

[80] 百度百科．海牙规则［DB/OL］．http：//baike. baidu. com/view/105861. htm.

[81] 百度百科．维斯比规则［DB/OL］．http：//baike. baidu. com/view/480956. htm.

[82] 百度百科．汉堡规则［DB/OL］．http：//baike. baidu. com/view/105870. htm.

[83] 百度百科．蒙特利尔公约［DB/OL］．http：//baike. baidu. com/view/442552. htm.

[84] 中华人民共和国政府网［OL］．http：//www. gov. cn/.

[85] 中华人民共和国质检总局［OL］．http：//www. aqsiq. gov. cn/.

[86] 中华人民共和国海关［OL］．http：//www. customs. gov. cn/.

[87] 中华人民共和国国家统计局［OL］．http：//www. stats. gov. cn/.

[88] 中华人民共和国民用航空局［OL］．http：//www. caac. gov. cn/.

[89] 中华人民共和国海事局［OL］．http：//www. msa. gov. cn/.

[90] 中华人民共和国商务部［OL］．http：//www. mofcom. gov. cn/.

[91] 中外运长航集团有限公司．http：//www. sinotrans－csc. com/.

[92] 中国海运（集团）总公司．http：//www. cnshipping. com/.

[93] 中运集团．http：//www. cosco. com/.

[94] 中国报关协会．http：//china. org/ccba/.

[95] 中国国际货代协会．www. cifa. org. cn.

[96] 中国出入境检验检疫协会．www. cig. org. cn.